Mentalization-Based Treatment for Adolescents: A Practical Treatment Guide

청소년을 위한
정신화 기반 치료
실용적인 치료 안내서

Trudie Rossouw · Maria Wiwe · Ioanna Vrouva 편저
김진숙 · 김은정 · 박은선 · 최명희 공역

학지사

Mentalization–Based Treatment for Adolescents:
A Practical Treatment Guide
Edited by Trudie Rossouw, Maria Wiwe, and Ioanna Vrouva

역자 서문

역자 서문을 쓰려니 내가 '정신화'를 처음 접하고 지금까지 오게 된 과정을 되돌아보게 된다. 'mentalize', 'mentalizing'이라는 용어는 2008년 『*Attachment in Psychotherapy* (Wallin, 2007, 애착과 심리치료)』를 번역하면서 처음 접했다. 그때 이 용어들이 무척 낯설었고, 어떻게 우리말로 옮겨야 할지 고심하면서 관련 국내 문헌을 찾다가 '정신화'라는 용어를 쓰기로 정했던 기억이 난다. 이후 이 개념에 관심을 갖고 Peter Fonagy 박사와 동료들의 학술 논문을 꾸준히 읽었고, 석박사 제자들에게도 연구 주제로 소개했다. 하지만 2021년도까지 정신화에 대한 나의 관심은 줄곧 학문적 수준에 머물러 있었다. 이런 제한된 관심은, 정신화 기반 치료(MBT)가 영국에서 1990년대 중반부터 개발되고 소개되어 왔음에도, 우리나라 상담 및 심리치료 분야에서는 정신화에 대한 관심이 주로 연구분야에 집중되어 온 경향과 다르지 않았다.

정신화에 대한 나의 관심이 학문적 수준을 넘어 치료 실제로 이어지게 된 직접적인 계기는 슈퍼비전을 통해서였다. 코로나 19의 확산 때문에 전국적으로 다양한 상담기관에서 비대면 공개사례발표회 슈퍼비전 요청을 받게 됐고, 이를 통해 많은 아동과 청소년 및 대학생을 포함한 청년 내담자 사례를 접하게 됐다. 그런데 내가 본 사례들에서는 거의 예외 없이 애착트라우마와 자해, 자살 생각 등이 있었다. 우연의 일치로 치부하기에는 상황이 너무 심각했다. 그리고 이 사례들을 맡은 상담자들은 대부분 상담과정에서 적지 않은 어려움을 겪고 있었다. 이 상담자들에게 조금이라도 더 실제적인 도움을 주고 싶었고, MBT에서 길을 찾았다.

MBT는 현대정신분석의 전통을 이어가는 영국의 안나 프로이트 아동가족국립센터에서 개발한 치료접근이다. MBT는 대상관계이론, 애착이론에서 다루는 정신적 표상보다는 특정 순간 자신이나 타인의 마음을 헤아리는 정신적 과정이나 능력에 초점을 둔다. 이 접근은 자신과 타인의 마음을 헤아리는 능력이 떨어져 자아정체성과 대인관계 영역에서 심한 어려움을 겪고, 치료자에 대한 불신도 깊으며, 자해와 자살시도 등의 행동적 수준의 해결책에 의존하는 경계선 성격장애가 있는 내담자를 돕기 위해 개발되었다. 이후 지난 30여 년간 그 적용 범위를 넓혀오고 있다. 나는 2022년부터 집중적으로 MBT에 관심을 갖고 공부하면서 실무자들을 위해 '애착트라우마의 이해와 치료' '성격장애와 정신화 기반 치료' '아동 · 청소년 정신화 기반 치료' '부모상담–정신화 및 애착이론 기반' 강좌를 개설하고 강의해왔다. 이와 함께 한국상담심리학회와 한국상담학회 요청으로 세 번의 교육연수를 통해 MBT를 소개하기도 했다.

이번에 소개하는 『청소년을 위한 정신화 기반 치료』는 정신화를 공부하고 가르쳐온 이 여정에서 내가 만나게 된 귀한 책이다. 이 책이 귀한 까닭은 이 책의 저자들이 MBT가 창시된 영국을 위시하여 스페인, 독일, 벨기에 등 유럽 여러 나라 치료 현장에서 청소년 내담자와 부모를 만나 MBT를 적용해온 실무자들로, MBT를 청소년 상담 및 치료에 적용할 수 있는 실제적인 방법을 제시하기 때문이다. 이들은 정신화 능력이 잘 발달되지 않았거나 불안정한 청소년과 부모를 만나서 치료해 온 경험을 나누고 실제 치료사례와 상세한 해설을 통해 치료 원리와 유용한 개입 전략을 소개한다.

이 책의 구성과 내용은 제1장에서 상세하게 소개되어 있지만 간략하게 제시하면, 제1부에서는 정신화 개념 및 정신화와 관련된 청소년기 신경생물학적 변화를 다루고, 제2부에서는 청소년을 위한 MBT의 기법과 치료의 구조, 부모 및 가족 개입, 정신화 기반 수퍼비전을 예시와 함께 소개한다. 제3부에서는 자해, 성별 다양성, 품행장애, 위기 수준의 정신상태, 성격장애 초기 증상 등 청소년이 겪는 특정 어려움 중심으로 MBT의 적용을 다룬다. 제3부 마지막 장에서는 삶의 다중 영역에서 어려움을 겪는 청소년을 위한 적응형 정신화 기반 통합치료(AMBIT)도 소개한다.

이 책은 함께 번역한 박사 제자들에게 등 떠밀려 시작됐다 해도 과언이 아니다. 대상관계이론과 애착이론 관련 번역서를 여러 권 작업하면서 고강도 노동을 경험한 터라, 번역과는 거리를 두고 살겠다 굳게 다짐한 내 마음을 제자들이 돌려놓았다. 박은선, 최명희, 김은정 박사(나와 인연을 맺은 순서대로)는 정신화를 함께 공부해 오면서 가정과 일터에서 각자 적용해 보고 피드백을 줬다. 세 사람이 나눠서 초벌로 번역한 원고를 내가 처음부터 끝까지 수정하고 다듬는 작업을 했고, 이렇게 작업한 원고를 다시 초벌 역자들이 각자 재검토하고, 그것을 내가 다시 확인하는 과정을 거쳤다. 원고를 다듬는 과정에서 석사과정 중인 김도연과 민채린, 허수빈도 힘을 보탰다. 이들은 독자 입장에서 번역 원고를 읽으며 잘 읽히지 않거나 이해하기 어려운 부분을 찾아내고 더 우리말다운 표현도 제안하여 원고의 가독성을 높여줬다. 또한 본문에 나오는 각주는 모두 역자주로, 독자의 이해에 도움이 되길 바란다. 우리 모두 원문에 충실하면서도 독자들에게 내용이 더 쉽게 전달되도록 나름대로 최선을 다했지만, 언제나 그렇듯 번역은 우리 능력의 한계와 아쉬움을 느끼게 하는 작업이다.

마지막으로 내가 번역 제안에 난색을 표함에도 불구하고 매우 빠르게 판권을 확인하고 은근히 '압박'하신 학지사 김진환 사장님과 교정 및 편집을 위해 애써 주신 학지사 편집부에 감사드린다. 아무쪼록 이 책이 일선 현장에서 청소년 내담자들을 도우려고 고군분투하는 실무자들과, 청소년을 만나는 현장에 나가려고 공부하고 있는 상담심리 및 관련 학문 전공자들에게 정신화기반 접근을 소개하는 유익한 길잡이가 되기를 바라는 마음 간절하다.

대구 복현 캠퍼스에서

역자 대표 김진숙

저자 서문

Peter Fonagy

무언가 극적이고 받아들이기 어렵고 이해하기 어려운 일이 일어나고 있다. 청소년* 이 경험하는 정신건강 문제의 규모와 부담은 공중보건 위기를 나타낸다. 영국에서는 이제 아동과 청소년이 경험하는 정신건강 문제의 폭과 깊이와 관련하여 비교적 포괄적이고 신뢰할 만한 정보가 존재한다(Sadler et al., 2018). 전반적으로, 아동 정신장애의 유병률은 15년 동안 10명 중 한 명에서 8명 중 한 명의 비율로 증가했을 수 있다. 연령별로 구분하면, 17~19세 여자 청소년에서 이 비율은 24% 증가했다. 6년 전에 이루어진 성인 이환률 조사(McManus, Bebbington, Jenkins, & Brugha, 2016)에서도 마찬가지로 18~25세 집단에서 불안과 우울의 유병률이 상당히 증가했음을 보여 준다. 비록 덜 체계적이지만 패널의 규모 면에서 훨씬 큰, UCL 코로나-19 커뮤니티 조사에서는 더욱 충격적인 양상이 드러났다(Fancourt, Bu, Mak, & Steptoe, 2020). 매주 수만 명의 영국 거주자가 국가 봉쇄 기간 동안의 경험에 관한 조사에 참여했다. 이 조사에는 널리 사용되고 신뢰도가 높은 우울(PHQ-9)과 불안(GAD-7)의 두 척도가 포함되었다. 정신건강 문제의 전반적인 수준은 비교적 안심할 수 있는 양상으로 나타났다. 그러나 18~29세 표본을 중점적으로 보면, 이 조사를 완료한 수천 명의 청소년과 청년은 PHQ-9와 GAD-7에서 각각 평균 10과 8의 수준을 보였다. 이 도구들의 평균 임상적 절단점은 각각 10과 8이다. 두 도구 모두에서 기저 점수의 비정상 분포를 조정하더라도, 이 대규모 패널 조사에서 불안과 우울 유병률은 40%를 초과하는 것으로 보인다.

나는 정신건강 문제가 청소년과 청년 집단에 왜 이처럼 명확하게 집중되는지 그 이유를 완벽히 이해하는 사람이 있다고 믿지 않는다. 이에 대해 많은 설명이 제시되었다. 청소년과 청년의 삶에서 소셜 미디어의 출현과 지배력이 하나의 중요한 요인일 수 있다. 성별에 관한 불균형에 대해 쓴 글도 많다. 교육적 성공과 직업적 성공 간의

* young people: 문맥에 따라 '청소년' 혹은 '젊은이'로 번역했다.

상충되는 역할과 우리 사회에서 성 역할을 둘러싼 사실상 변하지 않은 가치 체계로 인해, 젊은 여성에 대한 사회적 압력이 훨씬 더 크다는 것(혹은 적어도 최근까지)은 의심의 여지가 없다. 물론 이러한 위험 요인들 사이에는 교차성이 있을 것 같다. 성별은 소셜 미디어 사용에 영향을 미칠 수 있으며, 여성은 청소년 문화에서 대부분 존재하는 시각적 특징이 강한 소셜 미디어와 관련해서 남성보다 훨씬 더 취약하다.

청소년기와 관련한 많은 일반적인 취약성은 이 책의 첫 부분에 아주 훌륭하게 검토하고 있다. 그러나 심리사회적 수준과 신경생물학적 수준에서 발달을 이해한다고 해서, 적어도 영국에서 2019년에만 정신건강 문제를 겪는 청소년의 수가 15% 증가한 이유를 설명할 수는 없다. 진단 가능한 정신건강 문제를 경험한 젊은 여성의 50%가 자해를 하거나 자살을 시도한 이유도 설명하지 못한다. 이 연령 집단에서 자살률이 증가하는 이유도 설명하지 못한다. 만약 우리가 사람들의 향후 진로, 건강 및 복지의 궤적을 규정하는 기간으로 청소년기가 얼마나 중요한지 온전히 인식한다면, 이러한 전환은 파국적인 의미를 띤다. 일부 연구에서 제시한 대로(Murphy & Fonagy, 2013) 정신건강 문제의 75%가 만 18세까지 나타난다면, 우리 지역 공동체와 청소년과 그들의 가족에게 최선의 가장 적절하게 적용 가능한 증거 기반 개입을 제공하기 위해 정신건강에 대한 학문과 접근을 넘나드는 급진적인 변화가 필요하다는 것이 자명하다.

그리고 여기 이 책의 각 장마다 훌륭한 글이 있다. 이 책의 편저자들은 진심으로 축하받아야 할 것이다. 임상가들이 그들의 지향이나 주된 연구와 상관없이, 또는 특정 문제와 관계없이 청소년에게 최선의 지원을 제공하려고 노력하는 가족들, 점점 더 복잡해지는 사회적 네트워크를 통해 자신의 길을 찾으려는 청소년들, 청소년의 우울과 불안을 완화하는 데 분명히 실패하고 있는 학교와 지역사회, 사회 기관의 더 광범위한 체계가 손쉽게 채택될 수 있는 공통 언어에 대한 포괄적인 소개를 제공하고 있기 때문이다.

이 책은 일반적이고 비이론적이며 잠재적으로 매우 유용하면서 단순하고 분명한 개념적 틀을 제안한다. 그래서 아동과 청소년에게 정신건강 서비스를 제공하는 임상 분야가 이런 틀을 상대적으로 느리게 채택하는 이유를 이해하기 어렵다. 이것은 우리 중 다수가 알고 있는 심리사회적 치료 세계의 패러다임 전환과 궤를 함께 한다(예: Fonagy & Luyten, 2019). 이러한 전환의 특징은 명확하게 규정된 특정한 환자 집단을 대상으로 하는 일련의 기술로 규정되는 특정 **명칭이 부여된 치료법**을 강조하는 경향이 줄어드는 것이다. 특정한 임상 집단을 과학적으로 검증하는 작업의 어려움이 이러한 감소에 기여했다. 마찬가지로 **심리치료 학파**에 대한 생각도 다소 힘을 잃었다. 과거에는 치료자가 정신역동 또는 인지행동 훈련을 받았다고 말하는 것만으로도 충분했으며, 이는 인증 측면뿐만 아니라 그들의 '치료 국적'을 규정하는 측면에서도 일종의 여권이 됐을 것이다.

한편, 이러한 감소에 대한 균형을 잡는 동안, 우리는 **검증 가능한 개입 모델**의 증가를 관찰할 수 있다. 청소년을 위한 정신화 기반 치료의 첫 번째 시행(Rossouw & Fonagy, 2012)에서 우리는 치료 효과의 가능한 매개변인으로 정신화 능력과 애착의 안정성 둘 다를 측정했다. 정신화가 중요하다고 가정한다면, 이 심리적 역량을 증진하는 것은 MBT를 현미경 아래에 두기 위한 실험적 틀을 제공한다. 더 많은 **매개변인과 조절변인** 연구가 있어야 할 것이며 앞으로 그러할 것이다. 이 책의 여러 장에서 분명히 밝히듯이, 정신화의 개념적 틀은 일종의 **메커니즘적 기능 분석**에 기초한 새로운 형태의 진단을 제공한다. 다양한 형태의 정신화 실패는 자녀와 양육자 관계 유형의 적응 패턴과 관련된 사회 인지의 역기능에 근간을 둔 다양한 정신장애 징후를 초래할 수 있다. 정신화는 또한 ACT(Hayes, 2015) 및 자비 중심 치료(Gilbert, 2019)와 같은 다른 모델과 공통적인 접근을 나타낸다. 여기서 우리는 **법칙정립적 접근에서 개별적 접근으로의 움직임**을 알아차릴 수 있다. 우리에게는 서로 다른 치료에 노출된 두 집단 간의 평균 차이와 관련된 효과 크기 계수 이상이 필요하다. 우리는 치료적 시행에서 집단 평균 기저에 전반적 개선이 지배적일 때에도 종종 회복과 함께 악화를 반영하는 개별적 경로에 해당하는 상당히 다른 궤적들이 있다는 것을 알고 있다. 이 모든 것은 개인이 호소하는 어려움에 가장 잘 맞도록 구성된 치료 요소를 조합하여 사용함으로써 심리치료에 대한 일종의 '맞춤 의료' 접근을 위한 문을 열며, 다양한 치료 모델, 환경 및 심지어 문화를 통합하거나 연결하는 어떤 접근을 만들어 낸다.

이 책에서 제시하는 접근은 청소년이 직면한 정신건강 문제를 이해하는 열쇠를 제공하는가? 정신화는 이족보행이 우리의 종을 사회적인 삶으로 이끌었고, 그 결과 더 큰 인지 능력을 필요로 했던 진화 역사에 깊숙이 뿌리를 두고 있다(Dunbar & Sosis, 2018). 인간의 아기는 다른 영장류에 비해 현저히 미성숙하게 태어난다. 그래서 출생 자체가 고통스럽고 위험하며, 친족의 사회적 지지가 필요하다(Hrdy, 2013). 우리의 종은 어린 인간이 집단 구성원 간의 친숙함과 상호 관계에서 주로 수렵 채집에 종사하는 약 150명의 공동체에 합류할 준비가 되기까지 오랜 기간의 필수적인 보호와 보살핌과 집중적이고 장기간의 학습을 요구한다(Dunbar & Sosis, 2018). 가까운 친척뿐만 아니라 집단 내의 모든 사람은 어린 인간을 보호할 책임이 있다. 친척과 집단 구성원이 항상 있고 아이들은 그들이 선택한 누군가로부터 접촉, 위안, 놀이를 구하기 위해 자유롭게 돌아다닐 수 있다.

인간의 사회성은 타인과 정신 상태를 공유하는 독특한 능력으로 설명된다(Tomasello, 2019). 사람들이 상호작용할 준비가 되면 그들은 마음의 만남을 통해 대인 관계에 대한 인식을 얻게 된다. 사회 체계 내에 있는 개인들의 정신 상태는 모든 사람에 의해 결합되거나 공유된다고 추정한다. 마음의 철학자들은 이러한 정신적 사건의 범주를 "공동으로 처리하기(jointly seeing to it)"라고 명명했다(Tuomela, 2005). 이러한 우리성(we-ness)의 느낌은 사회적 협업의 근간을 이룬다. 자신의 것을 넘어선 일련의 생각과 감정의 일부가 되는 것은 인류의 본질이다. 이런 방식으로 함께 생각하기는 '우리 모드(we-mode)'라 부르는 집합 형태의 사회 인지를 창조한다. 이러한 우리 모드는 정신화가 발달하는 영아기에 맥락을 제공한다. 이것은 걸음마기에 정신화를 촉진하고, 아이의 놀이를 혼자 하는 활동에서 사회적 협력으로 이동하는 맥락이다. 이것은 아동 중기에 또래 관계가 형성되고 가족이 그들의 고유한 체계적 특성을 획득하는 맥락이다. 우리성은 청소년의 사회적 유대와 또래 집단이, 의존에서 자립으로 전환하는 청소년에게 제공하는 필수적인 사회적 지지로 스며든다. 이것은 또한 이 저서의 탁월한 리뷰 모음에서 제시하는 치료 모델과 기법을 관통하는 핵심 아이디어이기도 하다. 우리성은 심리치료에 대한 정신화 기반 접근 방식의 정수다. 아마도 그것은 MBT를 넘어 DBT 또는 ACT와 같은 다른 치료적 접근에도 동기를 부여할 것이다.

그런데 청소년 정신장애의 유병률 증가는 어떤가? 우리의 생물학적 적응 환경, 수렵·채집인의 사회적 환경, 즉 우리가 무언가를 공동으로 처리하고 정신 상태에 대한 상호 이해를 공유할 수 있는 능력을 획득했던 환경은 오존층이 얇아지면서 우리의 물리적 환경의 주요한 측면을 위협하는 것과 거의 같은 방식으로 생태학적으로 위협받고 있다. 이 공식에 따르면 정신화는 일대일 관계보다는 공동체에 대한 적응에서 그리고 적응을 위해 진화했다. 어떤 면에서 애착 이론은 도움이 되지 않았을 수도 있다. 애착 이론과 정신화에 대한 우리의 초기 저술은 본질적으로 양자적(dyadic)* 부모/양육자 상호작용 모델을 강조했다(Bowlby, 1969, 1973; Fonagy, Gergely, Jurist, & Target, 2002). 애착 연구를 바탕으로 우리는 양자적 상호작용을 강조했다. 즉, 정신화가 구축되는 필수적인 구성 요소 또는 초석으로서 주고받기(taking turns), 영아와 양육자 간의 원활하고 완결된 상호작용, 아이에게 생겨나는 감정을 양육자가 얼굴로 반영하기 등

* 한국심리학회『심리학 용어사전』참조

이다. 달리 말하자면, 우리는 영아에 대한 우리 문화의 이상, 즉 영아를 그들 행동의 주요 준거로 부모의 자질과 특성을 사용하도록 민감화된 주체자로 보는 관점을 지지했다. 이 설명에 따르면, 영아들이 중심 주체로서 엄마의 표상을 인식할 때, 이것은 영아기뿐만 아니라 아마도 청소년기와 성인기에 걸쳐 자기 발달의 핵심에 있다고 가정되는 자기 인식의 감각을 생성한다. 이것의 실제에 대해서는 의심의 여지가 거의 없지만, 이것은 이야기의 일부다. 이 양자관계 경험은 우리 모드의 더 넓은 범주의 일부로 가장 잘 이해될 수 있다. 아마도 자기에 초점을 둔 양자관계 상호작용은 소속감과 자기감을 생성하는 특별한 방식 중 하나일 것이다. 아마도 수렵 · 채집인들 사이에서는 다양한 형태의 우리 모드가 이러한 정체성의 측면들을 발달시키는 데 있어 강조되었고, 아마도 그들은 많은 비서구 사회에 여전히 강조되고 있을 것이다. 수렵 · 채집인과 더 유사하고 우리와는 다른 사회에서 아동과 양육자가 동시에 진행 중인 여러 활동에 참여하고 양자관계 상호작용에 참여하는 일은 매우 드물다(Keller, 2018). 이는 영유아나 아동을 양육자에게 주의의 초점이 되는 중심 주체로 우선시하는 것과는 상당히 다른 문화적 이상을 지지한다. 이러한 좀 더 광범위하고 다층적이며 지속적으로 몰입하는 상호작용 속에서 아이는 타인의 정신 상태, 그들의 바람, 그리고 그들의 흥미에 주의를 기울이는 데 민감하게 된다. 이때 아이가 행동의 주된 준거로 사용할 수 있는 것은 그들 자신의 정신 상태가 아니라, 타인, 즉 사회적 집단의 정신 상태다. 정체성을 만들고 타당화하는 것은 소속에 대한 인식, 자신이 집단의 중심 성향과 유사하다는 것을 발견하는 것이다.

여기서 제안하는 것은 정신화가 집단 내 협력에 대한 사회적 적응의 산물이라는 것이다. 그 결과 이런 생각이 자기를 중심 주체로 강조하는 틀에 의해 장악될 위험성이 있다. 우리는 수년 동안 자기감이 제대로 형성되지 않은 사람들에게 과도한 자기 성찰을 치료적 접근으로 적용하는 것에 대해 경고해 왔다. 아마도 우리가 이런 권고 사항의 중요성을 잘 인식하지 못했던 이유는 이런 권고가 이론적 고려보다는 임상 경험에 뿌리를 두었기 때문이었을 것이다. 우리가 정신화를 본질적으로 소속의 신호로 본다면, 정신화의 어려움을 이해하는 한 가지 방식은 그것을 사회적 응집성과 사회적 소속을 상실하는 경험으로 보는 것이다. 우리가 청소년 정신건강 장애 유병률 증가를 사회적 연결의 부분적 실패에서 비롯된 취약성에 뿌리를 둔 회복탄력성의 한계로 봐서는 안 되는 것인지 궁금하다. 나는 청소년들 사이의 사회적 연결이 과거보다 현재 덜 강렬하다고 말하는 것이 아니다. 그렇지만 제2차 세계대전 이후 세대 간 접촉이 줄어들고 많은 측면에서 청소년이 사회화 주체가 되고 있다는 증거가 있다고 생각한다. 발달을 위한 또래 집단의 중요성은 분명하지만, 나는 우리가 20세기 말과 21세기 초에 청소년기를 재구성하는 방식에서 인간의 진화적 부조화(evolutionary mismatch)에 도달했다고 믿고 있다.

인간은 이제 그들이 진화했던 환경, 즉 특정 기능이 선택 이익*을 충족시켰던 맥락인 소위 **생물학적 적응 환경**에서 빠르게 벗어나는 환경에서 살고 있다. 현재 환경과 선택 이익이 뚜렷했던 환경 사이의 괴리를 **진화적 부조화**라 한다. 부조화는 선택 이익이 있는 능력이나 기능을 불러일으킨 환경이 진화된 기능이 변화에 적응하는 데 필요한 시간보다 더 빠르게 변하기 때문에 발생하는 **적응적 지연**(adaptive lag)으로 인해 일어난다. 단것을 선호하는 것과 같은 진화적 메커니즘은 자원이 희소하여 자당(蔗糖, sucrose)이 칼로리와 비타민을 내주는 과일과 꿀에 대한 선호로 이어지는 맥락을 고려하면 매우 이해된다. 하지만 제조된 식품이 자연에서 발견되는 식품을 대체하는 맥락에서는 단것에 대한 내장된 선호는 영양가는 거의 없고 칼로리 함량이 높은 식품에 대한 선호로 이어질 수 있으며 이는 아동기 비만의 유행으로 이어질 수 있다. 인류 역사의 99% 동안 사람들은 소규모 친족 집단을 이루어 수렵 · 채집인으로 살았다. 우리성을 위한 진화적 부조화는 아마도 농업이 발달하기 시작한 10,000년 전에 시작되었겠지만 산업 혁명과 함께 다시 악화되었다. 우리성, **공동으로 처리하기**는 수렵 · 채집인의 환경에서는 이해가 된다. 상호적 이해의 실행 가능성은 사회 구조, 특히 사회 계층과 그에 수반되는 심리적 복잡성이 갈수록 심화됨에 따라 점점 더 시험받고 있다.

나는 현대 교육이 생물학적 적응 환경의 주요 특징을 제거함으로써 유사한 적응 지연을 발생시켰다고 생각한다. 청소년 발달을 위한 생물학적 적응 환경은 지지적이고 수직적으로(세대 간에) 통합된 집단을 포함했다. 진화적 부조화가 발생한 시점은 사회적인 이유 때문에 교육이 사춘기를 넘어 후기 청소년기와 초기 성인기로 연장되었을 때였다. 부조화는 청소년 교육이 이루어지는 집단 내에 성인이 상대적으로 부재하다는 데 뿌리를 두고 있다. 이제 청소년들은 도제식 교육 모델이 지배했던 때에 비해 성인 역할 모델과 더 적은 시간을 보낸다. 청소년기는 우리가 양육자로부터 독립을 추구하도록 짜여 있는 생물학적 프로그램이 내장되어 있는 기간이다. 그렇지만 독립을 위한 추동이 교육적 기능을 갖춘 비친족 성인을 배제해서는 안 된다. 그런데 청소년

---

* 생명과학 분야의 용어, 일정한 환경에서 어떤 성질을 갖는 것이 갖지 않는 것보다 생존 또는 증식에 유리한 상태를 말한다. (『생명과학대사전』 참조)

의 사회화를 도와줄 성인들은 대부분 중등학교의 대규모 학급에서 멀리 떨어져 있다. 청소년들은 그들이 개체로서 사람들에게 알려져 있다고 느끼지 않는다. 현대 사회의 청소년기에는 자신의 행동에 대한 높아진 책임을 맡으려는 추동과 같은 생물학적 유산의 일부가 유지된다. 동시에 높아진 책임, 즉 증가된 주체성(agency)을 지원하도록 설계된 요소들은 약화되어 왔다. 자기 주체성 없는 책임은 결코 유용한 조합이 아니다. 자기 주체성이 제왕인 문화에서 성장해 왔기 때문에 주체성의 부족은 대부분의 사람이 감당할 수 없는 불일치와 실제 자기와 이상적 자기 간의 괴리를 만든다. 청소년들이 자기 삶에 부모가 개입하는 것에 맞서야 하는 것이 맞지만, 현재 사회 구조는 그들이 적어도 재정적인 부분에서는 부모의 지원에 과도하게 의존하는 상태로 만들고 있어 쉽지 않은 일이다. 소셜 미디어는 실제로 스트레스 증가에 어느 정도 책임이 있을 수 있다. 그러나 이런 현상에 대해 추가적인 의미가 있을 수 있는 것은 그 기저에 있는 세대 간 사회적 연결망의 약화다.

왜 우리는 청소년이 이전 세대로부터 적절한 지원을 받지 못한다고 느끼지만, 동시에 성인기 책임의 징표를 떠맡는 것으로부터는 분명히 과잉보호를 받는 상황에 처했다고 생각하는가? 현대 사회의 청소년기 연장의 원인은 변화된 환경, 즉 인간 지식 기반의 복잡성 증가로 인해 높아진 학습에 대한 요구 때문이다. 현재 우리가 사용하는 도구의 복잡성이 증가함에 따라 더 긴 학습이 필요하고 문화적 지식을 적절하게 전달하는 데 더 많은 시간이 소요된다. 이런 변화된 환경의 요구가 미치는 영향에 대응하기 위해 우리는 연결을 가능하게 하고 주체성을 증진하며 사회적 연결망을 강화하는 과정을 촉진하는 자연적으로 보호하는 적응을 만들어야 한다. 이것이 우리성의 기준이고 정신화에 의해 도움받는 접근법이다.

청소년기의 충동성 및 위험 감수 증가, 또래 집단 상호작용 우선시하기는 양육자에 대한 의존에서 벗어나 한 개인이 되어 가는 것을 나타내는데, 이 과정은 다시 신체적 성숙과 성적 성숙을 아우르는 자기 구조의 완전한 재구성을 요구한다. 청소년기 과업은 크게 변화된 신체를 통합하고, 증가된 성욕을 관리하고, 높아진 감정의 강렬함을 수용하는 것이다. 또 다른 발달 과업은 자기감과 관계를 조직하고 또래 관계의 때로는 치열하게 경쟁적인 속성이 부여하는 엄청난 압력과 함께 심리적 분리와 자율성을 창출하고 뚜렷한 성인 자기감을 개발하는 데 대한 추가적인 심리사회적 요구에 대처하는 데 있어서 상징적이고 추상적인 사고의 더 큰 능력을 다루는 것이다. 어떻게 우리는 청소년이 스스로 이를 성취할 수 있다고 기대할 수 있는가? 수렵 · 채집

사회화의 역사적 맥락에서 개인을 둘러싼 공동체의 기능은 청소년기의 '질풍노도'를 관리하는 것이었다. 이것은 정신화하는 뇌 회로의 신경발달적 진행이 가지치기 중이기 때문에 각성과 감정을 조절하고 변연계의 요구에 반응하는 능력이 떨어질 수 있는 상태를 뜻한다. 이런 상태는 결과적으로 새로움과 자극에 대한 욕망과 연결된 점점 더 강렬한 정서적 경험을 생성한다. 요약하면, 청소년은 성인의 지원이 없다면 우리가 그들에게 요구하는 과업을 수행하기에 흔히 부적합할 수 있다. 아마도 정신화과다(hypermentalizing, Sharp et al., 2013; Sharp et al., 2016), 지나친 마음 이론, 혹은 다른 사람들이 보기에는 어떻게 그것이 타당한지 알기 어려울 정도로 관찰 가능한 자료를 훨씬 뛰어넘어 정신 상태에 대해 근거 없는 추론을 하는 경향성은 우리가 청소년에게 만들어 낸 진화적 부조화의 신호이자 21세기 초 청소년이 직면한 정신건강 위험의 근원이다.

그들이 현재 받고 있는 것보다 더 나은 지원과 사회적 네트워킹을 받을 자격이 있다는 것은 부정하기 어렵다. 그러나 이러한 적절한 지원이 부족한 이유가 있을 것이며, 이것은 두 번째, 아마도 훨씬 더 해로운 사회적 과정을 가리킬 수 있다. 베이비붐 세대*(그리고 베이비붐 세대의 자녀)와 오늘날의 청소년 및 초기 성인 사이에는 세대 간 충돌이 있다. 20세기 후반 부모와 자녀 간 상호작용에 대한 관심의 증가, 즉 자기 주체성 증진에 초점을 두고 영유아를 위한 부모의 양자관계에 집중된 관심은 방임이 초래하는 인지적 · 심리적 불리함을 감소시키는 형태로 바람직한 사회적 결과를 가져왔을 것이다. 하지만 아마도 베이비붐 세대 부모의 자녀가 부모가 되어 다시 양육에 참여하는 능력에 관해서는 몇 가지 바람직하지 않은 사회적 결과도 가져왔을 것이다.

이처럼 세대를 이어 부모와 자녀 양자관계에 더 강하게 초점을 두는 경향은 이제 잘 확립된 것으로 보이는데, 의심할 여지 없이 사회 전반에 걸쳐 영유아의 초기 시기를 개선시켰다. 그러나 이 동일한 패턴이 모든 생명체를 위해 자연의 본보기가 그렇게 하는 것처럼 베이비 붐 세대 부모가 그들의 다음 세대가 독립을 달성하고, 그들로부터 이어받을 뿐만 아니라 그들을 능가할 수 있도록 이들에게 힘을 실어 주는 능력을 향상시켰는가? 나는 여기서 우리가 문제와 마주친다고 믿고 있다. 영유아를 사회화 과정의 중심에 두는 이러한 발달적 압력은 공동체와 사회적 연결망의 우리 모드에서 에너지와 주의를 멀어지게 하며, 자기 중요성에 대한 이러한 심리적 압력은 개인이 나이

* 영국의 베이비붐 세대는 제2차 세계대전 이후인 1946~1964년에 태어난 사람들로 영국이 경제적으로 번영하던 시대이다.

들었을 때 뒤로 물러나고 떠오르는 젊은 세대에게 기꺼이 권력과 권위를 넘겨주려는 의지를 덜 갖게 할 수 있다. 진화적 부조화에 대한 더 단순한 설명이나 별도의 기여 요인은 물론 수명 연장이다. 우리가 생물학적 적응 환경에서보다 수십 년 더 건강한 삶을 살기 때문에, 진화는 우리가 알맞을 때 기꺼이 우리의 권위를 포기하고 생물학적으로 준비된 조부모 모드로 전환하도록 준비시켜주지 못했을 수 있다. 아마도 핵가족과 엄마와 유아 상호작용의 가치를 중시하는 경향에 뿌리를 둔 서구 문화의 자기애는 다음 세대 성인들의 도전에 대한 부모의 태도 때문에 청소년과 초기 성인을 위한 새로운 기회를 약화시키는 역할을 했을 것이다. 적어도 우리가 이 특정한 세대 간 전이 지표에 초점을 맞춘 이후로, 현재 세대는 앞선 세대보다 더 불우한 첫 번째 세대가 될 가능성이 있다는 것이 일반적인 인식이다.

코로나19에 대한 우리의 대응은 아마도 가장 정당하고 인도주의적인 동기에 의해, 기성세대의 이익이 전 세계에 걸쳐 젊은 세대의 이익보다 우선시되는 방식의 한 예일 것이다. 젊은 사람들은 중년 이상의 사람들에 비해 코로나바이러스의 영향을 덜 받는다. 실제로 코로나19 이후 45세 미만의 초과 사망은 바이러스로 인해 수명이 심각하게 단축될 위험이 있는 노년층에 비해 감소해 왔다. 적어도 모든 서구 문화에서 공중보건 계획은 젊은 세대보다 기성세대를 우선시한 것으로 보인다. 나는 60대 후반 성인으로 불평할 거리가 거의 없다. 그러나 내가 속한 세대와 위아래에 속하는 몇 세대에게 스스로를 돌보고 안전을 지키는 책임을 맡기기보다 질병과 고통스럽고 불편한 죽음에서 기성세대를 보호하는 일을 일차 기능으로 삼아 젊은 사람들에게 부자연스러운 일련의 사회적 고립 전략을 채택하도록 강요했다는 것은 놀라운 일이다.

따라서 나는 청소년기 정신건강의 유병률 증가는 이 연령 집단의 특징인 신경생물학적 변화의 발현이라기보다는 사회 집단보다 개인을 우선시해 온 이전의 사회 변화에 따른 사회적 변화의 결과라고 본다. 자기 초점 감각과 우리가 중심 위치에 설 자격이 있다는 가정이 적어도 부분적으로 우리가 아래 세대를 대하는 방식에 스며들었을지 모른다. 그 결과 이 세대가 우울감, 불안, 무망감(hopelessness)을 경험하고, 지원받지 못한 채 경쟁이 더욱 치열해지는 사회적 환경에서 그들 스스로 대처하도록 내버려졌다고 느끼는 것은 놀라운 일이 아니다. 이들은 또래 집단과 그 윗세대와 더불어 모든 60대와도 겨루어야 하는 상황에 처해 있는 것이다.

참고문헌

Bowlby, J. (1969). *Attachment and Loss, Vol. 1: Attachment*. London, UK: Hogarth Press and Institute of Psycho-Analysis.

Bowlby. J. (1973). *Attachment and Loss, Vol. 2: Separation: Anxiety and Anger*. London, UK-Hogarth Press and Institute of Psycho-Analysis.

Dunbar, R.I.M., & Sosis, R. (2018). Optimising human community sizes. *Evolution and Human Behavior, 39*(1), 106–111. doi: 10.1016/j.evolhumbehav.2017.11.001.

Fancourt, D., Bu, F., Mak, H. W., & Steptoe, A. (2020). *UK covid-mind study: Results Release 3* (pp. 1–23). London: University College London.

Fonagy, P., Gergely, G., Jurist, E., & Target, M. (2002). *Affect Regulation, Mentalization, and the Development of the Self*. New York, NY: Other Press.

Fonagy, P., & Luyten, P. (2019). Fidelity vs. flexibility in the implementation of psy-chotherapies: Time to move on. *World Psychiatry, 18*(3), 270–271. doi: 10.1002/wps.20657.

Gilbert, P. (2019). Distinguishing shame, humiliation and guilt: An evolutionary functional analysis and compassion focused interventions. In C.-H. Mayer & E. Vanderheiden (Eds.), *The Bright Side of Shame* (pp. 413–431). Cham, Switzerland: Springer Nature Switzerland.

Hayes, S.C. (2015). *The Act in Context: The Canonical Papers of Steven C. Hayes*. New York, NY: Routledge.

Hrdy, S.B. (2013). The 'one animal in all creation about which man knows the least'. *Philosophical Transactions of the Royal Society of London, Series B: Biological Sciences, 368*(1631), 20130072. doi: 10.1098/rstb.2013.0072.

Keller, H. (2018). Universality claim of attachment theory: Children's socioemotional development across cultures. *Proceedings of the National Academy of Sciences of the United States of America, 115*(45), 11414–11419. doi: 10.1073/pnas.1720325115.

McManus, S., Bebbington, P., Jenkins, R., & Brugha, T. (Eds.). (2016). *Mental Health and Wellbeing in England: Adult Psychiatric Morbidity Survey 2014*. Leeds, UK: NHS Digital.

Murphy, M., & Fonagy, P. (2013). Chapter 10: Mental health problems in children and young people. *Our children deserve better: prevention pays: Annual report of the Chief Medical Officer 2012* (pp. 176–188). London, UK: Department of Health.

Rossouw, T.I., & Fonagy, P. (2012). Mentalization-based treatment for self-harm in adolescents: A randomized controlled trial. *Journal of the American Academy of Child and Adolescent Psychiatry, 51*(12), 1304–1313. doi: 10.1016/i.jaac.2012.09.018.

Sadler, K., Vizard, T., Ford, T., Goodman, A., Goodman, R., & McManus, S. (2018). *Mental*

Health of Children and Young People in England, 2017: Trends and characteristics. Leeds, England: Health and Social Care Information Centre. (NHS Digital).

Sharp, C., Ha, C., Carbone, C., Kim, S., Perry, K., Williams, L., & Fonagy, P. (2013). Hypermentalizing in adolescent inpatients: Treatment effects and association with borderline traits. *Joumal of Personality Disorders, 27*(1), 3–18. doi: 10.1521/pedi.2013.27.1.3.

Sharp, C., Venta, A., Vanwoerden, S., Schramm, A., Ha, C., Newlin, E., Fonagy, P. (2016). First empirical evaluation of the link between attachment, social cognition and borderline features in adolescents. *Comprehensive Psychiatry, 64*, 4–11. doi: 10.1016/j.comppsych.2015.07.008.

Tomasello, M. (2019). *Becoming Human: A Theory of Ontogeny.* Cambridge, MA: The Belknap Press of Harvard University Press.

Tuomela, R. (2005). We–intentions revisited. *Philosophical Studies, 125*(3), 327–369. doi: 10.1007/ s11098–005–7781–1.

차례

제2부 치료 실제

도입

Trudie Rossouw, Maria Wiwe, Ioanna Vrouva

다음은 무디슨(Lukas Moodysson)이 각본과 감독을 맡은 스웨덴 영화 〈쇼 미 러브〉(원제 'Fucking Amal')에 나오는 10대 소녀 아그네스와 아버지 올로프 간에 오간 대화를 발췌한 것이다(1998년). 자상한 아버지인 올로프는 친구 관계에서 어려움을 겪으며 외로움과 고립감을 느끼는 딸 아그네스를 위로하려고 애쓴다.

올로프: 우리 반이 다시 만났을 때, 내 생각에 25년 만의 동창회였던 것 같아. 그때 모두 내가 성공했다는 걸 알게 됐어. 벵트는 당시 우리 반 킹카였는데 여태껏 별 볼 일 없었더라고, 진짜. 그리고 가장 예쁘다고 손꼽혔던 여자애들도 더 이상 특별하지 않았어. 그러니까 너는 일이 쉽게 풀리지 않는 걸 기뻐해야 한다고 생각해. 왜냐하면 쉽게 얻는 사람들은 결국에는 꽤 시시한 사람이 되는 경우가 많으니까.

아그네스: 근데 아빠는 25년 후에 대해 말하고 있잖아요. 죄송하지만 저는 25년 후보다 차라리 지금 행복한 게 나아요.

글쎄, 누가 더 나은 날을 위해 25년을 기다리고 싶을까? 청소년은 인생을 강렬하고 지극히 현재 시점에서 바라보기에 성인의 조언과 '지혜'에 대해 당연히 회의적일 수 있다. 그들은 자기와 정체성에 대한 감각을 발달시키도록 도와줄 또래들과의 연결을 갈망하지만, 우리 대부분이 아직도 그때 경험을 꽤 생생하게 기억하듯이, 이 과정은 결코 고통이 없는 경험이 아니라, 혼란, 거부, 굴욕이 따르는 경험이다. 당연히 청소년의 변화하고 종종 모순적인 요구에 적응하는 것은 부모(및 교사)에게 다수의 도전적인 과제를 제시한다. 그리고 청소년을 치료실에서 만난다면, 심한 양가성에 직면하여 동맹을 구축하고, 관계에서 불화를 다루고, 치료 중단을 예방하고, 여러 위기를 관리하는 것과 같은 압박들은 가장 숙련된 치료자들에게도 시험이 되는 일일 수 있다. 하지만 이와 동시에 주변 사람들과 연결되고 자신을 발견하고 삶에서 자신의 자리를 찾으려 애쓰는 이 매혹적인 젊은이들을 따라갈 수 있는 기회는 우리의 직업 생활에서 가장 보람 있는 경험 중 하나가 될 수 있다.

청소년기는 엄청나게 중대한 시기이고 청소년 개개인과 가족에게 기회뿐만 아니라 고유한 취약성을 맞닥뜨리게 한다. 청소년의 마음과 존재의 모든 측면이 구축되는 중이고, 신경화학과 신체 및 심리사회적 세계에서 동시에 변화가 일어난다. 청소년기를 20대까지 지속되는 것으로 이해되고 있는데, 앞서 언급한 변화로 인해 이때는 불확실하고 불안정하며 종종 동요하는 삶의 시기이다. 뇌 발달과 연관된 변화로 인해 청소년은 강한 감정 폭풍에 좀 더 휩싸이기 쉽지만, 이것을 조절하고 헤쳐 나가는 능력은 발달하지 못한 상태이다. 청소년은 다른 청소년의 얼굴 표정(Moore et al., 2012)과 거부로 지각되는 반응에 유난히 민감하고, 자극과 또래 승인을 추구하기 때문에 더 심한 위험 감수 행동을 보인다(Steinberg, 2008).

청소년들은 부모 및 권위 있는 다른 어른에 대한 의존과 이들에 대한 경멸 사이에서 종종 갈팡질팡하고 갈등을 느끼면서 또래 집단에 끌린다는 것은 알려진 지 오래된 사실이다. 이처럼 청소년들은 또래 집단에 끌리면서도 또래들과 어울리지 못하는 데 대해 상당한 불안을 느끼고, 자신이 누구인지 그리고 무엇을 원하는지 알지 못하는 상태에 놓인다. 사회적 이해가 변하고 자의식적 자각이 증가하면 아동기의 불안정과 불안이 청소년기에는 수치심과 자기혐오로 대체될 수 있다. 성인 정신 질환의 50%가 청소년기에 시작되고(Kessler et al., 2005), 우울증, 섭식장애, 약물 남용, 품행장애, 정신증과 같은 내재화 및 외현화 정신건강 문제가 전형적으로 이 시기에 처음 나타난다는 것은 놀랍지 않다.

그러나 청소년기는 취약성이 높아지는 기간일 뿐만 아니라 큰 기회의 시기이기도 하다. 미켈란젤로, 메리 셸리, 에이다 러브레이스와 같이 많은 위대한 인물이 청소년기에 두각을 나타낸 한편, 더 최근에는 한때 어려움을 겪었던 10대 청소년 그레타 툰베리가 전 세계 모든 연령대 사람에게 지구의 미래를 위해 보호 행동을 취하도록 영감을 주고 동력을 얻는 데 성공했다.

그렇다면 취약성을 기회와 강점으로 바꿀 수 있는 요인은 무엇일까? 청소년기 정신건강과 개인적 성장에 필수적 요소는 무엇일까? 이 책의 핵심은 신경생물학적, 심리사회적으로 중요한 이 결정적 시기에 정신화의 발달을 강화하는 것은 괴로움을 완화할 뿐만 아니라 회복탄력성을 높인다는 견해이다(Fonagy, Luyten, Allison, & Campbell, 2016). 정신화라는 용어는 Peter Fonagy가 1989년에 처음 사용했으며, 정신 상태의 관점에서 행동을 이해하는 능력, 즉 행동에 정신적 의미를 부여하고 자신의 내적 경험과 다른 사람들과의 경험을 이해하는 능력을 말한다. 정신화는 발달적 구성개념으로 개념화되었고(Fonagy, Gergely, Jurist, & Target, 2002), Peter Fonagy, Anthony Bateman 및 그들의 동료들에 의해 경계선 성격장애가 있는 성인을 위한 정신화 기반 치료를 개발하는 데 임상적으로 적용됐다(Bateman & Fonagy, 2004). MBT는 전 세계적으로 치료자와 연구자에 의해 성인의 여러 다른 정신건강 질환을 위해 더 개발되었고(Bateman & Fonagy, 2019), 정신화는 초진단적(transdiagnostic) 개념이 되고 있다(Luyten, Campbell, Allison, & Fonagy).

MBT는 또한 청소년(Midgley & Vrouva, 2012)에 대한 개입을 위해서도 개발됐는데, 이것은 아동(MBT-C; Midgley, Ensink, Lindqvist, Malberg, & Muller, 2017), 부모(Cooper & Redfern, 2016) 및 가족(MBT-F, Asen & Fonagy, 2012a, 2012b, 초기에는 SMART로 알려짐, Fearon et al., 2006)을 포함한다. Trudie Rossouw와 Peter Fonagy는 이런 개입과 청소년을 대상으로 한 다른 선구적인 작업(예: Bleiberg, 2013; Sharp et al., 2009)과 밀접한 연관성을 갖고, 자해하는 청소년을 위한 효과적이고 시간제한적인 치료에 대한 요구에 대응하여 청소년을 위한 MBT(MBT-A)를 개발하고 경험적으로 평가했다(Rossouw & Fonagy, 2012). 이 모델은 이후 이 책에 제시된 다른 여러 임상적 적용과 함께 확장되었다.

자해하는 청소년 대상 무작위 대조 연구에서 MBT-A로 치료받은 청소년은 자해뿐만 아니라 경계선 성격장애 특성과 우울에서도 개선을 보였다. 이 연구에서 MBT-A는 매주 개인 MBT-A와 매달 MBT-가족(MBT-F) 치료의 조합으로 제공되었다. 치료기간은 1년이었지만 일부 청소년은 그보다 일찍 치료를 종결할 수 있었다. 그러나 여러 다른 서비스에서는 다른 형식의 MBT-A 패키지가 있다. 예컨대, MBT-A 개인과 MBT-집단 및 MBT-F를 결합하는 것이다. 치료 기간도 서비스에 따라 다르고 임상적 필요에 따라 더 길거나(최대 18개월) 더 짧을 수 있다(6개월, 현재 3개월이라는 더 짧은 형태 검토 중). 대부분 MBT–A 치료는 외래 환경에서 제공되지만, MBT–A를 제공하는 입원 병동도 있다.

이 책은 앞서 언급한 Trudie Rossouw와 Peter Fonagy의 작업에 기반을 둔, MBT–A에 대한 실용적인 치료 지침서이다. MBT 훈련과 슈퍼비전을 받은 실무자들로부터 그들의 지식과 기술 및 실무 증진을 위한 실용적인 교재가 필요하다는 많은 요청에 따라 만들어졌기 때문에, 대부분 장에서 임상에 분명한 초점을 두고 있다. 이 책의 집필자 대부분은 연구자뿐만 아니라 실제 치료에 참여하는 실무자이고 MBT–A에 대해 치료자들에게 국제적으로 훈련과 슈퍼비전을 제공한 경험을 가지고 있다. 이들은 청소년과 함께 작업하는 가운데 생생한 임상적 맥락과 실무자의 일상적인 체험에 주의를 기울이고, 이와 동시에 관련 이론과 그것을 뒷받침하는 경험적 증거를 충분히 잘 알고 있다. 그래서 이들은 이론과 연구 및 실제를 의미 있게 통합하는 것을 목표로 한다.

정신화는 정신분석/정신역동, 가족/체계, 인지 행동, 대인관계 치료와 같이 주로 다른 치료 양식에서 훈련받은 치료자들에 의해 수용되었다. 따라서 이 책의 목적은 청소년과 가족이 자기 생각과 감정, 그리고 다른 사람들의 생각과 감정에 대한 알아차림을 풍부하게 발달시킴으로써, 즉 정신화를 강화함으로써 청소년기의 질풍노도를 헤쳐 나갈 수 있도록 도울 때 치료자가 지닌 기존의 기술과 통찰을 활용하고 추가적인 지침을 제공하는 것이다. 이 책의 목적은 치료자들에게 '이 치료 방식을 반드시 따라야 한다, 이것이 유일한 방식이다'라고 말하려는 것이 아니다. 우리는 많은 재능 있는 동료들과 함께 일한 경험을 통해 매력적이고 의미 있고 효과적인 치료는 어느 한 가지 치료 양식에만 국한되지 않는다는 사실을 알고 있다. 그러나 한편으로는 경험을 통해 청소년은 그들의 마음에 있는 것이 중요하다고 느낄 때, 그들의 생각과 감정이 면밀하고 세심한 주의를 받을 때, 치료자(및 그들의 삶에서 중요한 다른 사람들)에 대해서 그 마음이 가용하고 이해가 되고, 그들이 있는 곳에서 만날 준비가 되어 있고, 그들을 이해하기 위해 열려 있고 그들로부터 기꺼이 배우려는 사람으로 경험할 때 치료와 심리사회적 개입에서 유익을 얻을 가능성이 더 높다는 것도 알고 있다. 따라서 어떤 면에서 이 책 전반에 걸쳐 기술된 임상 사례들은 청소년과 가족에게 정신화를 자극하고 인식론적 신뢰를 증진하려는 노력을 보여 주는 예시이다.

이 책을 읽는 대부분의 치료자가 사용하는 이론적 언어에 정신화라는 용어가 포함되어 있지 않고, 용어는 다르지만 그것과 매우 관련성이 높은 임상적 개념들이 쓰이더라도 이들은 이미 청소년의 성찰 능력을 강화하기 위한 방식으로 작업하고 있다는 것을 우리는 알고 있다. 앞선 MBT 저자들이 강조했듯이(예: Bateman & Fonagy, 2004; Midgley et al., 2017), MBT 접근의 본질은 새로운 것이 아니고, 정신화는 "오랜 개념들을 위한 새로운 단어"로 기술되어 왔다(Bateman & Fonagy, 2004). 이와 동시에, MBT가 환자뿐만 아니라 치료자에게도 자신의 감정과 생각을 지속적인 감찰하에 두도록 독려함으로써(Holmes, 2005), 치료적 개입이 더 수정되었고, 이것은 실제로 우리의 치료를 강화하는 것에 관한 새로운 학습으로 이어졌다.

많은 독자에게 이 책은 자신의 작업이 정신화 원칙에 부합한다는 것을 확증하는 역할을 할 것이지만, 또 다른 독자에게는 일부 개입과 예시가 새롭고 도전적이며 그들이 이전에 배우고 적용했던 것과 다르게 보일 수 있다. MBT에 대한 친숙도와 상관없이, 대부분의 독자가 이 책을 통해 청소년 및 그들의 체계와 작업할 때 유용한 아이디어를 얻을 수 있기를 바란다. 우리는 치료자가 창의성과 접촉할 때 정신화 작업이 가장 잘 이루어지고, 치료자 수만큼 창의성을 발휘하는 방식은 다양하다고 믿는다. 창의성은 자유로운 마음의 신호이고, 이것은 다시 정신화의 신호이다. 따라서 우리는 제공되는 임상 예시를 통해 치료자들이 자신의 고유한 개인적, 전문적 속성과 경험을 바탕으로 청소년 및 가족과 함께하는 작업에서 그들의 마음을 자유롭게 하고 창의성을 발견하는 데 도움을 얻기를 희망한다.

이 책의 전반적인 구성은 비교적 단순하다. 제1부는 주로 이론적인 부분이고 정신화 개념과 청소년기에 관련된 신경생물학적 발달에 대한 개관을 제공한다. 제2부에서는 개인 및 가족 치료를 포함한 다양한 형식을 사용하여 청소년과 작업하는 임상적 적용과 이 작업에 가장 유익하게 슈퍼비전을 실행하는 방식에 대해 살펴본다. 책의 마지막 부분인 제3부에서는 다음에 제시하는 더 구체적인 임상적 적용을 논의한다.

제1부는 2개의 장으로 구성되어 있다. 1장에서는 정신화 개념과 이 개념의 근간을 이루는 기본 이론에 대한 개관을 제시한다. 저자 Haiko Jessurun은 '정신화' 개념 정의와 발달 심리학과 애착 이론을 중심으로, 어떻게 정신화가 사회 진화 및 신경심리 과학에 뿌리를 두고 있는지에 대해 자세히 설명한다. 이 장에서는 정신화 어려움이 어떤 양상인지, 그리고 임상 실제에 어떤 함의점을 갖는지를 설명한다.

2장에서 Patrick Luyten, Saskia Malcorps, Peter Fonagy는 청소년기에 일어나는 광범위한 신경생물학적 변화와 인간이 복잡한 사회 환경에 적응할 수 있도록 진화한 세 가지 체계(스트레스, 보상 및 정신화 체계)에 대해 기술한다. 아울러 이 장에서는 1장에서 소개한 인식론적 신뢰의 개념에 대해 자세히 설명한다. 이 지식 기반이 주로 임상적인 배경을 가진 많은 독자에게 생소할 수 있다. 하지만 치료자로서 이러한 뇌 발달과 그것이 청소년의 경험에 대해 갖는 함의 내용을 이해하려고 노력한다면, 우리가 함께 작업하는 청소년을 더 온전히 이해할 수 있고, 따라서 더 효과적으로 도울 수 있다는 점을 이 장에서 유효하게 상기시킨다.

종합하면, 처음 두 장에서 독자들에게 정신화 개념에 대한 명확한 개관과 청소년기 정신화 변동에 대한 더 나은 이해를 제공할 것으로 기대한다.

제2부는 정신화를 증진하기 위한 임상 작업을 예시와 함께 설명한다. 3장과 4장의 저자인 Trudie Rossouw는 영국에서 Peter Fonagy와 함께, 경험적으로 앞서 언급한 무작위 대조 연구를 기반으로 청소년을 위한 MBT 모델을 개발했다. Trudie Rossouw는 치료 구조뿐만 아니라 청소년과 작업할 때 필요한 정신화 자세와 정신화 기법을 안내한다. 이 두 장(3장과 4장)은 핵심적인 MBT-A 작업을 다루고 있어 방법과 모델의 핵심 요소를 이해하고자 하는 치료자에게 필수적이다.

대부분 청소년은 가족과 함께 살고 있고, CAMHS(아동 청소년 정신건강 서비스) 경험이 있는 독자는 정신건강 문제로 어려움을 겪는 청소년과 함께 작업할 때 가족 치료가 매우 중요하다는 것을 잘 알고 있을 것이다. Holly Dwyer Hall과 Nicole Muller는 이 분야의 다른 동료들(예: Asen & Fonagy, 2012a, 2012b; Fearon et al., 2006)의 작업에 기반하여 MBT-F를 '가족과 함께하는 방식'으로 설명한다(5장). 저자들은 가족 치료에서 다른 핵심적인 구성 요소를 제시한다. 이를테면 균형 유지하기, 긍정적 정신화 강조와 강화하기, 알아차리고 이름붙이기, 순간을 정신화하기, 치료자의 자기 사용 등이다. 이뿐 아니라 이러한 개입의 목적을 논의하는데, 그것은 가족이 강압적인 비정신화 사이클에서 신뢰, 애착 안정, 효과적인 의사소통 및 문제 해결을 증진할 수 있는 정신화 상호작용으로 전환하도록 돕는 것이다.

제2부의 마지막 장(6장)에서 Holly Dwyer Hall과 Maria Wiwe는 MBT-A 슈퍼비전의 구조와 기능을 설명한다. 이 장은 슈퍼바이저가 슈퍼비전 실제에 대한 정신화 접근을 발달시키는 데 도움이 되는 동시에 치료자가 청소년과 작업할 때 정신화 기반 슈퍼비전에서 무엇을 기대할 수 있는지를 이해하도록 돕는 데 목적이 있다.

제3부는 특정 어려움에 영향을 받는 청소년을 위한 정신화 기반 작업의 임상적 적용을 기술한다. 제3부의 첫째 장(7장)에서 Maria Wiwe와 Trudie Rossouw는 자해 청소년과 함께하는 작업을 제시한다. 저자들은 정신화 붕괴가 일어나는 맥락에서 자해 청소년을 돕고, 그들이 이해받는다고 느끼고 자신을 이해하며 결과적으로 괴로운 정

신 상태를 견뎌내는 능력을 복구하도록 돕는 방식을 기술하고자 한다. 이 장에는 "이질적 자기(the alien self)"(Fonagy et al., 2002)라는 정신화 개념에 대한 설명이 제시되어 있다. 그리고 임상 사례들은 독자들에게 학술적 언어로는 결코 자해 청소년들이 일상에서 겪는 엄청난 정서적 고통을 온전히 담아낼 수 없다는 것을 일깨워 준다.

이어서 8장에서 Ioanna Vrouva, Jason Maldonado-Page, Nicole Muller는 청소년성 정체성 발달에 대해 생각하기 위한 정신화 기반의 개념적 틀을 제시한다. 세 저자는 영국과 네덜란드의 전문적 및 비전문적 환경에서 수행한 작업을 바탕으로, 자신들이 경험한 난제들을 공개적으로 성찰하고, 각 청소년의 고유한 정신, 신체, 대인관계를 존중하는 방식으로 그러한 난제들을 헤쳐 나가는 데 정신화 자세가 어떻게 도움이 되었는지 설명한다.

품행장애와 같은 외현화 문제는 청소년 임상 작업에서 또 다른 아주 중요한 영역이다. 9장에서 Svenja Taubner와 Sophie Hauschild는 특히 만성적으로 범행을 저지르는 청소년 사이에서 어떻게 행동 문제를 비효과적인 정신화와 그에 따른 억제력 상실에서 비롯된 것으로 볼 수 있는지를 설명한다. 저자들이 제시하는 치료 작업에는 정신화 평가 단계, 이어지는 개인 및 가족 작업의 병행이 포함된다. 이 모델은 독일에서 타당성 검증 연구가 진행 중이다.

다음 10장에서는 Mark Dangerfield가 위기 정신 상태, 즉 정신증의 초기 저수준 징후를 보이는 청소년을 대상으로 한 작업을 기술한다. 저자는 스페인 바르셀로나에서 청소년을 위한 아웃리치 정신건강 서비스에서 그가 수행했던 작업을 소개한다. 그것은 관계 트라우마가 위기 청소년들이 대인 간 경험을 통해 배우는 데 열려 있는 자세에 미친 영향을 보여 준다. 또한 이 장에서는 MBT 치료자가 어떻게 자신과 다른 사람의 마음을 이해하는 과정에 이런 청소년들을 민감하게 관여시키는 일을 시도할 수 있는지 기술한다.

11장에서 Nicole Muller와 Holly Dwyer Hall은 지역사회 및 입원 환경에서 초기 성격장애를 가진 청소년을 위한 정신화 기반 집단 치료(MBT-G)에 대해 기술한다. 저자들은 집단 구성을 확립하고 개별 참여자들과 치료 동맹을 강화하는 초기 단계부터 종결을 촉진하는 단계에 이르기까지의 집단 작업을 묘사한다. 또한 이 장에서는 어떻게 창의 활동이 정신화를 촉진하는 데 사용될 수 있는지, 그리고 어떻게 특정 정신화 기법들이 집단 참여자 간의 서로 다른 정신 상태를 돌보고 명확히 하며 효과적인 집단 작업을 촉진하는 데 사용될 수 있는지 강조한다.

마지막 12장에서는 Haiko Jessurun과 Dickon Bevington이 이전에 다른 문헌(예: Bevington, Fuggle, Cracknell, & Fonagy, 2017)에서 제시한 바 있는 적응형 정신화 기반 통합 치료(Adaptive Mentalization-Based Integrative Treatment, AMBIT) 접근에 대해 기술한다. AMBIT은 삶의 다중 영역에서 다중의 문제를 가진 접근하기 어려운 청소년을 위해 개발되었고, 지난 20년 동안 발전되어 왔으며 광범위한 청소년 정신건강 서비스 및 기타 기관의 지지를 받아왔다.

이 책 대부분 장에서는 대화가 포함된 임상 예시를 사용하여 명확하고 실제적인 방식의 접근법을 제시한다. 독자는 청소년과 작업하는 과정에 내재한 불확실성과 치료자 개개인의 고유한 성격, 경험, 스타일 및 문화로 인해 불가피하게 따르는 불완전함과 즉흥적인 대처 반응을 알아차릴 것이다. 개인 정보 보호를 위해, 모든 청소년과 가족의 이름 및 기타 식별 가능한 세부 정보는 변경하였거나 혹은 어떤 예시에서는 여러 사례를 혼합하였다.

독자는 각 청소년과 가족이 겪는 어려움의 특성에 관계없이, 이 책을 관통하는 일관된 주제는 정신화 자세라는 점을 알아차릴 것이다. 정신화 자세는 내용보다는 치료 과정에 초점을 둔다. 그것은 배려와 연민의 태도다. 우리는 청소년과 그들의 삶, 그리고 그들이 느끼는 것에 진정한 관심을 전달하기를 열망한다. 우리는 그들과의 상호작용에 꽤 적극적이고 그들이 언어적 및 비언어적으로 전달하는 것에 최대한 반응을 보이고자 하며, 그들의 경험을 더 잘 이해하려고 힘껏 노력한다. 우리는 청소년 내담자의 감정을 명료화하려고 시도하고, 그들이 가능한 한 이해받고 지지받고 있다고 느낄 수 있게 도우려 한다. 우리는 알지 못한다는 기반(not-knowing base)에서 작동한다. 그래서 청소년을 만나기 전에 그들에 대해 우리가 상당한 지식이나 통찰을 가지고 있다고 가정하지 않는다. 우리가 현상을 다르게 보거나 이해가 불확실하다고 느낄 때는 판단하지 않고, 명시적으로 지지적이고 열린 방식으로 물어본다. 우리는 가능한 한 우리 자신의 마음을 청소년에게 가용(可用)할 수 있게 하고, 우리의 오해와 다른 한계에 대해 투명하게 공개한다. 이것이 바로 우리가 말하는 정신화 작업이다. 우리는 독자들이 이러한 작업 방식에 연결되고 그것을 유연하게 사용하며 더 발전시키고 싶다는 열망을 갖기를 희망한다. 우리 모두는 우리 자신과 우리가 함께 작업하는 청소년을 더 잘 이해하는 법을 계속 배워갈 것이다.

참고문헌

Asen, E., & Fonagy, P. (2012a). Mentalization-based family therapy. In A. Bateman & P. Fonagy (Eds.), *Handbook of Mentalizing in Mental Health Practice*. American Psychiatric Association Publishing.

Asen, E., & Fonagy, P. (2012b). Mentalization-based therapeutic interventions for families. *Journal of Family Therapy, 34*(4), 347-370. https://doi.org/10.1111/j.1467-6427.2011.00552.x.

Bateman, A., & Fonagy, P. (2004) Mentalization-based treatment of BPD. *Journal of Personality Disorder, 18*, 36-51. https://doi.org/10.1521/pedi.18.1.36.32772.

Bateman, A., Fonagy, P. (2019). A randomized controlled trial of a mentalization-based intervention (MBT-FACTS) for families of people with borderline personality disorder. *Personality Disorders: Theory, Research, and Treatment, 10*(1), 70-79.

Bevington, D., Fuggle, P., Cracknell, L., & Fonagy, P. (2017). *Adaptive Mentalization-Based Integrative Treatment: A Guide for Teams to Develop Systems of Care*. New York, NY: OUP.

Bleiberg, E. (2013). Mentalizing-based treatment with adolescents and families. *Child and Adolescent Psychiatric Clinics of North America, 22*(2), 295-330.

Cooper, A., & Redfern, S. (2016). *Reflective Parenting: A Guide to Understanding What's Going on in Your Child's Mind*. Hove, East Sussex: Routledge.

Fearon, P., Target, M., Sargent, J., Willams, L.L., McGregor, J., Bleiberg, E., & Fonagy, P. (2006). Short-term mentalization and relational therapy (SMART): An integrative family therapy for children and adolescents. In J.G. Allen & P. Fonagy (Eds.), *Handbook of Mentalization-Based Treatment* (pp. 201-222). Chichester, England: John Wiley & Sons.

Fonagy, P., Gergely, G., Jurist, E.J., & Target, M. (2002). *Affect Regulation, Mentalization, and the Development of the Self*. London: Karnac Press.

Fonagy, P., Luyten, P., Allison, E., & Campbell, C. (2016). Reconciling psychoanalytic ideas with attachment theory. In J. Cassidy & P.R. Shaver (Eds.), *Handbook of Attachment* (3rd ed., pp. 780-804). New York, NY: Guilford Press.

Holmes, J. (2005). Notes on mentalization – old hat or new wine? *British Journal of Psychotherapy, 19*, 690-710. https://doi.org/10.1111/j.1752-0118.2005.tb00275.x.

Luyten, P., Campbell, C., Allison, E., & Fonagy, P. (2020). The mentalizing approach to psychopathology: State of the art and future directions. *Annual Review of Clinical Psychology, 16*, 297-325. doi: 10.1146/annurev-clinpsy-071919-015355.

Kessler, R.C., Berglund, P., Demler, O., Jin, R., Merikangas, K.R., & Walters, E.E. (2005). Lifetime prevalence and age-of-onset distributions of DSM-IV disorders in the National

Comorbidity Survey Replication. *Archives of General Psychiatry, 62*(6), 593–602.

Midgley, N., Ensink, K., Lindqvist, K., Malberg, N.T., & Muller, N. (2017). *Mentalization-Based Treatment for Children: A Time-Limited Approach*. Washington, DC: American Psychological Association.

Midgley, N., & Vrouva, I. (Eds). (2012). *Minding the Child: Mentalization-Based Interventions with Children, Young People, and Their Families*. New York: Routledge.

Moore III, W.E., Pfeifer, J.H., Masten, C.L., Mazziotta, J.C., Iacoboni, M., & Dapretto, M. (2012). Facing puberty: associations between pubertal development and neural responses to affective facial displays. *Social Cognitive and Affective Neuroscience, 7*(1), 35–43.

Rossouw, T.I., & Fonagy, P. (2012). Mentalization-based treatment for self-harm in adolescents: A randomized controlled trial. *Journal of the American Academy of Child and Adolescent Psychiatry, 51*(12), 1304–1313.3. https://doi.org/10.1016/j.jaac.2012.09.018.

Sharp, C., Williams, L.L., Ha, C., Baumgardner, J., Michonski, J., Seals, R., ... Fonagy, P. (2009). The development of a mentalization-based outcomes and research protocol for an adolescent inpatient unit. *Bulletin of the Menninger Clinic, 73*(4), 311–338. https://doi.org/10.1521/bumc.2009.73.4.311.

Steinberg, L. (2008). A social neuroscience perspective on adolescent risk-taking. *Developmental Review, 28*(1), 78–106.

Tahmasebi, A.M., Artiges, E., Banaschewski, T., Barker, G.J., Bruehl, R., Büchel, C., ... Heinz, A. (2012). Creating probabilistic maps of the face network in the adolescent brain: a multicentre functional MRI study. *Human Brain Mapping, 33*(4), 938–957.

제1부

정신화 개념 및 정신화 관련 청소년기 신경생물학적 변화

제1장
정신화 이론 소개

Haiko Jessurun

어떤 시기에 우리 조상들은 서로 이야기하기 시작했다. 그들의 두뇌는 특정한 방식으로 발달해 왔고, 전두엽이 강화되었는데, 그로 인해 상징화하고 지금 여기에서 벗어나 과거와 미래를 상상하는 것이 좀 더 가능해졌다. 그들은 이야기를 사용하여 어디에서 식량을 찾을 수 있는지와 어디가 위험한지를 말할 수 있었다. 이것이 무엇을 의미했는지 잠시 생각해 보자. 만약 음식이 어디에 있는지 알려주는 사람이 동굴에 거주하는 경쟁 집단에서 온 사람이라면 어떨까? 그 사람을 신뢰할 수 있을까? 따라서 이야기를 할 수 있는 능력과 함께 누구를 신뢰할지 알아야 하는 필요성도 우리 기능에 반영되어야 했다. 우리는 다른 사람의 마음에 무슨 일이 일어나고 있는지 생각할 수 있어야 했다. 그리고 이와 맞물려 우리가 이러한 역량을 키우는 데 도움이 되는 체계가 함께 발전하였다. 여기에 애착의 역할이 있다. 우리는 애착을 갖는 사람들에게 인식론적 신뢰(epistemic trust)를 부여하는 경향이 있다.

이 모든 일은 아주 오래전에 일어났으며 아마도 여기에 묘사된 것보다 훨씬 더 차별화되고 정교한 방식으로 발생했을 것이다. 그러나 현대인들은 우리의 세계, 우리의 관계, 우리 자신을 이해하기 위해 '이야기'에, 다른 이야기보다 다소 더 '진실한' 이야기에 끌리고 있다. 이것이 정신화에 관한 모든 것이다. 이 놀라운 능력이 인류 진화 후반기에 발달했고, 우리의 뇌도 대략 같은 경로(더 오래된 시스템에서 더 새로운 시스템으로, 내부에서 외부로, 뒤에서 앞으로)를 따라 발전한다는 점을 고려하면, 이러한 정신화 능력이 일어나는 전전두엽이 청소년기에 대규모로 재구성된다는 점을 인식하는 것이 중요하다. 이것이 청소년과 함께 작업하는 것이 그토록 도전적인 이유이다.

이 장의 내용

이 장에서는 정신화의 기본 개념을 소개하고자 한다. 기본적인 정의를 제공하고 관련된 여러 차원을 논의할 것이다. 다음으로 발달 라인(developmental line)을 설명할 것이다. 그다음에 현재 다양한 정신건강 문제를 치료하는 데 사용하는 정신화 기반 치료를 소개할 것이다. 이후 장에서는, 특히 청소년과 관련된 치료 주제를 자세히 다룰 것이다.

정신화

앞서 소개한 일화에서 보듯, 정신화는 인간 기능의 핵심 개념이라는 것이 분명하다. 그것은 우리가 항상 하는 어떤 일이다. 정신화는 다음과 같이 정의되었다(Allen & Fonagy, 2006, p. 54).

> [……] 상상력을 발휘하는 정신 활동의 한 형태, 즉 지향적 정신 상태(예: 욕구, 욕망, 감정, 신념, 목표, 목적, 이유)의 관점에서 인간의 행동을 인식하고 해석하는 것이다.

강조되는 첫째 요소, 즉 정신화는 상상력을 발휘하는 정신 활동이라는 점은 주의 깊은 고찰이 필요하다. 그것은 마음속에서 일어난다. 그리고 상상에 관한 것이다. 여기서 상상은 자신과 타인의 정신 상태, 특히 자신과 타인의 행동을 설명하는 데 있어서의 정신 상태를 자각하는 것을 말한다. 그것은 타인의 현상학적 경험, 생각, 감정을 상상하는 능력이다. 또한 정신화는 자기 인식을 발전시키기 위해 우리 자신의 정신 상태를 스스로 표상하는 능력뿐만 아니라 우리가 타인에게 미치는 영향을 상상하는 능력을 반영한다. 이것이 뜻하는 바는 정신화는 우리의 경험, 우리가 현재에 대해 알고 있을 수도 있는 것, 그리고 다른 사람의 생각이나 서로에게 하는 이야기에서 우리가 이끌어 낸 것일 수도 있는 것을 바탕으로 하여 이미지들을 구성한다는 것이다. 우리는 다른 사람의 마음속에서 무슨 일이 일어나고 있는지를 상상해야 한다. 왜냐하면 우리는 그것을 확실히 알 수 없기 때문이다. 심지어 fMRI와 같은 최신 기술로도 우리 자신과 타인의 마음속에서 일어나는 것을 직접 볼 수 없다.

인간은 대단한 상상력을 갖고 있기 때문에, 기본적인 본능에 의존하는 대신 미래를 예측하거나 과거를 고려할 수 있고, 이런 상상을 바탕으로 결정을 내릴 수 있다. 소설가 프래쳇(Terry Pratchett) 경의 말처럼, 우리는 호모 에렉투스(homo erectus)라기보다 호모 내러티부스(homo narrativus)에 더 가깝다고 할 수 있다. 이는 오래전부터 우리가 『장자』, 『모세 5경』, 『신약 성경』, 『코란』 등 몇 가지 중요한 원전만 언급하더라도 어떤 것을 전달하기 위해 이야기를 사용하기 시작했던 방식에서 알 수 있다. 그리고 이러한 이야기 대부분은 사람들이 왜 그렇게 행동하게 되는지, 그들의 신념, 욕구, 감정 등에 관한 것이다. 그리고 이야기는 말, 적어도 상징화에 관한 것이다. 그것은 프로이트(Sigmund Freud)가 느슨하게 번역하기는 했지만, 문명은 최초의 야만인이 적에게 창 대신 (욕설이 담긴) 말을 날렸을 때 시작되었다는 어느 영국 작가의 말을 인용하였을 때, 이미 그에게 명백했던 것 같다(Breuer & Freud, 1893). 따라서 이야기는—말, 이미지, 신체 언어 또는 다른 방식으로—우리에게 세상에 대한 지식(ἐπιστήμη, 에피스테메)을 전달하고 우리 자신과 타인을 이해하도록 도와준다.

모든 이야기는 진실이지 않을까? 우리는 그렇지 않다는 것을 알고 있다. 심지어 우리가 스스로에게 하는 내면의 이야기조차도 항상 진실하지는 않으며, 우리가 정신 상태를 고려하지 않고 행동을 설명하는 데 사용할 때는 확실히 진실하지 않다. 그리고 심지어 어떤 사람들은 특정 기성 신문의 기사가 명백히 사실이 아니며 그들을 무너뜨리기 위한 가짜 뉴스일 뿐이라고 생각하기도 한다. 이야기를 하는 사람을 둘러싼 맥락은 그 이야기를 통해 뭔가를 배워야 하는 사람에게 중요하다. 이것은 신뢰에 관한 것이다. 누구를 믿어야 할지는 본질적으로 어려운 일이며, 다른 사람의 동기가 무엇일지 짐작할 수 있다면 매우 도움이 된다. 그리고 우리가 인식론적 신뢰(Gergely, Egyed, & Király, 2007)를 가질 때, 즉 우리가 관계하는 사람이 세상의 이치에 관해 전해 줄 중요한 이야기를 가지고 있다고 확신할 때, 우리는 정말 배우고 있는 것이다.

우리 모두가 어느 때라도 정신화할 수 있다면 얼마나 멋진 세상이 될까? 하지만 현실은 그렇지 않다. 심지어 가능하지도 않다. 정신화는 노력이 필요하고, 느린 과정이며, 특히 투쟁, 도피, 얼어붙기의 더 오래된 생존 체계가 더 활성화되면서 상황이 약간 가열되고, 우리가 자신과 다른 사람의 마음에 대해 더 의식적으로 생각할 필요가 있을 때에는 더욱 그렇다. 대인관계에서 긴장이 고조되고, 신뢰가 도전받고, 기존의 애착 양식이 작동할 때, 정신화는 방해받거나 심지어 무너질 수 있다. 이 책은 아직 정신화를 지원할 만큼 뇌가 성숙하지 않은 청소년에 초점을 맞추고 있고, 청소년기가 질풍노도의 시기라는 점을 고려할 때, 우리는 우리의 작업에서 비정신화를 대비해야 한다.

다차원성

앞서 정신화를 설명할 때 우리는 이미 이 개념의 다차원성에 대해 언급했다. 정신화는 네 가지 차원에서 일어나는 것으로 설명할 수 있다. 우리가 사회적 세계에서 충분히 잘 기능하기 위해서는 다음 네 가지 차원에서 균형을 이루어야 한다.

1. 첫 번째 차원은 타인 대 자기를 정신화하는 것이다. 우리가 다른 사람의 행동을 같은 방식으로 이해할 수 있으려면 자신의 행동을 정신 상태의 측면에서 이해하려고 노력해야 하며, 그 반대의 경우도 마찬가지이다. 신경과학은 이를 뒷받침한다. 우리가 자신이나 타인을 이해하려고 할 때 혹은 다른 사람의 행동을 관찰할 때 동일한 신경 체계가 사용되며, 우리의 신경세포는 동일한 행동을 미러링한다.

   이것은 종종 자신을 성찰하는 데 능숙하지 않은 사람은 다른 사람의 정신 상태를 성찰하는 데도 어려움을 겪는다는 것을 뜻한다.
2. 좀 더 명확하게 명명한 두 번째 차원은 자동적 정신화 대 통제된 정신화이다. 우리가 친숙하고 대인관계에서 오는 위험이 거의 없는 환경에서 안정감을 느낄 때, 경험을 통해 집단의 예측 가능한 행동에 대해 배웠을 때, 정신화는 자동적으로 이루어질 수 있다. 이는 마치 우리가 어떤 길을 아주 잘 알고 있을 때, 길을 따라가며 하는 다양한 방향 전환을 의식하지 못한 채 목적지에 도착하는 것과 다소 비슷하다. 물론 모든 종류의 신호가 이런 상태를 더 높은 자각 상태로 바꿀 수 있는데, 이때는 정신화가 더 통제되어야 한다. 통제된 형태의 정신화는 느린 과정으로 모든 종류의 정신 상태에 대해 상상하며 상상한 내용을 고려하고, 성찰하는 선형적인 작업이다.

   우리는 자동적 정신화가 좀 더 기대할 법한 상황에서 통제된 정신화를 사용할 때 발생하는 문제를 상상할 수 있다. 혹은 자동적 정신화가 지배적일 때, 명백히

더 많은 성찰을 필요로 하는 문제가 발생할 때 일어날 문제를 상정해 볼 수 있다.

3. 인지적 정신화 대 정서적 정신화는 정신 상태에 대해 이름 붙이고, 인식하고, 추론하는 능력과 많은 단어 없이 감정을 이해하는 능력의 차이다.

   아주 민감한 경향이 있는 사람들은 정서적 정신화 쪽으로 치우치는 일종의 불균형을 갖고 있고 쉽게 압도당할 수 있다. 하지만 금욕주의자를 자처하는 청소년처럼 어떤 것이 어떻게 느껴지는지에 대한 어떠한 정서적 이해 없이 오로지 인지적 정신화만 하는 것도 도움이 되지 않는다. 우리가 어떤 것을 좀 더 충분하게 이해하려면 감정과 인지 간의 균형이 필요하다.

4. 마지막으로, 내부 정신화 대 외부 정신화의 차원이 있다. 우리의 정신화 기능은 관찰 가능한 외부 특징(예: 신체 언어)의 투입을 사용하거나 숨겨진 내부 정신 상태에 대해 우리가 상상할 수 있는 것을 사용할 수 있다. 우리는 (어쨌든 우리의 문화적 환경에서는) 분노나 수치심이 어떻게 보일지 어느 정도 알고 있다. 어떤 상황에서는 외부 단서가 거의 없어도 어떤 것을 가늠해야 하고, 누군가의 마음을 이해하기 위해서는 충분한 내적 작동 모델과 자신이 누구인지에 대한 감각이 있어야 한다.

   자신의 정체성에 대해 불안정을 느끼는 사람들은—그런데 청소년기의 주요 발달 과제는 정체성 대 역할 혼란의 위기를 해결하는 것이다(Erikson, 1950)—외부에서 안심시키기를 구하는 경향이 늘어난다.

정신화 기능의 발달라인

아기를 생각해 보자. 인간의 아기는 스스로 돌볼 수 있는 능력이 거의 없는 상태로 세상에 태어난다. 다만 관계를 맺는 잠재 능력을 어느 정도 '타고나고', 정상적인 환경이라면 그를 둘러싼 일종의 돌봄 체계, 즉 먹을 것과 따뜻함, 사랑, 그리고 아기의 안녕에 필요한 무엇이든 제공하기 위해 노력하는 체계 안에서 태어난다는 점을 제외하면 말이다. 그리고 아기는 완전히 무력한 존재는 아니다. 꾸르륵거리는 소리를 낼 수 있고, 작은 소음을 내며, 꽤 빠르게 마음대로 다양한 울음소리를 낼 수 있다. 어느 시점에서 아기는 미소를 짓고, 부모는 이것을 무척 좋아하지만, 아쉽게도 아기는 한동안 모든 사람에게 미소를 짓는다. 그리고 이 모든 상호작용, 즉 부모와 아기 주변의 다른 중요한 사람들이 이 모든 것이 무엇을 뜻하는지를 이해하려고 애쓰고 아기가 보내는 신호에 맞게 그들의 행동을 조정하고 이를 아기에게 돌려주는 일련의 상호작용은 아기의 자기감으로 이어진다(Cooper & Redfern, 2016; Fonagy, Gergely, Jurist, & Target, 2002). 여기서 일어나는 일은 부모가 아기의 정신 상태에 대한 내적 표상을 형성하고, 그런 다음 그 이해를 티가 나는 **되비쳐주기**(marked mirroring)를 통해 아기에게 다시 전달하는 것이다. 아기는 되비쳐진/표상된 정신 상태를 내면화하고, 이것은 아기의 내적 자기감의 구성 요소를 형성하기 시작한다. 시간이 지나면서 이것은 아이가 자신의 정신 상태를 이해하고 일반화를 통해 타인의 정신 상태를 이해할 수 있게 되는 데 도움이 된다. 티가 나는 **되비쳐주기**는 아이가 아직 자신의 생각을 거의 자각하지 못하더라도, 아이를 세상에 존재하는 하나의 독립된 마음, 한 명의 주체로 대할 수 있는 부모의 능력을 말한다(Fonagy et al., 2002).

정신화, 특히 다양한 유형의 비정신화를 이해하려면, 그 능력이 어떻게 발달했는지를 아는 것이 중요하다. Anna Freud(1965)는 발달라인의 개념과 중요성에 대해 서술한 바 있다. 정신화 능력의 발달도 식별 가능한 '고착점'이 있는 명확한 경로를 따른다(Fonagy & Allison, 2012).

생후 6개월 정도의 아주 이른 시기에 아기들이 행동과 환경 간의 인과 관계를 분명히 인식하기 시작한다는 것이다(Ensink & Mayes, 2010). 약 9개월이 지나면 아기는 기저에 있는 타인의 의도의 관점에서 행동을 보는 경향이 있고, 스스로를 합리적인 목표를 가지고 행동하는 목적론적(teleological, *τέλος*: 목적, 목표를 뜻하는 그리스어) 주체자로 보기 시작하고, 이러한 목표를 달성하기 위해 다양한 행동 절차를 선택할 수 있다. 이 단계에서 아기는 스스로를 신체적 행동과 제약 이외의 어떤 것으로 볼 수 있는 능력이 없고, 내면의 정신적 상태에 대한 이해가 없다(Fonagy & Allison, 2012). 행동은 구체적이고 물리적인 결과의 관점에서 이해된다. 이것은 비정신화의 목적론적 모드를 반영하는데, 정신화가 실패했을 때 이후 삶에서 볼 수 있다.

만 2세경에 아기가 걷고 말하고 점점 더 많은 자율성을 기르기 시작하면, 자신과 타인이 내적 상태에 기반하여 의도적으로 행동한다는 것을 이해하기 시작한다. 더구나 자기 행동이 내적 상태의 변화를 초래할 수 있다는 것을 깨닫기 시작한다. 생후 40개월부터 아이들은 내적인 정신 상태를 행동의 주요 원인으로 여긴다(Dunn, Bretherton, & Munn, 1987; Dunn & Brown, 1993; Dunn, Brown, Slomkowski, Tesla, & Youngblade, 1991). 아이들은 또한 이러한 내적 상태에 대한 언어와 탈자기중심적 추론 능력을 발달시키기 시작한다(Fonagy & Allison, 2012). 그러나 이 단계에서 아이들은 아직 이러

한 내적 상태를 외적 현실에서 독립된 것으로 표상할 수 없다. 내적인 상태가 의미하는 것과 외부 현실 간에 차이가 있다는 것을 완전히 인식하지 못한다. 이것은 한편으로는 마치 실제 세계가 우리 생각을 충실히 반영하는 것처럼 행동하는 비정신화의 심적 동등성 모드(psychic equivalence mode)를 반영하고, 다른 한편으로는 우리 마음에서 일들이 어떻게 보이는가와 현실에서 어떤 것과도 아무런 연결이 없는 비정신화의 가상 모드(pretend mode)를 반영한다.

만 3~4세경이 되면, 사람들은 행동이 믿음에 의해 발생한다는 것을 이해하기 시작한다. 아이들은 자신과 타인을 '표상적 배우(representative actors)'로 여긴다. 사람들이 항상 겉으로 보이는 대로 느끼는 것은 아니고, 그들 자신의 반응도 온갖 종류의 상황, 기분, 이전의 경험 등에 의해 영향을 받을 수 있다는 것을 알게 된다. 만 4세에서 6세까지 자율성의 감각이 길러지는 가운데 아이들의 주도성을 실험하면, 자율성에 대한 감각이 자랄 것이고, 또래와 함께 놀고 실험하기 시작하고, 자신과 다른 사람들에 대해 배우기 위해 같은 관심사와 스타일을 가진 사람들에게 에너지를 쏟는다. 이 단계에서 심적 동등성과 가상 모드가 융합되고 결합되어 우리가 정신화라고 부르는 것으로 통합된다. 그러나 이 단계에서는 모든 것이 새롭고 취약하여 비정신화 모드가 쉽게 나타나고 수년 동안 개인의 사회 인지를 지배할 수 있다는 점을 언급해야겠다(Fonagy & Allison, 2012).

경험이 늘어나면서 만 7세경부터 줄곧 아이는 내적 상태에 대한 기억에 접근하여 자기와 타인을 이해하려고 애쓰기 시작한다. 이는 혼합된 감정과 기대가 어떻게 사건의 결과에 영향을 미칠 수 있는지, 그리고 '선의의 거짓말' 등을 인식하는 2차적 마음 이론의 출현에서 확인할 수 있다(Fonagy & Allison, 2012). 만 11/12세경이 되면 아이들은 안정된 성격 특성과 지식과 경험, 선호도를 바탕으로 타인의 행동과 생각에 대해 꽤 미묘한 의미를 포함한 이해를 발달시키게 된다. 동시에, 자신의 감정에 대해 이야기하는 능력이 향상되고 다른 외적인 것 대신에 내적인 정신적 상태의 관점에서 생각하게 된다(Ensink & Mayes, 2010).

만 12세가 되면, 다양한 원인에 의해 격동의 시기로 알려진 청소년기에 접어든다(Fonagy et al., 2014). 마음 이론 문헌에는 청소년기와 그 이후에 정신화가 어떻게 발달하는지에 대한 논의가 많지 않다(Ensink & Mayes, 2010). 이전 몇 해 동안 뇌에서 발달되어 온 것은 온갖 종류의 사회적 단서를 해독하고 반응하는 '탐지 노드(detection node)'다(Nelson, Leibenluft, McClure, & Pine, 2005). 반면에 정신화, 충동 억제, 목표 지향적 행동, 모든 사회적 상황과 진행 상황에 대해 무엇을 해야 하는지 우리에게 알려 주는 것을 담당하고 있는, 인지조절 노드(cognitive-regulatory node)는 그다지 발달되지 않았다. 이러한 지연은 이 시기 동안 대인 간 상호작용의 강렬해진 정서적 힘과 결합하여, 청소년이 사회적 자극에 강력한 정서적 반응을 보이지만, 맥락에 적합한 방식으로 자신의 행동을 조절하거나 맥락화하거나 계획하거나 또는 억제하는 능력은 미성숙한 이유를 설명하는 것으로 보인다(Nelson et al., 2005). 다른 연구에서도 사회적 뇌가 청소년기에 계속 발달하는 것으로 나타났다. 여기에는 시냅스 가지치기, 즉 과정들을 더 효율적으로 만들기 위해 사용되지 않는 신경 연결을 제거하는 것과 같은 발달이 포함된다(Choudhury, Charman, & Blakemore, 2008). 게다가 청소년은 사회적 세계를 이해하려고 할 때 성인이 후외측 영역을 사용하는 것과 반대로, 좀 더 전방의 영역을 사용하는 등 아주 다른 뇌 영역을 사용한다(Burnett, Bird, Moll, Frith, & Blakemore, 2008; Burnett, Sebastian, Kadosh, & Blakemore, 2011). 마지막으로, 후기 청소년기와 초기 성인기에 반응을 억제하고 행동을 지시할 수 있는 뇌 체계가 성숙해진다(Nelson et al., 2005).

어려움이 발생할 때

우리가 이러한 발달라인을 통해 알 수 있는 것은 정신화 기능의 모든 차원이 유연하게 균형을 이루도록 모든 것이 성숙하기까지 긴 과정이 걸린다는 것이다. 모든 연령대에서 균형 잡기는 어려운 과제로 남을 것이라고 말하는 게 더 정확할 것이다. 때때로 아동이나 청소년이 매우 뛰어난 정신화로 우리를 놀라게 할 수 있고, 때로는 겉보기에 성인인 누군가가 보이는 그다지 좋지 않은 정신화에 직면한다.

우리는 애착 대상이 충분히 잘하고 외상성 사건이 발생하지 않은, 상당히 정상적이고 방해받지 않는 과정을 가정하고 발달라인을 서술했다. 그러나 상황이 항상 그런 것도 아니고, 아마도 자주 그렇지 않다는 것을 알고 있다. 어떤 환경은 '정상'(이 개념에 한계가 있다 해도)보다 미흡한 발달을 초래한다. 예를 들어, 주 양육자가 자신의 문제가 있고 그로 인해 아기를 정신화하는 능력이 부족하여 아기의 상태 대신 자신의 두려움이나 분노를 되비춰 주는 것이다. 그것은 아기가 자신을 인식하는 감각으로 이어지지 않고 타인(양육자)의 두려움 등을 내면화하는 것으로 이어질 수 있는데, 이를 이질적 자기(the alien self)라 한다(Fonagy et al., 2002). 만약 교육적 상황에서 타인이 우리에게 가치 있는 것을 말해 줄 것이라는 신뢰가 생성되는 것이 아니라, 오히려 경험을 통해 우리가 의존하는 사람들이 상처가 되고 상처를 주는, 잘못된 것을 말하고 있다는 것을 배운다면 어떻게 될까? 이런 경우에는 균형이 인식론적 신뢰 대신 인식론적 불신으로 기울 것이다.

정신화하는 법을 배우려면 누군가 우리를 정신화해야 한다. 이 과정이 생애 초기 수년 간의 발달과 의존 기간에 억제된다면 우리는 정신화하는 데 어려움을 겪게 된다. 아마도 네 가지 차원에서 특정한 균형에 대한 선호가 발달할 것이고, 정신화 기능은 더 쉽게 압도될 것이며, 그 결과 갈등으로 지각된 상황에서 더 쉽게 그리고 더 일찍 비정신화 모드로 후퇴할 것이다.

우리는 상호작용에서 긴장이 너무 높아지면(즉, 감정 온도가 상승하면), 결국 강점과 약점에 따라 조만간 균형이 깨질 것이고, 사고와 행동에 있어 비정신화 방식으로 반응할 것이다. 이러한 행동 방식은 우리 모두가 발달적 경로 초기에 보여 준 방식과 매우 유사하다. 압력을 받으면, 우리는 앞서 기술한 비정신화 모드로 후퇴하는 경향이 있다. 이것이 임상 작업에서 우리 눈앞에 항상 일어나는 일이다. 환자들은 모두 어떤 식으로든 그들의 정신화 기능에 불균형이 생겼다. 그리고 우리가 함께 작업하는 청소년의 정신화는 그들의 발달 단계로 인해 내재적으로 불균형하다. 이에 대한 세부 내용과 불균형의 함의는 2장에서 광범위하게 살펴볼 것이다. 따라서 여기서는 비정신화 모드에 대해 간략하게 기술할 것이다.

비정신화 사고

목적론적 모드

> 비정신화 모드의 하나로서 이 모드에서는 정신 상태가 단어와 같은 명시적인 정신적 표상 대신 목표 지향적 행동으로 표현된다(예: 자해가 극심한 정서적 고통을 전달하는 하나의 방법으로 사용될 때). (Bateman & Fonagy, 2012, p. 517)

누군가가 이 모드에 있으면 모든 것을 보여줘야 한다. 정신 상태는 물리적 증거로 입증되어야 한다. 이것이 아기가 시작하는 상태였고, 우유를 얻는 신체적 행위로 배고픔이 완화되었다는 것을 기억하자. 이 모드가 작동하는 것을 볼 수 있는 예는 어떤 사람이 돌봄을 받고 있다고 믿기 위해 포옹, 작은 선물 또는 전화기에 다수의 키스 이모티콘으로 지속적인 확인을 필요로 하는 상황이다. 이메일, 왓츠앱 등에 대한 즉각적인 응답의 필요성은 기대한 대로 반응이 없을 때 높은 긴장을 유발한다.

심적 동등성 모드

현실이 정신 상태와 동등하게 취급되고, 정신 상태가 본질적으로 표상이라는 감각이 결여된 비정신화 모드의 하나다. 예를 들면 꿈, 외상 후 플래시백, 편집증적 망상 등이 있다(Bateman & Fonagy, 2012, p. 516).

이것은 어떤 다른 관점을 고려하지 않고, 하나의 느낌이나 생각을 의심의 여지 없이 실제로 경험하는 모드다. 다른 관점은 존재하지 않는다. 걸음마 아기가 벽장 속에 괴물이 있다고 불평하면, 이것은 나이에 적절한 반응으로 쉽게 용서받을 수 있는 사고방식이다. 하지만 나이가 든 사람이 과잉 반응하는 것처럼 보이면, 이유를 알 수 없지만 갑자기 매우 불신하게 될 수 있다. 심적 동등성 모드에서는 생각이 사실로 취급되기 때문에, 어떤 것을 생각하면, 그것은 사실이다. 혹은 만약 어떤 것을 기억하면 그것은 현실에서 다시 일어나고 있는 것이므로, 심적 동등성의 예시로 플래시백의 경험을 들 수 있다. 만약 당신이 누군가가 게으르다고 생각하면, 그것은 그가 게으르다는 뜻이다.

가상 모드

사고의 비정신화 모드의 하나로 심적 동등성과 달리 정신 상태는 실재와 분리되어 있지만, 정신화와 달리 현실과 유연하게 연결되지 않는다(Bateman & Fonagy, 2012, p. 515).

우리가 아이였을 때 발달에서 중요한 단계 중 하나는 '가상 놀이(pretend play)'에 도달하는 것이었다. 우리는 숟가락과 포크가 두 사람이 대화를 나누는 것인 척하거나, 침대가 해적선인 척할 수 있었다. 하지만 어렸을 때에도 현실은 항상 우리를 다시 끌어당겼다. 가상 모드에 있을 때 문제는 현실의 피드백이 생각에 큰 영향을 미치지 못한다는 것이다.

가상 모드는 정신 상태를 고려하는 것처럼 보이지만 그것을 확인하지 않는(유사 정신화) 심리학 같은 설명에서나 오컴의 면도날*이 통제하지 못하는 상세한 이론(정신화 과다) 지어내기에서 나타날 수 있다. 이것은 실제 이해는 거의 없이 죄다 인지적일 수 있다. 가상 모드는 포착하기 어려울 수 있다. 그것은 정신화와 아주 비슷해 보이기 때문에 쉽게 속을 수 있다. 심지어 치료자인 우리에게도 그러하다. 어쨌든 우리도 인간이고 긴장을 피하고 싶어 하기에 환자들은 흥미를 자아내는 이야기를 할 수 있고, 우리 스스로 유사 정신화하도록 끌어들일 수 있다.

특정 시점에 어떤 비정신화 모드가 지배적인지 알아내기란 상당히 어려울 수 있다. 특히 긴장이 고조될 때 비정신화에 빠지지 않으려면 정말 노력이 필요하기 때문이다. 하지만 정신화가 일어나고 있는 것을 성찰할 수 있는 시간과 거리가 있다 해도 쉽지 않은 일이다. 다음 이야기를 생각해 보자.

샘은 엄마 레일라와 함께 심리학자를 만나고 있다. 레일라는 심리학자에게 "샘이 십대가 된 이후로 정말 성숙해졌어요. 아이가 너무나 현명한 소녀가 됐죠. 얘는 제 결점을 전부 알고 있고, 저를 정말 있는 그대로 받아들이고 있어요. 저는 얘가 정말 자랑스러워요, 그러니까 더 많이 수용하기 위해 평생 고군분투하는 사람들이 있는데 샘은 겨우 13세예요! 정말 자랑스럽죠…… 그러니까 제가 요전 날 있었던 예를 말해 볼게요. 저는 배고프고 피곤할 때 정말 화를 내는 경향이 있는 사람이에요, 원래 그래요. 근데 이게 더 이상 샘에게 문제가 되지 않아요. 13세 이전에는 맞받아서 제게 소리 지르기도 했지만, 이젠 안 그래요. 저는 이제 샘이 자기 인생에서 저를 있는 그대로 받아들일 수 있는 시점에 도달했기 때문에 그렇다고 확신해요."

이때 샘은 의자에 앉아 다른 것을 생각하고 있는 것처럼 보이는데, 샘의 시선으로 판단해 보아 마음이 아주 멀리 떠난 듯하다. (Jessurun, Wiwe, & Bevington, 2018)

이 이야기를 볼 때, 비정신화 모드가 문장마다 전환될 수 있다. 여기에는 세 사람이 있다. 이야기에서 치료자에 의한 정신화는 마지막 문장에서 주로 나타난다. 치료자는 샘에게 무슨 일이 일어나고 있는지에 대해(외부 단서에 기반하여) 생각하려고 노력한다. 잠정적인 방식으로 제시되고 있어 약간의 좋은 정신화가 일어나고 있다. 이 예시

---

* 어떤 현상을 설명할 때 불필요한 가정을 해서는 안 된다는 것으로, 같은 현상을 설명하는 두 개의 주장이 있다면 간단한 쪽을 선택하라는 뜻이다. 흔히 '경제성의 원리', '단순성의 원리'라고도 한다.

에서 엄마는 아주 훌륭한 정신화를 보여 주고 있지 않다. 점검해 보지 않고 샘이 어떻게 느끼는지에 대해 확신하고 있는 수준은 엄마가 자신의 이론을 현실에 연결하는 것에 부족하다는 것을 시사하는데, 이것은 유사 정신화이다. 다른 순간에 엄마는 정서의 이유를 배고프고 피곤한 상태와 같은 좀 더 구체적인 것과 연결하는데, 이것은 목적론적이다. "그게 그저 나"이기 때문에 다른 관점이 들어설 여지가 거의 없는 것 같다.

이러한 일련의 비정신화를 중단시키기 위한 몇 가지 가능한 접근 방식이 있다. 딸이 어떤 식으로 대화에서 물러나 있는 것처럼 보이는지 엄마의 주의를 돌리려고 시도해 볼 수 있고, 엄마에게 무슨 일이 일어나고 있다고 생각하는지 물어볼 수 있다. 그런 다음 엄마가 말한 것이 샘이 마음속에서 있었던 곳과 조금이라도 근접하는지 알아보려고 샘에게 다시 확인한다. 이 예시를 통해 우리는 임상 작업의 결과에 관해 생각하기 시작했다. 이 책의 목표는 청소년과 그들의 가족 및 다른 관련 체계라는 특정 집단을 염두에 두고 임상 실제를 기술하는 것이다.

정신화와 임상 작업

앞서 기술한 개념은 임상 작업에 적용되어 왔다. 이러한 접근법의 주요 '작동 기제'는 치료 회기 중에 정신화하는 자세를 적용하여 환자가 정신화하는 것을 돕는 것이다. 치료자의 정신화하는 자세는 호기심을 갖고 비판적이지 않으며, 환자와 함께 자신의 마음에 무엇이 일어나고 있는지, 다른 사람의 마음에 무엇이 일어나고 있는지를 탐구하고, 치료자 자신의 마음에 일어나는 것에 대해 투명하고 진정성 있으며, 행동을 의도적인 정신 상태의 결과로 이해해야 한다는 점을 지속적으로 고려하는 자세다. 이 모든 것을 알지 못한다는 태도(a not-knowing attitude)로 시도한다. 알지 못함이란 마음은 불투명하고 치료자도 환자도 마음 읽기를 할 수 없음을 뜻한다.

이어지는 여러 장에서는 청소년이나 혹은 가족 회기의 경우 가족 체계 전체나 일부가 비정신화 모드에 있을 때 사용할 수 있는 다양한 기법을 좀 더 상세하게 설명할 것이다. 명백히 정서적 온도가 너무 높다면, 다시 정신화가 가능하도록 온도를 낮출 필요가 있다. 그리고 온도가 너무 낮다면, 아무 일도 일어나지 않기 때문에 정신화를 할 이유가 없다. 그래서 온도를 높이는 기법들이 있다. 다양한 비정신화 모드에 맞게 다양한 접근이 필요하다. 예를 들어, 누군가 심적 동등성 모드에 있을 때, 필요한 것은 정서

를 타당화하는 것이다. 정신화과다 모드에 있다면, 어떤 식으로든 그 사람을 멈춰야 하고 지금 여기 그 상황에 있는 것이 어떻게 느껴지는지와 연결되도록 도와줘야 한다.

이를 기반으로 한 치료는 경계선 성격장애 환자들과 함께한 작업에서 개발되고 평가되었다(Bateman & Fonagy, 2008, 2009; Fonagy & Luyten, 2009). 정신화 기반 치료는 이제 프로토콜과 일련의 질적인 표준을 갖춘 증거 기반 치료의 한 형태다. 치료가 지향하는 것은 기본적으로 내담자를 정신화하고 그들이 자신과 타인을 정신화할 수 있게끔 도와줌으로써 내담자의 정신화 능력을 향상시키는 것이다. 이는 앞서 언급한 특정한 치료적 태도를 요구한다. 여기에 대해서는 이어지는 장에서 더 살펴볼 것이다.

지난 10년 동안 정신화 이론과 치료 기법이 시행 연구에서 적용되어 왔고 다음과 같은 여러 다양한 정신 질환 및 심리사회적 문제에 대해 효과적이거나 적어도 유망한 것으로 밝혀졌다.

- 반사회적 성격장애(Bateman, Bolton, & Fonagy, 2013)
- 섭식장애(Skårderud, 2007a, 2007b, 2007c)
- 우울증(Luyten, Fonagy, Lemma, & Target, 2012)
- 품행장애(Reiter, Bock, Althoff, Taubner, & Sevecke, 2017)
- 가정폭력(Asen & Fonagy, 2017a, 2017b)

그리고 다음과 같은 특정한 상황에 맞게 조정되었다.

- 가족 치료(Asen & Fonagy, 2012a, 2012b; Bleiberg, 2013); MBT–F
- 집단 치료(Karterud, 2015); MBT–G
- 아동을 위한 시간 제한적 접근(Midgley, Ensink, Lindqvist, Malberg, & Muller, 2017); MBT–C
- 소외된 가족 및 청소년과 작업하기 위한 프레임워크(Bevington, Fuggle, Cracknell, & Fonagy, 2017); AMBIT
- 부모 치료나 코칭(Cooper & Redfern, 2016); MBT–P
- 임상 매뉴얼을 담은 이 저서의 주제인 청소년과 가족 치료는 자해 증상을 보이는 청소년에 대한 연구에서 시작되었다(Fonagy et al., 2014; Rossouw & Fonagy, 2012); MBT–A.

결론

정신화는 핵심적인 인간의 기능으로 자신과 타인의 행동을 이해하는 데 사용된다. 그러므로 정신화는 우리가 아주 흔하게 하는 일이다. 우리는 늘 정신화를 하지만, 종종 완벽하지 않게 하고, 많은 경우 비정신화 모드에 빠진다. 좋은 정신화는 내부/외부, 자기/타인, 암묵적/명시적, 인지적/정서적 차원 간의 균형 잡기를 필요로 한다.

정신화의 발달은 목적론적 모드(구체적 – 신속한 해결)에서 심적 동등성 모드(안과 밖)와 가상 모드(마치 ~인 것처럼)를 거쳐, 최종적으로 마지막 두 개 모드(심적 동등성 모드와 가상 모드)를 진정한 정신화로 통합하는 경로를 따른다. 우리는 다른 사람에 의해 정신화됨으로써 정신화하는 법을 배운다. 우리가 애착을 가지고 신뢰하는(인식론적 신뢰) 사람들이 우리에게 중요한 것을 말하려고 한다는 것을 배운다.

긴장이 고조되면 정신화 기능은 불안정해지는 경향이 있다. 4차원에서 균형이 상실되고, 전–정신화(pre–mentalizing modes) 중 하나 혹은 결합된 모드로 반응한다. 한 사람의 정신화 붕괴는 대인 간 체계 내 정신화 붕괴로 쉽게 이어진다.

정신화 기반 치료는 다양한 적용 분야에서 모두 환자가 자신의 정신화 능력을 향상시키도록 도움을 주는 것을 목표로 한다. 청소년이 처해 있는 발달 단계에서 사회적, 심리적, 신경학적으로 직면하는 특정한 정신화 어려움을 고려해 보면 이런 목표는 청소년과 함께 작업할 때 특히 중요하다.

감사의 글

이 장을 쓰기 위해 다른 저자들의 연구에서 영감과 정보를 얻었다. 물론, 정서 조절, 정신화, 자기 발달에 관한 Fonagy 외(2002)의 연구가 주요 자원이었다. 『Minding the Child』(Midgley & Vrouva, 2012), 『Adaptive Mentalization–based Integrative Treatment』(Bevington et al., 2017), 『Handbook of Mentalizing in Mental Health Practice』(Bateman & Fonagy, 2012), 『Reflective Parenting』(Cooper & Redfern, 2016) 같은 저서도 필수 자료였다.

참고문헌

Allen. J.G., & Fonagy, P. (2006). *The Handbook of Mentalization-Based Treatment.* Chichester: John Wiley & Sons.

Asen, E., & Fonagy, P. (2012a). Mentalization-based family therapy. In A. Bateman & P. Fonagy (Eds.), *Handbook of Mentalizing in Mental Health Practice*. American Psychiatric Association Publishing.

Asen, E., & Fonagy, P. (2012b). Mentalization-based therapeutic interventions for families. *Jounal of Family Therapy, 34*(4), 347–370. http:// doi.org/10.1111/j.1467-6427.2011.00552.x.

Asen, E., & Fonagy, P. (2017a). Mentalizating family violence part 1: Conceptual framework. *Family Process, 56*(1), 6–21. http://doi.org/10.1111/famp.12261.

Asen, E., & Fonagy, P. (2017b). Mentalizating family violence part 2: Techniques and interventions. *Family Process, 56*(1), 22–44. http://doi.org/10.1111/famp.12276.

Bateman, A., Bolton, R., & Fonagy, P. (2013). Antisocial personality disorder: A mentalizing framework. *Focus, 11*(2), 178–186. https://doi.org/10.1176/appi.focus. 11.2.178.

Bateman, A., & Fonagy, P. (2008). 8-Year follow-up of patients treated for borderline personality disorder: mentalization-based treatment versus treatment as usual. *American Journal of Psychiatry, 165*, 631–638.

Bateman, A., & Fonagy, P. (2009). Randomized controlled trial of outpatient mentalization-based treatment versus structured clinical management for borderline personality disorder. *American Journal of Psychiatry, 166*, 1355–1364.

Bateman, A., & Fonagy, P. (2012). *Handbook of Mentalizing in Mental Health Practice.* American Psychiatric Publishing Inc.

Bevington, D., Fuggle, P., Cracknell, L., & Fonagy, P. (2017). *Adaptive Mentalization-Based Integrative Treatment: A Guide for Teams to Develop Systems of Care*. New York, NY: OUP.

Bleiberg, E. (2013). *Mentalizing-based treatment with adolescents and families. Child and Adolescent Psychiatric Clinics of North America, 22*(2), 295–330.

Breuer, J., & Freud, S. (1893). On the psychical mechanism of hysterical phenomena: Preliminary communication. In J. Strachey (Ed.) (1955). *The Standard Edition of the Complete Psychological Works of Sigmund Freud, Volume II* (1893–1895): Studies on Hysteria, Vintage: Hogarth Press, 1–18.

Burnett, S., Bird, G., Moll, J., Frith, C., & Blakemore, S.-J. (2008). Development during adolescence of the neural processing of social emotion. *Journal of Cognitive Neuroscience, 21*(9), 1736–1750.

Burnett, S., Sebastian, C., Kadosh, K.C., & Blakemore, S.-J. (2011). The social brain in adolescence: Evidence from functional magnetic resonance imaging and behavioural studies. *Neuroscience and Biobehavioral Reviews, 35*, 1654–1664. https://doi.org/10.1016/j-neubiorev.2010.10.011.

Choudhury, S., Charman, T., & Blakemore, S.-J. (2008). *Development of the teenage brain. Mind, Brain and Education, 2*, 142–147.

Cooper, A., & Redfern, S. (2016). *Reflective Parenting: A Guide to Understanding What's Going on in Your Child's Mind*. Hove, East Sussex; New York, NY: Routledge.

Dunn, J., Bretherton, I., & Munn, P. (1987). Conversations about feeling states between mothers and their young children. *Developmental Psychology, 23*(1), 132–139.

Dunn, J., & Brown, J.R. (1993). Early conversations about causality: Content, pragmatics and developmental change. *British Journal of Developmental Psychology, 11*(2), 107–123.

Dunn, J., Brown, J., Slomkowski, C., Tesla, C., & Youngblade, L. (1991). Young children's understanding of other people's feelings and beliefs: Individual differences and their antecedents. *Child Development, 62*, 1352–1366.

Ensink, K., & Mayes, L. (2010). The development of mentalisation in children from a theory of mind perspective. *Psychoanalytic Inquiry, 30*, 301–337.

Erikson, E.H. (1950). *Childhood and Society*. New York: Norton.

Fonagy, P., & Allison, E. (2012). What is mentalization? The concept and its foundations in developmental research. In N. Midgley & I. Vrouva (Eds.), *Minding the Child: Mentalization-Based Interventions with Children, Young People and Their Families* (pp. 11–34). New York: Routledge.

Fonagy, P., Gergely, G., Jurist, E.J., & Target, M. (2002). *Affect Regulation, Mentalization, and the Development of the Self*. London: Karnac Press.

Fonagy, P., & Luyten, P. (2009). A developmental, mentalization-based approach to the understanding and treatment of borderline personality disorder. *Development and Psychopathology, 21*(4), 1355–1381.

Fonagy, P., Rossouw, T., Sharp, C., Bateman, A., Allison, L., & Farrar, C. (2014). Mentalization-based treatment for adolescents with borderline traits. In C. Sharp & J.L. Tackett (Eds.), *Handbook of Borderline Personality Disorder in Children and Adolescents*. New York: Springer.

Freud, A. (1965). *Normality and Pathology in Childhood Assessments of Development* (Institute of Psycho-analysis (Great Britain), Ed.). London: Karnac Books: Institute of Psycho-Analysis.

Gergely, G., Egyed, K., & Király, I. (2007). On pedagogy. *Developmental Science, 10*(1), 139–146. https://doi.org/10.1111/j.1467-7687.2007.00576.x.

Jessurun, H., Wiwe, M., & Bevington, D. (2018). *A Box of Mentalizing Games; A Manual for*

Games to Practice Mentalizing Skills. Eindhoven: TweeMC.

Karterud, S. (2015). *Mentalization-Based Group Therapy (MBT-G): A Theoretical, Clinical, and Research Manual*. Oxford, United Kingdom: Oxford University Press.

Luyten, P., Fonagy, P., Lemma, A., & Target, M. (2012). Depression. In A. Bateman & P. Fonagy (Eds.), *Handbook of Mentalizing in Mental Health Practice* (pp. 385-417). Arlington VA: American Psychiatric Association.

Midgley, N., Ensink, K., Lindqvist, K., Malberg, N. T., & Muller, N. (2017). *Mentalization-Based Treatment for Children: A Time-Limited Approach*. Washington, DC: American Psychological Association.

Midgley, N., & Vrouva, I. (Eds.). (2012). *Minding the Child: Mentalization-Based Interventions with Children, Young People, and Their Families*. New York: Routledge.

Nelson, E.E., Leibenluft, E., McClure, E.B., & Pine, D.S. (2005). The social re-orientation of adolescence: A neuroscience perspective on the process and its relation to psycho-pathology. *Psychological Medicine, 35*(2), 163-174.

Reiter, M., Bock, A., Althoff, M.-L., Taubner, S., & Sevecke, K. (2017). Mentalisierungsbasierte Therapie einer Jugendlichen mit Störung des Sozialverhaltens. *Praxis der Kinderpsychologie und Kinderpsychiatrie, 66*(5), 362-377. https://doi.org/10.13109/prkk.2017.66.5.362.

Rossouw, T.I., & Fonagy, P. (2012). Mentalization-based treatment for self-harm in adolescents: A randomized controlled trial. *Journal of the American Academy of Child and Adolescent Psychiatry, 51*(12), 1304-1313.3. https://doi.org/10.1016/j-jaac.2012.09.018.

Skårderud, F. (2007a). Eating one's words, Part Ⅰ: 'Conccretised metaphors' and reflective function in anorexia nervosa—an interview study. European Eating Disorders Review, 15(3), 163-174. http://doi.org/10.1002/erv.777.

Skårderud, F. (2007b). Eating one's words, Part Ⅱ: The embodied mind and reflective function in anorexia nervosa—theory. *European Eating Disorders Review, 15*(4). 243-252. http://doi.org/10.1002/erv.778.

Skårderud, F. (2007c). Eating one's words, Part Ⅲ: Metalisation-based psychotherapy for anorexia nervosa—an outline for a treatment and training manual. *European Eating Disorders Review, 15*(5), 323-339. http://doi.org/10.1002/erv.81.

제2장
청소년 뇌 발달과 정신화 발달

Patrick Luyten, Saskia Malcorps, Peter Fonagy

청소년기는 중요한 생물학적, 심리사회적 변화가 두드러진 시기다. 과거에는 청소년기가 일반적으로 정신병리 발생 위험이 증가하는 시기로 여겨졌지만, 이제는 특히 발달에 대한 정신화 접근 내에서 청소년기가 성장과 회복탄력성을 위한 새로운 기회를 제공하기도 하고 현저한 가소성과도 관련 있다는 공감대가 커지고 있다(Luyten, Campbell, Allison, & Fonagy, 2020). 이 장은 위험과 회복탄력성을 모두 설명할 때 나타나는 불균형을 바로잡고 청소년기를 발달의 중추 단계로 고려하려는 시도에서 이중 초점을 염두에 두고 작성하였다.

이 장에서는 정신화, 즉 자신과 타인을 의도적인 정신 상태에 의해 동기화된다고 이해하는 능력에 관한 신경생물학적 연구 결과에 초점을 맞출 것이다. 청소년기와 높은 관련성이 있지만 별개인 세 가지 생물행동 체계, 즉 스트레스 조절, 애착/보상, 정신화 체계뿐만 아니라, 인지 조절을 위한 체계와 같은 다른 연관된 신경계의 기능적 · 구조적 재조직과 관련 있음을 시사하는 뇌 영상(neuroimaging) 근거에 대해 논의할 것이다. 이러한 재조직은 새롭고 더 복잡한 관계 확립과 주체성 및 자율성에 대한 감각이라는 두 가지 핵심적이고 주요한 발달 과업이 있는 시기에 이루어진다(그림 2.1 참조).

진화론적 관점에서 볼 때 인간이 복잡한 사회 환경에 적응할 수 있도록 다음 세 가지 기본 생물행동 체계가 진화해 왔다: (1) 위협에 따른 고통에 대처하기 위해 발달한 체계(스트레스/위협 체계), (2) 한편으로는 대인관계(즉, 영유아-부모, 부모-영유아, 연인

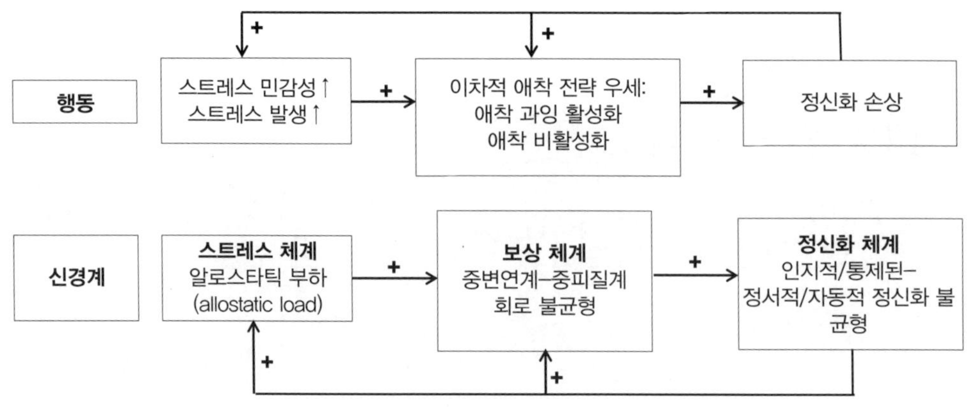

[그림 2-1] 스트레스, 보상 및 정신화 시스템의 상호작용

[출처: Luyten, P., & Fonagy, P. (2018). 우울증의 스트레스-보상-정신화 모델: 연구 영역 기준(Research Domain Criteria(RDoC) 접근법에 기반한 아동과 청소년 우울 장애에 대한 통합적 발달 연쇄 접근. *Clinical Psychology Review, 64*, 87–98, doi:10.1016/j.cpr.2017.09.008, © Elsevier]

간 애착, 다른 애착 관계) 형성과 관련한 보상 경험을 생성하는 데 집중적으로 관여하는 체계와 다른 한편으로는 주체성과 자율성의 경험(보상 체계); (3) 정신화 또는 사회 인지 체계로서 의도적 정신 상태(예: 감정, 욕망, 소망, 태도, 가치)의 측면에서 자기와 타인을 이해하는 인간 종에 특이한 능력의 기반이 되고 복잡한 대인관계 세계에서 필수적인 능력(Fonagy & Luyten, 2018; Luyten & Fonagy, 2018).

청소년기에 이 세 가지 생물행동 체계에서 일어나는 재조직이 시사하는 바와 취약성과 회복탄력성을 모두 설명하는데 이들의 역할은 방대하며 주목해야 할 가치가 있다. 그것은 청소년과 작업하는 모든 치료자가 이해해야 할 필수적인 내용이다. 앞으로 살펴보겠지만, 사회 인지를 뒷받침하는 신경 회로에 영향을 미치는 청소년기의 신경생물학적 변화에 대한 연구는 청소년, 특히 정신건강 문제로 고통받는 청소년을 위한 치료에서 중요한 시사점을 갖는다. 이 장에서 이러한 중요 연구에 대해 안내하고자 한다.

우리는 과도하거나 연령에 맞지 않는 스트레스로 인해 촉발되고 일반적으로 보상 민감성과 정신화 능력에 손상을 초래하는 발달적 연쇄(cascade) 작동에 대해 논의할 것이다([그림 2-1] 참조). 이러한 손상들이 결합해서 일어나면 정상적인 발달 과업에 영향을 미치며, 전형적으로 악순환을 초래하는데, 여기서는 관계성 및 주체성/자율성 능력의 저해 및 이와 관련한 정신화 문제가 두드러지게 나타난다. 그러나 전반적으로, 우리는 정신화 및 애착의 현저한 '손상'조차도 보는 사람의 시각에 달려 있다는 점

을 강조한다. 청소년 관점에서 보면 그것은 특정한 (대인관계) 환경에 적응하려는 시도를 나타낸다. 예를 들어, 현저한 정서적 방임과 학대가 있는 환경에서 도구적 공격성의 사용은 자신의 입지를 보장하고, 극단적인 상황에서는 생존을 보장하기 위한 이해할 만한 전략으로 볼 수 있다(Fonagy & Luyten, 2018). 마찬가지로 학대 환경에서 자란 청소년의 경우, 정신화 억제는 전형적으로 타인에 대한 높은 수준의 인식론적 불신과 결합해 있는데, 이것은 추가적인 학대와 실망에서 자기를 보호하려는 이해할 만한 반응이다(Luyten et al., 2020). 이러한 맥락에서 우리는 청소년기의 정서 조절에 관여된 신경생물학적 체계의 재조직을 시사하는 연구 결과와 청소년기의 위험 감수 행동 간의 직접적인 병렬성을 함축하는 신경생물학적 연구 결과를 지나치게 단순하게 해석하는 데 대해 경고한다.

스트레스 체계: 역경에 대처하기

우리는 청소년기 뇌 발달에서 스트레스와 역경이 미치는 영향에 관한 연구 결과를 논의하는 것으로 청소년기에 일어나는 신경생물학적 변화에 관한 빠르게 축적되고 있는 문헌을 훑어보려 한다. 전부는 아니더라도 대부분 심리적 장애는 발달적, 스트레스 관련 장애로 가장 잘 개념화할 수 있고, 수준이 높거나, 연령에 부적합한, 혹은 이 둘이 결합된 스트레스가 장애의 발병과 지속에 주요한 역할을 한다. 앞서 언급한 바와 같이, 청소년기에는 사회문화적 기대에 큰 변화가 있고, 이로 인해 관계성과 주체성/자율성 영역 모두에서 스트레스가 높아진다(Auerbach, Admon, & Pizzagalli, 2014; Davey, Yücel, & Allen, 2008; Forbes & Dahl, 2012; Spear, 2000) ([그림 2-2] 참조). 한편으로, 청소년기에는 또래 및 이성 관계가 점점 더 중요해지고, 이는 예를 들어 거부민감성의 증가로 표현된다. 다른 한편으로, 성취에 대한 요구가 강해져서 실패에 대한 높아진 민감성에서 나타난다. 사춘기 성욕과 (관계적 및 도구적) 공격성의 출현, 그리고 관련된 신체 변화에 따라 두 영역 모두에서 추가적인 과업이 주어진다.([그림 2-2] 참조)

인간의 생물행동적 스트레스 체계는 위협을 감지하고 통합하고 대응하는 데 관여하는 복잡한 신경 구조 체계다. 시상하부-뇌하수체-부신(HPA) 축 체계와 교감신경계가 스트레스 체계의 핵심 구조를 구성하는 반면, 편도체, 해마, 전전두피질(PFC)

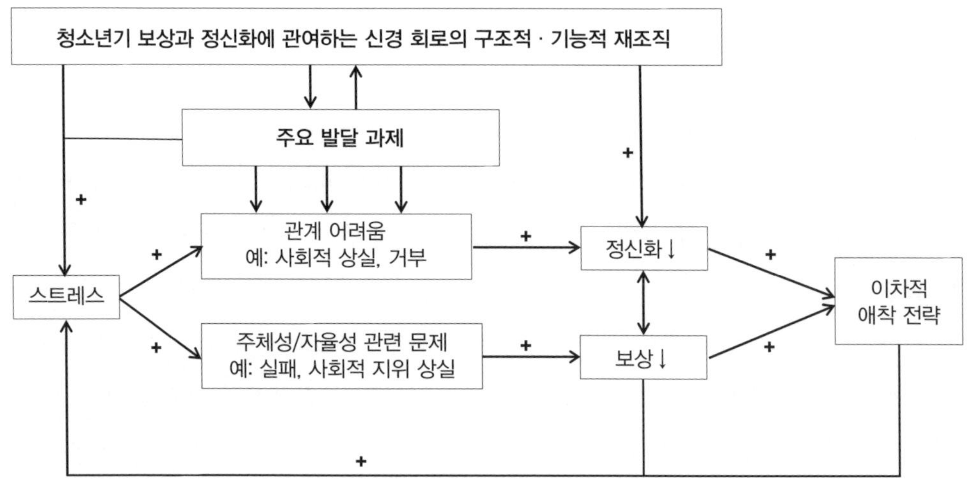

[그림 2-2] 청소년기 주요 발달적 변화와 스트레스, 보상, 정신화 체계의 구조적 · 기능적 재조직과의 관계

[출처: Luyten, P., & Fonagy, P. (2018). 우울증의 스트레스-보상-정신화 모델: 연구 영역 기준 접근법에 기반한 아동 청소년 우울 장애에 대한 통합적 발달 연쇄 접근. *Clinical Psychology Review, 64*, 87–98, doi:10.1016/j.cpr.2017.09.008, © Elsevier]

에 있는 영역—전대상피질, 안와전두피질, 내측전전두피질(MPFC) 포함—도 이 신경망에서 중요한 역할을 담당한다(McEwen, 2007). 이러한 구조들은 함께 알로스테시스(allostasis), 즉 끊임없이 변화하는 환경에 지속적으로 적응하는 능력에 기여한다(McEwen, 2007). 이것이 실패하면, 알로스타틱 부하(allostatic load)가 일어나고 개인의 자기 조절 능력이 점점 더 떨어지기 시작한다(McEwen, 2000).

연구에 따르면 알로스테시스를 확립하고 유지하는 데 관여하는 훨씬 더 광범위한 생리 체계 네트워크가 존재하고, 이것이 급성 스트레스에 직면했을 때 투쟁/도피/얼어붙기 반응을 담당한다(Gunnar & Quevedo, 2007; McEwen, 2007). 이 네트워크에는 자율신경계, 대사계, 장, 신장, 면역계가 포함되고, 각각은 비교적 뚜렷한 바이오 매개체(biomediators) (예: 각각 코르티솔, 교감 및 부교감 전달 물질, 대사 호르몬, 사이토카인)를 갖고 있다. 이러한 연구 결과에 따르면 역경이 체화된 속성과, 특히 생애 초기에 역경을 겪은 사람에게 신체적 건강과 정신건강 간의 밀접한 관련성이 강조된다.

이러한 관점과 일관되게, 이제 생애 초기 역경 경험이 스트레스 체계에 영구적인 변화를 초래할 수 있음을 시사하는 비교적 좋은 근거가 있다. 이런 영구적 변화는 더 이른 연령에서 정신병리의 발병, 더 심한 증상, 더 높은 공병률, 더 큰 자살 위기, 다양한 정신 질환에 걸쳐 더 저조한 치료에 대한 반응과 연관성이 있다(Teicher & Samson,

2013). 특히 스트레스 체계가 환경적 요인에 매우 민감한 "결정적 시기의 창(critical time windows)"(Heim, Plotsky, & Nemeroff, 2004)이 열려 있는 동안 높은 수준의 스트레스를 받으면, 전형적으로 HPA 축의 과잉 활동(즉, 지속적인 투쟁/도피 상태)이 발생하고 결과적으로 평생 스트레스 요인에 대한 높은 취약성이 생긴다(Kertes, Gunnar, Madsen, & Long, 2008). 인간의 경우, 이처럼 HPA 축이 프로그래밍 효과에 특히 민감한 결정적 시기의 창이 초기 성인기까지 이어진다(Lupien, McEwen, Gunnar, & Heim, 2009). 이로 인해 신체적 결과와 심리적 결과가 연쇄적으로 나타난다. 이것은 스트레스 체계와 다른 주요 생물학적 및 심리사회적 체계 간에 긴밀한 관련이 있기 때문이다. 결과적으로 수면 및 주의력 문제, 운동 조절 어려움, 협응, 학습 곤란, 사회적 · 관계적 문제뿐만 아니라 면역 체계, 통증 조절 체계, 대사 체계, 생식 체계 관련 문제가 발생한다(Eiland & Romeo, 2013; Lupien et al., 2009). 특정한 유전적 차이는 개인이 환경 요인에 더 민감하게 만들 수 있다['차별적 민감성 가설(differential susceptibility hypothesis)'](Ellis, Boyce, Belsky, Bakermans-Kranenburg, & van Ijzendoorn, 2011).

편도체와 해마를 포함한 스트레스 체계의 핵심 구조는 청소년기에 주요한 구조적 · 기능적 재조직을 거친다. 청소년기에 편도체와 해마는 부피가 증가하고 최대 부피에 도달하며, 실험 연구에서 다양한 스트레스 과제가 주어졌을 때 아동이나 성인에 비해 이 영역에서 더 높은 활성화를 보이는 것으로 나타났다. 이런 결과도 청소년기에 편도체와 해마의 중심적 기능적 역할을 입증한다. 다음으로 청소년기 동안 전전두피질은 시냅스 가지치기와 세포예정사(programmed cell death)로 인해 얇아진다(Mutlu et al., 2013; Shaw et al., 2008).

마찬가지로, 청소년기는 아동과 성인에 비해 스트레스에 대한 HPA 축 반응성이 상당히 높은 것과 연관성이 있다(Casey, Getz, & Galvan, 2008). 청소년기에는 스트레스 기저 수준이 더 높고 스트레스에 대한 반응성이 증가하며, 특히 사회적 거부 및 학업 스트레스 요인이 증가하는 것으로 나타났는데(Masten et al., 2009; Sebastian, Viding, Williams, & Blakemore, 2010; Sebastian et al., 2011), 이것은 이 시기에 자율성과 주체성, 성취에 대한 요구가 더 커지고 또래 및 이성 관계가 중요해지는 특성과 일관된다(Auerbach et al., 2014)([그림 2-2] 참조).

이제 정신병리 발병 위험이 높은 청소년은 무심코 스트레스를 유발하는 환경[즉, 능동적 스트레스 생성 또는 자극 유발적(evocative)* 개인-환경 효과]을 조성하는 데 부분적으

* 개인의 특성이 환경의 반응을 일으키고, 이는 다시 개인에게 영향을 미치는 효과로 해석함.

로 어떤 역할을 한다는 좋은 근거도 있다(Hammen, 2005). 흡연, 건강에 해로운 식습관, (성적) 재피해를 포함한 위험한 성적 행동, 자해, (친밀한) 관계에서 폭력 등 건강하지 못하고 부적응적인 여러 행동(Afifi et al., 2009; Anda et al., 2006)은 정신병리에 대한 취약성의 증가로 이어지는 악순환에 더욱 기여한다.

보상 체계: 애착과 주체성/자율성 조절하기

청소년기에서 중심적인 역할을 하는 보상 체계인 두 영역은 또래 및 이성 관계(성적 관심 포함)의 중요성이 커지는 방향으로 발달적 전환이 있는 관계성과 주체성/성취(도구적 공격성 포함)이다([그림 2-2] 참조)(Blatt, 2008; Luyten, 2017). 두 영역은 밀접하게 관련된 경우가 많다. 왜냐하면 사회적 지위가 흔히 관계에서 매력을 높이거나 그 반대의 경우도 있기 때문이다. 그러나 적어도 서구 문화권에서 남자아이는 주체성/자율성을 약간 더 강조하는 반면, 여자아이는 애착을 조금 더 강조한다(Luyten & Blatt, 2013; Spear, 2000).

중피질 변연계의 도파민 체계는 인간의 뇌에서 보상 경험의 기반을 이룬다. 중변연계 경로는 복측 피개 영역에서 시작하여 복측 선조체 영역과 해마 및 편도체로 이어진다. 중피질 경로는 전전두피질과 전대상피질로 이어지는 투사(projections)로 구성된다(Nestler & Carlezon, 2006; Pizzagalli, 2014; Russo & Nestler, 2013; Spear, 2000). 이러한 경로들의 바이오 매개체에는 도파민, 옥시토신, 바소프레신, 오피오이드 및 카나비노이드가 포함된다. 이런 바이오 매개체는 한편으로는 수용, 지지, 주체성, 타당화의 감각을 매개하고, 다른 한편으로는 사회적 상실 및 거부와 관련된 정서적 고통을 매개한다. 이런 고통은 청소년, 특히 여자 청소년에서 높아진다(Hsu et al., 2015; Spear, 2000).

보상 체계는 스트레스 체계 발달과 기능에 핵심적인 역할을 한다(Hostinar, Sullivan, & Gunnar, 2014; Strathearn, 2011; Swain et al., 2014). 발달적으로 애착 행동 체계는 위협에 직면했을 때 활성화되어, 애착 대상에 대한 근접성을 추구한다. 티가 나도록 되비쳐주기 반응을 제공하는 애착 대상의 능력은 아이가 스트레스를 하향 조절하고 타인을 위안과 지지의 원천으로 신뢰하는 능력을 기르는 데 도움이 될 것이다. 보상 체계는 이러한 정서적 반응의 기반이 된다. 안정 애착 경험이 초기 발달에서 스트레스

의 영향을 완충하여, HPA 축의 "적응적 저활동성(adaptive hypoactivity)"으로 이어지기 때문이다(Gunnar & Quevedo, 2007). 따라서 안정 애착 환경에서 자라는 아이들에게는 다른 사람들이 보상이 되고, 이와 동시에 주체성과 자율성의 감각이 발달하며 똑같이 보상으로 경험된다. 그러므로 자기조절 능력과 상호조절 능력은 상호 간에 강화한다. 이와 대조적으로 아이들이 가용할 수 없고 반응하지 않거나 학대하는 애착 대상에게서 자라면, 상호조절 및 자기조절 능력이 전형적으로 손상된다. 이러한 아이들은 고통을 하향 조절하기 위해 애착 과잉 활성화 전략에 과도하게 의존하거나, 혹은 애착 비활성화 전략에 의존하여 소위 강박적 자율성(즉, 타인의 도움 없이 고통에 대처할 수 있어야만 한다는 신념)을 기르기 시작한다. 불안정 애착을 가진 아이들에게는 타인에게 의지하는 것은 보상이 아니다. 왜냐하면 타인이 수용하지 않을 것이라는 신념이 항상 기저에 깔려 있기 때문이다. 그러므로 생물학적 수준에서 불안정 애착은 스트레스 체계의 역기능에서 표현되는, 스트레스에 대한 취약성 증가와 연관성이 있다(Auerbach et al., 2014; Pizzagalli, 2014; Strathearn, 2011).

앞서 언급한 바이오 매개체는 이러한 과정들에 중추적으로 관여한다. 예를 들어, 옥시토신은 괴로움에 직면했을 때 친애 행동(affiliative behavior)과 타인과 함께하는 스트레스의 효과적인 상호조절을 증가시키는 것으로 나타났다. 더구나 옥시토신은 HPA 체계의 하향 조절을 통해 스트레스에 대한 행동적 및 신경내분비적 반응을 감소시키고(Neumann, 2008), 정신화와 타인에 대한 신뢰를 향상시킨다(Domes, Heinrichs, Michel, Berger, & Herpertz, 2007; Heinrichs & Domes, 2008). 옥시토신의 이러한 긍정적인 효과는 내집단(in-group) 구성원에게만 국한되는 것 같다는 점이 중요하다. 대조적으로, 옥시토신 수준이 높아지면 심지어 안정 애착을 가진 개인이라도 외집단(out-group) 구성원과의 관계에서 불신이 커지고 협력 행동이 줄어드는 것으로 나타났다(Bartz, Zaki, Bolger, & Ochsner, 2011).

불안정한 애착 개인사가 있는 사람은 저하된 옥시토신 기저 수치를 보이는데, 이러한 사람에게 옥시토신을 투여하면 심지어 내집단 구성원과의 관계에서 신뢰와 협력 행동이 감소하고 스트레스에 대한 코르티솔 반응이 증가한다(Bartz et al., 2011; Feldman, 2017). 따라서 애착 경험은 보상으로 지각되지 않고, 오히려 괴로움을 심화시킨다. 이러한 연구 결과는 치료자들이 불안정한 애착을 가진 청소년(특히 학대 이력이 있는 청소년)과의 만남을 이해하는 데 매우 중요하다. 이러한 청소년에게 치료 관계를 포함한 관계는 보상이 아니라 괴로움의 원천으로 경험된다. 타인(정신건강 전문가 포함)과의 관계는 기껏해야 양가적인 것으로 경험되고, 이해와 보살핌을 받고자 하는 소망 및 욕구와 애착 체계의 과자극(oversimulation)(그리고 다음에 논의될 과자극과 연관된 정신화 상실) 간의 경계가 불분명하다. 따라서 치료자는 온정과 지지로 청소년을 쉽게 압도할 수 있고, 이것은 아무리 좋은 의도라 해도 혐오스럽고 심지어 위험할 수 있다. 그러므로 정신화 기반 치료는 일반적으로 애착 활성화가 정신화에 미치는 부정적인 영향을 고려하여 개입을 조정해야 한다(Bateman & Fonagy, 2019).

청소년기에 보상 체계를 재조직하는 것은 청소년기에 직접적인 행동적 결과를 얻을 수 있지만, 정확한 기제와 청소년 행동에 미치는 영향에 대한 이해는 여전히 상대적으로 부족하다. 그러나 동물과 인간을 대상으로 한 연구 결과에 따르면, 청소년기에는 선조체 영역에서 도파민 수치가 가장 낮고 전전두엽 영역에서 도파민 수치가 가장 높아, 소위 "미니-보상 결핍 증후군"이 발생한다고 한다(Spear, 2007). 청소년과 작업하는 치료자라면 누구나 이 '증후군'에 익숙하다. 청소년들은 쉽게 지루해질 수 있고, 동시에 소속감 및/또는 성취에 대한 강한 욕구와 이와 관련한 지위로 인해 강렬한 거부감과 실패감, 또는 두 가지가 결합된 감정은 이에 수반되는 좌절과 공격성을 유발할 수 있다. 이러한 경험들은 위험 감수, 약물 남용 및/또는 적대적 행동과 같은 다양한 보상 행동으로 이어질 수 있으며, 이는 청소년기의 내재화 및 외현화 문제 간에 공병률이 높게 관찰되는 이유를 설명한다(Davey et al., 2008; Spear, 2000).

앞서 언급했듯이, 이와 관여된 기제를 정확히 파악하기는 어렵다. 청소년기에 보상에 대한 저반응성은 진화적 적응으로 제안되어 왔다. 보상의 낮은 인센티브 가치가 청소년의 탐구적 성향, 자율성 추구, 관계 및 성적 욕구를 지원한다는 것이다. 이는 보상에 대한 반응으로 높은 수준의 위상성(phasic) 도파민과 결합하면, 보상에 대한 저반응성은 전형적으로 청소년기와 연관된 표준적인 '질풍노도'를 확실히 설명할 수 있다(Davey et al., 2008). 그러나 청소년기에 관찰된 보상 민감성의 손상은 청소년기 스트레스 증가에서 비롯된 전전두피질의 높은 도파민 수준을 통해(이것은 정신화를 억제함, 다음 참조) 하향 조절이 일어난 결과일 수도 있다(Pizzagalli, 2014; Spear, 2000). 게다가 청소년기에는 표상 능력이 증가하여 사랑이나 지위와 같은 보상은 점점 더 시간적으로 멀게 경험될 수 있다. 왜냐하면 청소년기는 전형적으로 심리사회적 유예(moratorium)와 연관되는데, 이것은 주체성과 자율성에 대한 청소년의 감각을 제한한다.

특히 취약한 청소년의 경우, 더 큰 보상 욕구에 보상 경험이 시간적으로 멀다는 지각이 더해지면 더욱더 괴로울 수 있다. 그 결과로 정신화 손상(다음에 논의함)과 결합

하여 보상적인 행동(compensatory behaviors, 예: 약물 남용, 폭력, 사회적 철수)으로 이어질 수 있다. 이것은 교정 경험을 제공할 수 있는 다른 사람들과의 관계에 따른 인센티브 가치를 더욱 떨어뜨리기 때문에, 청소년이 사회적으로 고립되거나 비슷한 어려움으로 분투하는 또래에게 과도하게 의존하는 악순환이 일어난다. 이러한 상황에서는 타인과 상호작용할 때 자신의 마음을 재조정하는 것이 극히 어렵게 되는 경우가 많다.

앞서 언급한 바와 같이, 이것은 역경을 겪은 청소년에게 특히 어려울 수 있다. 따라서 회복탄력성 부재가 핵심일 수 있는데, 인식론적 신뢰에 의해 추동되는 사회적 학습과 연관된다. 특히 주체성과 관계성에 대한 사회적 압력이 높아지는 가운데 두 가지 기본 발달 과업을 지원하는 환경에 의해 균형을 이루지 못하면, 많은 청소년에게 독이 되는 조합을 만들어 낼 수 있다(Debbané, 2015; Escofet, 2012). 그러나 진화론적 관점에서 볼 때, 청소년이 그러한 환경에서 발달시킨 불안정 애착 전략은 애착 대상의 (지각된) 비가용성, 비반응성, 혹은 침습성 및 좀 더 일반적으로는 광범위한 사회문화적 맥락에 대처하려는 시도로 보는 것이 더 낫다(Belsky & Fearon, 2008; Ein-Dor, Mikulincer, Doron, & Shaver, 2010; Simpson & Belsky, 2008). 따라서 다소 자극적으로 표현하자면, 뇌는 생존과 사회적 기능을 최적화하기 위해 특정 환경에 스스로를 적응시킨다. 이렇게 적응하려는 시도는 표준의 관점에서 볼 때 최적과는 거리가 멀 수 있지만, 일단 최소한으로 만족을 주는 어떤 알로스테시스 상태에 도달하면, 뇌는 더 나은 해결책을 찾기 위한 시도로 더 이상의 반복을 멈춘다. 바로 이 지점에서 심리사회적 개입이 유용할 수 있다. 이제 청소년기에, 그리고 청소년의 행동 변화를 목표로 하는 모든 개입에서 정신화의 중요성을 살펴보자.

정신화 체계: 자기와 타인 이해하기

인간이 왜 정신화 능력을 발달시켰는지는 거의 알려지지 않았지만, 이 능력은 인간 사회 체계에서 일반적인 복잡한 의사소통과 협력을 가능하게 했기 때문에 대도약을 이루었다. 게다가 대부분의 다른 동물 종에는 거의 또는 전혀 없는 진보한 정신화 능력이 발달한 것은 자의식 능력, 더 나아가 상상력, 결과적으로 물리적 현실을 초월할 수 있는 능력도 가능하게 했다(Davey et al., 2008 참조). 그러나 이러한 각각의 능력은 역설적으로 정신병리에 대한 취약성을 높인다. 자의식은 소위 자의식적 감정(예: 당혹감, 후회, 수치심, 죄책감)의 출현을 낳기도 했다. 이런 감정은 본질적으로 적응적이지만, 만성적 및/또는 과도할 경우 부적응적이 될 수 있다. 상상력 또한 인간이 이상적인 자기 상태를 상상할 수 있게 해줄 뿐만 아니라 실제와 이상적인 자기 상태 사이의 불일치를 고통스럽게 자각할 수 있게 한다. 보다 일반적으로, 인간 사회 조직 구조에서 사회적 배태성(social embeddedness)*의 본질적인 역할로 인해 협력과 의사소통에 요구되는 기술이 부족한 사람들에게는 철저한 고립감과 외로움이 유발될 수 있다(Luyten et al. 2020).

이것은 청소년기에 중심적 이슈가 되는데(Crone & Dahl, 2012), 적어도 부분적으로, 이 발달 단계에서 정신병리 유병률이 증가하는 이유를 설명할 수 있다. 따라서 뇌에서 일어나는 변화와 청소년기 전반에 걸친 온전한 정신화의 출현은 점점 더 복잡한 의사소통과 협력, 상상을 가능하게 하지만, 생물학적 및/또는 환경적으로 불우한 청소년의 취약성을 높이기도 한다(Sharp, Vanwoerden, & Wall, 2018).

잘 알려진 바와 같이 정신화는 다차원적이다(〈표 2-1〉 참조). 신경학적 관점에서 볼 때, 정신화의 다양한 차원은 복잡한 일련의 신경계의 지원을 받는다(Luyten & Fonagy, 2015).

스트레스 및 보상 체계와 마찬가지로, 청소년기에는 정신화에 관여하는 신경계가 상당한 재조직을 거친다. 시냅스 생성(뉴런 사이에 새로운 시냅스 형성), 시냅스 가지치기(사용되지 않는 시냅스 제거), 수초화(전기 자극의 전달 속도를 향상시키는 뉴런의 수초 코팅)(Blakemore, 2008, 2018)는 정신화 영역에 상당한 구조적 및 기능적 변화를 가져온다. 예를 들어, 과잉 시냅스가 제거되는 시냅스 재조직과 남아 있는 시냅스의 수초화 증가는 청소년 대상 fMRI 연구에서 회질(grey cortical matter)이 줄어들고 백질(white cortical matter)이 늘어난 것으로 관찰된 현상에 대한 설명으로 가능성이 높다.

이러한 과정은 정신화에 연루된 뇌 신경망, 특히 관여된 피질 영역의 효율성을 높이는 것으로 추정되고(Blakemore, 2008, 2018), 이는 다시 청소년기에 사회 인지 발달을 촉진하여, 한편으로는 더 분화되고 통합된 자기 및 정체성의 감각, 다른 한편으로는 관계성의 발달을 가능하게 하는 것으로 생각된다(Fonagy & Luyten, 2016; Sharp et al., 2018).

---

* 사회적 배태성은 개인이 사회적 관계 또는 네트워크에 통합되어 있는 정도로서, 사회적 관계와 정서적 유대의 정도에 따라 개인의 행동과 태도, 정체성 등이 결정 혹은 제약될 수 있음을 의미한다. [출처: 김진선, 김종호(2020). 사회적 배태성 관점의 경력성과 결정요인에 관한 연구: 네트워크 자원, LMX와의 구조적 관계 및 성별의 효과 차이. 한국행정학보, 54(4), 67-99.]

〈표 2-1〉 정신화의 네 가지 차원: 핵심 기능 및 기저 신경 회로

차원	특징	신경 회로
자동적	사회적 정보의 무의식적, 병렬적, 빠른 처리; 반사적이고 노력, 주의 집중 또는 의도를 거의 요구하지 않음; 따라서 특히 복잡한 대인 간 상호작용에서(예: 각성이 높을 때) 편견과 왜곡을 일으키기 쉬움	편도체 기저핵 복내측 전전두엽 피질(VMPFC) 외측 측두엽 피질(LTC) 배측 전대상 피질(dACC)
통제된	사회적 정보의 의식적, 언어적, 성찰적 처리. 자기와 타인의 정서, 생각, 의도에 대해 의식적 및 의도적으로 성찰하고 정확하게 귀인하는 능력을 요구함, 노력이 필요한 통제와 언어에 크게 의존함	외측 전전두엽 피질(LPFC) 내측 전전두엽 피질(MPFC) 외측 두정엽 피질(LPAC) 내측 두정엽 피질(MPAC) 내측 측두엽(MTL) 문측 전대상 피질(rACC)
내부	자기와 타인의 마음 내부에 직접적으로 집중하여 자기와 타인의 마음을 이해함	내측 전두정엽 신경망 (더 통제된)
외부	외적인 특징(얼굴 표정, 자세, 운율 등)을 기반으로 자기와 타인의 마음을 이해함	외측 전두-측두-두정엽 (더 자동적)
자기-타자	공유 신경망이 자기와 타인에 대한 정신화 능력의 기반을 이룸	공유된 표상 체계(더 자동적) 대 정신 상태 귀인 체계 (더 통제된) 비교
인지적-정서적	정신화는 신념-욕구 추론 및 관점 채택과 같은 더 인지적 특징(더 통제된)이나 정서적 공감 및 정신화된 정서성(mentalized affectivity: 감정 및 그 감정에 대한 생각하기)을 포함한 정서적 특징(더 자동적)에 초점을 맞출 수 있음	인지적 정신화는 전전두엽 피질의 여러 영역을 포함하고, 정서적 정신화는 특히 VMPFC와 관련이 있는 것으로 보임.

그러나 이러한 피질 변화가 일어나는 동안 청소년의 정신화 기술이 일시적으로 흔들리고 방해받을 수 있다는 가설이 있는데, 이를 정신화 또는 사회 인지에서 사춘기 "일시적 하락(dip)"이라고도 부른다(Blakemore, 2008). 이러한 연구 결과로 인해 청소년기 사회 인지 발달이 선형적(단순히 나이가 들면서 사회적 인지 수준이 높아지는) 궤적을 따르는지, 아니면 비선형적(정신화 신경망 재조직으로 인해 청소년기 중반에 정신화 수준이 실제로 저하되는) 궤적을 따르는지에 대한 논의가 계속되고 있다. 외부 기반 정신화에 초점을 맞춘 일부 연구에서는 실제로 사춘기 중반 청소년(만 12~13세)의 경우 정신화의 정확성(Carey, Diamond, & Woods, 1980; Diamond, Carey, & Back, 1983; Tonks, Williams, Frampton, Yates, & Slater, 2007) 또는 정신화 과제 수행 시 반응 시간(McGivern, Andersen, Byrd, Mutter, & Reilly, 2002)에서 이러한 '일시적 하락'이 발견되었다. 정신화에서 보이는 이러한 사춘기의 일시적 하락과 호르몬 변화와의 연관성도 연

구되어 왔다.

정신화에 관여되는 뇌 영역의 신경 재조직으로 인해 일어나는 정신화의 사춘기 일시적 하락을 시사하는 연구는 흥미롭다. 왜냐하면 청소년기에 관찰되는 내재화 및 외현화 문제의 증가, 특히 자해, 위험 감수 행동, 약물 남용, 전반적인 폭력과 같은 행동화 증가에 대한 단도직입적인 설명을 제공할 수 있기 때문이다(Sharp et al., 2018).

그러나 외부 기반 정신화에 대한 많은 다른 연구에서, 사춘기 일시적 하락을 시사하는 연구에서 사용한 것과 유사한 얼굴 및 정서 인식 과제를 제시했을 때 청소년기에 걸쳐 정신화 기술이 체계적, 선형적으로 높아지는 것으로 나타났다(van Rooijen, Junge, & Kemner, 2018; Vetter, Drauschke, Thieme, & Altgassen, 2018; Vetter, Leipold, Kliegel, Phillips, & Altgassen, 2013). 이런 결과는 연령, 사춘기 또는 또래 편향 효과(즉, 청소년은 단순히 또래와 더 많이 상호작용하기 때문에 또래 얼굴을 더 잘 인식할 수 있다는 것이다.)를 시사하지 않으므로, 추가적으로 마음 이론(Keulers, Evers, Stiers, & Jolles, 2010; Vetter et al., 2013), 관점 채택(Choudhury, Blakemore, & Charman, 2006), 공감(van Rooijen et al., 2018)의 발달과 같은 다른 정신화 차원 연구에서도 사춘기 일시적 하락에 대한 강력한 증거는 없으며, 연구들은 정신화 기술이 점진적, 선형적으로 증가한다는 것을 일관되게 시사하고 있다. 그러나 더 확실한 결론을 내리기 전에 더 종단적인 연구를 수행할 필요가 있다. 청소년기 정신화의 변화는 인지 기능의 변화(실행 기능 및 노력이 드는 통제 포함)에 의해 크게 영향을 받을 수 있기 때문이다. 실제로 이 분야의 연구에 따르면 청소년기 동안 연령이 높아지면서 인지 및 충동 조절이 향상되는 것으로 나타났다.

따라서 청소년기 정신화 발달 과정에 관한 합의된 결론은 아직 없지만, 청소년기 특징인 관계성과 자율성/성취 영역 둘 다에서 변화가 급격하면 심지어 발달이 정상적으로 이루어지는 경우에도 청소년의 정신화에 상당한 어려움을 안겨 준다. 그러므로 청소년이 각성이 높아지면 종종 통제된 정신화 능력을 상실하고, 더 빠른 자동적 정신화로, 그리고 결국에는 자기와 타인에 관한 비정신화 모드의 사고로 전환할 수 있다는 것은 놀랍지 않다.

이런 경향은 생애 초기 역경을 겪은 청소년에게 특히 더 강한 것 같다. 역경은 정신화 능력뿐만 아니라 인식론적 신뢰 능력을 약화시켜 새로운 도전에 직면했을 때 자기 마음을 재조정하는 능력도 약화시키기 때문이다(Luyten, Campbell, Allison, et al., 2020; Luyten & Fonagy, 2019). 그 결과, 이러한 청소년은 교정될 수 있는 경험에서 점점 더

단절되고 결국 완전한 사회적 고립과 외로움에 빠질 수 있거나 유사한 문제를 겪고 있는 또래들과 마음의 사회적 재조정을 추구하거나 혹은 이 두 가지를 다 할 수 있다. 현재 소셜 미디어를 사용할 수 있게 되면서, 특히 후자의 전략은 급속히 통제 불능 상태가 되기도 한다. 청소년기의 도래와 함께 오는 변화를 이해하지 못하면 과도한 정신화(정신화과다) 및/또는 정신화 회피(정신화과소)로 이어질 수 있다. 두 가지 모두 이러한 경험의 고통스러운 본질에 관해 생각하기를 피하기 위한 방어 전략으로 볼 수 있고, 청소년기의 특성인 미니 보상 결핍 증후군을 부분적으로 설명할 수 있다. 따라서 청소년의 관점에서 보면 이것은 적응 전략을 나타내지만, 외부 세계에서는 일반적으로 이러한 전략을 병리적이고 비정상적인 것으로 여기는 경향이 있다.

결론

뇌 기능과 행동 간에 일대일 관계는 없지만, 뇌에 대한 지식은 청소년의 주관적 경험을 이해하는 데 필수적이다. 실제로, 정신화를 통해 타인의 경험을 이해하고 그들의 관점에서 세상을 바라볼 수 있다는 것이 정신화 접근의 핵심이다. 하지만 정신화 연구를 통해 우리는 이러한 능력이 제한적이고 타인에 대한 오해가 흔하다는 사실도 알게 되었다. 이것은 청소년과 청소년의 뇌를 이해하려는 모든 성인에게 특히 해당하는 사실이다. 청소년은 뇌와 환경, 그리고 이들의 상호작용이 어떻게 자기와 타인에 대한 감각을 결정하는지를 이해하는 데 종종 상당한 결함이 있지만, 흔히 세상을 우리와 매우 다른 방식으로 보는 청소년에게서 이러한 영향이 미치는 작용을 이해하는 우리 자신의 능력에 관하여 겸손함을 보여야 할 것이다.

참고문헌

Afifi, T.O., MacMillan, H., Cox, B.J., Asmundson, G.J.G., Stein, M.B., & Sareen, J. (2009). Mental health correlates of intimate partner violence in marital relationships in a nationally representative sample of males and females. *Journal of Interpersonal Violence, 24*(8), 1398–1417. doi:10.1177/0886260508322192.

Anda, R., Felitti, V., Bremner, J., Walker, J., Whitfield, C., Perry, B., ... Giles, W. (2006). The enduring effects of abuse and related adverse experiences in childhood. *European Archives of Psychiatry and Clinical Neuroscience, 256*(3), 174–186.

Auerbach, R.P., Admon, R., & Pizzagalli, D.A. (2014). Adolescent depression: Stress and reward dysfunction. *Harvard Review of Psychiatry, 22*(3), 139–148. doi:10.1097/hrp.0000000000000034.

Bartz, J.A., Zaki, J., Bolger, N., & Ochsner, K.N. (2011). Social effects of oxytocin in humans: Context and person matter. *Trends in Cognitive Sciences, 15*(7), 301–309. doi: 10.1016/j.tics.2011.05.002.

Bateman, A., & Fonagy, P. (2019). *Handbook of Mentalizing in Mental Health Practice* (2nd ed.). Washington, DC: American Psychiatric Press.

Belsky, J., & Fearon, P.R.M. (2008). Precursors of attachment security. In J. Cassidy & P.R. Shaver (Eds.), *Handbook of Attachment Theory and Research* (2nd ed., pp. 295–316(2nd ed., pp. 295–316). New York, NY: Guilford Press.

Blakemore, S.-J. (2008). The social brain in adolescence. *Nature Reviews Neuroscience, 9*(4), 267–277. doi: 10.1038/nrn2353.

Blakemore, S.-J. (2018). *Inventing Ourselves: The Secret Life of the Teenage Brain*. London, UK: Doubleday/Penguin.

Blatt, S.J. (2008). *Polarities of Experience: Relatedness and Self Definition in Personality Development, Psychopathology, and the Therapeutic Process*. Washington, DC: American Psychological Association.

Carey, S., Diamond, R., & Woods, B. (1980). Development of face recognition: A maturational component? *Developmental Psychology, 16*(4), 257–269. doi: 10.1037/0012-1649.16.4.257.

Casey, B.J., Getz, S., & Galvan, A. (2008). *The adolescent brain*. *Developmental Review, 28*(1), 62–77. doi: 10.1016/j.dr. 2007.08.003.

Choudhury, S., Blakemore, S.J., & Charman, T. (2006). Social cognitive development during adolescence. *Social Cognitive and Affective Neuroscience, 1*(3), 165–174. doi: 10.1093/scan/nsl024.

Crone, E.A., & Dahl, R.E. (2012). Understanding adolescence as a period of social-affective engagement and goal flexibility. *Nature Reviews Neuroscience, 13*(9), 636–650. doi: 10.1038/nrn3313.

Davey, C.G., Yücel, M., & Allen, N.B. (2008). The emergence of depression in adolescence: Development of the prefrontal cortex and the representation of reward. *Neuroscience and Biobehavioral Reviews, 32*(1), 1–19. doi:10.1016/j.neubiorev.2007.04.016.

Debbané, M. (2015). *Adolescent Attachment: From Brain to Culture*. Paper presented at the European Society of Child and Adolescent Psychiatry, Madrid, Spain.

Diamond, R., Carey, S., & Back, K.J. (1983). Genetic influences on the development of spatial skills during early adolescence. *Cognition, 13*(2), 167–185. doi:10.1016/0010-0277(83)90021-5.

Domes, G., Heinrichs, M., Michel, A., Berger, C., & Herpertz, S.C. (2007). Oxytocin improves "mind-reading" in humans. *Biological Psychiatry, 61*(6), 731–733. doi: 10.1016/j.biopsych.2006.07.015.

Eiland, L., & Romeo, R.D. (2013). Stress and the developing adolescent brain. *Neuroscience, 249*(0), 162–171. doi:10.1016/j.neuroscience.2012.10.048.

Ein-Dor, T., Mikulincer, M., Doron, G., & Shaver, P.R. (2010). The attachment paradox: How can so many of us (the insecure ones) have no adaptive advantages? *Perspectives on Psychological Science, 5*(2), 123–141. doi: 10.1177/1745691610362349.

Ellis, B.J., Boyce, W.T., Belsky, J., Bakermans-Kranenburg, M.J., & van Ijzendoom, M.H. (2011). Differential susceptibility to the environment: An evolutionary neurodevelopmental theory. *Development and Psychopathology, 23*(1), 7–28. doi:doi: 10.1017/S0954579410000611

Escofet, P. (2012). *Le microcosme juvénile: Sociabilité adolescente, école et violences*. Gollion, Switzerland: Infolio.

Feldman, R. (2017). The neurobiology of human attachments. *Trends in Cognitive Sciences, 21*(2), 80–99. doi: 10.1016/j.tics.2016.11.007.

Fonagy, P., & Luyten, P. (2016). A multilevel perspective on the development of borderline personality disorder. In D. Cicchetti (Ed.), *Developmental Psychopathology. Vol. 3: Maladaptation and Psychopathology* (3rd ed., pp. 726–792). New York, NY: John Wiley & Sons.

Fonagy, P., & Luyten, P. (2018). Conduct problems in youth and the RDoC approach: A developmental, evolutionary-based view. *Clinical Psychology Review, 64*, 57–76. doi: 10.1016/j.cpr. 2017.08.010.

Forbes, E.E., & Dahl, R.E. (2012). Research Review: Altered reward function in adolescent depression: What, when and how? *Journal of Child Psychology and Psychiatry, 53*(1), 3–15. doi: 10.1111/j.1469-7610.2011.02477.x.

Gunnar, M., & Quevedo, K. (2007), The neurobiology of stress and development. *Annual Review of Psychology, 58*(1), 145–173. doi: 10.1146/annurev.psych.58.110405.085605

Hammen, C. (2005), Stress and depression. *Annual Review of Clinical Psychology, 1*(1), 293–319. doi: 10.1146/annurev.clinpsy.1.102803.143938.

Heim, C., Plosky, P.M., & Nemeroff, C.B. (2004). Importance of studying the contributions of early adverse experience to neurobiological findings in depression. *Neuropsychopharmacology, 29*(4), 641–648. doi: 10.1038/sj.pp. 1300397.

Heinrichs, M., & Domes, G. (2008). Neuropeptides and social behaviour: Effects of oxytocin and vasopressin in humans. *Progress in Brain Research, 170*, 337–350. doi: 10.1016/S0079-6123(08)00428-7.

Hostinar, C.E., Sullivan, R.M., & Gunnar, M.R. (2014). Psychobiological mechanisms underlying the social buffering of the hypothalamic–pituitary–adrenocortical axis: A review of animal models and human studies across development. *Psychological Bulletin, 140*(1), 256–282. doi:10.1037/a0032671.

Hsu, D.T., Sanford, B.J., Meyers, K.K., Love, T.M., Hazlett, K.E., Walker, S.J., ... Zubieta, J.K. (2015). It still hurts: Altered endogenous opioid activity in the brain during social rejection and acceptance in major depressive disorder. *Molecular Psychiatry, 20*(2), 193–200. doi: 10.1038/mp.2014.185.

Kertes, D.A., Gunnar, M.R., Madsen, N.J., & Long, J.D. (2008). Early deprivation and home basal cortisol levels: a study of internationally adopted children. *Development and Psychopathology, 20*(2), 473–491. doi: 10.1017/S0954579408000230.

Keulers, E.H.H., Evers, E.A.T., Stiers, P., & Jolles, J. (2010). Age, sex, and pubertal phase influence mentalizing about emotions and actions in adolescents. *Developmental Neuropsychology, 35*(5), 555–569. doi: 10.1080/87565641.2010.494920.

Lupien, S.J., McEwen, B.S., Gunnar, M.R., & Heim, C. (2009). Effects of stress throughout the lifespan on the brain, behaviour and cognition. *Nature Reviews Neuroscience, 10*(6), 434–445. doi: 10.1038/n2639.

Luyten, P. (2017). Personality, psychopathology, and health through the lens of interpersonal relatedness and self-definition. *Journal of the American Psychoanalytic Association, 65*(3), 473–489. doi: 10.1177/0003065117712518.

Luyten, P., & Blatt, S.J. (2013). Interpersonal relatedness and self-definition in normal and disrupted personality development: Retrospect and prospect. *American Psychologist, 68*(3), 172–183. doi:10.1037/a0032243.

Luyten, P., Campbell, C., Allison, E., & Fonagy, P. (2020). The mentalizing approach to psychopathology: State of the art and future directions. *Annual Review of Clinical Psychology, 16*(1), 297–325. doi: 10.1146/annurev-clinpsy-071919-015355.

Luyten, P., Campbell, C., & Fonagy, P. (2020). Borderline personality disorder, complex

trauma, and problems with self and identity: A social-communicative approach. *Journal of Personality, 88*(1), 88–105. doi: 10.1111/jopy.12483.

Luyten, P., & Fonagy, P. (2015). The neurobiology of mentalizing. *Personality Disorders: Theory, Research and Treatment, 6*(4), 366–379.

Luyten, P., & Fonagy, P. (2018). The stress-reward-mentalizing model of depression: An integrative developmental cascade approach to child and adolescent depressive disorder based on the Research Domain Criteria (RDoC) approach. *Clinical Psychology Review, 64*, 87–98. doi: 10.1016/j.cpr.2017.09.008.

Luyten, P., & Fonagy, P. (2019). Mentalizing and trauma. In A. Bateman & P. Fonagy(Eds.), *Handbook of Mentalizing in Clinical Practice* (2nd ed., pp. 79–99). Washington, DC: American Psychiatric Press.

Masten, C.L., Eisenberger, N.I., Borofsky, L.A., Pfeifer, J.H., McNealy, K., Mazziotta, J.C., & Dapretto, M. (2009). Neural correlates of social exclusion during adolescence: Understanding the distress of peer rejection. *Social Cognitive and Affective Neuroscience, 4*(2), 143–157. doi: 10.1093/scan/nsp007.

McEwen, B.S. (2000). *The neurobiology of stress: From serendipity to clinical relevance*. Brain Research, 886, 172–189.

McEwen, B.S. (2007). Physiology and neurobiology of stress and adaptation: Central role of the brain. *Physiological Reviews, 87*(3), 873–904. doi: 10.1152/physrev.00041.2006.

McGivern, R.F., Andersen, J., Byrd, D., Mutter, K.L., & Reilly, J. (2002). Cognitive efficiency on a match to sample task decreases at the onset of puberty in children. *Brain and Cognition, 50*(1), 73–89. doi: 10.1016/0278-2626(02)00012-x.

Mutlu, A.K., Schneider, M., Debbane, M., Badoud, D., Eliez, S., & Schaer, M. (2013). Sex differences in thickness, and folding developments throughout the cortex. *NeuroImage, 82*, 200–207. doi: 10.1016/j.neuroimage.2013.05.076.

Nestler, E.J., & Carlezon, W.A., Jr. (2006). The mesolimbic dopamine reward circuit in depression. *Biological Psychiatry, 59*(12), 1151–1159. doi: 10.1016/j.biopsych.2005.09.018.

Neumann, I.D. (2008). Brain oxytocin: A key regulator of emotional and social behaviours in both females and males. *Journal of Neuroendocrinology, 20*(6), 858–865. doi: 10.1111/J.1365-2826.2008.01726.x.

Pizzagalli, D.A. (2014). Depression, stress, and anhedonia: Toward a synthesis and integrated model. *Annual Review of Clinical Psychology, 10*, 393–423. doi: 10.1146/annurev-clinpsy-050212-185606.

Russo, S.J., & Nestler, E.J. (2013). The brain reward circuitry in mood disorders. *Nature Reviews Neuroscience, 14*(9), 609–625. doi: 10.1038/nrn3381.

Sebastian, C., Viding, E., Williams, K.D., & Blakemore, S.-J. (2010). Social brain development and the affective consequences of ostracism in adolescence. *Brain and Cognition, 72*(1), 134–145. doi: 10.1016/j.bandc.2009.06.008.

Sebastian, C.L., Tan, G.C., Roiser, J.P., Viding, E., Dumontheil, I., & Blakemore, S.-J. (2011). Developmental influences on the neural bases of responses to social rejection: Implications of social neuroscience for education. *NeuroImage, 57*(3), 686–694. doi: 10.1016/j.neuroimage.2010.09.063.

Sharp, C., Vanwoerden, S., & Wall, K. (2018). Adolescence as a sensitive period for the development of personality disorder. *Psychiatric Clinics of North America, 41*(4), 669–683. doi https://doi.org/10.1016/j.psc.2018.07.004.

Shaw, P., Kabani, N.J., Lerch, J.P., Eckstrand, K., Lenroot, R., Gogtay, N., ... Wise, S.P. (2008). Neurodevelopmental trajectories of the human cerebral cortex. *Journal of Neuroscience, 28*(14), 3586–3594. doi: 10.1523/jneurosci. 5309-07.2008.

Simpson, J.A., & Belsky, J. (2008). Attachment theory within a modern evolutionary framework. In J. Cassidy & P.R. Shaver (Eds.), *Handbook of Attachment: Theory, Research, and Clinical Applications* (2nd ed., pp. 131–157). New York, NY: Guilford Press.

Spear, L. (2007). The developing brain and adolescent-typical behavior patterns: An evolutionary approach. In D. Romer & E.F. Walker (Eds.), *Adolescent Psychopathology and the Adolescent Brain* (pp. 9–30). New York, NY: Oxford University Press.

Spear, L.P. (2000). The adolescent brain and age-related behavioral manifestations. *Neurosience and Biobehavioral Reviews, 24*(4), 417–463. doi:10.1016/S0149-7634(00)00014-2

Stratheam, L. (2011). Maternal neglect: Oxytocin, dopamine and the neurobiology of atachment. *Journal of Neuroendorinology, 23*(11), 1054–1065. doi: 10.1111/1.1365-2826.2011.02228.x.

Swain, J.E., Kim, P., Spicer, J., Ho, S.S., Dayton, C.J., Elmadih, A., & Abel, K.M. (2014). Approaching the biology of human parental attachment: Brain imaging, oxytocin and coordinated assessments of mothers and fathers. *Brain Research, 1580*, 78–101. doi:10.1016/j.brainres.2014.03.007.

Teicher, M.H., & Samson, J.A. (2013). Childhood maltreatment and psychopathology: A case for ecophenotypic variants as clinically and neurobiologically distinct subtypes. *American Journal of Psychiatry, 170*(10), 1114–1133. doi: 10.1176/appi.ajp.2013.12070957.

Tonks, J., Williams, W.H., Frampton, I., Yates, P., & Slater, A. (2007). Assessing emotion recognition in 9-15-years olds: Preliminary analysis of abilities in reading emotion from faces, voices and eyes. *Brain Injury, 21*(6), 623–629. doi: 10.1080/02699050701426865.

van Rooijen, R., Junge, C.M.M., & Kemner, C. (2018). The interplay between gaze following, emotion recognition, and empathy across adolescence; a pubertal dip in performance? *Frontiers in Psychology, 9*, 127. doi: 10.3389/fpsyg.2018.00127.

Vetter, N.C., Drauschke, M., Thieme, J., & Altgassen, M. (2018). Adolescent basic facial emotion recognition is not influenced by puberty or own-age bias. *Frontiers in Psychology, 9*, 956. doi: 10.3389/fpsyg.2018.00956.

Vetter, N.C., Leipold, K., Kliegel, M., Phillips, L.H., & Altgassen, M. (2013). Ongoing development of social cognition in adolescence. *Child Neuropsychology, 19*(6), 615–629. doi: 10.1080/09297049.2012.718324.

제2부

치료 실제

제3장
청소년 MBT 치료 기법

Trudie Rossouw

서론

청소년은 자율성과 자기 주도적 정체성을 확립해야 하는 발달 과업에 직면한다. 그런데도, 청소년은 타인을 대하거나 관계를 맺을 때 엄청난 당혹감을 느끼는 자신을 발견하면서, 종종 자기 경험에서 실패에 압도되는 느낌을 갖는다. 이것은 종종 무력감이나 자기 혐오감, 포기하고 싶은 욕망으로 이어진다. 이런 청소년들을 만나보면, 사회적 네트워크 및/또는 학교를 떠났고 그들의 인생에서 무언가를 성취할 수 있다는 희망을 포기한 경우가 많다. 그들은 대인관계에서 거절당하거나 상대방이 싫어할 것이라는 불안과 두려움으로 가득 차 있고, 타인의 의도에 대해 '과잉생각(overthinking)'을 하면서 많은 시간을 보낸다. 이것은 종종 정신적 고통을 키우는 결과를 가져오고, 이런 상태는 그들의 자기 혐오감을 가중시킨다. 곧 내면의 고통을 더 이상 견딜 수 없게 되고, 이런 견딜 수 없는 내적 상태를 '제거하기' 위해 자해와 같은 충동적이고 행동화하는 행위로 반응한다. 그들은 종종 회피적 행동을 하게 되고 결국 학교를 빠지게 되거나 혹은 롤러코스터 같은 대인관계를 겪게 되고 결국에는 어떤 친밀감도 회피하는 상태에 빠지기도 한다.

그런 청소년을 위한 치료 과제는 그들이 적응적인 발달 궤도에 복귀하고 자율성, 정체성, 숙달 및 성취의 감각을 얻을 수 있도록 돕는 것이다. 그들이 자기뿐만 아니라 타인의 마음을 더 정확하게 표상하는 능력을 복구하면 자기와 타인에 대해 현실적인 경험을 할 수 있겠다는 것이 우리의 견해다. 정신화 능력이 복구되면 그들은 정신화 능력의 퇴보로 유발되는 롤러코스터 감정에서 보호받을 것이다. 우리가 경험한 바에 의하면 복구된 정신화 능력은 대인 간 혼란을 줄이고 청소년들을 더 강건하고 탄력성 있게 만든다.

이 모델의 기본 원칙은 청소년이 정서 조절, 충동적 행동, 가족 및 기타 대인관계에서의 갈등에 대해 겪는 모든 어려움의 기저에 정신화 어려움이 있다는 것이다. 타인의 마음을 더 정확하게 그려낼 수 있으면 각성을 줄임으로써 정신화 실패에서 보호받을 수 있다. Hauser와 Allen 및 Golden(2006)은 정신건강의학과(mental health unit)에 입원한 150명의 청소년을 대상으로 한 전향적 연구에서 10년 동안 추적 조사한 결과 이들 청소년 상당수가 사회적 및 정서적 기능 면에서 전체 성인의 상위 절반에 해당하는 수행을 했음을 발견했다. Hauser 등(2006)은 높은 수행을 보인 집단에서 다음과 같은 세 가지 주요 보호 요인을 확인했다.

그들은 모두 a) 자신의 생각, 감정, 동기에 대한 성찰 능력, b) 주체성의 감각, 즉 자신이 효과적이고 자신의 행동에 책임감이 있다는 감각, c) 관계성, 즉 타인의 마음에 대해 성찰하는 능력을 보였다.

다시 말해, 이 청소년들이 잘 수행할 수 있게 도움을 준 보호 요인들은 그들의 정신화 능력으로 요약될 수 있을 것이다. 즉, 자신의 내적 상태와 타인의 마음, 그리고 자신에 대한 책임감과 자신이 주변 사람들의 마음에 미치는 영향에 대해 성찰하는 능력으로 집약할 수 있다.

MBT-A 치료의 목적이 정확하게 그러한 정신화 능력을 성취하는 것이다. 즉, 청소년들이 자신과 주변 사람들에 대해 더 정확한 방식으로 마음을 쓸 뿐만 아니라, 그들이 타인에게 미치는 영향에도 마음을 쓰는 능력을 향상하는 것이다. 타인의 마음을 더 많이 더 정확하게 알아차릴 수 있게 되면, 충동적인 행동이 줄어들어 위험도 감소할 것이다. 또한 정신화가 부재하면 전형적으로 나타나는 폭풍 같은 관계의 격렬함이 줄어들고, 이것은 대인관계에서 한결 안정감을 준다. 이러한 안정감은 매일 해야 하는 과업에 대한 숙달과 희망으로 이어진다.

종종 가정 내 강압적이고 비정신화가 이어지는 악순환은 청소년과 양육자의 비정신화를 유지하고 강화하며 악화시켜, 부모에게 거부 및 비판과 처벌 행동을 초래하거나, 청소년에게 이탈(disengagement), 철회와 행동화를 유발한다. 따라서 MBT-A는 가족

이 강압적이고 비정신화가 이어지는 악순환에서 정신화가 일어나는 상호작용으로 전환하도록 돕고자 한다. 이를 통해 신뢰, 안정감, 친밀감, 효과적인 의사소통 및 문제 해결을 촉진할 수 있다. 이러한 목적을 달성하려면 부모가 자녀의 문제에 대해 무능함을 경험하거나 비난받거나 창피당하는 일을 최소화해야 한다. 마찬가지로, 이러한 목적이 달성되려면 청소년은 친절하고 자비롭고 비판단적인 방식으로 다른 사람들과 자기 자신이 더 이해받는다고 느낄 수 있어야 한다. 그래야 이들이 자신에 대해 갖고 있는 내적 판단에 맞설 수 있다. MBT-A에서는 부모와 청소년이 파트너로 치료에 참여하도록 초대한다. 이 치료는 행동화에서 정신화 대화로 초점을 전환하도록 고안된 것이다. 정신화 대화는 가족 구성원들이 서로의 관점을 파악하고 자신의 관점을 소통하기에 효과적인 방식으로 공유할 수 있게 된다. 강압적으로 변화를 요구하는 방식에서 벗어나면 가족의 호기심, 존중, 공감, 상호성, 주체성을 되살리는 데 도움이 된다.

이제부터 이런 목적을 달성하는 방법에 대한 치료 기법을 다음 단계로 나누어 설명하고자 한다.

정신화하는 자세
기법 격자:
지지와 공감
명료화, 면밀히 살펴보기(elaboration) 및 도전
기본적 정신화
내담자-치료자 관계 정신화

Bateman과 Fonagy(1999, 2004)는 경계선 성격장애가 있는 성인에게 사용하기 위해 MBT 기법을 처음 개발하였다. 이후 이 기법들은 아동, 청소년과 가족(Midgley & Vrouva, 2012), 섭식장애, 약물 및 알코올 중독, 트라우마 및 기타 여러 정신건강 문제를 겪는 성인(Bateman & Fonagy, 2019)에게 사용하도록 수정됐다. Rossouw와 Fonagy(2012)의 무작위 대조군 연구에서 청소년(MBT-A)에게 적용했을 때, 이 치료는 자해 감소($p < 0.013$) 측면에서 일반적인 치료보다 효과가 더 높은 것으로 나타났다. 또한 최근 생겨난 경계선 성격 특성의 감소($p < 0.034$)도 발견되었다. 이러한 개선 효과는 치료 종료 후 6개월 동안 유지되었다.

정신화하는 자세

정신화하는 자세는 청소년과 그들의 가족 및 유관 기관에서 일하는 실무자들과 상호작용할 때 치료자가 취하는 주된 태도를 설명한다. 정신화 자세는 본질적으로 배려와 연민의 태도이다. MBT-A 치료자는 내담자에게 온정과 존중을 보여 주고 내담자에 대한 진정한 관심을 전달한다. MBT-A 치료자는 내담자와 그들의 삶, 그리고 그들이 느끼는 것에 대해 호기심을 갖는다.

청소년은 너무나 흔히 자기혐오라는 무서운 내면세계에 빠져 있어 주변 세계으로부터 비슷한 경멸을 기대하는 취약한 존재이다. 이런 상태에 빠진 청소년은 사람들이 그들에 대해 어떻게 느끼고 생각하는지 이미 '알고' 있기 때문에 주변 세계로부터 스스로를 차단하는 경우가 많다. 내 경험에 따르면, 이런 청소년들은 종종 비인간적인 방식으로 자신을 대한다. 그래서 우리는 치료 중인 청소년과 상호작용할 때 인간성을 구현할 필요가 있다. 청소년의 삶과 마음에 대해 진정한 관심과 호기심을 보이고, 비판단적인 방식으로 풍요롭고 다양한 모든 가능성을 탐색한다. 치료자는 적극적인 질문하기를 통해 호기심을 표현하지만 명확한 답을 내는 것을 기대해서는 안 되며, 오히려 대안들을 그려보는 쪽으로 나아가야 한다(Skårderud & Fonagy, 2012).

청소년이 자해하는 상황에서 때때로 가족과 의료진은 공감과 따뜻함을 유지하기가 어렵다. 가족과 의료진은 종종 자해로 고의적으로 치료를 방해하거나 관심을 끌려는 행동이라고 느낄 수 있다. 부모와 의료진은 약화되고, 화가 나고, 무력감을 느끼거나 몹시 불안할 수 있다. 부모와 의료진이 때때로 '네가 나를 무력하게 만들거나 불안하게 만들려고 일부러 이러는구나.'라고 생각하는 일도 드물지 않다.

부모와 의료진은, 청소년의 자해가 '관심 끌기'의 목적으로 행해지는 경우는 거의 없고 오히려 내면의 견딜 수 없는 감정에 대처하려고 절박하게 시도하는 방법임을 이해함으로써 이해의 폭을 넓히고 적대감이나 좌절감을 줄이는 데 도움을 받을 수 있다. 청소년의 이러한 느낌이 이해될 때까지 그리고 청소년이 더 큰 정신화 능력을 기를 때까지, 이러한 조절 곤란 상태는 재발할 것이고, 이것을 누구의 잘못이나 실패로 여겨서는 안 된다.

알지 못한다는 태도(not-knowing attitude)를 취하면 "자해하고 싶다는 느낌이 들기 전에 무슨 일이 있었을까?"와 같은 열린 질문을 할 수 있다. MBT-A에서 치료자는 매우 적극적이다. 치료자는 중립적인 태도를 취하지 않고 긴 침묵을 피한다. 이러한 적

극적인 자세는 청소년이 자신의 내면세계를 대하기 어려워할 때 특히 도움이 된다. 예컨대 한 청소년이 한 말을 살펴보자. "그냥 자해하고 싶었어요. 그저 마음속에 떠오른 엄청난 열망이었어요. 다른 '의미' 같은 건 없어요." 혹은 "그렇게 느끼기 전에 아무 일도 없었어요." 알지 못한다는 태도는 치료자가 청소년에게 그것이 어떻게 느껴지는지를 모르기 때문에, 더 알고 싶은 열망과 호기심을 가질 수밖에 없음을 뜻한다. 따라서 치료자는 청소년의 경험에 대해 더 많이 알아보려고 질문할 것이다. 예를 들어 "그렇게 느끼기 전에 뭘 하고 있었는지 …… 어디 있었는지 …… 혹은 무슨 생각을 하고 있었는지 …… 그냥 조금만 더 말해줘. 혹은 내가 벽에 붙은 파리라면 뭘 봤을까?"와 같은 질문이다. 이런 질문이 전하는 메시지는 다음과 같다. "나는 네가 경험한 것을 진심으로 알고 싶어, 우리가 함께 볼 수 있게 거기로 데려가 줘." 이런 태도는 내담자의 경험을 알아가는 것에 관한 것이고, 그렇게 함으로써 그 감정이 서서히 밝혀질 수 있고, 청소년의 감정을 탐색하거나 그런 감정과 정서적 접촉을 만들어 내기가 더 수월해질 것이다.

요컨대, MBT 치료자는 다음과 같은 자세가 필요하다(Bateman, Bales, & Hutsebaut, 2012).

- 내담자와 직접적이고 진정성 있으며 투명한 방식으로 소통하는 능력으로 내담자를 과각성시킬 위험을 최소화하기 위해 단순하고 모호하지 않은 진술을 사용한다.
- '알지 못한다는' 태도를 취하며 내담자의 정신적 경험에 대해 알아보려고 진정성 있게 시도하고 있음을 전달한다.
- 내담자의 정신 상태를 함께 탐색하는 일을 우선시하는 적극적이고 비판단적인 정신화 자세를 유지한다.
- 대인 간 과정 및 이런 과정과 내담자의 정신 상태 간의 연결에 대해 적극적으로 물어봄으로써 내담자의 정신 상태에 대한 진정한 호기심을 전달한다.
- 자신과 타인의 생각 및 감정에 대해 내담자가 이해하는 내용과 정도에서 전환과 변화를 따라간다.
- 내담자의 갑작스럽고 극적인 정신화 실패를 알아차리고 이에 민감하게 반응한다.

지지와 공감

MBT-A에서 가장 자주 사용되는 기법은 지지와 공감이다. 청소년 내담자가 조절 곤란 상태가 되면 정서적으로 압도되어, 정신화 능력을 잃기 쉽다. 이때 우리도 지지와 공감을 통해 내담자의 각성 수준을 높이지 않도록 과도하게 자극하지 않으려고 노력한다. 각성 수준이 높아지면 내담자의 사고 능력을 떨어뜨리기 때문이다.

우리의 태도는 따뜻하고 관심을 보이고 비판단적이고, 내담자의 정신 상태를 지지하고 타당화한다. 우리는 긍정적인 동맹을 맺기 위해 열심히 작업하고, 청소년 내담자와 협력적인 작업 관계를 구축하려고 애쓴다. 지지와 공감 제공하기는 감정의 타당화를 포함한다. 즉, 우리가 이해한 바를 반영하거나 감정과 좀 더 접촉하려고 때때로 우리 자신을 이용한다. 예를 들면 다음과 같이 말한다. “네가 무슨 말을 하는지 알겠다. 세상에! 만약 나한테 그런 일이 일어났다면, 난 …… 느꼈을 거야.”

치료할 때 우리는 내담자 행동이 아니라 마음에 초점을 두고, 과거가 아닌 지금 여기에 주로 관심을 갖는다. 예를 들어, 내담자가 남자 친구에 대한 속상한 감정과 남자 친구가 자신을 떠날까 봐 두려운 마음에 대해 말했을 때 먼 과거에 대해 해석하는 반응은 내담자의 현재 감정에서 멀어지게 하고 내담자가 이런 해석이 자기감정을 타당화하지 않는다고 경험할 가능성이 있기 때문에 도움이 되지 않는다고 생각한다. 이론적으로는 이러한 해석이 옳을 수 있지만, 그것은 ‘내담자 이해 수준을 넘어서는’ 것일 수 있어, 결국 내담자는 오해받는 느낌이 들 수 있다. 그 결과 치료 단절로 이어질 수 있다. 우리 입장은 개입의 초점을 내담자가 자기감정과 연결될 가능성이 가장 높은 수준에서 유지하는 것이 가장 좋다는 것이다.

다음은 비정신화하는 마음 상태를 제시하는 청소년 내담자의 예시다.

샐리는 상담실에 와서, 학교에서 자해를 했다고 말했다.

치료자: 무슨 일이 있었니?

샐리: 아무 일도 없었어요. 교실 이동 중이었는데, 그냥 엄청 자해하고 싶은 마음이 들었어요. 그래서 자해하려고 화장실에 갔어요.

치료자: 그렇게 느끼기 전에 무슨 일이 있었니?

샐리: 아무 일도 없었어요. 그냥 자해하고 싶었어요. 그냥 그런 일이 일어나요.

여기서 우리는 샐리가 비정신화 마음 상태에 있고, 자기 행동 기저에 있는 감정을 이해하거나 심지어 감정과 연결되지 못하는 상태에 있음을 알 수 있다. 즉, 샐리는 행동과 정서 간 단절이 보이는 가상 모드(pretend mode) 또는 유사 정신화(pseudo-mentalizing) 상태에 있다. 분명히, 이러한 마음 상태에 있는 내담자는 지지하고 공감하기를 원하는 치료자에게는 도전이다. 왜냐하면 이런 마음 상태에 있는 내담자와 정서적 연결을 맺기가 쉽지 않기 때문이다. 그러나 내담자가 유사 정신화 상태에서 벗어나도록 돕기 위해서는 정서적 연결을 맺는 것이 매우 중요하다. 대화가 어떻게 진행되었는지 살펴보자.

치료자: 네가 그렇게 느꼈단 말이구나. 그런데 나는 네가 그렇게 느끼기 전에 그날에 대해 정말 궁금하고 좀 더 알고 싶어. 그 전에 뭘 하고 있었는지 기억할 수 있니? 어디에 있었니? 혹은 뭘 하느라 바빴니?

샐리: 수업 중이었고 종이 울렸고 우리는 교실 이동을 시작했는데 그런 일이 일어났어요. 저는 저 자신이 밉다는 느낌이 들었고 자해하고 싶었어요.

치료자: 천천히 말해봐…… 내가 너의 어깨 위에 있는 파리라고 상상해 봐. 내가 뭘 볼까? 나를 거기로 데려가 줘.

샐리: 복도를 걸어가고 있었는데 A 선생님을 봤어요. 선생님은 제가 A 선생님을 아주 좋아한다는 걸 아시잖아요. 저는 선생님에게 인사했는데 선생님은 지나갔고 저에게 인사 하지 않으셨어요. 그때 저 자신이 밉고 자해하고 싶었어요.

치료자: 내가 이해할 수 있게 도와줘. 그 선생님은 너에게 인사하지 않았는데 그분은 네가 가장 좋아하는 선생님이지. 그게 널 어떻게 느끼게 만들었니?

샐리: 말씀드렸듯이, 나를 미워하게 만들었어요.

치료자: 잠깐만, 어떻게 네가 그 선생님이 너에게 인사하지 않았다는 것에서 너 자신을 미워하는 것으로 가게 된 건지 모르겠구나. 만약 우리가 그 선생님 머리 위에 생각 풍선을 그린다면, 그 안에 뭐가 있을 거라고 생각하니?

샐리: 그 선생님이 인사하지 않았을 때, 저는 선생님이 저를 미워한다는 걸 알았어요. 어제 제가 숙제를 내지 않아서 불어 선생님이 화가 났다고 생각했는데, 불어 선생님은 A 선생님의 가장 친한 친구예요. 불어 선생님이 A 선생님에게 제가 나쁘다고 말했고 이제 A 선생님도 저에게 화가 났고 저를 미워한다고 생각했어요.

이렇게 사건의 세부 사항을 주의 깊게 탐색함으로써, 감정이 드러났고 명확해졌다. 또한 이 일이 어떻게 샐리에게 각성을 증가시켰고 정신화과다(hypermentalization) 상태를 유발했는지, 그리고 이것이 결국 견딜 수 없는 내적 상태에 대한 충동적(목적론적) 해결책을 찾는 것으로 이어졌는지가 분명해졌다. 샐리는 정신화과다와 과각성 상태에 압도당하고 행동화가 필요하다는 느낌으로 매우 빠르게 넘어갔기 때문에 샐리가 느낀 경험은 이러한 이해의 과정을 건너뛰었다. 그래서 샐리는 자해하고 싶은 욕구만 알아차렸고, 그런 욕구 기저에 있는 정신 상태와 단절되어 있었다. 주의 깊은 탐색은 우리가 이러한 마음 상태와 접촉하는 데 도움이 되었다. 상태가 더 명확해지면, 샐리의 감정을 이해하고 샐리가 자신의 감정을 이해하도록 돕는 것이 가능하다.

치료자: 그렇구나, 그래서 선생님이 인사하지 않았을 때 널 미워한다고 느꼈단 말이지?

샐리: 네, 저는 선생님이 실망했다고 느꼈어요. 이제 선생님은 더 이상 저를 좋아하지 않아요. 그래서 저 자신에게 너무 화가 났어요.

치료자: 마치 네가 선생님을 잃었다고 느꼈고, 그게 모두 네 잘못이라는 말로 들리는구나. 그게 맞니?

샐리: 네.

치료자: 네가 왜 그렇게 느꼈는지 알겠구나. 그런데 내가 보기에는 마치 그 선생님이 너에게 인사하지 않았을 때 그 이유를 이해하려고 네 마음이 다소 과열 상태로 들어갔고 너는 네 감정을 상하게 하는 어떤 이해에 도달한 것 같이 느껴져. 마치 네 마음이 몇 초 만에 가능한 최악의 시나리오에 도달한 것처럼 말이야, 그렇지 않니?

샐리: 네, 그건 가능한 최악의 시나리오예요.

치료자: 만약 네 친구가 그 선생님이 너에게 인사하지 않는 걸 봤다면, 걔는 어떻게 생각했을까?

샐리: 걔는 다른 생각을 했을 수도 있어요. 아무 생각도 안 했을 수도 있고, 선생님이 저를 못 보셨거나, 혹은 딴 생각을 하고 계셨다고 생각할 수도 있어요.

이 예시에서, 우리는 치료자가 지지적이고 호기심 어린 자세를 유지했고 샐리와 정서적 접촉을 하려고 노력했다는 것을 알 수 있다. 샐리가 행동화하기 전에 무엇을 느꼈는지가 더 명확해지자, 치료자는 샐리의 감정을 타당화했고, 이것은 샐리가 이해받고 있다고 느끼는 데 도움이 됐다. 그런 다음에야 샐리의 비정신화 관점에 대한 부드

러운 도전으로 다른 관점을 탐색하는 것이 가능했다. 만약 치료자가 샐리의 감정을 타당화하기 전에 다른 관점을 제시했다면, 샐리는 오해받았다고 느꼈을 수 있는데, 이로 인해 각성이 높아져 비정신화 상태로 되돌아갔을 수도 있다.

청소년을 만나 치료하다 보면 학교와 소통하여 학교가 청소년이 겪고 있는 것이 뭔지를 이해하고 더 많은 지지를 할 수 있게 있도록 돕거나, 부모와 만나 청소년을 이해하도록 돕는 등 청소년을 둘러싼 더 넓은 범위의 체계와 작업하게 되는 경우가 많다. 청소년이 자해 위험이 크거나 자살 행동 위험이 있다면 물론 주변 체계와 협력하여 청소년을 안전하게 보호하는 것이 중요하다. 또한 청소년과 부모, 주변 사람들이 모두 청소년의 안전을 유지하는 데 도움되는 명확하고 구체적인 위기 계획을 세우는 일도 중요하다. 위기 계획의 자세한 예는 나중에 설명하겠지만, 이 단계에서는 중요하게 언급하고 싶은 것은 지지적 기법을 쓸 때 때때로 구체적인 행동을 취해야 한다는 점이다. 치료자의 구체적인 행동은 다음 두 가지 기능을 수행한다. 하나는 그런 행동이 청소년이 제시하는 위기를 관리하는 데 도움이 되고, 다른 하나는 청소년이 자기 주변에 지지적이고 정신화를 돕는 비계 설정(scaffolding)을 통해 자신의 삶을 관리하려는 여정을 지원한다. 이 비계 설정은 청소년이 과각성되지 않도록 보호하고 지지하여 청소년의 정신화 능력 신장을 지원하는 데 도움을 준다.

요컨대, 지지와 공감 기법을 사용하려면 MBT 치료자에게 다음 역량이 필요하다 (Bateman et al., 2012).

- 내담자와 지지적이고 안심시켜 주며 공감적인 관계를 구축하고 유지하는 능력.
- 내담자의 자율성을 저해하지 않으면서 긍정적이고 지지적인 태도를 유지하는 능력.
- 지지적 개입의 적절성을 비판적으로 고려할 수 있는 능력으로, 이런 개입에는 치료적 경계 내에서 구체적인 행동 취하기가 포함된다.
- 사려 깊게 내담자를 칭찬할 수 있는 능력으로, 변화를 격려하고 지지하기 위해 내담자가 정신화를 사용하여 긍정적인 결과가 나왔을 때 적용한다.

명료화, 면밀히 살펴보기 및 도전

우리는 종종 지지와 공감에서 명료화로, 다시 지지와 공감으로, 그런 다음 다시 명료화, 면밀히 살펴보기 또는 도전으로 이동한다. 명료화는 사건이나 행동을 명확하게 하기 위해 적극적으로 질문하기를 사용하는 것이다. 앞서 제시한 샐리의 예에서 치료자는 샐리가 자해하고 싶다는 마음이 들기 전에 있었던 선행 사건에 대해 질문함으로써 명료화를 사용했다. 사건에 대한 명료화는 종종 그 사건 기저에 있던 정신 상태를 전면으로 가져올 수 있다. 만약 사건을 자세히 탐색하지 않은 채 그저 정신 상태에 대해 질문했다면, 샐리의 경우에 그랬던 것처럼 정신 상태에 더 가까이 다가가지 못했을 수도 있다. 샐리에게 자해하기 전에 어떤 느낌이었는지 물어봤을 때 샐리는 그저 자신이 미웠다고 말했을 뿐이다.

이 지점에서 우리가 잠시 멈추는 것이 유익할 수 있겠다. 자신을 미워했다는 샐리의 진술은 조절 곤란을 초래한 감정 상태로 부정확하게 지각될 수 있다. 그러나 그러한 자기혐오의 상태는 구체적인(concrete) 정신화의 증거이고, 7장에서 설명하고 있는 이질적 자기의 증거이다. MBT-A의 목적은 정신화 상실을 촉발한 정신 상태와 연결을 만들어 내는 것이다. 이런 식으로 행동과 감정을 연결하려는 것은 어려운 일이 일어났을 때 우리가 하는 행동과 느낌을 이해하는 데 도움이 된다. 그것은 또한 다른 사람이 느꼈던 감정이나 행동에서 우리의 역할을 이해하는 데도 도움이 될 수 있다.

내담자의 감정을 진정성 있게 타당화하는 것은 매우 중요하다. 우리의 내담자들은 자주 타당화해 주지 않는 환경을 마주한다. 따라서 그러한 청소년들을 치료할 때는 반드시 타당화하는 자세를 취해야 한다. 여기서 까다로운 질문은 만약 어떤 감정이 정신화과다(hypermentalization)의 결과라면 어떻게 진정으로 타당화할 수 있냐는 것이다. 선생님이 자신을 미워한다고 믿기 때문에 자해하고 싶었던 샐리의 예로 돌아가 보자. 우리는 선생님이 자신을 미워한다는 샐리의 지각이 왜곡되었다고 말할 수 있다. 그렇다면 어떻게 샐리의 격렬한 감정을 타당화할 수 있을까? 기법의 관점에서 샐리의 감정과 접촉하고 샐리의 관점에서 경험을 보는 것이 필수적이다. 샐리의 관점에서 보면 학교에서 믿을 수 있거나 가깝게 느끼는 유일한 사람을 잃었다. 그래서 그 관점에서 본다면, 그것이 치명적인 경험이었음을 알 수 있다. MBT-A 기법은 다음과 같이 내담자의 감정에 먼저 접촉한다.

"네 관점에서 보면 A 선생님이 널 미워한다고 느꼈다면 꽤 끔찍한 느낌이 들었을 거란 걸 알겠어…… 그래도 우리가 그냥 천천히 갈 수 있을까? 네가 어떻게 그 선생님이 너에게 인사하지 않았다는 것에서 선생님이 널 미워하는 것으로 가게 된 건지 내가 이해하는지 모르겠구

나……"

이런 식으로 샐리의 감정을 타당화하면서 비정신화에 부드럽게 이의를 제기한다.

면밀히 살펴보기(elaboration)는 감정을 면밀하게 살펴보는 것을 말한다. 내담자가 한 가지 마음 상태를 제시할 수 있지만, 기저에 다른 마음 상태가 있는 것은 드문 일이 아니다. 예를 들어, 화를 내고 욕을 하면서 치료실에 들어오는 사람은 쉽게 화가 나 있고 심지어 위험하다고 지각될 수 있다. 그러나 이 내담자의 감정을 주의 깊게 살펴보면 격분의 기저에 깊은 수치심이 드러날 수 있다. 이 기법은 감정과 행동을 연결하기 위해서 감정이나 행동을 탐색하거나 다른 사람의 감정과 행동 간의 연결성에 대해 호기심을 갖는 것도 포함한다. 한 예를 살펴보자.

한 내담자가 집을 옮기고 새 학교로 전학한 후 다음과 같이 보고했다.

내담자: 그냥 죽고 싶어요. 제 몸을 산산조각 자르고 싶어요. 더 이상 이런 고통을 견딜 수 없어요. 전 지독한 고통 속에 있어요.

치료자: 학교를 옮기면서 사람들을 잃은 고통일까?

내담자: 아니요, 살아 있다는 고통이에요. 더 이상 할 수 없어요. 제 주변에 있는 사람들은 모두 행복하고 삶의 목적이 있는데 저는 그저 지독한 고통 속에 있죠. 아무도 저를 사랑하지 않을 거예요.

치료자: 있잖아, 나도 새로운 직장에서 일을 시작했을 때 무리에 어울리지 못하는 것처럼 느꼈고, 모든 사람은 서로 좋은 관계를 맺고 있는 것 같은데 나는 아웃사이더인 것 같았어. 외톨이였어, 네가 그런 종류의 고통을 말하고 있는 건지 확실히 알 순 없지만 말이야.

내담자: 저는 그냥 목적도 없고 친구들도 없어요. 그냥 더 이상 견딜 수가 없어요. 너무 죽고 싶어요. 항상 죽고 싶다는 생각을 해요. 죽는다는 게 어떤 느낌일지 머릿속에서 그려봐요.

치료자: 마치 그런 공상에 네 마음이 끌리는 것처럼 들리는데, 그게 맞니?

내담자: 네.

치료자: 내가 틀렸을 수 있지만, 내게는 그건 도망치는 공상 같이 들려. 끔찍하거나 무서운 어떤 것에서 도망치는 것 같은. 그래서 네 안에 정말 힘든 감정이 있구나, 도망치고 싶을 정도로 너무 힘든 감정이 있구나 하는 생각이 드는데, 내가 바로 이해한 거니?

내담자: 힘들어요. 너무 힘들어요. 너무 외롭고 어떻게 친구를 사귀어야 할지 모르겠어요.……

이런 식으로 치료자는 내담자가 자살 환상 기저에 있는 자신의 감정과 정서적 접촉을 할 수 있게 도와주었고, 이를 통해 내담자가 그러한 감정들에 대해 생각할 수 있게 해준다. 분명히, 혼자라는 느끼고 변화에 의해 압도된다고 느끼는 것은 상당히 정상적이고 이해 가능한 상황이다. 하지만 이 면담에서 더 자세히 탐색한 결과 내담자가 변화에 대해 자기연민을 느끼는 대신, 마음속에 다른 것이 일어나고 있음을 명확히 하는 데 도움이 되었다. 이질적 자기의 영향력 아래 이해할 만한 힘든 감정들이 자신은 사랑받을 수 없고 이상하고 사람들이 원치 않는 존재이기 때문으로 여겨졌고, 결과적으로 내담자는 상호작용에서 물러났던 것이었다. 또한 내담자는 다른 사람들에 대해 정신화과다하기 시작했고, 그들과 상호작용할 때 온갖 종류의 적대적인 의도를 읽어냈다. 내담자는 자신의 마음과 주변 사람들의 마음을 더 정확하게 정신화하는 데 도움을 받고 나서 학교에 적응할 수 있었고 자살 감정도 줄어들었다.

도전(challenge)은 비정신화 상호작용을 멈추고 정신화를 되돌리려고 시도하는 것을 말한다. 도전은 내담자를 직면하는 상호작용을 지칭하지 않는다. 만약 내담자가 자신이 "뭔가 잘못해 왔다", "곤경에 처해 있다"고 느끼면, 치료에서 개입은 성공하지 못할 것이다. 따뜻한 태도로, 그리고 가능하면 유머 감각을 살려서 개입하는 것이 가장 좋다. 또한 내담자는 자신의 감정이 타당화되면 치료자의 도전을 이해할 가능성이 더 높다. 그렇지 않으면 도전을 이해하지 못해 자신이 어리석다고 느낄 위험이 있다.

다음 예를 살펴보자.

어느 날 한 내담자가 네덜란드의 한 젊은이가 안락사 허가를 받았다는 신문 기사를 들고 회기에 참여한다. 그녀는 의기양양한 기분으로 찾아 와서, "내가 뭘 찾았는지 보세요, 이런 일이 가능하다니 놀랍지 않아요?"라고 말했다.

치료자는 잠시 기사를 읽은 후 앞으로 몸을 숙여 내담자의 눈을 바라보고 미소를 지으며 "진심인가요?"라고 말했다.

내담자는 미소로 답하며 말했다, "네, 대단해요, 그렇지 않나요?"

치료자: (여전히 미소 지으며). 진심으로 나도 그게 대단한 아이디어라고 생각할 거라고 생각했나요?

내담자: 네.

치료자: 나는 직무 안내서에서 그 부분, 그러니까 내가 당신을 죽여야 한다는 부분을 읽었다는 생각은 안 드는데요.
(둘 다 미소 짓는다).

치료자: 다시 죽음이 낭만적이라고 생각하는 건가요?

내담자: 네, 그게 유일한 해결책이죠.

치료자: 말해 보세요. 그렇게 느낄 정도로 삶에서 어떤 일이 있었는지.

기본적 정신화

이 작업의 핵심은 청소년과 부모가 자신의 감정 및 다른 정신 상태를 더 잘 알아차릴 뿐만 아니라, 주변 사람들을 더 잘 정신화할 수 있게 돕는 것이다. 정신화를 더 잘하게 되면 어떻게 정신 상태가 자신의 행동과 연결되고, 이것이 다시 주변 사람들에게 영향을 미치는지 알게 된다. 은유적으로 표현하자면 창문 앞 셔터를 열면 주변 세상을 더 정확하게 알아차리는 데 도움이 되는 것과 같다. 그런데 셔터가 닫혀 있으면 주변에서 일어나는 정신적 이미지는 우리에게 남지만, 현실 검증이 되지 않는다. 따라서 정신적 이미지가 곧 사실로 받아들여질 위험이 있다(심적 동등성 모드). 이러한 마음 상태에서는 정신화과다, 즉 내담자가 '과잉생각(over-thinking)'이라고 멋지게 부르는 상태에 사로잡히기 쉽다. 그리고 이런 상태는 내담자의 각성 수준을 높여, 결과적으로 셔터를 더 단단히 닫게 한다.

기본적 정신화는 누군가가 주변 사람들의 정신 상태를 더 정확하게 이해하도록 눈앞에 있는 셔터를 열게 돕는 일에 관한 것이다. MBT-A 치료자는 타인의 마음에 대한 호기심을 불러일으키고 알지 못한다는 태도를 이끌어내는 데 필요하다면, 앞서 설명한 기법, 즉 질문하기, 명료화하기, 면밀하게 살펴보기 및 도전을 사용한다.

다음 예시를 통해 이런 과정을 설명하려고 한다.

이것은 한 소년이 운동장에서 한 무리의 소년들에게 공격을 받고 구타당한 사례다. 그 후 소년은 집으로 달려갔는데, 집으로 가는 길에 자신을 때린 가해자들의 우두머리 중 한 명이 사는 집 앞을 달려서 지나가다가 멈춰 서서 문 앞에 놓여 있던 꽃 화분 몇 개를 발로 차 산산

조각 냈다.

이후 그 우두머리 소년의 어머니는 꽃 화분을 부순 소년의 파괴적인 행동에 대해 소년의 아버지에게 화를 내면서 말했다. 그 어머니는 소년 아버지가 마치 자신이 나쁜 아버지고 아들에게 적절하게 행동하는 법을 가르치는 능력이 없는 것처럼 굴욕감을 느끼게 했다. 나중에 아버지가 아들을 보자 몹시 화가 났고 아들에게 소리를 지르고 얼굴을 때렸다. 그는 아들이 다른 아이들에게 맞아서 상처받았다는 것을 보지 못했다. 아내가 아들을 감싸자, 아버지는 아내에게 소리를 질렀고 방에서 나가 버렸다.

이 사례에서, 아버지는 당혹감과 무력감에 압도되었다. 아버지는 아들의 상처를 볼 수도 없었고 아내가 다른 관점을 가지는 것을 허용할 수도 없었다. 아버지는 아들 마음에 대한 호기심이 없었고 아들이 화분을 발로 찼을 때 무엇을 느끼고 있었는지, 그에게 무슨 일이 있었는지 이해하려는 시도조차 하지 않았다. 아버지는 수치심을 느꼈고, 그래서 다른 모든 것은 그 렌즈를 통해 걸러졌다. 즉, 아들이 그에게 그렇게 했다는 것이었다.

이렇게 정신화에서 벗어난 상태의 결과는 다음과 같은 파급 효과를 가져올 수 있다. 소년은 아버지가 화가 났다고 느끼겠지만, 아버지가 자신을 사랑하지 않는다고 느낄 수도 있으며, 이로 인해 자신은 사랑받을 수 없는 아이 혹은 나쁜 아이라고 느끼게 될 수 있다.

만약 아버지가 그저 감정에 따라 행동하지 않고 감정을 알아차리고 그런 다음 아들에 대해 더 호기심을 갖도록 도움을 받을 수 있었다면, 아버지는 무슨 일이 있었는지 알아볼 수도 있었을 것이다. 그러면 아들이 공격받았을 때 느꼈을 거부, 굴욕, 고통의 강렬한 감정을 이해하는 데 도움이 되었을 것이다. 그것은 아들을 보호하려는 그의 욕망에 다시 불을 붙였을 것이다. 또한 아버지는 자신을 더 정확하게 묘사하도록 도움받고, 자신을 나쁜 아버지로 보지 않음으로써 굴욕감을 느끼지 않았을 것이다.

이것이 MBT에서 기본적 정신화가 달성하려고 하는 것이다. 즉, 심맹(mind blindness)의 순간에 멈추고 일시 중지하기, 사태에 연루된 사람들에게 무슨 일이 일어났는지 상상해 보고, 또한 그들이 어떤 행동을 했을 때 다른 사람이 느꼈을지도 모르는 감정을 그려 보려고 상상력을 발휘해 보는 것이다. 우리는 다른 관점에 이를 수 있는지 알아보려고 정신 상태에 대한 호기심을 불러일으키려 노력한다. 이 단계에서는 상상하면서 다른 가능성을 탐색한다. 이것은 마치 인지적 연습처럼 들릴 수 있지만,

인지보다는 감정과의 연결에 중점을 둔다. 치료에 도움이 될 것 같으면 우리 자신을 사용할 수 있다. 예를 들어, 이 사례에서 아버지가 무슨 일이 있었는지 이야기했다면 우리는 다음과 같이 말할 수 있다.

어떤 이웃이 저에게 그렇게 소리쳤다면, 저는 아주 당황스러웠을 수도 있다고 생각합니다. 하지만 그건 제 경우예요, 아버님이 그렇게 느꼈는지는 모르겠어요.……

그리고

때때로 저는 당황하면 너무 고통스럽고, 그게 제가 느끼는 전부가 되고, 그럼 제가 너무 나쁜 사람처럼 느껴지고 저는 다른 어떤 것도 볼 수 없어요, 아버님도 그랬나요?

우리는 이런 기법과 함께 먼저 아버지의 감정을 타당화하려고 노력한다. 그렇지 않으면, 아버지는 더 굴욕감을 느끼고 정신화할 수 없을 것이다. 타당화되고 나면 아버지는 자신의 감정을 좀 더 성찰적으로 볼 수 있게 되고, 따라서 감정에 그토록 압도되지 않는다—마치 하늘에 떠 있는 구름처럼 감정을 지켜보면서—감정을 볼 수 있지만 그 안에 있지 않을 수 있다.

그런 다음 아들이 화분을 발로 찼을 때 아이에게 무슨 일이 일어나고 있었는지를 정신화하도록 돕는 일이 가능해질 것이다. 아버지와 아들 둘 다 치료에 참여한다면, 아버지의 마음에서 아들에 대한 호기심을 이끌어 내기 위해 아버지가 아들에게 그날에 대해 질문하라고 요청할 수 있다. 때로는 장난스럽게 아버지에게 신문기자가 되어 화분을 차기 전 그날의 사건에 대해 아들에게 물어보라고 요청하는 것도 도움이 된다.

아들이 그 공간에 없더라도, 아버지가 아들의 관점에서 상황을 상상하고 아들이 느낀 것과 그때 당시 아들의 마음에서 일어나고 있었던 것을 이해하려고 노력하게 유도할 수 있다. 아버지가 이렇게 하는 것이 어렵다면, 도움을 주기 위해 다음처럼 놀이 같은 기법을 사용할 수 있다,

제가 이 종이에 아드님을 그리고 이게 화분을 차고 있는 모습이라 치고 아드님 머리 위에 생각 풍선을 그려 보는 겁니다, 아이 마음에 무슨 일이 일어나고 있다고 생각하시나요?

아버지가 아들에게 가해진 공격을 알지 못했고 무슨 일이 일어났는지 전혀 몰랐다고 상상하면, 다음과 같이 말할 수 있다.

> 모르겠어요. 걔가 그냥 행실이 나빴죠.
>
> 우리는 이렇게 말할 수 있다: 근데 궁금한 건, 가끔 사람들은 내면에 아주 강한 감정을 갖고 있기 때문에 어떤 행동을 하거든요. 만약 그때 아이가 내면에 어떤 강한 감정을 느꼈다면, 그게 무엇이었을지 궁금하네요.
>
> 그러면 아버지는 이렇게 말할 수 있다: 아마도 화가 났겠죠.
>
> 그러면 우리는 그 분노에 대해 물어볼 수 있다. 아이가 그곳에 사는 또래 어머니에게 화가 났을까요, 아니면 그 아들에게 화가 났을까요?

그러면 아버지는 어느 순간 이웃의 소년이 아들에게 종종 끔찍하게 군다는 사실을 기억하기 시작할 수 있고, 이것이 아버지의 마음에서 다른 통찰을 일깨워 아들의 마음과 경험에 대해 더 호기심을 갖도록 도와줄 수 있다.

치료자와 내담자 관계 정신화하기

치료 관계 정신화하기는 치료자와 내담자 간의 상호작용에 대해 성찰하는 것을 말한다. 우리는 내담자에게 정서적인 영향을 미치고, 때때로 부정확하거나 내담자를 오해할 수 있다는 사실에 대해 책임을 받아들인다. 우리는 내담자를 오해하거나 무언가 잘못했다면 그 사실을 인정하고 내담자와 우리 사이의 연결을 복구하려고 애쓴다. 우리는 MBT-A에서 내담자의 무의식에 대해 해석하거나 우리가 무의식적 투사의 수용체가 되는 것에 대해 언급하려고 하지 않는다. 내담자의 과거에 기인하는 무의식적 투사가 아니라 지금 여기에서의 관계에 중점을 둔다. 우리는 내담자에게 영향을 미치고, 이것이 때때로 각성을 높여, 청소년의 정신화 능력을 손상시킬 수 있다는 사실에 대해 전적으로 책임을 지고 받아들인다. 정신화를 회복시키기 위해 이것을 인정하고 내담자와의 접촉을 재확립하려는 노력이 중요하다.

우리는 작업을 하다 보면 이따금 내담자를 오해하거나 말실수를 하게 마련이다. 이러한 경험은 내담자에게 고통스럽고 강한 정서적 영향을 미칠 수 있고, 이런 일은 회

기에서 즉각적인 태도 변화로 이어질 수 있다. 우리는 실수를 만회하고 책임을 받아들이며 내담자와의 연결을 회복하기 위해 노력해야 한다. 내담자가 "선생님은 저를 이해하지 못했어요."라고 말한다면 우리는 이렇게 말할 것이다. "정말 미안해, 나는 진심으로 이해하고 싶어, 내가 어디서 틀렸는지 알 수 있게 도와줘."

우리가 느끼는 것이나 혹은 우리의 의도가 무엇인지를 솔직하고 분명하게 표현하는 것이 내담자에게 도움이 될 때가 있다. 이런 때는 주로 내담자가 자신의 정신적 상태로 인해 약간 심맹 상태가 되었거나, 앞서 설명한 것처럼, 셔터가 내려간 경우다. 예를 들어, 내담자가 치료자나 자신에게 몹시 화가 나 있으면, 치료자도 화가 났다고 생각하는 경우가 많다. 이런 경우 "나는 너에게 화나지 않았어."라고 분명하게 말하면 내담자에게 아주 도움이 된다. 또는, 내담자가 굴욕감이나 수치심에 압도당하는 느낌일 때, 우리 감정을 분명하게 표현하는 것이 도움이 될 수 있다. 이때 우리가 그들을 판단한다고 내담자가 느끼는 것을 피하기 위해 다음과 같이 말할 수 있다. "나는 화가 나거나 너를 판단하고 있지 않아. 나는 네 편이야. 내가 원하는 건 이해하려고 노력하는 거, 그게 전부야."

정신화 모델의 창시자 중 한 명인 Peter Fonagy는 MBT 기법을 잘 보여 주는 간단한 예를 제시한 적이 있다. 한 콘퍼런스에서 치료자에게 소리 지르는 화난 청소년에게 어떻게 말해야 하느냐는 질문을 받았을 때, 그는 이렇게 말할 수 있다고 제안했다. "난 정말 네가 말하는 걸 듣고 이해하고 싶어. 근데 네가 그렇게 소리 지르면, 내가 생각할 수가 없어."

그는 그렇게 말함으로써 듣고 이해하고 싶다는 의도를 분명히 밝혔고, "네가 그렇게 소리 지르면, 내가 생각할 수가 없어"라고 말함으로써 자신을 한계를 가진 또 다른 사람으로 제시했다. 이를 통해 위협과 청소년의 각성 수준을 낮추고, 청소년이 자신을 정신화하게 만들어 청소년에게 정신화 시동을 걸게 했다.

참고문헌

Bateman, A., Bales, D., & Hutsebaut, J. (2012). *A Quality Manual for MBT*. London: Anna Freud National Centre for Children and Families. http://www.annafreud.org/media/1217/a-quality-manual-for-mbt-edited-april23rd-2014-2.pdf.

Bateman, A., & Fonagy, P. (1999). Effectiveness of partial hospitalisation in the treatment of borderline personality disorder: A randomised controlled trial. *American Journal of Psychiatry, 156*, 1563–1569.

Bateman, A. W., & Fonagy, P. (2004). *Psychotherapy for Borderline Personality Disorder:* Mentalization-Based Treatment. Oxford, UK: Oxford University Press.

Bateman, A.W., & Fonagy, P. (2019). *Handbook of Mentalizing in Mental Health Practice* (2nd ed.). Washington, DC: American Psychiatric Press.

Hauser, S.T., Allen, J.P., & Golden, E. (2006). *Out of the Woods: Tales of Teen Resilience*. Cambridge, MA: Harvard University Press.

Midgley, N., & Vrouva, I. (Eds.) (2012). *Minding the Child: Mentalization-Based Interventions with Children, Young People and Their Families*. London: Routledge.

Rossouw, T.I., & Fonagy, P. (2012). Mentalization-based treatment for self-harm in adolescents: A randomized controlled trial. *Journal of American Academy of Child an Adolescent Psychiatry, 51*(12), 1304–1313.

Skårderud, F., & Fonagy, P. (2012). Eating disorders. In A.W. Bateman & P. Fonagy (Eds.), *Handbook of Mentalizing in Mental Health Practice* (pp. 347–383). Arlington, VA: American Psychiatric Publishing.

제4장
치료의 구조

Trudie Rossouw

서론

성인을 치료하기 위해 개발한 MBT 모델은 MBT 개인 치료와 MBT 집단 치료를 결합한다. 청소년과 작업할 때는 치료 계획에 가족을 포함시킨다. 치료 계획에 가족을 끌어들이는 것은 다음과 같은 믿음 때문이다. 즉, 가족 구성원 모두가 다른 사람들의 감정에 대해 더 호기심을 갖고 자신이 다른 사람들에게 미치는 영향을 더 알아차릴 뿐만 아니라, 그들 자신에 대한 감정도 더 인간적으로 대하는 가정환경이 조성되도록 가족 구성원들이 지지하고 비계 설정을 할 수 있게 우리가 도울 수 있기 때문이다. 청소년은 자기 비난과 또래로부터 거절당하는 두려움 혹은 고립감의 바다에서 표류하는 자신을 발견하면, 종종 자신의 침실을 유일하게 안전한 공간으로 의지하고, 적대적으로 느껴지는 세상에 대해 통제를 갖기 위해 커튼을 내리고 외부 세계로 향하는 문을 닫고 자신을 고립시킨다. 그 결과 청소년은 자기 마음이 자신에게 최대의 적이 되어 버리는 상태에서 자기 방에 갇힌다. 이런 상황에 처한 청소년의 부모는 흔히 몹시 불안해하고 걱정하지만, 심한 무력감도 느낀다. 결국 이 상황으로 인해 청소년은 자신에 대한 부정적 감정을 경험하면서 자기 방에 갇혀 있다고 느끼고, 부모도 고통스러운 무력감에 갇혀 있다고 느낀다. 이 모든 것은 관련된 모두에게 점점 더 커지는 부적절감을 느끼게 만든다. 따라서 가족과 함께하는 것은 치료 과정의 필수적 요소다. 가족이 정신화를 더 할 수 있게 되면 가족 구성원들은 어떤 면에서 스스로 치료자가 되어 가정에서 정신화가 무너질 때 정신화를 지원하고 비계 설정을 할 수 있게 된다는 것이 우리의 견해다.

MBT-A는 일반적으로 개인 치료와 MBT-가족과 MBT-집단 둘 다 혹은 둘 중 하나를 결합하는 모델이다. 더 집중적인 프로그램에서는 MBT-A 개인 치료와 MBT 가족 및 MBT 집단을 결합하고, 덜 집중적인 프로그램에서는 MBT 가족만 결합한다. 개인 회기는 보통 최소한 일주일에 한 번이지만, 가족 회기는 매주 할 필요는 없다. 6회기 가족 치료로 충분하다고 시사하는 새로운 임상 증거가 있다. 한 달에 두 번으로 회기 간 간격을 늘리면 가족들이 배운 것을 적용할 수 있는 시간을 더 줄 수 있다. MBT 집단을 사용하는 프로그램에서 집단 치료는 보통 일주일에 한 번 진행하지만, 입원 환자 병동 또는 주간 환자 프로그램과 같은 일부 좀 더 집중적인 모델에서는 일주일에 두 번 제공하기도 한다.

MBT-A의 구조는 성인 모델과 같은 구조를 따르고 치료 단계는 다음과 같다.

초기 단계 – 평가와 심리교육

- 평가
- 계약
- 사례 공식화(case formulation)
- 위기 계획

심리교육

중간 단계 – 작업의 대부분

- 정신화와 충동 통제 증진하기
- 타인의 정신 상태에 대한 알아차림 높이기
- 청소년기 과업 조력하기

최종 단계 – 작업 종결하기

- 독립성과 책임감 높이기
- 안정성 공고히 하기

- 추수 계획 개발하기
- 종결의 의미를 이해하고 처리 및 상실과 관련한 정서 상태에 초점 두기
- 퇴원 계획과 파트너 기관 연계하기

초기 단계: 평가

우리는 새로운 가족이나 청소년을 만날 때마다 정신화하는 마음을 갖고 만난다. 이것은 호기심과 열린 마음으로 따뜻함, 공감, 진정성 있는 태도로 알지 못한다는 자세(not-knowing stance)를 유지함을 뜻한다. 다시 말해, 치료 작업 내내 우리가 유지하는 정신화하는 자세는 평가 과정 내내 끝까지 유지해야 한다. 평가 과정은 첫 회기 동안 이루어지거나, 필요한 경우 초기 몇 회기에 걸쳐 이루어질 수 있다. 우리의 견해는 평가 과정이 3회기를 넘지 않아야 한다는 것이고, 또한 일반적으로 첫 회기가 끝나면 가족과 청소년은 어떤 형태의 피드백이나 치료 계획에 대한 명확한 아이디어를 원한다는 것이다. 위기에 대한 우려가 있다면, 첫 회기에서 다룰 필요가 있고 청소년 및 가족과 함께 위기 계획을 수립해야 한다. 따라서 첫 회기에 평가가 포함되지만, 평가가 한 회기 이상 계속되는 경우라도, 첫 회기 마지막에 어떤 구체적인 계획 세우기를 포함시킬 필요가 있다. 일반적으로 평가 단계는 사례 공식화에 대한 논의로 마무리되고, 이에 대해서는 이후에 더 자세히 설명할 것이다.

예상할 수 있듯이 평가 목적은 다음 사항을 파악하기 위함이다.

- 의뢰 이유, 어려움의 이력, 기타 관련된 배경 정보와 발달사 등 치료자가 어떤 평가에서든 얻고자 하는 일반적인 정보.
- 치료자는 또한 청소년의 정신 상태를 평가할 필요가 있고, 위기평가를 수행하며, 어려움의 촉발 및 유지 요인을 파악해야 하는 경우가 흔한데, 이것은 대부분 청소년과의 초기 평가 회기에서 다룬다.
- 하지만 MBT-A 평가에서 치료자는 청소년과 가족이 경험하는 정신화 어려움에 대해서도 이해하고자 하므로, 좋은 정신화의 증거 혹은 비정신화 기능의 예시에 주목하고 "얘가 그렇게 했을 때, 당신은 얘가 뭘 느꼈다고 생각하시나요……"와 같이 정신화 추적자(mentalizing tracer) 질문을 몇 가지 할 수 있다.
- 평가를 마무리하는 시점에 MBT-A 치료자는 다음을 할 수 있게 되기를 원할 것이다.

- 호소 문제와 진단(이것이 유용한 경우에)에 대한 아이디어 얻기
- 청소년 내담자의 어려움에 대한 사례 공식화 초안 작성하기
- 치료 계획 기술하기
- 필요한 경우 안전 혹은 위기 계획 만들기

MBT-A 모자를 쓰고 평가하는 일과 다른 평가와의 주된 차이점은 MBT-A 평가 회기에서는 치료자가 청소년 및/또는 가족과 함께 정신화를 한다는 것이다. 중요한 것은 평가 회기에서 치료자가 문제를 해결하거나 누가 잘못됐는지를 알아내는 전문가로 청소년이나 가족을 대하는 것이 아니라, 회기 평가를 마치고 떠날 때 모든 사람이 치료의 파트너로 치료자와 나란히 작업하기 위해 선발됐다는 느낌을 갖는 것이다.

계약

계약(contract)이라는 용어는 늘 법률 문서처럼 들리지만, 여기에서는 그런 의미가 아니다! 계약은 치료 계획을 구체적으로 기술한 것으로, 앞으로 치료에 수반될 일이 무엇인지, 얼마나 자주 회기를 가질 것인지, 무엇을 제공할 것인지, 치료를 얼마나 오래 지속할 것인지를 청소년과 가족에게 명확히 하는 것이다. 계약은 처음부터 실제적인 준비와 조치를 분명하게 해줌으로써 청소년과 가족은 무엇을 기대할 수 있는지 알고, 제공받는 것이 무엇인지 명확히 이해하며, 자발적으로 서명을 한다. 즉, 치료 참여에 동의할 수 있다. 청소년에게는 MBT-A에 대한 서면 정보를 제공한다. 이것은 이 장 끝부분에서 확인할 수 있다.

우리는 청소년이 자해 혹은 유사한 어떤 행동을 멈출 것이라는 구체적인 기대를 하지 않는다. 그러나 청소년이 자해, 자살 행동, 폭력, 약물 복용 또는 다른 위험한 행동과 같이 위기 관련 행동을 한다면, 치료 계약과 위기 계획 둘 다 혹은 위기 계획에서 다룰 것이다. 우리는 "네가 자해하면 이 치료는 종결될 거야."라고 명시하는 치료 계약을 지지하지 않는다. 청소년은 대처 방식으로 충동적이거나 자기 파괴적인 행동에 의존한다. 우리가 이것을 이해하지 못하고 치료를 중단하면 이들은 이전의 대처 방식에 의지할 가능성이 매우 높아진다. 이것은 마치 넘어진 사람을 다시 일어설 수 있도록 도와주지 않고 떠나는 것과 같다. 이러한 이슈들은 위험 행동 기저에 있을 수 있는 감정을 정신화하는 정신화 틀에서 다룰 필요가 있다. 우리는 위험한 행동이 위험한 결과를 초래하거나 치료를 방해할 수 있음을 염려하지만, 그것이 일부 청소년에게는

지금까지 어려운 감정을 관리하는 유일한 방법이었을 수 있음을 이해한다는 것을 전달한다. 또한 시간이 지남에 따라 이런 감정 상태들이 더 이해하고 관리할 수 있도록 도움이 되는 다른 방법들을 함께 찾을 수 있을 것이라는 희망을 전한다. 한편 특히 고위험군의 경우에는 청소년과 가족이 활용할 수 있고 좀 더 안전한 대처 방식을 제공할 몇 가지 대안적인 전략을 살펴볼 수 있다. 우리는 정신화 렌즈를 통해 위기 행동을 보기 때문에 이러한 논의는 치료 계약보다 위기 계획과 사례 공식화에 포함하는 것이 더 합당할 수도 있다. 이 부분은 이후에 예시를 통해 살펴볼 것이다.

사례 공식화

치료자는 평가를 완료하면서 청소년과 가족에 대한 이해와 함께, 그들이 전문적 도움을 구하게 만든 이슈들에 대한 이해를 개념화해야 한다. 다시 말해 치료자는 청소년과 가족을 정신화하고, 정신화 렌즈를 갖고 그들이 제시하는 분투를 이해하는 태도를 보이게 된다. 이것이 바로 사례 공식화 초안이다. 우리는 청소년(및 가족)과 함께 논의하면서 사례 공식화를 만들어 간다. 치료자는 논의할 초안을 가족에게 가져가고, 가족은 함께 사례 공식화를 더 상세하게 만든다. 어떤 치료자는 구두로 사례 공식화를 논의하고 어떤 치료자는 서면으로 작성한 사례 공식화 초안을 청소년에게 주고 논의한다. 후자의 경우 논의를 구체적인 서면 형식으로 담아낸다는 점에서 목적론적으로 볼 수 있지만, 청소년이 이것을 갖고 있다가 이후 단계에서 다시 참고할 수 있다는 점에서 아주 유익할 수 있다. 특히 감정이 격해져서 그들에게 비계 설정을 해 줄 수 있게 환기시켜 주는 구체적인 장치가 없으면 회기에서 논의한 내용을 기억할 수 없을 때 특히 유익할 수 있다.

흔히 각기 다른 치료자가 개인 MBT-A 치료와 MBT 가족 치료를 하기 때문에, 청소년에 대한 사례 공식화는 청소년 개인 치료에서 논의하고 나머지 가족과는 공유하지 않는 경우가 많다. 가족 회기에서도 사례 공식화를 만들어 가지만, 한 특정 개인보다는 가족 간 상호작용에 더 초점을 맞추는 경향이 있다. 일반적으로 가족 작업에서 구성하는 사례 공식화는 회기 중에 논의하고 서면 형식으로 제시하지는 않는다. 청소년 치료에 관여하는 전문가(예: MBT 개인, 집단 및 가족 치료자)는 치료 계획을 가능한 한 일관성 있게 하기 위해 각자가 구성한 사례 공식화에 대해 논의하는 것이 유용하다.

다음 내용은 치료에서 청소년과 공유한 사례 공식화 예시이다.

배경 정보

네가 이 서비스를 의뢰했을 때 2년 동안 우울하고 자해했다고 보고했어. 넌 가끔 너무 우울해서 인생이 살 가치가 없다고 느끼기도 했지.

넌 3년 전 부모님의 이혼, 뒤이은 어머니의 우울증, 아버지의 음주 및 최근 아버지와 여자 친구 간의 폭력적인 관계가 모두 너를 우울하게 만드는 역할을 했다고 생각했어. 마치 그게 네 잘못인 것처럼 죄책감을 느끼는 부분에 대해 말했어. 도움을 받으러 오기 전에 넌 누군가 무례한 태도로 널 대하는 걸 허용하는 관계를 시작했어. 마치 네가 벌을 받는 것처럼 말이야. 이 모든 게 네가 너 자신에 대해 엄청 안 좋게 느끼게 만들었어.

성격 양식

넌 너의 삶에서 많은 일에 대처해야 했던 아주 용감한 사람이야. 넌 또한 네 감정과 네 삶에서 일어났던 어려운 일을 나에게 말해 줄 만큼 무척 용감해. 넌 친절하고 다른 사람들을 배려하고, 또래들에게 정말 믿음직한 친구가 되어 줬어. 어떻게 네가 너의 아름다운 자질을 볼 수 없는지, 어떻게 사람들이 널 싫어할 거라고 끊임없이 예상하는지를 지켜보는 건 슬픈 일이야. 이건 사회적 상황에서 너를 너무나 불안하게 만들 수 있기 때문에 넌 그런 상황에서 물러서는 경향이 있어. 근데 이런 대처 방식에는 문제가 있어. 그건 다른 사람들이 너와 가까워지는 걸 허용하지 않고 그 때문에 사람들이 널 좋아하지 않는다는 네 관점을 강화한다는 거야. 너는 또한 대인관계에 기복이 있다고 말했어. 넌 사람들과 가까워지고 싶은데 네가 사람들과 가까워지면 바로 그들이 너를 실망시키거나 거절할까 봐 불안에 휩싸인다고 설명했어. 네가 말했듯, 이건 너를 너무나 불안하게 만들 수 있어서 마치 감정적으로 극심한 기분 변동이 있는 롤러코스터를 탄 느낌일 거야. 우리의 대화를 통해 난 네가 때로 네 안에서 강한 감정이 올라오면 자해하거나 공허함을 느낄 때까지 네 감정을 꺼 버리는 방식으로 대처한다는 인상을 받았어. 그게 너에게 일어나는 일이 맞을까?

네가 감정을 꺼 버리는 것에 관해 얘기하고 난 후에 난 그것에 대해 생각해 봤어. 이런 대처 방식이 그 순간에는 너에게 도움이 되는 것처럼 느껴질 수 있다는 걸 알지만 그건 또한 너 자신과 다른 사람들이 느끼는 것에서 단절된다는 느낌을 갖는 건 아닌지, 그렇게 되면 무슨 일이 일어나고 있는지 이해하기 어려운 건 아닌지 궁금했어. 이럴 때는 가끔 행동하는 것이 너에게 가능한 유일한 선택지라고 느끼는지, 이럴 때가 네가 자해하는 경향이 있는 건지 궁금했어. 네 생각은 어때?

네가 말하는 것에 귀 기울이면서, 계속 너 자신을 부정적 방식으로 바라보는 데 대해 내가

무척 슬퍼한다는 걸 알아차렸어. 또 어떻게 너 자신을 희생하면서 다른 사람과 관계 맺는 것처럼 보이는지, 어떻게 가끔 사람들이 너를 이용하도록 허용하는지 많이 놀랐어. 아마도 치료에서 우리는 이 모든 면을 다룰 수 있고 너 자신을 돌보려는 욕망을 기르고, 다른 사람들이 너에게 상처 주게 하지 않고 돌보게 하도록 너를 도와줄 수 있을 거야.

넌 용감하고 사려 깊은 사람이야. 지금 네가 너에게 허용하는 것보다 더 많은 걸 누려야만 해. 네가 너에 대해 더 나은 느낌을 가질 수 있도록 돕기 위해 우리가 함께 작업할 수 있기를 희망해.

이 사례 공식화를 보면 독자에게 사적인 편지와 같은 어떤 것을 떠올리게 한다. 청소년에게 이것을 초안으로 제시한 후에 동의하는지 보기 위해 함께 논의한다. 그렇지 않으면 이것은 침해적 정신화, 즉 치료자가 청소년에게 그들이 느끼고 있는 것이 뭔지를 알려 주는 것으로 경험될 위험성이 있다. 그래서 우리는 사례 공식화에 "이게 맞니?"와 같은 문구를 사용한다. 이러한 문구를 통해 각 단계에서 청소년이 의견을 말하도록 초대하고 사례 공식화가 사실보다 잠정적 진술로 읽히게 한다. 독자들은 또한 "네가 너를 부정적으로 느끼는지를 보는 건 나를 슬프게 해"와 같은 언급에 주목할 것이다. 이런 식으로 우리는 감정을 가진 인간으로 우리 자신을 명확하게 제시한다. 이 청소년들은 너무나 자주 비인간적인 방식으로 자신을 대한다. 그리고 그렇게 할 때 치료자도 같은 시각으로 자신을 바라볼 것이라 예상한다. 우리의 의도를 분명하게 언급함으로써 청소년이 더 정확하게 우리를 정신화할 수 있게 돕는다. 또한 우리는 몸소 인간다움을 보여 주는데, 이들은 너무나 자주 자신과의 관계에서 인간다움을 상실한다.

위기 계획

위기 계획 세우기는 지금 단계에서 논의하지만, 치료 순서에서는 애초 위기 수준에 따라 종종 사례 공식화 이전에 이루어진다. 청소년이 자해하거나 자살 충동을 느끼거나 혹은 실제로 폭력과 같은 형태의 위기를 나타내는 경우, 첫 회기에서 안전 계획을 논의할 필요가 있다. 안전 계획을 세우는 목적은 정신화 관점에서 위기를 생각하고 기저의 감정을 다루며 촉발 요인을 어느 정도 이해함으로써, 사용할 수 있는 더 안전한 대안에 대해 생각해 보는 것이다. 안전 계획은 가족 및 청소년과 함께 만드는 것이고, 우리 견해로는 회기 중에 논의하는 것이 가장 좋지만, 또한 청소년과 부모에게 서면으로 제공하여 그들이 집에 가져가서 이후에 참고할 수 있게 하는 것이다.

나의 경험에 따르면 초기에는 청소년에게 서면으로 위기 계획을 제공했는데, 곧 이것이 별로 가치가 없다는 것을 깨달았다. 청소년은 종이 세상(paper world)이 아닌 사이버 세상에 살고 있기 때문이다. 그래서 나는 청소년과 위기 계획을 논의할 때 사용하는 모바일 앱을 개발했다. 이 앱이 매우 일반적인 내용을 다룬다는 점을 감안할 때 위기 계획이 전적으로 그저 앱으로만 이루어진다면 도움이 되지 않을 것이다. 위기 계획은 앞서 언급한 방식으로 청소년 개개인에게 맞춰야 하고 정신화해야 한다. 회기에서 이것을 논의한 후 앱에 대한 설명과 예시를 제시한다. 청소년이 휴대폰으로 쉽게 접근할 수 있는 앱과 위기 및 위험에 대한 개별화된 이해가 결합하면 더 유용한 위기 계획을 제공할 수 있다. 또한 나는 부모를 위한 별도의 위기 계획을 제공하여 부모로서 역할을 안내하고 도와준다. 청소년과 위기 계획에 대해 논의하는 예시와 부모와 함께 앱 및 위기 계획에 대해 논의하는 예시를 다음에 제시한다.

청소년을 위한 위기 계획

다음은 청소년을 위한 위기 계획 예시이다.

위기 계획

너와 내가 확인한 촉발 요인은 네가 거절당하거나 굴욕감을 느낄 때 혹은 너 자신에 대해 나쁘다고 느낄 때야. 우리가 얘기했듯이, 이런 감정은 느닷없이 나타나는 게 아니라, 가까운 관계에서 유발됐을 가능성이 높아. 그런 감정이 들면 넌 그 감정을 없애기 위해 서둘러 행동으로 옮기는 편이야.

그런 감정이 다시 느껴지면, 10분 동안 행동을 미루려고 애쓰면서 멈추려고 노력해 보면 좋겠어. 그런 다음 10분을 사용함으로써 네가 나쁜 감정을 느끼기 몇 분 전에 무슨 일이 일어났는지 성찰하려고 해봐. 이렇게 하면 네가 느낀 게 뭔지 그리고 그 감정의 원인이 됐을 수도 있는 가까운 관계에서 무슨 일이 일어났는지를 좀 더 분명하게 이해하는 데 도움이 될 수도 있어.

더 명확하게 이해하려면 해결책을 생각하거나 다른 관점에서 보는 것이 더 쉬워질 수 있어. 이렇게 되면 더 이상 급하게 행동으로 옮길 필요가 없다고 느낄 수도 있어.

만약 이 방법이 실패하고 네가 계속 자해 위기를 느낀다면, **'대처 기술(COPING SKILLS)'** 앱을 사용하여 도움을 받을 수 있어. 이 앱은 자해에 대한 대안 시도해 보기와 같은 도구나 혹은 네가 너를 진정시키기 위해 감각을 사용하도록 돕는 도구로 도움을 줄 거야.

너는 때로는 너 자신을 감정적으로 무감각하게 만들려고 자해를 해. 그런 마음 상태에 빠질

[그림 4-1] 대처 기술 앱

때 그건 쓸모 있는 마음 상태가 아니고 너에게 해롭다는 걸 기억하려고 노력해 봐.

너 자신을 현실로 돌아오게 하려고 노력해. 몰두할 수 있게 뭔가를 해 봐. 누군가와 말하기, 게임하기, 시 쓰기, 그림 그리기, 혹은 TV에서 네 주의를 끌 수 있는 것 보기 등 말이야. 너 자신에 대한 부정적인 생각으로 가득 찬 마음 상태로 그저 앉아서 허공을 응시하지 마.

다른 방법이 모두 실패하면, 클리닉에 전화해서 나와 통화를 요청해. 내가 할 수 있을 때 전화할게.

'**대처 기술**' 앱은 DBT에서 차용한 고통 감내 기술(distress tolerance skills), 마음챙김 연습, 정신화 연습, 명상 가이드, 점진적 근육 이완 영상을 결합한 것이다. 이것은 또한 청소년이 갖고 있는 진정시켜 주는 음악, 좋은 기억이 담긴 이미지와 사진을 연결할 수 있는 기능도 있다. 앱 다운로드 비용은 1.00파운드에 불과하다. 청소년이 사용법을 이해할 수 있도록 회기 중 함께 앱을 살펴보는 것이 도움이 된다. 다음(그림 4.1)은 앱 이미지다.

부모를 위한 위기 계획

부모를 위한 위기 계획은 청소년의 자해와 위기에 대한 기본적인 이해와 청소년이 자해할 때 어떻게 행동하고 무슨 말을 하고 뭘 해야 하는지에 대한 실제적인 조언을 포함한다. 또한 위기를 줄이기 위해 가정에서 할 수 있는 기본적인 안전 조치에 대한 조언도 포함한다. 다음 내용을 보자.

부모는 자녀를 괴로움과 고통에서 보호하려고 노력합니다. 따라서 자녀가 자해 행동을 하면, 그것은 엄청나게 강한 감정을 불러일으킵니다. 부모로서 당신은 무력감, 불안 및 여러 다른 강한 감정을 경험할 수 있습니다. 이 위기 계획이 치료 과정을 시작할 때 약간의 지침을 줄 수 있기를 바랍니다.

먼저, 집에서 지켜야 할 **기본 안전 수칙** 몇 가지를 살펴봅시다.

- 약은 멀리 치우고 잠금장치가 있는 곳에 보관하세요.
- 자녀가 날카로운 것으로 자해하는 경우, 칼을 손이 닿지 않는 곳에 보관하고 면도칼에 대한 접근을 제한하는 것이 도움이 될 수 있습니다.
- 자녀 침실에서 날카로운 물건을 치우는 것이 도움이 될 수 있습니다.

다음으로, 자해에 대한 **대화**를 독려하고 자녀가 위기를 느낄 때 당신에게 말하도록 하세요. 청소년은 이렇게 하기를 무척 어려워할 것입니다. 그리고 어떤 청소년에게는 자해 위험이 있다는 것을 알리는 신호로 부모에게 휴대폰 이모티콘을 보내겠다는 데 동의하는 것이 더 쉬울 수 있습니다.

자녀가 고위험군에 속한다면, 아이와 함께하고 아이가 혼자 있지 않게 하세요. 간혹 자녀의 안전이 걱정되면 부모가 자녀와 함께 바닥에 매트리스를 깔고 자거나 함께 자는 것을 허용해야 합니다.

이제 청소년의 자해에 대해 조금 더 이야기해 보겠습니다. 청소년이 자해하는 경우는 대부분 자기 내면에 아주 강한 감정이 있는데 그것을 다루기 어려울 때입니다. 다음은 위기의 순간에 도움이 될 수 있는, 부모가 해야 할 세 가지 일과 하지 말아야 할 세 가지 일입니다.

세 가지 해야 할 일

- 경청하기
- 이해하기
- 당신이 아이를 위해 곁에 있음을 알려주기

세 가지 하지 말아야 할 일

- 패닉 상태에 빠지기
- 비난하기
- 처벌하기

자녀를 비난하거나 자신을 탓하지 마세요. 그저 자녀가 자해를 하고 싶어하기 전에 무엇을 느꼈는지 이해하려고 애쓰고, 그 감정과 그 감정에 이르게 된 사건들에 대해 이야기할 수 있게 도와주세요. 그 사건들에 당신이 포함된다면, 방어적인 태도를 취하지 말고 자녀 이야기를 경청하고 자녀의 관점을 이해하려고 노력하세요. 반드시 같은 관점을 가질 필요는 없지만, 자녀의 감정을 타당화하는 것은 중요합니다. 당신과의 사이에서 오해가 있고 당신이 원인 제공을 했다면 인정하세요. 당신은 싸움에서 이기기 위해서가 아니라 자녀와 관계를 회복하기 위해 여기 있습니다.

자녀가 몹시 흥분한 상태라면, 너무 많은 말을 하는 것은 도움이 되지 않습니다. 그저 친절하고 지지적인 태도로 다음과 같이 말하세요. "난 너에게 화나지 않았어. 너를 돕고 안전하게 지키려고 여기 있어. 뭔가가 널 정말 화나게 만들었구나. 나는 그게 뭔지 모르지만 그게 내가 한 어떤 거라면 미안해. 난 진심으로 이해하고 싶어. 네가 준비가 되면 말해 줘. 하지만 그때까지 널 안전하게 지키기 위해 난 너와 같이 있을게."

자녀가 자해를 원하면 다음과 같이 말할 수 있습니다. "난 네가 자해하는 건 정말 원치 않아. 넌 훨씬 더 많은 걸 누릴 자격이 있어. 우리 대안 중 하나를 시도해 보자. 내가 널 도와줄게, 얼음물 좀 가져올까?"

자녀가 자살 충동을 느끼면 이렇게 말할 수 있습니다. "자살은 선택사항이 아니야. 난 널 사랑해. 네가 자살하는 것을 원치 않아. 넌 혼자가 아니야. 우리는 함께 견뎌낼 거야. 널 안전하게 지키기 위해 함께 여기 있을 거야. 지금 당장 도움이 될 만한 어떤 걸 생각해 보자. 산책이나 TV 시청과 같은 주의 분산이 도움이 될까?"

모든 방법이 실패하면, 클리닉에 전화하고, 근무 시간 이후인 경우 아이를 응급실로 데려가야 할 수도 있습니다.

심리교육

심리교육의 목적은 청소년과 가족이 자신과 타인의 정신 상태에 대한 호기심을 기르고 행동과 느낌 간에 연관이 있음을 배우도록 돕는 것이다. 치료 과정에서 우리는 심적 동등성과 같은 비정신화 상태를 다루고 정신화 회복을 희망한다. 청소년과 가족이 정신화의 기본 원리를 어느 정도 이해하고 있다면 치료 초기에 도움이 된다. 심리교육 과정은 제공되는 서비스 기관에 따라 다르다. 어떤 기관에서는 치료 과정에서 초반 몇 회기를 전적으로 심리교육(MBT-information)에 할당한다. 이 경우 심리교육은 대개 집단 형식으로 이루어진다. 또 다른 모델은 1일 워크숍에 가족들을 초대하는 방식이다. 서비스 기관에 따라 두 가지 모델 모두 가능하지 않거나 사용하지 못한다면, 호기심을 자극하고 정신 상태는 불투명하다는 메시지를 전달하는 언급을 명시적으로 함으로써 심리교육을 실시할 수 있다.

회기 중 비공식적 심리교육

워크숍 혹은 집단 심리교육이 가능하지 않은 곳에서는 치료 과정, 특히 초기 회기 중에 심리교육을 포함시켜 좀 더 비공식적으로 실시할 수 있다. 다음은 심리교육에 해당하는 진술의 몇 가지 예시이다. 회기 중 나온 소재에 대한 응답으로 사용할 수 있다.

"그러니까 많은 경우 사람들이 어떤 행동을 할 때는 내면에 감정이 있기 때문이에요. 그래서 우리가 그것에 대해 호기심을 가지면 다른 사람을 더 잘 이해하려고 노력하는 데 도움이 될 수 있죠."

또한 회기 중 비정신화가 일어날 때 다음과 같이 말함으로써 비정신화를 다룰 수도 있다.

"당신은 X가 느꼈을 게 뭔지 가정한 것 같아요. 사람들이 느끼는 것에 대해 가정하면 쉽게 틀릴 수 있단 말이죠 ……."

또는

"잠시 멈출 수 있을까요, 지금 생각이 너무 많은 건 아닌지 궁금해요, 그게 생각을 너무 많이 하면, 다른 사람 마음에 대해 엄청난 가정을 하기 시작하고, 사실이 아닌데도 그 가정들이 사실인 것처럼 대하기 시작한다는 거죠. 우리는 다른 사람 마음을 실제로 들여다볼 수 없어요."

또는

"우리는 불안하면 때때로 마음을 주체할 수 없게 되어 다른 사람들 생각하거나 느끼는 것에 대해 가정하게 되죠. 가정하거나 지나치게 많은 생각을 하는 자신을 발견할 때 할 수 있는 가장 좋은 방법은 우선 멈추고 중지하고, 그리고 상대방이 생각하거나 느끼고 있는 게 뭔지 물어보는 것이죠."

심리교육 워크숍

심리교육 워크숍은 하루 종일 혹은 두어 회기에 걸쳐 진행할 수 있다. 일반적으로 집단 형식으로 제공하고 2명의 치료자가 진행하는 것이 가장 좋다. 형식은 다음과 같다.

- 아이스브레이킹 활동 및 소개하기
- 청소년 뇌에 대한 간단한 교육적 설명
- 준비한 영상을 보여 주고 가끔 영상 클립을 정지하고 참가자들을 토론에 끌어들인다. 등장인물이 왜 그렇게 말하거나 행동했을까? 등장인물은 무엇을 느꼈을까?
- 관계 이해하기 영역에서는 행동과 그 기저에 있는 정신 상태 간의 연결을 설명한다. 또한 정신 상태는 불투명하다는 점을 강조한다. 이때 이것을 예증하기 위해 보통 앞서 보여 준 영상의 일부를 언급할 수 있다. 또한 감정이 우리를 얼마나 맹목적으로 만들 수 있는지, 어떻게 이것이 우리로 하여금 다른 사람들의 정신 상태에 대해 호기심을 갖지 못하게 하는지도 예시를 통해 보여 주기 위해 영상을 언급한다. 아울러 우리가 경험하거나 상상하는 것과 같은 정신 상태를 다른 사람들도 똑같이 한다고 가정할 때, 우리 모두가 빠질 수 있는 함정에 대해서도 이야기한다.
- 그다음에는 영상 자료를 더 제시하거나 참가자들의 개인적인 삶에서 나온 토론을 이어간다.
- 멈추고 중지하기(stop and pause) 등과 같은 기법에 대해 논의한다. 이런 기법은 비정신화 상태에 돌입하는 것을 멈추고 다른 사람들이 생각하고 느끼게 무엇인지를 탐구하는 것에 대해 참여자들이 생각할 수 있게 도와준다. 이 기법은 영상 자료를 사용하여 연습할 수 있다. 연습 도중에 중간중간 영상 자료를 중지할 수 있다.

워크숍 후반부에는 두 회기가 할당된다. 한 회기는 자해 이해하기이고 한 회기는 폭력 이해 및 관리다.

- **자해 이해하기**: 우리 기관에서는 자해에 대한 교육적인 내용을 전달하는 대신, 카드에 몇 가지 문장을 적어 모두에게 나눠줬다. 참가자들은 돌아가면서 카드에 적힌 문장을 읽고 그 문장이 맞다고 생각하는지 틀렸다고 생각하는지 말하게 했다. 그 후 집단은 다음과 같이 각 문장에 대해 토론했다. 우리가 사용한 문장은 다음과 같다. "자해는 관심을 끌기 위해 하는 것이다" "우리 아이는 자해할 때 자살 충동을 느낀다" "자해는 종종 누군가 강렬한 감정에 압도될 때 하게 된다."

그런 다음 우리는 자해하는 사람을 돕는 방법에 대해 논의하는 시간을 갖고, 먼저 논의한 위기 계획에 포함된 예시들을 활용한다.

- **폭력 이해와 관리**: 우리는 다시 교육적인 내용을 제공하기보다 집단이 함께 토론하는 방식을 쓴다. 자녀가 부모를 향해 돌발적으로 폭력을 행사한 예시를 주고 나서, 집단에 특정 행동이 적힌 카드 묶음을 나눠 줬다. 그리고 집단 참가자들에게 폭력이 발생한 후 해야 할 것을 가장 도움이 되는 순서대로 주어진 카드를 배열하는 과제를 제시했다. 각 카드에는 정신화 과정에 해당하는 행동이 적혀 있는데, '공간 제공하기(giving space)'로 시작하여 '진정하기(calm down)'로 이어지고, 마지막에는 일어난 일에 대해 논의하고 그 일에 대해 부모가 기여한 부분을 인정하기다. 마지막 카드는 복구(reparation)다.

작업의 대부분: 주된 단계

이 단계는 MBT-A에서 일어나는 치료 작업 대부분을 다룬다. MBT 집단과 MBT 가족은 이 책의 다른 부분에서 설명하지만, 여기에서 설명하는 치료적 과제도 MBT 집단과 MBT 가족 작업을 상당 부분 설명한다. 치료를 진행하는 동안 우리는 앞서 설명한 기법들을 따른다. 우리는 끈덕지게 치료 목적에 전념한다. 즉, 정신화가 부재할 때 정신화를 향상시키는 것이다. 통찰 자체를 위해 통찰을 얻거나 무의식을 의식화하는 것은 목적이 아니다. 이전 장에서 논의했듯이 우리는 치료에서 적극적이고 호기심과 온정, 알지 못한다는 자세를 보인다. 지지와 공감은 회기 내내 사용하는 기법이다. 우리는 기본적 정신화를 기르기 위해 대부분의 시간 동안 지지와 공감 그리고 면밀히

살펴보기 혹은 도전 사이를 오간다. 청소년과의 작업은 창의적이다. 무언가를 쓰거나, 누군가가 생각하거나 느끼고 있는 것이 무엇인지를 상상해 보려고 그 사람 머리 위에 생각 풍선들이 달린 그림을 그리거나 역할극을 할 수도 있다. 우리는 행동, 특히 충동적인 행동에 제동을 걸고 정신화에 시동을 건다.

멈추고 중지하기는 아주 흔한 정신화 개입이다. 중지하기(pausing)에서 우리는 공감을 사용하여 정서적 접촉을 한 다음, 청소년이 이해받는다고 느끼고 과각성 상태에서 벗어나면, 탐색 혹은 면밀히 살펴보기를 사용하여 기저에 있는 느낌, 생각 혹은 청소년이 하고 있는 가정에 대해 함께 생각한다. 비정신화 상호작용이 일어날 때마다 우리는 **멈추고 중지하기**를 사용하여 감정을 진정시킨 다음 정신화를 위한 공간을 만든다.

비정신화 상호작용을 알아차릴 때마다 우리는 정신화 능력의 상실을 촉발한 어떤 강한 감정이 일어났다고 가정할 수 있다. 그러면 우리는 그 상호작용을 중단시키기 위해 **멈추고 중지하기** 기법을 사용하고 청소년이 마지막으로 정신화 능력을 갖고 있던 지점으로 되돌아가려고 시도한 다음, 청소년의 정신화 능력이 궤도를 벗어나게 만든 사건을 이해하려고 애쓴다. 그런 다음 그때 정신화할 수 없었던 느낌을 정신화하려고 노력한다. 이렇게 할 때 쓰는 기법은 다음과 같다.

비정신화 행동—**멈추고 중지하기**—비정신화에 기반을 두고 있다 해도 그때 당시 청소년이 느낀 것을 공감을 표현하고 타당화하려고 시도하기—그런 다음 청소년이 정신화 능력을 상실한 순간으로 되돌아가기—그런 다음 사태와 관련된 세부사항을 요청하고 타당화, 공감, 면밀히 살펴보기, 탐색을 사용하여 사태를 드러내고 감정을 격화시켰거나 충동적인 행동으로 몰아넣었을 수 있는 비정신화 오류를 부드럽게 다룸으로써 정신화에 시동을 걸기 위해 애쓴다.

구조화된 치료들과 달리 MBT-A는 회기별로 처방되는 구조가 없다. 회기 내용들은 대체로 내담자가 치료에 가져오는 것을 기반으로 한다. 우리는 과거 혹은 과거 사건과 불필요하게 연결 지으려고 애쓰지 않는다. 그 이유는 이런 시도는 종종 내담자가 지금 여기에 대해 갖고 있는 느낌들을 타당화하지 않기 때문이다. 치료 대부분은 계속 청소년의 마음에 지속적으로 초점을 두고 정신화를 향상시키는 것을 포함한다. 이것은 예외 없이 충동 조절을 개선하고 타인의 정신 상태에 대한 알아차림을 높인다.

자해 청소년을 대상으로 한 MBT-A에 대한 **무작위 대조 연구에서**(Rossouw & Fonagy, 2012) 정신화와 애착 안정성의 개선을 통제하면, 자해 감소 측면에서 MBT-A 집단이 일반 치료 집단에 비해 효과가 우월하다는 결과가 사라졌다. 이 결과는 자해에서 나타난 개선이 주로 정신화와 애착의 개선에 의한 것임을 뜻한다. 애착의 개선 또한 정신화 개선에 의한 것이라는 주장도 가능하겠다.

중간 단계에서 추가 과제는 청소년이 연관된 발달 과업을 수행하도록 돕는 일이다. 이 책의 1장과 2장에서 설명한 것처럼, 정신화는 일반적으로 청소년기의 변화에 영향을 받는다. 하지만 청소년기에는 다음과 같이 잘 알려진 몇 가지 과업이 있다.

- 강한 부모 애착에서 또래 집단 애착으로 나아가기
- 분명하고 일관된 정체성 형성 시작하기
- 독립성 기르기
- 훨씬 더 복잡한 사회적 세계와 연인관계 세계, 훨씬 더 많은 것을 요구하고 도전거리를 주는 학업 세계를 관리하고 헤쳐 나가기, 그리고 좀 더 최근에 추가된 중요한 과업은 소셜 미디어의 복잡다단함을 관리하는 법 배우기

청소년은 그들의 사회적 세계에서 독립성과 효과성을 추구하는 가운데 대인관계에 대처하려고 애쓸 때 자주 감정적으로 압도당하고 당혹감의 바다에서 허우적대는 자신을 발견한다. 이로 인해 흔히 청소년은 발달 과업에서 성공하지 못하는 상태에 이른다. 흔히 이들이 치료를 받으러 올 때면 학업 세계뿐만 아니라 대인 간 세계에서도 노력하기를 포기하고 자신을 실패자처럼 느낀다. 이들은 종종 자기혐오와 무망감(hopelessness) 상태가 되는데, 두 상태 모두 충동적이고 자기 파괴적인 행동을 부추길 수 있다. 우리의 역할은 청소년들이 좀 더 적응적인 발달 궤도에 복귀하여 숙달, 자율성 및 독립성에 대한 느낌을 얻을 수 있도록 돕는 것이다.

청소년의 삶이 불안과 다른 사람들의 마음에 대한 두려움으로 가득 차고, 이런 감정들이 다시 타인의 행동에 대한 정신화과다에 의해 증폭되면, 이들은 끝내 정신적 고뇌에 빠지고, 이것은 자기혐오를 부추긴다. 이러한 고통은 곧 충동적 행동이나 회피, 혹은 둘 다로 이어진다. 청소년들은 학교나 사회적 상황을 피하기 시작하고 방으로 숨어들어 종종 커튼을 치고 온라인에서만 교류한다. 이러한 상황에서 우리는 종종 이들의 발달을 돕는 비계를 설정하거나 이들이 회피하는 패턴에서 벗어날 수 있도록 도울 필요가 있다. 회피하는 패턴은 비정신화 패턴으로 이해할 수 있고, 앞서 언급한 대로 **멈추고 중지하기**–느낌 타당화하기–되감기와 탐색하기를 사용하여 다룰 수 있다. 아울러, 우리는 종종 어떤 구체적 지원을 제공해야 한다. 예컨대, 청소년이 학교로 돌아

가도록 돕는 분명한 구조와 같은 것을 제공하는 일이다. 여기에는 어떤 분명한 계획에 동의할 수 있도록 학교 및 학부모와 함께 작업하는 일이 포함될 것이다. 때로는 청소년이 처음 학교에 갈 때 동행할 사람처럼 좀 더 실제적인 지원이 필요할 수 있다. 우리 서비스 기관에서 작업치료사가 청소년이 다음과 같은 과업을 더 잘 수행할 수 있게 조력하여 큰 효과를 거두었다. 등교하기, 대중교통 이용하기, 상점과 일반적인 혼자 하는 과업에서 스스로 일 처리하기가 있다. 모두는 청소년기 세계의 일부이지만 어떤 청소년에게는 처음에 너무 불안을 일으키는 일일 수 있다.

자기 내면에 어떤 좋은 것도 없다고 깊이 느끼는 청소년은 학교 과업에 직면하면 쉽게 불안에 압도되는 느낌을 받는다. 또 한 번 우리가 해야 할 일은 **멈추고 중지하기**를 사용하여, 청소년이 서둘러 회피로 들어가지 않게 돕는 것이다. 실제로 이들이 달아나지 않고 과업을 시도하도록 돕는다. 때때로 이것은 이들에게 지속적으로 다음을 상기시키는 것처럼 느껴진다. 그저 조금만 해봐. 마치 한 발을 다른 발 앞에 놓는 것처럼 말이야. 등산하는 것처럼 앞만 보고 그냥 네 앞에 있는 것만 해봐. 올려다보지도 말고 내려다보지도 마. 그냥 앞에 있는 걸 해봐. 자신을 비난하거나 비판하지 마. 너를 다른 사람과 비교하지도 마.

이건 단순한 일처럼 들린다. 하지만 청소년들이 회피하려는 힘에 지배당하면, 패닉과 두려움의 상태로 돌진한다. 그 결과 이들은 아무것도 할 수 없게 되는데, 그러면 더욱 더 패배감이 들게 만든다. 우리는 때때로 이런 상태를 멈출 수 있게 구체적으로 도울 필요가 있다. 이때 앞서 제시한 문장에 있는 것과 같은 말을 친절하게 사용한다. 나는 때때로 청소년에게 패닉에 빠지고 있는 상태에서 꺼내 볼 수 있게 휴대폰 메모에 문장을 적어 두라고 요청한다.

최종 단계: 작업 종결하기

최종 단계에서 다음과 같은 목표를 이루기 바란다.

- 독립성과 책임감 높이기
- 안정성 공고히 하기
- 추수 계획 세우기

- 종결이 갖는 의미를 이해하고 처리하기 및 상실과 관련한 정서 상태에 초점 두기
- 퇴원하기 및 파트너 기관들과 연계하기

우리가 수행한 연구(Rossouw & Fonagy, 2012)에서 우리는 치료가 끝나 갈수록 기분이 저하되는 현상을 알아차렸다. 이런 기분 저하는 치료가 끝난 후에는 지속되지 않지만, 치료 종결이 정서에 미치는 영향을 염두에 두는 것이 중요하다. 치료 종결을 훨씬 앞서서 계획하는 것이 그런 영향을 가장 잘 관리하는 방법일 것이다. 종결은 청소년이 자기 삶에서 더 독립적으로 되고 자신의 발달 궤도에서 좀 더 과업에 집중할 수 있는 것과 맞춰 진행해야 한다. 우리는 좀 더 큰 안정성의 시기가 오기를 기대한다. 정서 조절 측면에서뿐만 아니라 정체감 및 '이질적 자기'나 강렬한 자기혐오의 감소라는 측면에서도 이런 안정성을 기대한다. 우리는 또한 청소년이 자신에 대한 관점뿐만 아니라 다른 사람들에 대한 관점에서도 안정감을 더 많이 느끼기를 바란다. 이것은 다른 사람들의 마음을 더 정확하게 그려내는 능력으로 연결될 것이다.

우리가 경험한 바에 따르면 명확한 추수 계획과 조정된 위기 계획을 갖고 있는 것이 유용했다. 일부 서비스 기관에서는 회기 종결을 서서히 진행하는 것을 허용한다. 두어 달에 걸쳐 매주 있던 회기를 격주로 줄이고 그다음 몇 달 동안 한 달에 한 번 회기를 갖는다. 다른 서비스 기관에서는 정해둔 종결 일자가 있지만 몇 회기를 '예비'로 남겨두어 청소년이 '보충(top up)'을 위해 다시 올 필요가 있을 경우를 대비한다. 이런 조치들은 재충전을 허용하므로 일반적으로 꽤 유용하다. 청소년기 과업은 현재 진행형이기 때문이다. 청소년기에서 초기 청년기로 가는 변화는 또 다른 도전을 가져온다. 이때 청소년이 그들의 발달을 지원하도록 몇 차례 회기를 가질 수 있게 기관에 '들릴' 수 있다면 상당한 도움이 될 수 있다.

이것이 가능하지 않은 기관들이 있는데, 이런 경우에는 파트너 서비스 기관이나 조직과 협력하여 조치를 취하는 것이 필수적이다. 이를 통해 이 취약한 과도기에 청소년을 위해 지원을 제공하거나 청소년이 그들의 삶에서 다른 사회적 지원을 찾도록 조력한다.

청소년을 위한 정신화 기반 치료(MBT-A) 안내

정신화란 무엇인가

정신화는 우리 생각과 감정에 대해 생각하는 능력이다. 정신화는 우리가 다른 사람들의 생각과 감정을 이해하는 데 도움을 준다. 우리는 정신화할 때, 우리 자신을 외부에서 보고, 다른 사람을 내면에서 보려고 노력한다. 정신화는 우리 모두가 일상에서 사용하는 능력이다. 그런데 어떤 상황에서는 정신화가 더 어렵기도 하다.

우리가 정신화를 잘할 때 어떤 일이 일어나는가

정신화를 잘할 때 우리는 한 걸음 물러나서 우리 자신과 다른 사람들의 생각과 감정에 대해 생각해 본다. 호기심을 갖고 다양한 감정과 신념, 소망, 의도, 생각 등을 고려하여 우리 자신과 다른 사람들의 행동을 이해하려고 노력한다. 예를 들면, 우리가 정신화를 잘할 때, 파티에서 한 무리의 새로운 사람을 만나는 데 대해 우리가 불안을 느꼈기 때문에 어떤 한 친구에게 좀 붙어 있으려 했음을 알아차린다. 혹은 형제자매 중 한 사람이 저녁에 부모님께 안 좋은 말을 들었기 때문에 우리에게 심술궂게 행동한 게 아닌지 궁금해할 수 있다. 또한 우리는 다른 사람의 감정에 대해 100% 확신할 수 없음을 알지만, 호기심을 유지하면서 우리 자신과 다른 사람들을 기꺼이 이해하려고 한다. 그리고 다른 사람들이 우리에 대해 정신화를 잘할 때, 우리의 느낌이 이해받는 경험을 하게 되어 우리는 이해받는 느낌을 갖고 다른 사람들과 더 잘 관계하는 데 도움을 받는다.

정신화하기가 버거울 때 어떤 일이 일어날까

우리는 모두 정신화가 힘겨울 때가 있다. 특히 분노, 두려움, 절망, 수치심과 거부처럼 강하고 우리에게 버거운 감정에 영향받을 때 정신화하기가 어렵다. 청소년기는 또래와 부모와의 관계가 더 복잡해지고 자신과 다른 사람들을 이해하는 것이 더 어려워지기 때문에 정신화가 중요한 시기다. 감정은 매우 강력하고 이성적 뇌를 아주 빠르게 장악할 수 있다. 이 말은 감정이 흔히 생각을 좀 더 많이 지배한다는 뜻이다.

다음 사례를 생각해 보자.

교실에서 한 남자아이 주변에 앉은 몇몇 친구가 아이의 새로운 헤어스타일을 두고 짓궂게

놀려대고 있어서 아이가 점점 더 동요되는 상황을 상상해 보자. 아이는 점점 더 당황하고 화가 나서 놀리는 친구들에게 "닥쳐"라고 말한다. (무슨 일이 벌어지고 있었는지 알아차리지 못했던) 교사는 이 말을 듣고 아이가 교장실에 가야 할 거라고 경고한다. 아이는 아드레날린에 추동되고 갑자기 치솟는 격분에 압도되어 의자를 발로 차고 교사에게 모욕적인 말을 큰 소리로 내뱉는다. 교사는 부임한 지 얼마 되지 않았고 학생들 앞에서 '나약하게' 보일까 봐 불안한 나머지 아이를 교장실로 데려가 수업에서 배제해 달라고 제안한다.

이 사례에서 소년과 다른 학생들, 교사 모두 호기심을 갖고 자신과 다른 사람들의 감정을 알아차리는 데 어려움이 있었다. 그리고 그 상황에서 무엇을 해야 할지 합리적으로 생각하거나 상대의 실제 의도나 생각이 무엇이었을지를 고려하기보다 각자 자신의 감정을 우선시하는 것처럼 보인다. 또한 교사가 경고했을 때 나타난 소년의 반응은 우리가 다른 사람에게 이해받지 못한다고 느낄 때 그것이 얼마나 고통스러울 수 있는지를 보여 준다.

MBT-A는 어떻게 도움이 될까

MBT-A는 여러분과 같은 청소년들이, 특히 마음 상하거나 다른 강한 감정을 느낄 때 마음속에 무슨 일이 일어나고 있는지를 더 잘 이해할 수 있게 도우려고 개발됐다. MBT-A는 여러분의 생각과 감정을 이해하고 그것을 행동 및 행위와 연결 짓도록 도움을 줄 수 있다.

상담 시간에 여러분과 치료자는 한 주 동안 무슨 일이 일어났는지, 다양한 시점에서 어떻게 느꼈는지, 또한 여러분이 치료자와의 만남에서 마음속에 어떤 일이 일어나는지를 살펴보게 될 것이다. 또한 여러분 삶에서 중요한 다른 사람들에 대해 어떻게 생각하고 느끼는지, 특히 상황이 어려워질 때 그 사람들이 왜 그런 방식으로 행동하는지를 여러분이 어떻게 이해하려고 애쓰는지에 대해서도 이야기할 것이다. 치료자는 여러분과 다른 사람들에게 무슨 일이 일어났는지를 더 잘 알기 위해 여러분 마음속에서 그 상황을 천천히 살펴보도록 독려할 것이다.

앞의 소년의 사례로 되돌아가서 생각해 보자. 만약 소년이 자신이 어떻게 느끼고 생각하고 있는지, 그리고 그런 생각과 감정이 어떻게 자신을 점점 더 동요하게 만드는지를 알아차렸더라면, 교사에게 그렇게 충동적이거나 공격적으로 반응하지 않았을지도 모른다. 마찬가지로 반 친구들과 교사가 그 상황에서 그들 자신과 소년의 느낌을 더 잘 이해했다면 다르게 행동했을지도 모른다.

여러분이 어떻게 느끼는지를 더 많이 살펴보고 그것에 이름 붙일수록 여러분은 더 많이 그 감정을 자각하고, 필요하다면 조절할 수 있을 것이다. 때로는 감정에 대해 말하고 어떤 것을 더 잘 이해하는 것이 감정을 덜 강렬하고 더 다루기 쉽게 만들 수 있다. MBT-A 치료 시간에 여러분과 다른 사람들의 생각과 감정에 대해 이야기하는 것이 여러분과 다른 사람들을 더 잘 이해하는 데 도움이 되기를 희망한다. 이것은 또한 삶의 좋은 일과 안 좋은 일을 좀 더 굳건하고 효과적으로 감당하도록 돕고 삶에서 중요한 사람들과의 관계의 질을 개선시킬 것이다.

참고문헌

Rossouw, T.I., & Fonagy, P. (2012). Mentalization–based treatment for self–harm in adolescents: A randomized controlled trial. *Journal of American Academy of Child an Adolescent Psychiatry, 51*(12), 1304–1313.

제5장
청소년의 부모 및 가족 개입

Nicole Muller, Holly Dwyer Hall

"어떻게 해야 할지 모르겠어요. 아이가 어릴 때는 쉬웠어요. 근데 아이가 요즘 자해해요! 어떻게 해야 할지 모르겠어요. 두려워요. 정말 어떻게 할지 모르겠어요……."

톰(만 16세)의 엄마

서론

"사랑은 당신 주변의 세상을 이해하는 데 구조를 제공하고 닻이 되어 준다(Schomakers, 2018, p. 128)." 하지만 사랑은 다양한 측면이 있어서 가족 간 사랑의 유대는 시간이 지남에 따라 변하고 어쩌면 청소년기에 가장 현저하게 변할 수 있다. 가족 구조가 변하고 많은 문화적 차이와 다양한 개인적 선택이 존재하는 사회에서 청소년이 개별성과 자율성을 주장하는 가운데 부모와 청소년 자녀 간의 관계는 시험대에 오를 수 있다. 청소년이 호르몬과 신경계의 급격한 변화와 함께 가족과의 친밀에서 벗어나려는 움직임과 동시에 지속적인 의존의 감정을 처리하는 일은 청소년과 부모 모두에게 당혹감과 두려움을 남길 수 있다. 부모가 청소년 자녀의 공공연한 행동을 넘어 터무니없고 과격한 행동 기저에 깔린 정신 상태를 고려하기란 힘겨울 수 있다. 흔히 부모와 가족 구성원들은 각자 자신의 강렬한 감정에 반응하기 때문에 익숙하지만 도움이 안 되는 패턴을 지속시킨다.

Rossouw(2017, p. 469)는 다음과 같이 설득력 있게 지적한다. "우리는 공동으로 이런 패턴을 형성하고 지속시키면서도 이런 패턴과 범위, 구조, 복잡성 혹은 이런 패턴들이 우리에게 어떻게 영향을 미치는지 알아차리지 못한다. 이런 공동의 형성이란 친밀감에서 나온 '익숙함'이다. 익숙함이 고통으로 가득 차 있다 하더라도 우리는 익숙함에서 벗어나 반복해서 춤추는 것을 바꿀 수 없다." 청소년과 부모가 이러한 패턴에 호기심을 가지도록 장려하면 이런 과도기 단계에 특정한 여러 가지 임상적 딜레마가 나타날 수 있다. 청소년은 대체로 부모가 치료에 관여하는 것을 원치 않고 호소 문제와 도움 요청에 동의하지 않을 수 있다. 부모는 한때 양육 역할에 유능하다고 느꼈을 수 있지만 치료 과정에서 가족 내 의사소통이 현미경에 놓이면서 치료자나 자녀로부터 비난받을까 두려워한다. 가족이 도움을 요청하여 가족 내 의사소통 패턴을 살펴봐야 하는, 취약성이 요구되는 과정에 참여하기란 엄청난 용기와 신뢰, 때로는 절박함이 필요하다.

가족을 위한 정신화 기반 치료(Mentalization-based Treatment for Families: 이하 MBT-F)는 바로 이런 과정에 가족을 참여시켜 가족 내에서 정신화를 증진하도록 지원하고자 한다. 이를 통해 고조된 감정 폭풍(affective storms), 충동적 실연, 강압적 통제로 이어질 수 있는 비정신화의 상호작용을 줄이고자 한다. 이 장에서는 먼저 가족치료의 이론적 근거, MBT-F에서 적용하는 기본 구조 및 과정을 간략하게 소개하고 다음으로 임상 사례를 통해 가족 및 청소년과 함께 작업할 때 맞닥뜨리는 특정한 정신화 어려움을 다루는 데 쓸 수 있는 MBT-F의 정신화 기법을 제시하겠다. 가족 구성원들이 협력적으로 작업하는 데 참여하도록 돕고, 가족 내 익숙한 패턴인 춤을 알아보도록 호기심을 유발하며, 가능하다면 바람직한 변화를 이끌어 내는 데 있어서 취해야 하는 치료자의 자세에 각별한 주의를 기울일 것이다.

왜 가족 내에서 정신화를 증진해야 하는가

자살 위기에 처한 청소년에게 가족 기능을 개선하는 것은 중요한 치료 목표다(Brent et al., 2013). 가족 갈등은 청소년 자살 및 자살 행동의 주요한 위험 요인으로 밝혀지고 있기 때문이다. 부모의 기대와 통제가 지나치게 심하거나 부족한 경우와 함께

(Beautrais, 2000) 가족 간 직접적인 갈등과 의사소통의 부재(Bilsen, 2018)는 청소년의 자살 및 자살 시도의 높은 위험과 관련이 있다. 마찬가지로 가족 응집성과 가족동맹은 보호 요인으로 밝혀졌다(Breton et al., 2015; Bridge, Goldstein, & Brent, 2006). 분명히 청소년의 안전을 지키는 데 부모는 중요한 역할을 하고, 부모와 자녀 관계의 강화는 청소년이 도움을 요청하기 위해 부모에게 다가갈 가능성을 높이는 데 필수적이다.

양육자의 정신화는 애착 안정성이 세대 간에 전이되게 하는 핵심 요인으로 밝혀졌다(Fonagy & Allison, 2014; Sharp & Fonagy, 2008). 안정 애착 경험은 인식론적 신뢰(epistemic trust) 형성의 기반을 이루어 청소년이 대인 간에 전해지는 지식의 진정성을 믿고 사회 환경에서 배움을 얻을 수 있게 한다(Fonagy & Allison, 2014). 애착 안정성을 넘어서 부모의 양호한 정신화는 자녀의 더 높은 수준의 사회적 인지적 발달(Meins et al., 2002) 및 사회적 인지 과제 수행력과 관련이 있다(Laranjo, Bernier, Meins, & Carlson, 2010).

유독 가족 맥락은 관계가 가장 많은 문제를 내포하고 가장 애정이 넘치며 가장 감정적으로 격렬한 경향이 있어(Fonagy & Allison, 2014) 정신화를 촉진하거나 저해할 가능성이 있다. 정신화에 문제가 생기면 스트레스를 유발하는 가족 간 상호작용이 발생하고, 이는 자신과 타인을 이해하는 개인의 능력을 더욱 저해하여 가족 내에서 정신화를 억제하는 악순환을 낳는다([그림 5-1]). 다른 사람에게 오해받고 있다는 느낌은 강렬한 감정을 불러일으켜 강압, 철수, 적대감, 과잉보호, 거부, 심각한 폭력 행위로 이어질 수 있다. 이러한 종류의 상호작용은 가족의 대처 능력과 창의성, 회복탄력성을 저해하는 관계 문제를 야기한다([그림 5-1] 참조).

MBT-F 목표, 구조 및 과정

MBT-F는 부모가 자신과 청소년 자녀 및 다른 가족 구성원에 대해 계속 정신화할 수 있도록 도움으로써 의사소통의 교착상태와 통제적인 행동으로 이어지는 비정신화의 강압적 악순환을 극복하도록 지원하는 것을 목표로 한다. 치료의 초점은 가족 구성원들이 심지어 스트레스가 높은 상황에서도 정신화 능력을 유지하여 신뢰와 안정성을 증진하도록 돕는 데 있다. MBT-F는 가족 구성원들 내면에 어떤 일이 일어나고 있는지에 대한 단서로 감정에 초점을 두고 감정 조절에 각별히 주의를 기울인다. 이 접근법의 일차적 목표는 청소년에 대한 부모와 양육자의 공감적 이해를 높이는 것이며, 발달적으로 적절하다면 청소년도 부모와 양육자를 좀 더 이해하도록 하는 것이다(Asen & Fonagy, 2012). MBT-F는 힘을 북돋우는(empowering) 접근으로 정신화 능력이 향상되면 가족이 어려움을 겪고 있는 문제에 대해 자신만의 해결책을 찾을 수 있다는 가정에 기반한다.

MBT-A 프로그램은 주 1회 진행하는 청소년의 개인상담 회기와 함께 월 1~2회 진행되는 가족치료로 구성된다. 이상적인 조건이라면 가족 구성원 모두를 치료 회기에 참여시켜 가족 간 상호작용의 흐름을 관찰하고, 이러한 상호작용이 가족의 정신화와 호소 문제에 어떻게 영향을 미치는지를 이해하게 돕는다. 때로는 부모나 혹은 형제자매를 여러 하위집단으로 나누어 개별적인 만남을 갖고 좀 더 특정한 지원을 제공하고 정신화를 활성화하는 것도 유용할 수 있다.

MBT-F의 가장 큰 특징은 가족과 함께 **'있는 방식**('a way of being' with the family)' 이다. 따뜻하고 존중하는 자세를 견지하면서 가족 구성원 각자가 느끼는 것에 대해 진심 어린 관심과 호기심을 갖는다면 모두가 존재감과 소속감을 느끼도록 할 수 있다. MBT-F의 네 가지 핵심 원칙은 다섯 번째 원칙인 **공감**에 의해 함께 엮이는데, 이 원칙들은 정신화 자세의 조작적 개념화(operationalisation)의 근간을 이룬다(재인용. Keaveny et al., 2012).

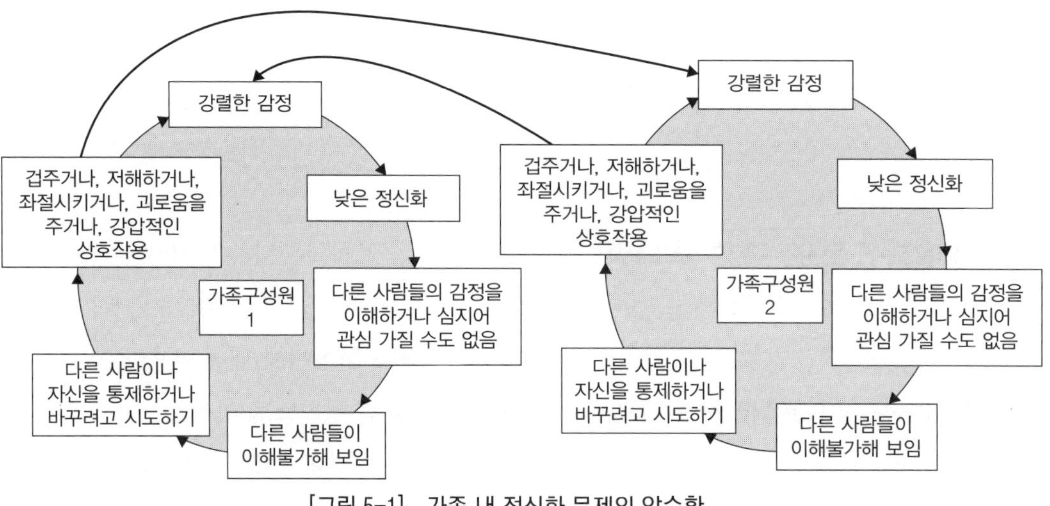

[그림 5-1] 가족 내 정신화 문제의 악순환

[출처: Bleiberg E. 2013. Mentalizing-based treatment with adolescents and families. *Child and Adolescent Psychiatric Clinics of North America, 22*(2), 295-330. doi.org/10.1016/j.chc.2013.01.001, © Elsevier]

첫째 원칙: 호기심 어린 자세(an inquisitive stance) – 다른 사람의 관점을 우호적이고 장난스럽고 명백하게 탐구하려는 진정성 있는 호기심으로, 알고자 하거나 '제대로 알아야 한다'는 우리의 욕구를 내려놓고, 적극적으로 질문하고 실수나 오해의 소지를 기꺼이 받아들이려는 자세다.

둘째 원칙: 균형 잡기 – 안전과 정신화를 증진하려면 일련의 균형 잡기 행위가 요구된다. 여기에는 가족 구성원 각자의 기여 간에 균형 잡기, 회기 내와 회기 밖 주제를 탐색하기, 인지와 정서 간에 균형 맞추기, 명시적인(의식적이고 성찰적) 정신화 과정과 암묵적인(자동적이고, 신속하고, 대체로 의식적이지 않은) 정신화 과정에 주의를 기울이기가 포함된다.

셋째 원칙: 비정신화 상호작용을 중단하기 위해 개입하기 – 핵심적인 정신화 문제의 본질이 명확하게 파악되면, 가족의 상호작용에 의미 있는 변화를 가져올 가능성이 없는 비정신화 상호작용을 세심하게 중단시키고 이 부분을 추가적인 탐구와 이해가 필요한 영역으로 표시한다(marking).

넷째 원칙: 긍정적 정신화 강조하기와 강화하기 – 가족이 '양호한 정신화'를 발휘한 에피소드나 이런 방향으로 가는 시도를 적극적으로 찾아 긍정적으로 부각시키고, 가족 구성원들이 감정과 생각, 의도를 연결하고 상호작용의 의미를 이해하는 능력을 심화시키기 위해 정신화의 잠재 가능성에 주목하도록 장려한다.

이 네 가지 핵심 원칙을 적극적으로 실천하면서 가족 구성원들의 생각과 감정을 공감적으로 타당화하고 이들에게 이러한 생각과 감정 **그리고** 이것이 상호작용에 미치는 영향을 기술하게 하면 행동이 아니라 정신 상태에 초점을 두게 할 수 있다. 이런 개입은 또한 치료자가 가족과 구성원 개개인의 정신화 프로파일에 대한 잠정적 이해를 갖게 해 준다. 여기서부터 **MBT-F 고리**를 사용하여 비정신화 패턴의 악순환을 탐색하는 작업이 가능해진다. 치료자는 비정신화 패턴을 확인한 후 가족이 이에 동의하는지 **체크하고** 가족을 협력자로 초대해 이런 패턴을 **알아차리고 이름을 붙인** 다음, 이것이 탐색해 보고 이해할 만한 가치가 있다는 데 가족의 동의 과정을 거친다. 다음으로 치료자는 가족 구성원 개개인이 이 패턴 속에서 어떻게 느끼는지 묻고, 이러한 감정이 서로에 대한 이해와 가족 상호작용에 미치는 영향에 대해 질문함으로써 가족이 **그 순간을 정신화하도**록 지원한다. 이를 통해 가족 구성원들은 가족 행동 기저에 있는 정신 상태에 대한 더 깊은 이해를 얻고, 이러한 패턴이 지속되지 않게 하려면 각자가 달라져야 할 점이 무엇인지 파악하는 데 도움을 얻는다. 그런 다음 가족 구성원들은 이러한 비

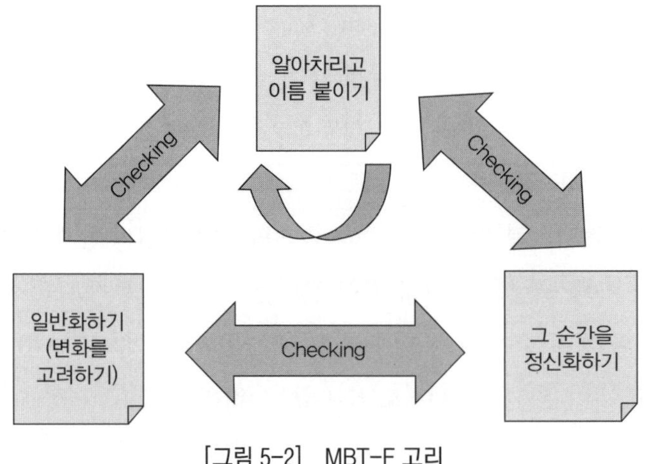

[그림 5-2] MBT-F 고리

[출처: Bleiberg E. 2013. Mentalizing-based treatment with adolescents and families. *Child and Adolescent Psychiatric Clinics of North America, 22*(2), 295-330. doi.org/10.1016/j.chc.2013.01.001, © Elsevier]

정신화 패턴에 대한 명시적이고 상세한 탐색을 통해 배운 점을 유사한 상황에 **일반화하여** 각자가 비정신화 상호작용을 중단시키고 줄이기 위해 변화를 가져오도록 무엇을 할 수 있는지를 더 구체화할 수 있다([그림 5-2] 참조).

MBT-F 모델은 치료자가 가족과 함께 있을 때 가족 구성원들의 정신화 취약성과 강점을 파악하고, 서로 함께하는 새로운 관계 방식을 창의적으로 상상하면서 가족이 겪는 어려움에 대한 공유된 이해를 얻도록 함께 작업할 때 정신화 자세를 취할 수 있는 틀을 제공한다. 이러한 구조 안에서 치료자는 정신화 고리를 활용하고, 다양한 기법과 활동 및 게임을 사용하여 정신화를 자극하며, 가족 구성원들이 익숙한 상호작용을 확인하고 가능한 경우 악순환 패턴을 바꿀 수 있도록 조력할 수 있다([그림 5-3] 참조).

다음 예시는 가족의 다양한 정신화 프로파일을 기술하며, MBT-F 기법이 정신화를 증진시키고 가족이 원하는 변화를 시작하도록 지원하는 다양한 방식을 보여 준다.

정신화 강점이 상당하지만 격렬한 정서적 각성이나 애착 욕구의 증폭으로 정신화가 일시적으로 저해되어 정신화 실패가 간헐적으로 발생하는 가정

영유아나 아동을 심리적 주체, 즉 자신의 마음을 가진 독립된 인격체로 대하는 부

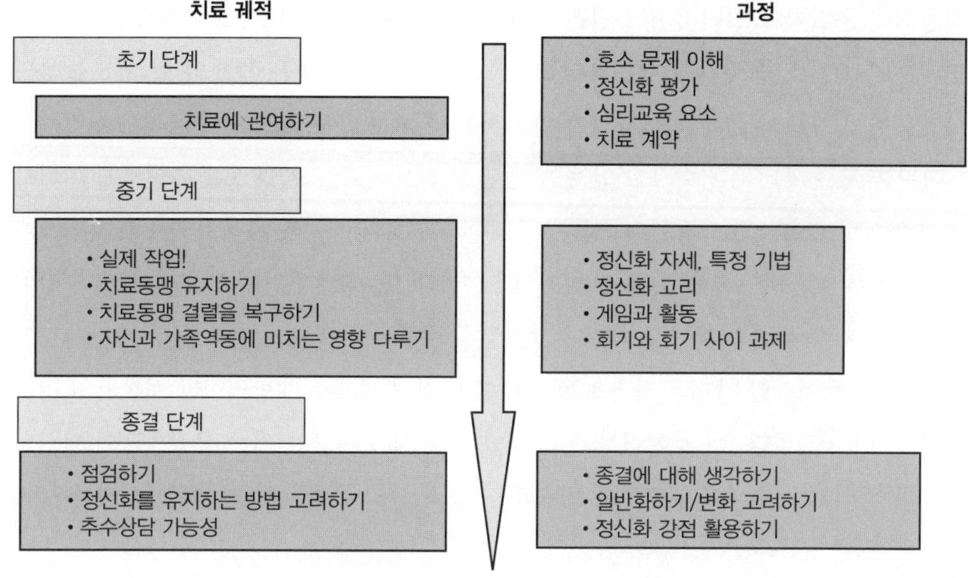

[그림 5-3] MBT-F 치료 궤적과 과정

[출처: Bleiberg, E. 2013. Mentalizing-based treatment with adolescents and families. *Child and Adolescent Psychiatric Clinics of North America, 22*(2), 295–330. doi.org/10.1016/j.chc.2013.01.001, © Elsevier]

모의 역량을 나타내는 몇 가지 구성개념이 개발되었다(Bleiberg, 2002; Sharp & Fonagy, 2008). 이 구성개념들이 공통적으로 상정하는 것은, 부모가 압도되거나 무너져 내리지 않은 채 방어적이지 않은 방식으로 자신과 청소년 자녀의 감정을 조절하고 충분히 경험할 수 있는 능력이다(Slade, 2005). 이러한 가족에서 부모는 회복탄력성이 있고, 자신의 "아가방의 유령들(ghosts in the nursery)*"을 담아둘 수 있어 가족구성원들에게 조율되고 티가 나는(marked)** 반응을 할 수 있다. 이러한 주로 안정된 애착 관계에서는 부모와 청소년이 서로의 차이점, 어려움, 실수를 참아주고 용서할 것이라고 신뢰하는

* Fraiberg 등(1975)이 사용한 비유. 부모의 트라우마나 정서적 어려움이 자녀의 양육에 영향을 미칠 수 있음을 시사하는 표현. "In every nursery there are ghosts. They are the visitors from the unremembered past of the parents, the uninvited guests at the christening(pp. 387)"
[출처: Fraiberg, S., Adelson, E., & Shapiro, V. (1975). Ghosts in the nursery. A psychoanalytic approach to the problems of impaired infant-mother relationships. *Journal of the American Academy of Child Psychiatry, 14*(3), 387-421.]

** Winnicott(1953)이 제시한 표현. 자신과 외부 세계를 구분하고 자기와 타자를 구별하는 표식. "What we see in this is that the object is marked by the subject as being the possession of the subject, the first 'not-me' possession."
[출처: Winnicott (1953). Transitional objects and transitional phenomena: A study of the first Not-Me possession. *The International Journal of Psychoanalysis 34*, 89-97.]

개방적인 분위기가 있어서 청소년은 자유롭게 탐색할 수 있다. 부모는 발달적 관점을 견지하면서 청소년 자녀의 행동을 고려하고, 가족 구성원들은 관계의 변화 가능성도 인정하면서 가족의 삶에서 서사적인 영속성에 대한 느낌을 갖고 있다.

이런 부모는 자녀가 경험하고 있는 것에 관심을 보이고, 스트레스에 유연하게 대처하면서 경청하고 유머를 사용할 수 있다. 청소년은 부모와 친구들이 점차적으로 자신에게 가이던스를 제공하도록 허용할 수 있다고 느끼면서도 자신의 감정을 조절하는 데 있어 자신의 주체성에 대한 감각을 가진다. 이런 가족은 어느 정도의 인식론적 신뢰를 갖고 있고, 가족의 정신화 강점을 활용하여 치료의 도전에 대체로 개방적이라 치료자의 정신화를 좀 더 지원한다. 이에 이런 가족과 작업할 때 치료 목표는 가족 구성원들의 정신화를 회복시키고 서로에게 민감하게 반응하는 능력을 일시적으로 방해하는 장애를 극복하도록 돕는 것이다.

정신화가 자주 무너져 심하게 강압적이고 통제적인 행동이 나타나는 가정

정신화 능력은 부모의 부정적인 통제적 행동과 반비례한다(Perry, Dollar, Calkins, Keane, & Shanahan, 2018). 비난, 체벌, 청소년의 생각과 감정에 대한 침해적인 통제(Hughes, Deater-Deckard, & Cutting, 1999)는 청소년이 자신이나 타인을 이해하는 능력을 증진시키지 않는다. 부모의 통제가 심할수록 아동과 청소년의 내재화 증상이 더 많이 나타나는 것으로 밝혀졌다.

흔히 이런 통제적인 양육 방식 기저에는 자녀의 행동을 개방적이고 유연하게 다룰 수 있는 부모의 능력에 영향을 미치는 높은 수준의 두려움과 판단받을 것에 대한 예상이 자리잡고 있다.

이런 가족은 친밀감과 정서적 접촉을 두려워하는 회피 애착 관계의 특징을 보일 수 있다. 따라서 이런 가족은 타인의 감정을 '요구적인' 또는 '관심 끌려는' 것으로 경험할 수 있고, 부모는 종종 자녀의 감정 표현을 마주하면 두려움과 혼란, 무력감을 느낀다. 이때 부모의 정신화 양식은 대부분 자신의 관점을 융통성 없이 엄격하게 고수하면서 비성찰적이고, 어떤 수반된 정서(contingent affect)도 제시하지 않은 채 외적으로 보이는 행동에만 초점을 두고 지나치게 상세하게 기술한다. 이런 가족의 자녀는 자신의 감정을 인식하는 데 어려움을 겪거나 마치 감정이 없는 것처럼 행동하는 법을 배

울 수 있다. 때로는 유사독립성(pseudo-independence)을 기르거나 아직 이름 붙이지 못한 견딜 수 없는 감정을 처리하려고 자해와 같은 구체적인 행동을 하기도 한다.

이런 가족은 무력감과 자기비판을 극복하는 데 많은 지원과 진정한 공감이 필요하다. 이들은 치료자가 보이는 호기심을 두려워하면서 치료에 올 수 있지만 동시에 치료자가 그들이 현재 겪고 있는 문제에 대한 즉각적인 해결책을 제공하는 데 권위자의 확실성과 전문성을 추구한다. 회기 초반에는 감정을 정상화하고, 가족 구성원들이 감정 상태를 견디고, 알아차리고, 명명할 수 있도록, 즉 "정서 확인하기, 처리하기, 표현하기(Jurist, 2005)"를 하고, 극심한 불안정을 초래한다고 느껴질 수 있는 과정에 머물도록 부드럽게 지원한다. 치료자는 해결책을 달라는 가족의 요구에 압박감과 부적절감을 느낄 수 있다. 이때 과도한 위기관리나 경직된 치료 지침 따르기를 통해 목적론적 해결책을 제시하게 되면 가족의 강압적이고 통제적인 반응에 휩쓸리지 않도록 버티기가 어려울 수 있다.

리사와 가족

만 18세 리사는 부모와 두 명의 자매와 한 명의 남자 형제와 살고 있다. 이 가족에게는 삶에 대한 접근과 이해에서 종교가 중요한 역할을 한다. 리사는 가족이 선택한 신앙으로 인해 어려움을 겪고 있고, 신경성 식욕부진증과 사회불안으로 고통받고 있으며, 초기 회피성 성격장애와 일치하는 행동을 보이고 있다. 리사는 정신화 능력이 상당히 미발달하여 격렬한 감정을 자해로 처리하고 자주 자살 충동을 느낀다. 리사의 부모는 걱정하느라 지쳤고 딸의 행동이 그들을 통제하고 상처를 줄 의도가 있다고 여겼다.

리사와 가족 모두 치료에 대한 의구심을 갖고 있지만 도움을 절실히 필요로 하고 지도와 해결책을 원하는 상태로 왔다. 리사의 부모는 비난을 예상하고 가족 신앙이 리사가 아닌 다른 자녀들에게 미친 좋은 영향을 자세히 설명하면서 자신들을 '**정상**'으로 보이려고 몹시 애썼다. 리사의 부모는 리사의 정상적인 발달적 욕구와 친구들과 함께 있고 싶은 소망, 자신의 신앙에 대한 의문, 자기감정에 대한 혼란을 병리적으로 보았고, 부모에게 걱정을 끼치는 자해와 자살 시도는 '**전형적인 관심 끌기**'로 정상화하거나 리사가 '**자제력만 더 갖추면**' '**바로 벗어날 수 있는**' 어떤 것으로 간주했다.

이러한 발언은 자신을 무가치한 존재로 보고 자신의 감정은 중요하지 않다고 여기는 리사의 시각을 확증하는 거 같았고, 그 결과 리사가 치료자를 포함하여 다른 사람들과 접촉을 피하게 만들었다.

치료자는 **공감적이고 호기심 어린 알지 못한다는(inquisitive not-knowing) 태도**를 유지하기가 어려움을 알게 됐다. 왜냐하면 리사 부모가 치료자의 질문을 비판으로 받아들여 자주 질문을 무시하고, '**해결책, 전략, 보상 체계**'로 대화를 돌리려고 했기 때문이다. 치료자는 공격당한다는 느낌을 받으면서 부모와 유사하게 그들에게 공감하지 않은 채 치료 회기를 통제하거나 혹은 리사처럼 자기 안으로 물러남으로써 의미 있는 접촉을 피하는 식의 반응을 하지 않으려고 무척 애를 써야만 했다. 치료자는 슈퍼비전을 받으면서 강압의 반대편은 자유가 아니라 심리적 연결감(connectedness)이며, 이 가족과 연결되고 이들이 치료자와 함께 있을 때 이해받고 안전하다고 느낄 수 있도록 돕는 방법을 찾는 게 얼마나 중요한지에 대해 성찰했다. 치료자는 자신의 **실수**, 두려움, 수치심에 대해 성찰했고, 이런 감정들을 유용한 자원으로 사용하여 이 가족이 실제로 치료를 얼마나 두렵게 여기는지를 자신이 심정적으로 접촉하도록 지원했다. **정신화를 향한 긍정적인 발걸음**과 가족의 의지와 용기를 인정하는 것이 중요했다. 그래서 치료자는 "치료에 오기 위해 무척 애쓰고 계시네요. 이건 서로 얼마나 많이 아끼는지를 보여주는 거죠." 마찬가지로 치료 과정이 그들에게 얼마나 좌절감을 주고 혼란스러울지에 대한 이해를 장난스럽게 다음과 같이 언급하는 것도 중요했다. "쉬운 마법 같은 전략이 있어서 제공할 수 있으면 좋겠지만, 만약 있었다면 부모님이 스스로 알아내셨을 거예요. 대신에 여기 와서 제가 감정에 대해 호기심을 가지라고 격려하는 걸 견뎌내야 하니 얼마나 좌절감이 들겠어요!"

적극적인 '**치료자의 자기 활용**' 개입을 통해 치료자는 자기 생각과 감정을 치료 회기 중에 탐구하고 성찰하도록 개방함으로써 가족에게 비판단적이고 인간적이며 진정성 있는 모습을 보일 수 있게 해줬다. 리사 아버지는 치료자에게 해답을 내놓으라고 밀어붙이고, 어머니는 리사 행동이 형제자매들에게 미치는 부정적인 영향에 대해 말하고, 리사는 부모님에게 몹시 화를 내며 "너무 압박이 심하다."라고 고함쳤다. 이에 치료자는 "네, 정말 저한테도 그러네요……"라고 큰소리로 말했다. 이때 리사와 부모가 각자 따로따로 말하기를 멈추고 같이 치료자를 쳐다볼 때 치료자가 말한다. "모두가 한꺼번에 말하고 각각 그토록 많은 걸 느끼고 있으면서, 다들 저한테 '우리가 어떻게 해야 하죠?'라고 물으면 저도 뭔가를 제대로 해야 한다는 심한 압박감을 느끼고 때론 생각할 수가 없어요.

그럼 귀 기울여 듣고 일어나고 있는 일을 더 잘 이해할 수 있도록 실제로 속도를 늦추지 못해 도움 안 되는 제안을 할까 봐 걱정됩니다."

치료자의 공감적이고 지지적인 발언과 대화의 속도를 늦추고 생각과 감정을 상세하게 다루고 명료화하려는 시도에 가족이 반응했다. 이제 가족 구성원들 간의 도움 되지 않는 상호작용을 이해하기 위해 치료 회기 중에 일어나는 강렬한 감정을 '**알아차리고 이름 붙이며**' 그것을 활용할 수 있었다. 최근 리사가 기차역에 서 있는 모습이 발견된 일에 대해 얘기하던 중 어머니가 언성을 높이며 리사에게 물었다. "왜 너는 자살하고 싶어 하는 거야? 우리는 널 도우려고 이토록 많은 걸 하고 있는데. 이해가 안 되네. 자식이 자살하고 싶어 하는 걸 보니 내가 정말 나쁜 엄마네."

이때 리사 아버지는 창밖으로 시선을 돌리고, 리사는 치료실 밖으로 뛰쳐나갈 듯한 표정으로 울음을 터뜨린다. 치료자는 자신이 생각하기에 지금 일어나고 있는 일을 **알아차리고 이름 붙이며** 다음과 같이 가족에게 **확인해 본다**. "어머니, 지금 얼마나 걱정하고 있는지 저는 느낄 수 있어요. 이해해요, 리사는 딸이니까…… 정말 걱정되시죠?" 어머니가 동의하자 치료자는 잠정적으로 말한다. "제 생각에는 우리가 조금 전에 얘기했던 압박감을 어머니가 느끼시네요. 어떤 해답이나 해결책을 찾아야 한다는 일종의 책임감 아닐까요?" 어머니가 동의하자 치료자는 해결책을 찾을 수 없는 상황이 어떻게 느껴지는지, '이해할 수 없는' 상태가 얼마나 끔찍하고 절망적으로 느껴지는지를 설명한다. 어머니가 동의한다고 고개를 끄덕이자, 치료자가 말을 이어간다. "그럼, 어머니는 '내가 나쁜 엄마'라고 자신을 비난하거나 리사를 비난하는 것 같아요. 모든 사람이 주려는 도움을 안 받아들인다고 말이죠." 어머니가 이게 맞다고 확인해 주자, 치료자는 이 상호작용 동안 리사와 아버지가 '마음속에서 멀리 가 있거나 닫혀 있고 심지어 몸도 떠나고, 달아나고 싶어 하는 것처럼' 보인다고 말하며 확인한다.

이어서 치료자는 이러한 유형의 상호작용이 자주 발생하는 것임을 가족에게 확인한 후 "우리가 무엇에 대해 얘기하는지를 다 알 수 있게 이런 상호작용에 이름을 붙이는 게 도움이 됩니다."라고 제안한다. 리사가 '**해결하기와 숨기**(fix and hide)'로 부르자고 제안한다. 여기서부터 치료자와 가족은 이러한 '**해결하기와 숨기**' 상황에 있는 것이 어떻게 느껴지는지에 대해 각자의 입장을 묘사하고 탐구하기를 통해 **순간을 정신화**한다.

치료자는 가족 구성원들이 '**해결하기와 숨기**' 순간에 있으면 어떤지를 서로에게 물어보도록 격려한다. 엄마의 질문에 대해 리사는 "죄책감이 들고, 가장 나쁜 딸이고, 외롭고 수치심이 들어요."라고 답한다. 치료자가 리사 엄마의 어떤 변화를 알아차리고 "리사가 한 말에 대해 어떻게 생각하세요?"라고 묻는다. 어머니는 약간 눈물을 글썽이며, "네가 신경도 안 쓰는 줄 알았어. 어쩌면 우리 둘 다 자신을 비난할 수 있겠구나." 치료자는 이것이, 리사의 숨기에 대해 이해하는 이런 새로운 방식이 어머니에게 도움이 되는지 물어본다. 어머니는 딸에게 **'화가 덜 나게'** 하고 "아마도 (도움이 되겠지만) 근데 제가 몹시 슬프고 그래서 힘들어요."라고 말한다. 치료자는 동의하며 어머니가 지금 얼마나 애쓰고 있는지 강조한다. "어머님이 이 슬픔을 다루려고 정말 애를 쓰고 계시네요. '해결하거나' '비난하지' 않고 말이죠. 그런데 이게 다른 사람들에게 긍정적인 영향을 주고 있다고 생각해요."

치료자는 생각에 잠겨 어머니를 바라보고 있는 리사를 향해 고개를 끄덕이고, 좀 더 정신화하는 현재 상호작용이 미치는 긍정적인 영향을 가족이 알아차리도록 격려한다. 치료자가 아버지에게 묻는다. "이런 순간에 아버님은 어떠세요?" 아버지는 리사와 아내에게 도움을 제대로 주지 못한다는 비난을 받을까 봐 겁이 나서 어떻게 뒤로 물러나는지 묘사한다. 리사 어머니는 남편에게 자신이 그에 대해 비판적이라고 생각하는지 물어본다. 아버지는 때때로 아내가 자신을 배제하고, 자신과 상의하지 않는다는 느낌을 받는다고 말한다. 또한, 부모가 합세할 경우 리사에게 2대 1처럼 느껴져 기분이 더 나빠질까 봐 두려워서 끼어들지 않는 게 더 낫다고 생각하는 것에 대해 말한다. 이때 리사가 끼어들며 때때로 부모님이 자신에 대해 함께 얘기하는 것이 좋지만 합세해서 비난하거나 자신이 할 수 없는 일을 하라고 기대할 때는 아니라고 말한다. 치료자는 가족이 적극적으로 서로에게 호기심과 연민을 보여 주는 동안 각 구성원의 각성 수준을 눈여겨보고 공감 반응을 하고 자신이 이해한 바를 자주 확인하고 오해를 명료화한다.

순간을 정신화하기 후에 치료자는 가족이 이 경험에서 얻은 바를 일반화하고 비슷한 일이 일어나는 다른 예를 살펴보고 그들이 어떻게 다르게 반응할 수 있는지를 고려해 보도록 돕는다. 리사와 부모는 이를 기점으로 삼아 다음에 **'해결하기와 숨기'** 순간이 발생했을 때 '당장 해결할' 필요가 없음을 서로에게 상기시키기로 동의한다. 누구든 행동을 취하거나 새로운 규칙을 정하거나 다른 사람을 비난하기 전에 각자 10분 동안 혼자 시간을 보낸 후 다시 모여서 대화를 시도하기로 합의한다. 그리고 대화할 때는 다른 사람에게 어떤 감정을 해결해야 한다고 제안하지 않고 자신이 무엇을 느끼는지 알아차리고 이름을 붙이려고 노력할 필요가 있다는 데 동의한다.

이런 과정에서 리사와 부모는 기본적인 정신화 기술을 기르고 있는 셈이다. 행동하고 반사적으로 반응하기 전에 멈추기, 시간을 들여 자신의 감정을 알아차리기, 서로를

통제하려 들지 않고 서로에 대해 점점 더 호기심 갖기를 연습하고 있었다. 이러한 정신화 기술의 발달은 가족이 그들의 삶을 조직화하는 다른 방식들을 고려하는 데 도움을 주었다. 이를 통해 리사는 독립성을 탐구할 수 있었고, 부모는 리사를 돌보는 일에 대한 책임을 덜 느끼고 통제 욕구를 내려놓을 수 있었다.

부모의 정신병리, 트라우마, 중독으로 인해 일시적으로, 흥분 상태에 따라 정신화가 붕괴되는, 정신화에 심각한 손상이 있는 가정

트라우마를 경험한 부모는 그들 자신의 삶에서 스트레스 상황에 처했을 때 누군가 위안을 건네준 경험이 부재했던 경우가 흔하다. 부모는 자신의 경험에 대한 티가 나고 수반된 되비쳐주기(marked contingent mirroring)가 결여되었기에 자기표상과 자기 주체성을 위한 능력이 손상되어 자신의 고통을 느끼거나 재경험하지 않으면서 자녀의 감정, 고통, 두려움을 인식하기가 어렵다(Lyons-Ruth & Jacobvitz, 1999). 우울, 불안, 성격장애와 같은 정신장애 및 약물남용 문제는 부모 자신과 자녀의 정신 상태에 대해 정확하게 성찰하는 능력에 부가적인 영향을 미치기 때문에 혼란과 오해, 압도하는 감정 상태를 초래하게 된다. 이에 더하여 사회경제적 스트레스 요인은 부모의 정신병리와 관련되어 더 큰 스트레스나 소진을 유발하며(Fonagy, Steele, Higgitt, Target, 1994), 부모와 가족의 안정감과 정신화 능력을 더 위협한다. 복합적인 문제가 있는 이러한 가족의 상호작용은 종종 정서적 비가용성(unavailability), 위협적이거나 예측 불가능한 행동, 불분명한 경계, 역할 혼란, 상대방의 의도를 짐작하기 어려움, 자녀의 발달 단계를 이해하기 어려움, 일관성 없는 의사소통이라는 특성을 보인다(Benoit, Bouthillier, Moss, Rousseau, & Brunet, 2010; Madigan et al., 2006). 이러한 가족의 정신화 프로파일은 실제 혹은 상상의 비교적 작은 감정의 동요에도 자주 각성 수준이 높아지며 서로의 정서 조절 곤란 상태에 대한 과잉 경계가 나타날 수 있다. 가족 구성원들은 행동 수준에서 정서적 표상 수준으로 이동하는 것이 어려울 수 있어 가정폭력이 발생할 위험이 있다.

이런 가족에서는 부모의 마음이 자녀의 관점을 보는 데 닫혀 있어 청소년 자녀는 무시당하고, 오해받고, 거부당한다고 느끼면서 부모에게 자신을 이해시키고 부모가 보게 하려고 행동의 강도를 높일 가능성이 있다. 이것은 불안 집착형 애착 양식에 부합한다. 여기서, 부모는 청소년 자녀 행동이 특히 그들을 겨냥한 것으로 지각하는데, 이는 그들의 정서적 각성 수준을 높이고 정신화 능력을 더 손상시킨다. 청소년의 행동은 또한 부모의 트라우마 경험에 대한 기억을 촉발하고 일시적으로 자녀에 대해 조율할 수 없게 만들어 부모의 트라우마가 자녀의 트라우마가 될 수 있다. 이때 청소년은 부모와 심리적으로 분리할 수 있는 공간이 없다고 느낄 수 있다.

이러한 가족은 종종 치료자가 보는 앞에서 이런 어려움을 실연하면서 치료에 참여한다. 동시에 이들은 치료자라는 외부인과 관계를 맺는다는 생각에 공포를 느낀다. 부모는 자녀와 치료자에게 적대적인 모습을 보일 수 있다. 치료자는 먼저 가족의 정신화 능력과 변화에 대해 열려있는 정도를 정확하게 평가하지 않은 채 눈앞에서 벌어지는 상호작용에 즉각 관여하는 데 끌려들어 가기 쉽다(Muller and Kate, 2008). 치료자는 가족 구성원들의 각성을 조절하고 자신의 의도를 명확하게 전달하는 데 도움 되는 속도로 움직이면서 가족 구성원들의 정신화 능력에 민감하게 맞춰야 한다. 명시적 신호주기(ostensive cueing), 시선 접촉의 질, 목소리의 감정적 어조, 개개인의 감정과 행동에 수반되고 티가 나는 방식으로 반응하기에 주의를 기울이면 치료자의 연민과 신뢰성을 전달하고 하여 인식론적 신뢰를 발달시키는 데 도움이 된다. 여기에 필수적인 것은 가족 구성원 개개인이 자기 주체성을 가진 인격체로 인정받고 치료자가 그들의 주관성을 중요하게 믿는다고 느끼도록 지지함으로써 치료자와 치료가 가족구성원들에게 개인적인 관련성이 있는 신뢰할 만한 정보의 원천이 되도록 돕는 것이다.

케빈과 가족

케빈은 만 19세이고 아버지와 함께 살고 있다. 케빈이 10세 때 부모님이 이혼했다. 폭풍 같았던 부부관계는 케빈을 서로에 대한 상당한 적대감에 노출시켰고, 결국 증오로 가득한 이혼으로 끝이 났다. 부모는 케빈의 역기능적인 유년기에 대해 묘사했는데, 케빈의 어린 시절 내내 아버지는 마약 중독 문제로 씨름했고, 어머니는 심각한 우울증을 앓았다고 했다. 케빈은 학교에서 영구 제적을 당했고, 마약을 복용할 가능성이 있으며, 공격적 폭발과 극도의 수동성을 번갈아 보이면서 어떤 순간에도 자기감이 거의 없었다. 케빈은 ADHD 치료약을 코로 흡입하는 시도를 해 보았고, 이런 행동 때문에 케빈이 자신과 같은 처지에 빠질까 봐 염려하는 아버지의 두려움이 커졌다. 케

빈은 정신화 능력이 미흡하게 발달한 상태로, 복잡한 감정을 말로 표현하기 어려웠고 몸이 말하게 하는 대신 한순간 사라졌다가 다음 순간에 방을 난장판으로 만들어 놓곤 해서 아버지를 자신과 더 가깝게 접촉하도록 자극했다.

첫 회기에 참여하러 왔을 때 케빈과 부모는 치료자에게 마음을 여는 듯 보였지만 동시에 불안정해 보였고, 불안하고 겁에 질린 모습이었다. 몇 분이 지나지 않아 케빈과 아버지 간에 심한 언쟁이 일어났고, 두 사람은 문제에 대한 각자의 관점을 두고 치료자의 관심과 동의를 얻으려 한다. 어머니는 구석에 조용히 앉아 불안하게 치료자를 쳐다보고 있다. 치료자는 재빨리 **각성 수준을 관리**하고 가족에게 도움 되고 싶다는 신호를 보내면서 세심하게 케빈과 아버지의 **비정신화를 중단시킨다**. 펼친 손을 부드럽게 머리 위로 들어 올리며 한숨을 쉬고 부드럽지만 단호하게 "와우, 우리 천천히 해요."라고 한 후 천천히 손을 내리며 "와, 할 말이 정말 많네요!"라고 말한다. 각성 수준이 높아서 가족이 치료자의 말을 받아들이고 정신화하기가 어려울 것이기에 문제가 되는 상호작용을 알아차리고 이름 붙이거나 상세히 살펴보는 일은 하지 않고 참는다. 대신에 치료자는 그들이 느끼고 있다고 짐작하는 바를 **공감적으로 타당화하고**, 상황의 불편함에 대해 책임진다. "여기 오셔서 처음으로 저를 만나는 일이 쉽지 않죠. 각자가 그게 어떤지 제가 이해해 주길 정말 바란다는 걸 알 수 있어요." 케빈과 아버지가 진정되고, 아버지는 "우리는 이런 것, 이런 종류의 언쟁을 모두 정리하고 싶어요."라고 설명하자 어머니는 동의한다는 듯 고개를 끄덕인다. 치료자는 "네, 물론이죠, 저도 도움이 되고 싶어요. 방금 말씀하고 보여 주신 걸 기록해 뒀어요."라며 동의한다. 제 알림판(가상의 알림판을 가리키며 거기에 메모를 붙이는 동작을 취하며)에 적어 뒀어요. 이따가 살펴보도록 할게요. 하지만 그 전에 지금 여기에서 제가 여러분 한 사람 한 사람을 알아가고 여러분도 저를 알아 가는 시간을 좀 갖고 싶어요. 그러면 나중에 이런 어려움을 더 주의 깊게 생각하는 데 도움이 될 것 같아요.'

치료자는 각성 수준을 관리하고 상호작용 과정을 늦춤으로써 문제에 의해 포화되는 상태를 피하고 위급한 목적론적 문제 해결 모드로 넘어가지 않으려고 버틴다. 마찬가지로, 치료자는 가족의 정신화 능력을 최대한 활용하여 치료의 원리를 생생하게 경험하도록 하고(Asen & Fonagy, 2017a; 2017b; 2019), 치료가 앞으로 어떻게 전개될지 설정한다. 이후의 회기에서, 치료자는 이를 확장해 **관점 채택**(perspective-taking)을 증진한다. 케빈 아버지가 자신의 위협적인 행동이 미치는 영향에 대해 정신화하기 시작하도록 자신의 내적 감정을 외적 사실로 경험하는 **심적 동등성**에서 벗어나도록 지원한다.

케빈 아버지가 고함을 지르고 케빈에게 공격적으로 손가락질을 하며 "케빈이 저한테 무슨 짓을 하는지 좀 보세요! 얘는 일부러 이렇게 하는 거예요. 너무 지긋지긋해요. 얘는 왜 그냥 그만두지 못하는 거죠?"" 자신도 불편감을 느끼고 있던 치료자는 염려와 호기심을 보이며 "케빈이 일부러 아버지한테 이러고 있다고 느끼시는군요."라고 명료화한다. 아버지는 "얘가 그런다는 거 알아요."라며 소리 지르고, 문 쪽으로 걸어가면서 점점 더 큰 소리로 "더는 못 참겠어요 – 아무것도 효과가 없어요, 집에 데려가고 싶지 않아요, 얘가 거짓말을 멈출 때까지 여기 둬도 돼요!"라고 고함친다. 치료자는 많은 공감을 담아서 "지금 아버님이 느끼는 감정을 진심으로 이해하고 싶어요. 제발 여기 계세요. 조금 더 이해해 봐요."라고 제안한다. 아버지가 자리에 앉자, 치료자는 그에게 감사를 표한 후 "있잖아요, 아버님이 소리를 지르면 제가 생각하는 게 어려워서요. 아버님이 저를 위협할 의도가 있다고 생각하지 않지만 위협감이 느껴져요." 아버지는 "아니에요. 그럴 의도는 없어요. 그저 화가 난 거예요."라고 설명한다.

치료자는 아빠의 위협적인 태도가 치료자의 생각에 미치는 영향을 표현함으로써 다른 가족구성원들의 입장에 서면서 이와 동시에 아버지의 감정을 타당화하고 그가 위협할 의도가 없음을 명료화하도록 돕는다. "네, 특히 케빈이 고의적으로 이런 행동을 한다고 믿는다면 화가 난다는 걸 이해할 수 있어요." 아버지가 동의하자 치료자는 약간의 '**불확실성**'을 도입하려고 시도하면서 또한 회기 중 대화를 촉발하는 사건이나 '사실'에 대한 논의에서 거리를 두려고 한다. "글쎄요, 케빈이 거짓말을 하는 것일 수도 아닐 수도 있고, 아버지한테 고의적으로 하려는 것이 아닐 수도 있죠. 저는 확실히 모르겠어요. 케빈에게 무슨 일이 일어나고 있는지 알기는 어렵죠." 아버지는 혼란스럽고 생각에 잠긴 표정으로 "모르겠어요"라고 덧붙인다. 치료자는 아버지의 정신화가 활성화되고 있음을 알아차리며 '**알지 못하는 것**(not knowing)'이 비록 불편한 출발점이기는 해도 어떻게 도움이 되는지를 **긍정적으로 강조**한다. 그리고 아버지가 화가 나기 이전의 시점으로 가족이 '**멈추고 되감기**(pause and rewind)'를 제안한다. 멈추고 되감기를 하는 과정에서 아버지는 어떻게 압도당하는 느낌이 든다고 생각하는지를 말하고, 케빈은 가끔 아버지와 얘기하는 게 겁이 난다고 아버지에게 말할 수 있다.

치료 회기가 빠르게 격렬해지고 **정신화의 구성 요소**인 주거니 받거니 하면서 말하기(turn-taking), 주의 공유하기, 정서 조절하기에서 가족이 어려움을 겪는 모습을 보면서 치료자는 이러한 정신화 기술을 **체화된 방식**(embodied way)으로 기르는 것이 새로운 패턴의 가족 상호작용이 생길 수 있게 도움을 줄 것으로 생각했다. 치료자는 이 가족의 정신화를 자극하기 위해 음악 활동을 시작했다. 가족이 그녀와 함께 드럼 연주에 참여하도록 초대하며, 각자가 어떤 리듬을 치면 다른 사람들이 그 리듬을 따라 하고, 그런 다음 함께 즉흥 연주를 하도록 요청했다. 이런 음악 활동을 하는 동안 가족 구성원들이 점차 따라가고 귀를 기울이고 그런 다음 이끄는 법을 배우면서 눈맞춤이 늘어났다. 악기를 연주한 후 가족은 연주에 대해, 그리고 어떤 점이 좋았는지, 어떤 점을 잘했는지, 어떤 점이 잘되지 않았는지를 성찰했고, 다른 치료 회기보다 감정 온도가 아주 조금만 올라갔다. 가족은 그들이 어떻게 '함께 잘하고' '재미를 누릴' 수 있는지를 알아차렸다. 한 회기에서 어머니는 치료자의 지지에 힘입어 강한 반복 리듬을 쳤는데, 이 리듬을 중심으로 아들과 전남편이 생생한 장단을 즉흥적으로 연주했다. 이렇게 하는 동안 어머니의 평소 슬픈 표정의 얼굴에 미소가 지어졌다. 어머니는 자신이 '조용하지만' '기본 구조'를 유지할 때 어떤 기분인지 성찰했고, 가족이 그녀의 일정한 비트(beat)가 있었기에 어떻게 더 자유롭게 연주할 수 있었는지를 인정하자 훨씬 더 환하게 미소 지었다.

가족 구성원들이 개인으로서 자신에 대한 느낌과 그들이 가족의 삶에 기여한 바에 대한 인식을 좀 더 발달시켜 나가면서 아버지는 케빈이 ADHD 약물을 코로 흡입하는 모습이 어떻게 자신을 죄책감에 노출시켰는지에 대해 어느 정도 이해했다. 자신은 약물을 남용하면서 아들을 보호하지 못했기 때문이었다. 케빈은 아버지가 자신에게 화낸 이유를 어떻게 생각했는지 설명하려고 이런 대화를 시작했다. "아버지는 죄책감을 느끼죠. 저한테 나쁜 본보기를 보였으니까요." 아버지는 "그래, 정말 죄책감이 들어. 나는 나쁜 아버지였다고 생각해."라고 대답했다. 치료자는 아버지가 케빈과 함께 **지금-여기**에 있는 것이 얼마나 용감한 일인지 강조했고, 케빈이 아버지가 어떤 감정을 느낄지 사려 깊게 고려하려고 애쓰는 것도 인정했다. 이어서 아버지에게 죄책감에 사로잡히지 않은 채 아들의 말을 경청하고 있는 지금의 느낌이 어떤지 궁금해했다. 아버지는 '**과거의 잘못에 대해 보상하고 있다**'고 생각했고 이것이 '**좋게**' 느껴졌다고 했다. 치료자는 가족에게 케빈이 오래전에 느꼈던 경험을 그들이 고려할 수 있는 현재의 용기가 어떻게 서로를 이해하며, 모든 게 나쁘게 흘러갔던 시기에 대해 어느 정도 책임을 지고, 그럼으로써 지금 여기에서 그들의 주체성에 대한 느낌을 증진시키는 데 도움 되는 한 걸음을 내딛는 것인가를 설명했다. 만약 그들이 케빈이 과거 그때 삶이 그에게 어떠했는지를 표현할 때 부모가 지금 호기심을 갖고 케빈에게 열린 마음일 수 있다면 케빈이 이런 감정을 표현하고 자신과 가족관계에서 무언가를 회복하는 법을 배우도록 도울 수 있을 것이다(Muller, 2011). 치료자의 도움으로 가족은 인생 이야기책(Life Story

Book)을 만들었다. 이 과정에서 아버지는 눈물을 보이며 케빈에게 가족이 함께했던 삶 전반에서 특정 시기에 대해 물어보고, 케빈이 얼마나 무섭고 화가 났는지 묘사하는 것을 주의 깊게 경청하였다. 인생 이야기책을 만드는 활동은 자기 주체성의 발달을 더 지원했고, 이와 더불어 더욱 정교하고 일관성 있고 정서적으로 풍부한 가족 내러티브를 만들 수 있게 도왔다.

결론

MBT-F에서 청소년과 양육자와 작업할 때 치료자는 중요한 관계의 인물들이 반사적으로 반응하고 익숙하지만 도움이 되지 않는 패턴을 영속화하는 일을 피하면서 청소년의 분투를 이해하고 사려 깊게 대응하도록 지원한다. 자율성을 향한 추진력이 내재한 이 고조된 발달 시기에 청소년과 가족 모두를 치료 과정에 관여시키려면 치료자의 높은 민감성이 요구된다. 앞서 제시한 두 사례에서 보여 주듯이 이 작업은 연민과 장난스러움, 호기심이 필수적이고, 치료자가 가족 구성원의 다양한 정신화 욕구에 창의적으로 적응하고 진정성 있고 인간적인 반응을 제공할 수 있게 해 준다. MBT-F는 속도를 늦추고, 치료 회기 중 지금 여기의 감정에 주의를 기울이고 확장함으로써 가족 구성원들이 **비범한 주제**—복잡하지만 종종 익숙한 상호작용 기저에 있는 혼란스럽고, 드러내고, 흥미롭고, 때로는 두려운 생각과 감정 등—에 대해 **일상적인 대화**를 나누도록 지원한다. 치료 과정에서 반복적으로 정신화를 받아본 이러한 경험을 통해 가족은 위기 상황에서 '무엇을 해야 할지'를 고려할 때 감정적 신호에 조율하고 이 중요한 정보를 활용할 수 있다는 자신감과 기술을 발달시킨다. 이를 기반으로 부모, 양육자, 중요한 가족관계는 청소년이 삶의 이 시기에 내재한 변화의 거친 바다를 항해할 때 닻을 제공할 수 있다.

참고문헌

Asen, E., & Fonagy, P. (2012). Mentalization-based therapeutic interventions for families. *Journal of Family Therapy, 34*(4), 347–370. https://doi.org/10.1111/j.1467-6427.2011.00552.x.

Asen, E., & Fonagy, P. (2017a). Mentalizing family violence part 1: Conceptual framework. *Family Process, 56*(1), 6–21.

Asen, E., & Fonagy, P. (2017b). Mentalizing family violence part 2: Techniques and interventions. *Family Process, 56*(1), 22–44.

Asen, E., & Fonagy, P. (2019). Mentalization-based family therapy. In and A.W. Bateman & P. Fonagy (Eds.), *Handbook of Mentalizing in Mental Health Practice* (pp. 107–128). Arlington, VA: American Psychiatric Publishing.

Beautrais, A.L. (2000). Risk factors for suicide and attempted suicide among young people. *Australian and New Zealand Journal of Psychiatry, 23*(3), 420–436. https://doi.org/10.1080/j.1440-1614.2000.00691.x.

Benoit, M., Bouthillier, D., Moss, E., Rousseau, C., & Brunet, A. (2010). Emotion regulation strategies as mediators of the association between level of attachment security and PTSD symptoms following trauma in adulthood. *Journal of Anxiety, Stress and Coping, 23*(1), 101–118. https://doi.org/10.1080/10615800802638279.

Bilsen, J. (2018). Suicide and youth: Risk factors. *Frontiers in Psychiatry, 9*, 540. https://doi.org:10.3389/fpsyt.2018.00540.

Bleiberg, E. (2002). The future of Menninger research: The Child and Family Program and developmental psychopathology. *Bulletin of the Menninger Clinic, 66*(4), 385–389. https://doi.org/10.1521/bumc.66.4.385.23394.

Bleiberg, E. (2013). Mentalizing-based treatment with adolescents and families. *Child and Adolescent Psychiatric Clinics of North America, 22*(2), 295–330. https://doi.org/10.1016/j.chc.2013.01.001.

Brent, D.A., McMakin, D.L., Kennard, B.D., Goldstein, T.R., Mayes, T.L., & Douaihy, A.B. (2013). Protecting adolescents for selfharm: A critical review of intervention studies. *Journal of American Academic Child and Adolescent Psychiatry, 52*(12), 1260–1271.

Breton, J.J., Labelle, R., Berthiaume, C., Royer, C., St-Georges, M., Ricard, D., Abadie, P., Gérardin, P., Cohen, D., & Guilé, J.M. (2015). Protective factors against depression and suicidal behaviour in adolescence. *Canadian Journal of Psychiatry. Revue Canadienne de Psychiatrie, 60*(2 Suppl 1), S5–S15.

Bridge, J.A., Goldstein, T.R., & Brent, D.A. (2006). Adolescent suicide and suicidal behaviour. *Journal of Child Psychology and Psychiatry, 47*(3–4), 372–394.

Fonagy, P., & Allison, E. (2014). The role of mentalizing and epistemic trust in the therapeutic relationship. *Psychotherapy, 51*(3), 372–380.

Fonagy, P., Steele, M., Steele, H., Higgitt, A., & Target, M. (1994). The Emanuel Miller Memorial Lecture 1992. The theory and practice of resilience. *Journal of Child Psychology and Psychiatry, 35*, 231–257. doi:10.1111/j.1469-7610.1994.tb01160.x.

Hughes, C., Deater-Deckard, K., & Cutting, A.L. (1999). "Speak roughly to your little boy"? Sex differences in the relations between parenting and preschoolers' understanding of mind. *Social Development, 8*, 143–160.

Jurist, E. L. (2005). Mentalized affectivity. *Psychoanalytic Psychology, 22*(3), 426–444. https://doi.org/10.1037/0736-9735.22.3.426.

Keaveny, E., Midgley, N., Asen, E., Bevington, D., Fearon, P., Fonagy, P., Jennings-Hobbs, R., & Wood, S. (2012). Minding the family mind: The development and initial evaluation of mentalization-based treatment for families. In N. Midgley & I. Vrouva (Eds.), *Minding the Child: Mentalization-Based Interventions with Children, Young People and Their Families* (pp. 98–112). London: Routledge.

Laranjo, J., Bernier, A., Meins, E., & Carlson, S.M. (2010). Early manifestations of children's theory of mind: The roles of maternal mind-mindedness and infant security of attachment. *The official Journal of the International Congress of Infant Studies, 15*(3), 300–323. https://doi.org/10.1111/j.1532-7078.2009.00014.x.

Lyons-Ruth, K., & Jacobvitz, D. (1999). Attachment disorganization: Unresolved loss, relational violence, and lapses in behavioral and attentional strategies. In J. Cassidy & P.R. Shaver (Eds.), *Handbook of Attachment: Theory, Research, and Clinical Applications* (pp. 520–554). The Guilford Press.

Madigan, S., Bakermans-Kranenburg, M.J., Van Ijzendoorn, M., Moran, G., Pederson, D.R., & Benoit, D. (2006). Unresolved states of mind, anomalous parental behavior, and disorganized attachment: A review and meta-analysis of a transmission gap. *Journal of Attachment and Human Development, 8*(2), 89–111. https://doi.org/10.1080/14616730600774458.

Meins, E., Fernyhough, C., Wainwright, R. DasGupta, M., Fradley, E., & Tuckey, M. (2002). Maternal mind-mindedness and attachment security as predictors of theory of mind understanding. *Child Development, 73*(6), 1715–1726. https://doi.org/10.1111/1467-8624.00501.

Muller, N. (2011). Mentaliseren Bevorderende Therapie voor Families waarbij uithuisplaatsing dreigt of heeft plaats gevonden (MBT-F when a child is taken away from the family). Tijdschrift voor Kinder en Jeugdpsychotherapie, 38(4), 47–57.

Muller, N., & Kate, C. ten. (2008). Mentaliseren Bevorderende Therapie in relaties en gezinnen (MBT-F in partner relations and families). Tijdschrift voor Syteemtherapie, 20(3), 117–

132.

Perry, N.B., Dollar, J.M., Calkins, S.D., Keane, S.P., & Shanahan, L. (2018). Childhood self-regulation as a mechanism through which early overcontrolling parenting is associated with adjustment in preadolescence. Developmental Psychology, 54(8) 1542–1554. https://doi.org/10.1037/dev0000536.

Rossouw, T. (2017). Working with families. In P. Luyten, L. Mayes, P. Fonagy, M. Target, & S. J. Blatt (Eds.), Handbook of Contemporary Psychodynamic Approaches to Psychopathology (pp. 469–481). Guilford Press.

Schomakers, B. (2018). Het begin van de melancholie. Over verdriet, verlangen en werkelijkheid. The beginning of melancholy. About sadness, desire and reality. Uitgeverij Klement.

Sharp, C., & Fonagy, P. (2008). The parent's capacity to treat the child as a psychological agent: Constructs, measures and implications for developmental psychopathology. Social Development, 17(3), 737–754.

Slade, A. (2005). Parental reflective functioning: An introduction. Journal of Attachment and Human Development, 7(3), 269–281. https://doi.org/10.1080/14616730500245906.

제6장

폭풍과 스트레스 세계에서 가변적인 초점 비전: MBT-A 슈퍼비전 실제

Holly Dwyer Hall, Maria Wiwe

메리의 전화기 음성 메시지에 담긴 절박함이 가슴을 강타했다. "슈퍼비전을 이번 주로 바꿔서 할 수 있으면 좋겠어요. 완전히 막혀 버렸어요. 제 청소년 내담자 중 한 명인 톰이 조기 종결할지도 모르겠어요. 얘가 위험해요. 제가 사회복지 서비스에 연계했는데, 얘가 격분하더라고요." 메리는 경험이 많은 심리치료자이자 MBT 실무자인데, 위기와 세밀한 의사결정을 해야 하는 복잡한 사례들을 자주 다루었다. 그럼에도 불구하고 이 사례는 어찌 된 까닭인지 메리의 신경을 건드렸다. 혼자 생각하기가 '막혀' 있음을 인정하면서 메리는 함께 생각할 수 있는 다른 사람과 접촉하려 하고 있었다.

치료자로서 정신건강 문제에 어려움을 겪고 있는 청소년을 치료하다 보면 불가피하게 우리의 정신화 능력도 영향을 받게 된다. 청소년들이 회복하고 성인기로 성장해 나가도록 지원하면서 우리는 절망, 두려움, 슬픔, 분노, 무망감은 물론 엄청난 기쁨, 즐거움, 흥분도 느낄 수 있다. 격렬한 감정, 대인 간 어려움, 청소년기에 흔히 증가하는 실험 행동과 위험 감수는 치료에서 특별한 도전을 제시하고 청소년과 치료자에게 정신화의 붕괴를 초래할 수 있다. 치료 실제에 대한 슈퍼비전은 이러한 비정신화 상태로 인해 치료자가 자신과 타인을 통제하려고 더 애쓰게 되지 않게 하는 데 필수적이다. 치료자의 이런 시도는 좋지 않은 결과 및 치료 실패를 초래해 치료자의 경직성과 부정적인 특성으로 이어진다(Ackerman & Hilsenroth, 2001, 2003). 그렇다면 이런 슈퍼비전은 어떤 모습일까?

이 장에서는 MBT-A 슈퍼비전 모델을 개괄적으로 살펴보고자 한다. 이 모델은 치료자들이 청소년과 작업하면서 맞닥뜨리는 불가피한 도전에 직면했을 때 그들의 마음을 자유롭게 풀어 주고 그들이 정신화 능력을 회복하고 유지하도록 지원하기 위해 노력한다. 이 모델은 AMBIT 프로그램(Bevington, Fuggle, Cracknell, & Fonagy, 2017; Bevington, Fuggle, & Fonagy, 2015)에서 개발된 함께 생각하기(Thinking Together) 슈퍼비전 실제(12장 참고)를 활용한다. 아울러 Trudie Rossouw와 Peter Fonagy(2015)가 진행했던 첫 번째 MBT-A 슈퍼바이저 과정에 참여한 저자와 동료 들이 함께 나눈 경험을 바탕으로 하고 있다.

슈퍼비전 사례 자료를 토대로 정신화 기반 치료의 핵심에 있는 '정신화 자세'가 슈퍼비전 맥락에 적용될 것이다. 이를 통해 치료자와 협력하며 작업하는 가운데 슈퍼바이저도 정신화하면서 어떻게 상위의(super) 혹은 우월한(superior) 관점이 아니라 가변적인(varifocal) 혹은 유연한 비전을 조성하려 하는지를 보여 줄 것이다. 더 나아가 이러한 유연한 비전은 자신과 타인의 마음을 헤아리고 이해하려는 청소년의 시도를 치료자가 지원하도록 해 줄 수 있다. 슈퍼바이저가 보여 주는 공감적이고 호기심에 차 있지만 도전적인 자세가 어떻게 안정 기반을 만들어, 슈퍼바이지가 그 기반에서 내담자와 공유된 정서 상태를 규정하기 시작할 수 있는지 살펴보겠다. 치료자와 내담자 간의 이런 공유된 정서 상태는 정신화의 중단, 정신화의 교착 상태, '막혀' 있다는 느낌을 초래한다.

이 장은 슈퍼바이저가 슈퍼비전 실제에서 정신화 접근을 개발하는 데 도움을 주는 동시에 슈퍼바이지가 MBT-A 슈퍼비전이 실제에서 어떻게 보이고 어떻게 느껴질지를 어느 정도 이해하도록 돕는 것을 목표로 한다.

MBT-A 슈퍼비전 방법과 구조

절차 및 과정

MBT-A 슈퍼비전은 다양한 상황에서 그리고 다양한 형태로 이루어질 수 있다. 집단, 개인, 대면, 온라인 플랫폼으로 할 수 있고, 5분에서 50분 또는 그 이상의 시간으로 이루어질 수 있다. 슈퍼비전의 빈도는 슈퍼바이지의 요구에 따라 슈퍼바이저와 명시적으로 합의하여 결정할 수 있다. MBT-A 슈퍼비전은 시간과 장소라는 구조가 아

니라 그것이 일으키고자 하는 과정, 즉 정신화에 의해 구분되는 슈퍼비전 접근이다. 이 접근은 특히 슈퍼바이지를 충분히 정신화하는 작업을 포함한다. 이를 통해 슈퍼바이지가 청소년 내담자, 가족, 그들의 네트워크와 함께 정신화를 회복하고 유지할 수 있게 하려고 한다. MBT-A 슈퍼바이저는 이러한 전반적인 목표를 염두에 두면서 슈퍼바이지가 정신화하는 데 어려운 어떤 것을 슈퍼비전에 가져오기를 기대하고 격려한다. 슈퍼바이저는 슈퍼바이지와 함께 직면한 문제를 적극적이고 아주 구체적으로 찾아내어 슈퍼비전이 방향 없이 진행되는 일을 피하려 한다. 슈퍼바이저는 슈퍼바이지에게 자신이 가장 도움이 될 수 있는 방식을 공식화하도록 요청하고, 슈퍼비전에서 다룰 '과업을 표시하도록(mark the task)' 제안함으로써 그들이 집중해야 할 명확하게 규정된 어려움을 정한다. 이를 통해 슈퍼바이저는 슈퍼비전 과정의 협력적 속성을 부여함과 동시에 슈퍼바이지가 함께 생각하기(joint thinking) 과정에서 필요한 바를 얻을 수 있도록 한다. 때때로 어려움을 명확히 규정하는 작업은 수월하게 진행된다.

슈퍼바이저: 그럼, 오늘 슈퍼비전에서 필요로 하시는 게 뭘까요?

치료자: 내담자가 플래시백에 대해 말하기 시작하면 저는 막히고 굳어 버려 관리 기술을 나열하는 모습을 보게 돼요.

슈퍼바이저: 그러면 내담자는 어떻게 되나요?

치료자: 그녀는 듣지 않고, 우리 둘 다 치료하는 시늉만 하면서 그녀가 결코 사용하지 않는 기술들을 검토하는데, 이건 쓸모없게 느껴져요.

때로는 더 긴 시간 동안 지지적이지만 도전적인 탐색이 필요하다.

치료자: (자신 있게) 다음 한 시간 동안 사례를 검토하고 생각을 좀 정리하고 싶어요. 메타 관점이 도움이 될 것 같아요.

슈퍼바이저: 네, 알겠어요, 메타 관점이 확실히 도움이 될 수 있지만 왜 지금 하려는지 궁금하네요. 지금 어떤 것이 검토나 메타 관점이 필요하다고 느끼도록 만드는지 궁금하네요. 필요하다고 느끼는 부분에 대해 좀 더 상세한 내용을 알 수 있으면, 즉 과업을 표시한다면 도움이 될 거예요.

치료자: 음…… (생각하며) 길을 잃어버린 거 같고, 어디로 가야 할지 모르겠어요.

슈퍼바이저: 쉬운 감정이 아니죠, 길을 잃어버린 느낌! 당신이 그걸 여기로 가져와 논의하

니까 도움이 되네요. 내가 당신과 함께 길을 잃지 않게 해봅시다. 당신이 언제부터 길을 잃었다고 느끼기 시작했는지, 그때 무슨 일이 일어났는지 기억날까요?

치료자: (잠시 멈추며) 몇 회기 전에 갑자기 이런 느낌이 강하게 들었어요. 이 아이가 치료를 끝낼 준비가 됐구나 하는. 얘가 종결에 대해 몇 가지를 언급했는데 저는 그것에 대해 얘한테 한 번도 얘기하지 않았죠. 음, (웃으며) 어쩌면 저는 얘와 치료를 끝내도 괜찮다고 안심시켜 주는 말이 필요했던 거 같아요.

슈퍼바이저: 말씀을 들어보니 여기서 메타 관점은 종결에 대해, 그리고 당신과 내담자가 이것에 대해 어떻게 생각하고, 느끼고, 이야기하고 있는지에 대해 함께 생각해 볼 필요가 있다는 거군요. 아울러, 어쩌면 합의된 치료에 대한 희망과 기대가 무엇이었고, 무엇이 달성되었는지도 검토해 보는 것이죠.

슈퍼비전에서 다룰 '과업을 표시한' 다음, 슈퍼바이저와 슈퍼바이지는 슈퍼바이지가 제시하는 딜레마들을 해결하는 일로 그들의 마음을 돌릴 수 있게 하려면 어떤 정보가 필요한지를 파악한다. 이런 딜레마의 많은 부분은 정신화를 유지하는 능력에 영향을 미치는 치료자와 청소년 간의 어떤 정서 상태(두려움, 압도되는 느낌, 압박감, 절망감 등)를 포함할 가능성이 높다. 슈퍼바이저는 슈퍼바이지에게 사례에 관해 간략한 정보를 공유하게 한 후(12장에서 '사례 기술하기'로 설명함) 치료자나 내담자 또는 두 사람 모두의 정신화가 무너졌던 것처럼 보였던 특정 순간, 사건 혹은 상호작용에 대해 더 자세히 기술하는 쪽으로 나아가도록 격려한다. 이렇게 세부적인 사항들이 정해지면 슈퍼바이저와 슈퍼바이지는 함께 어려움에 대해 개방적이고 호기심 어린 자세를 취하며, 이 어려움에 관여된 사람들의 마음에 주의 깊게 조율하고 새로운 관점들을 발견하기를 바라며, '그 순간을 정신화하기(mentalizing the moment)' 위해 노력한다. 여기에 필수적인 것은 슈퍼바이지의 정신화 능력을 재확립하는 것이다. 그런데 이렇게 하려면 슈퍼바이저가 다음과 같이 내담자를 공감하고 정신화하려는 충동을 억제해야 한다.—"오, 불쌍한 내담자, 정말 외로워 보이는데 그렇게 생각하지 않나요?" 오히려 맨 처음 과업은 내담자가 아니라 슈퍼바이지를 정신화하는 데 모든 노력을 집중하는 것이다.—"이 내담자가 이런 상태일 때 함께 있는 게 힘들게 느껴지죠. 꽤 고립된 느낌도 들고. 이게 당신이 느낀 감정인가요? 아님 다른 것을 느꼈나요?" 슈퍼바이저는 슈퍼바이지의 주관적 경험에 조율함으로써 슈퍼바이지에게 공감적 이해를 제공하고, 슈퍼바이지가 이해받는 느낌이 들도록 지지하면서, 그들이 내담자와 호소 문제에 대

해 함께 생각할 수 있게 슈퍼바이지의 정신화 능력을 높이려 한다. 슈퍼바이저가 슈퍼바이지를 정신화하는 데 충분히 성공하면, 슈퍼바이저의 타당화는 슈퍼바이지를 진정시키고, 그들 자신의 정신화하기가 다시 돌아올 수 있는 여건을 만들며, 인식론적 신뢰가 형성될 가능성이 있어 슈퍼바이지가 슈퍼비전을 더 잘 받아들이고 처리할 수 있다. 슈퍼바이지가 좀 더 정신화되는 경험을 하고, 문제에 대해 함께 정신화하는 작업을 하고 나면, 제시된 문제를 다루기 위한 다양한 가능성과 관점을 생성하고 고려할 수 있게 된다. 슈퍼바이저는 슈퍼바이지가 원래의 명확하게 규정된 과업과 다시 연결되도록 지원함으로써 '목적으로 돌아가서' 이러한 새로운 아이디어를 염두에 두고 작업을 어떻게 진행할지 설정하도록 안내한다.

> "내담자가 언성을 높일 때 당신이 어떻게 막히고 정신화를 놓치는지 잘 설명해 줘서 우리가 훨씬 더 많이 이해한 것 같아요. 이제 나는 다음번에 당신이 그런 '스핀(spin)'에 걸리는 걸 어떻게 피할 수 있을지에 대해 어떤 생각을 하고 있느냐가 궁금해요."

여기서 강조점은 진전하는 과정에 두고, 아울러 슈퍼바이지가 그들이 이해한 바를 어떻게 실천에 옮길지 계획할 수 있도록 적극적으로 지원하는 데 둔다. 여기에는 치료 상황으로 돌아가기 전에 안전한 슈퍼비전 세팅에서 역할연기를 하거나 몇 가지 아이디어를 실험해 볼 수 있다.

슈퍼비전 과정은 정신화 과정 지원을 목표로 한다. 때로는 특히 과업을 표시하고 사례를 기술하는 초기 단계가 형식적으로 느껴질 수 있지만 이것은 슈퍼바이저와 슈퍼바이지가 잠재적으로 목적 없는 이야기로 들어가 슈퍼비전 효과를 떨어뜨리는 것을 방지하는 목적이 있다. 초기에는 슈퍼바이지와 함께 가상 모드에 빠지기 쉽다. 슈퍼바이지는 사례를 길게 설명하고 슈퍼바이저도 마찬가지로 슈퍼바이지에게 무엇을 해야 하는지 넌지시 비치거나 직접적으로 지시하며 지적인 긴 설명으로 응답한다. 치료 상황에서 촉발된 감정 상태를 충분히 탐색하지 않는다면, 슈퍼바이저가 이렇게 제공하는 것이 내담자의 욕구를 충족시킬 가능성이 낮고, 정신화 접근을 활용하는 슈퍼바이지 기술을 기르는 데도 효과가 없을 것이다. 슈퍼바이저와 슈퍼바이지는 확인된 과제에서 벗어나 호기심을 갖고 대화 중 떠오르는 생각과 감정에 반응할 수 있다. 하지만 무엇이 그들의 생각을 그쪽으로 이끌고 있는지 그리고 이것이 합의된 초점과 어떻게 관련되는지 혹은 관련되지 않는지도 염두에 두어야 한다는 점을 언급할 필요가 있다. 궁극적으로 함께 생각하기 모델(Thinking Together model)의 목표는 슈퍼바이저가 더 우월한 시각(superior-vision)을 가진 전문가로 기능하는 경우를 줄이고 두 마음이 함께 자유롭게 작업하는 협력을 늘려서 정신화를 유지하고 복수의 관점, 즉 가변적인 유연한 비전을 만들어 내는 것이다. 따라서 슈퍼바이저는 정신화 초점에 우선순위를 두며 슈퍼바이지가 정신화 중단을 알아차리고 정신화 자세를 회복하고 유지할 수 있도록 지원함으로써 (정신화 기반 치료) '모델 따르기'를 시도한다.

충실히 '모델 따르기'

슈퍼바이저는 슈퍼비전 접근뿐만 아니라 슈퍼바이지들의 작업에서 정신화 접근의 핵심 원칙을 찾으려고 할 것이다. 그러나 '모델 따르기'는 청소년과 치료자의 조합마다 다르게 보일 수 있다. 즉, 특정 청소년의 욕구와 내담자 및 치료자 모두의 성격과 스타일에 따라 다양할 것이다. MBT-A 슈퍼바이저는 치료 과정에서 이러한 개별성의 표현을 환영하고 가치 있게 여긴다. 동시에 MBT-A 슈퍼바이저는 또한 슈퍼바이지가 MBT-A의 치료 기술을 이해하고 치료 세팅에 능숙하게 적용할 수 있도록 해야 한다. 슈퍼바이저는 정신화 이론에 대한 자신의 전문성을 자신 있지만 가볍게 대하면서 지식과 경험을 공유할 수 있는 방식을 신중하게 찾아야 한다. 슈퍼바이지가 '모델 따르기'를 하게 돕는 것과 동시에 비판이나 흠잡기를 자제하는 것 사이에는 미묘한 차이가 있다. 전자는 정신화에 대한 슈퍼바이지의 자신감을 가장 잘 지원하는 방식이다. 슈퍼바이저는 존중, 투명성과 따뜻함을 가지고 치료자가 (정신화 기반 치료) '모델에서 벗어난' 상태이거나 치료자의 정신화에서 중단이 일어났다고 생각할 때 가장 도움을 줄 수 있고 슈퍼바이지가 무슨 일이 일어나고 있는지 고려하도록 초대할 수 있다. 이런 점에서 슈퍼바이저는 효과적인 정신화와 비효과적인 정신화 사이에서 왔다 갔다 하는 것을 정상화할 필요도 있다. 슈퍼바이저는 슈퍼바이지가 더 비효과적이거나 심지어 비정신화하는 쪽으로 전환하는 것을 알아차렸을 때 좀 더 효과적인 정신화하기 방향으로 다시 돌아가도록 '슬쩍 찌른다(nudge)'.

"이 구절은 내담자가 왜 그런 식으로 행동하는지 설명하는 데 당신이 몰두한 것처럼 보여 호기심이 생기네요. 이보다 앞서, 내담자가 남자 친구와 어떻게 다투게 됐는지 이해하기 위해 함께 작업했던 것과 다른 느낌이에요. 차이점을 볼 수 있나요? 잠시 멈춰서 이 순간 당신 마음에 무엇이 일어났는지 살펴볼 수 있을까요?"

"자신이 심적 동등성에 빠진 걸 알고 있었나요? 내 말이 불명확하게 들리면 알려 줘요. 우리 내면의 느낌이 모든 걸 지배하는 마음 상태라고 생각하고 있는데, 만약 절망적이라고 느끼면 가망이 없다는 거죠. 우리가 내면에서 느끼는 게 외부 현실이 되는 거죠. 뭔지 알겠어요?"

"당신이 기술한 내용에 따르면 마치 '이질적 자기'가 내담자를 장악하고 있는 것처럼 들려요. 이 상황을 기술할 때 MBT-A 개념을 사용하지 않으시던데, 당신이 편안하게 느끼는 개념이 어떤 건지 궁금해요. 잠시 시간을 내서 이 개념을 검토하고 이 개념이 내담자와 자해와 관련해서 이해되는지 살펴볼까요? 그런 다음 이해가 된다면 당신이 이 개념을 내담자에게 어떻게 사용할 수 있을지 생각해 볼 수 있겠어요."

이러한 경우에 슈퍼바이저는, MBT-A 회기에서 치료자가 내담자와 하는 것처럼, 슈퍼바이지와 일종의 심리교육 시간을 갖고 개념들을 재검토하고 임상 자료와의 관계에서 개념들이 어떻게 이해되는지를 고려함으로써 슈퍼바이지의 MBT-A 지식 기반을 검토하고 강화할 수 있다. 여기에서도 다시 슈퍼바이저는 무엇을 재검토하는 것이 도움 될지를 두고 슈퍼바이지에게 협력을 요청하고 동의를 구한다. 과정 전반에 걸쳐 슈퍼바이저는 가르치려는 노력이 슈퍼바이지에게 이해되는지와 임상적으로 관련성이 있고 도움이 되는지를 지속적으로 확인하고 명료화한다.

나란히 가기: MBT-A 치료자에 대한 슈퍼바이지의 주관적 느낌 이해하기

슈퍼비전에서 노력하는 바가 슈퍼바이지에게 의미 있고 지지하기 위해서 슈퍼바이저는 슈퍼바이지가 MBT-A 치료자로서 자신에 대해 주관적으로 느끼는 바를 포괄적으로 이해할 필요가 있다. 치료자의 MBT-A 지식수준을 자세히 파악하는 동시에 새로운 모델의 실제 적용에 관해 이들이 어느 단계에 있는지, 전문적인 욕구가 무엇인지를 염두에 두면 슈퍼비전 관계를 강화하고 슈퍼바이지가 MBT-A를 적용할 때 높은 효과를 볼 수 있을 것이다. MBT-A 슈퍼비전에 참여하는 많은 슈퍼바이지는 기본적인 치료 기술을 잘 익히고 특정 기법에 대한 역량이 좀 더 갖춰진 숙련된 치료자다. 이러한 기술 중 일부는 MBT-A 모델에 잘 맞을 수 있지만 어떤 기술은 그렇지 않을 수도 있다. 슈퍼바이저는 MBT-A에서 사용을 금하는 접근법에 대해 슈퍼바이지의 주의를 환기시키면서 정신화 접근을 보완할 수 있는 기존의 기법들을 강조할 필요가 있다. 매우 숙련된 치료자들이 MBT-A 모델로 재정향하는 데 어려움을 겪는 것은 드문 일이 아니다. 이런 새로운 시도는 불안과 전문성에 대한 낮은 자신감의 감정을 불러일으켜 정신화 자세를 유지하는 능력을 저해한다. 슈퍼비전 과정의 핵심 요소는 슈퍼바이지의 발달하는 정신화 기술을 다루는 이러한 과정을 민감하게 이해하고 관리하는 것이다.

슈퍼바이저: 치료자의 자기 활용에 대해 우리가 나눈 얘기가 당신 마음을 조금 불편하게 하고 있다는 느낌이 드는데요?

치료자: 글쎄요, 그게, 아, 색다르단 느낌이 드네요. 나 자신의 감정 반응에 대해 그토록 투명하게 내놓는 게 익숙하지 않아요.

슈퍼바이저: 알겠어요. 투명성에 대해 마치 세상에서 가장 자연스러운 일인 것처럼 얘기하고 있네요.

치료자: 네, 조금은요.

슈퍼바이저: 미안해요, 미처 알아차리지 못했네요. 난 그저 투명성이 주는 기쁨에 관한 나의 작은 여정에 올라 내달리느라 당신이 나와 함께하고 싶은지 확인하지 않았어요!

치료자: 이론적으로는 알고 있다고 생각해요, 뭔지 알겠어요. 감정을 모델링하고, 인간적이며, 내 마음이 내담자 마음과 어떻게 다른지 보여 준다는 거죠. 근데 그렇게 하는 것 불편해요!

슈퍼바이저: 그걸 조금 탐색하는 건 어떨까요, 좀 더 투명해지려는 시도가 주는 그 불편함 말이죠.

치료자: 수년 전 훈련받았을 때, 첫 번째 슈퍼바이저 중 한 분이 내 감정에 대해 절대 이야기하지 말라고, 자기 개방을 하지 말라고 했어요. 근데 이건 그때 그분이 언급했던 것과 다르다고 생각해요.

슈퍼바이지와 '나란히 가기'에는 슈퍼바이지의 이전 슈퍼비전 관계를 이해하는 것도 포함된다. 처음 만났을 때 정신화 기반 슈퍼비전의 목표와 슈퍼바이지가 당신과 함께 작업하면서 기대할 수 있는 것이 무엇인지를 설명할 뿐만 아니라 슈퍼바이지가 이전의 전문적 도움 추구 관계에서 도움이 되거나 도움이 되지 않았다고 경험했던 것이 무엇인지에 대해서도 약간의 이해를 구하는 것이 유용할 수 있다. 아울러, 슈퍼바이지가 MBT-A 실제를 발달시키는 것에 대한 좀 더 일반적 목표를 설정하게 하는 일도 유용하다. 이를 통해 슈퍼바이지가 현재 어디에 위치하는지, 어디로 나아가기를 바라는지를 알아볼 수 있다. 슈퍼바이지가 MBT-A 실제의 초기 단계에 있고, 현재 진행 중인 사례들에 정신화 접근을 통합하기를 기대하는가? 아니면 슈퍼바이지가 이 모델에 숙련되어 있고, MBT-A 치료자, 슈퍼바이저 또는 훈련가로서 실제를 연마하는 과정 중인가? 슈퍼바이저로서 슈퍼바이지의 희망과 기대 그리고 직업적 야망을 분명히 이해하면 강력하고 협력적인 작업 동맹의 가능성을 높여 슈퍼바이지와 그들의 청소년 내담자들에게 유익을 줄 수 있다.

또한 치료자로서 우리는 슈퍼비전에서 역할극이나 비디오 녹화 회기를 적극적으로 활용할 때 가장 크게 도움을 받는 것 같다(Hilsenroth & Diener, 2017). 우리는 가능하면 이러한 방법들을 활용하여 작업하기를 권장할 것이다. 그렇지 않으면 오디오 녹음, 축어록, 메모 그리고 명확하게 규정된 어려움에 대해 함께 생각하기에 적극 참여하기가 슈퍼비전 과정의 효과성을 지원할 것이다. 그런데 슈퍼바이지와 '나란히 가기'의 또 다른 부분은 이러한 방법들을 정신화 방식으로 도입하는 것이다. 자신이 작업하는 영상을 보여 주는 것은 대부분 치료자에게 불안을 일으킬 수 있다. 이러한 점에서 슈퍼바이저는 비판단적인 자세와 정신화 자세를 보일 필요가 있다.

정신화하는 슈퍼바이저의 자세

앞서 언급한 슈퍼비전 과정과 과제에는 슈퍼바이저의 정신화하는 자세가 내포되어 있다. 이것은 슈퍼바이저가 슈퍼바이지와 함께하는 하나의 방식으로 모든 MBT 모델과 정신화하기 시도의 핵심이다. 이것은 슈퍼바이저가 슈퍼바이지에게 직접적이며 진정성 있고 투명하게 소통하며, 온정과 존중 그리고 진심 어리고 공감적인 호기심을 보여 주는 능력이다. 정신화하는 슈퍼바이저는 '본보기 보여 주기'를 통해 정신화하는 자세의 모델을 보여 주는 것뿐만 아니라 슈퍼바이지에게 다른 사람에게 이해받는 경험을 제공함으로써 치료 작업 내에서 정신화 능력을 지원한다. MBT-A 슈퍼비전은 슈퍼바이저가 정신화하는 자세를 적극적으로 취하고, 슈퍼비전 세팅 내에서 추가적인 정신화 개입을 일관되게 적용함으로써 이루어진다.

알지 못한다는 것

MBT 접근에서는 슈퍼바이저나 슈퍼바이지(또는 청소년 내담자) 모두 상호작용을 오로지 각자의 인상 수준에서만 경험한다는 것을 진정으로 수용한다. 그래서 이처럼 알지 못한다는 것은 보고된 치료적 만남과 동시에 슈퍼비전 과정에서 일어나고 있는 일에 대해 호기심을 가지라는 초대로 활용된다. 슈퍼바이저와 슈퍼바이지는 호기심을 유지하고 이름 붙이기(labelling)를 피하도록 애쓴다. 청소년 내담자에게 이름 붙이기와 범주화하기를 적게 할수록 청소년에 관해 모든 것을 알지 못함을 더 인식하게 되고, 청소년이 우리가 생각한 것과 다르다는 데 더 열려 있어, 정신화가 더 효과적으로 이루어진다.

이러한 호기심은 슈퍼바이지의 경험에 대한 적극적인 질문하기를 일으키고 동시에 슈퍼바이지가 상상한 내담자의 경험에 대해 성찰하도록 초대한다. 이러한 적극적이고 개방적인 질문하기는 슈퍼바이지가 청소년 내담자와 함께하는 자신의 경험과 그들이 직면한 임상적 딜레마를 타당화하는 역할을 한다.—질문하기의 목적은 일어나고 있는 일에 대한 슈퍼바이저의 이론을 밝히거나 증명하는 것이 아니다. 이런 태도에 꼭 필요한 것은 치료 상황에 관해 슈퍼바이지가 보고하는 내용에 대해 비판단적 태도를 유지하는 것이다. MBT-A 슈퍼바이저는 치료자가 느끼는 압박의 수준을 염두에 두어야 한다. 그것이 조직 수준에서 오든, 정서적인 것이든, 업무량이든, 청소년과 부모로부터 오든 이러한 압박이 치료자의 정신화 역량에 어떻게 불가피하게 영향을 미치는지 살펴야 한다. 따라서 MBT-A 슈퍼바이저는 슈퍼바이지의 지식과 경험 수준에 맞출 뿐만 아니라 특정 순간 발휘되는 슈퍼바이지의 정신화 역량에 따라 정신화 개입을 맞추고 그 역량을 위한 지지대를 제공하는 것을 목표로 한다. 그렇게 하지 않으면 치료자의 정신화 능력을 더욱 손상시켜 그들을 학습 기회에서 고립시키고 협력적인 슈퍼비전 동맹을 불안정하게 만들 위험이 있다. 아울러, 슈퍼바이저는 자신의 정신화도 영향을 받을 것을 예상하고 슈퍼비전 과정에서 실수가 있는지 모니터링한다. 슈퍼바이저는 이러한 잘못된 조율을 인정할 때 성실함과 용기를 보여 주고, 잘못된 조율과 관련된 암묵적인 것을 명시적으로 만들기 위해 슈퍼바이지와 나란히 가면서 작업하고 오해를 이해하는 것을 도울 수 있다.

슈퍼바이저: 지금 당신의 도움이 필요해요. 내가 당신에게 좀 더 적극적으로 하라고 밀어붙

이고 있다고 깨달았는데 그게 그다지 도움이 안 되죠, 안 그런가요? 내가 방금 정말 도움 되지 않는 방식으로 당신에게 뭘 하라고 말했다는 생각이 들어요!

슈퍼바이지: 아뇨, 아니에요. 나는 그냥 이 사례에 질렸어요. 아무것도 안 먹혀요. 난 경계선 성격 행동을 참을 수 없어요. 이런 말 하면 안 되겠고 그다지 치료적인 태도가 아니겠죠. 근데……

슈퍼바이저: 별말씀을요, 질린 느낌이 들 수 있고, 충분히 그럴 만하죠. 이 여자애와 함께하는 건 진짜 고투로 느껴지죠! 그게 얼마나 힘든지 내가 놓쳤거나 혹은 심지어 나도 견디기 힘든 뭔가가 보여서 어떤 조언으로 그 상황이 더 낫게 만들 수 있을까 하는 생각이 들어요.

슈퍼바이지: (웃으며) 걔가 얼마나 나를 좌절감 느끼는 지점으로 보내는지 정말 힘들어요. (한숨 쉬며) 이 모든 게 나한텐 너무 과하다고 여겨지고 그냥 물러나 어떤 면에서는 내 안으로 들어가는 거란 생각이 들어요. 난 정말 좀 더 적극적으로 될 필요가 있죠.

슈퍼바이저: 아주 강력하고 영향력이 크단 느낌이 들어요. 궁금하네요, 걔의 어떤 면이 그런 거죠? 그러니까 당신이 언급한 이 경계선 성격 행동이 뭔가요? 걔가 무슨 말과 행동을 하기에 당신이 질리게 되나요? 내가 그 치료실에 있다는 상상을 해 보려 애쓰고 있어요. 상상해 보려고요.

슈퍼바이지: 아…… 걔는 위기와 정서적 혼란의 동요 상태에서 오죠. 진정성이 느껴지는 방식으로요. '어젯밤에 자살 시도했어요. 이부프로펜 20알을 삼켰는데 그러고 나서 뱉어냈어요.' 그럼 나는 얘가 안됐다고 느끼고 그게 얼마나 힘든지 안다고 하죠…….

슈퍼바이저: (진심으로 관심을 갖고) 그런 다음엔?

슈퍼바이지: 난 얘가 어떻게 느끼고 있는지, 과다복용 전에 무슨 일이 일어나고 있었는지 좀 더 이해하려고 노력하죠. 걔는 마음을 열고 정말 묘사하기 시작하구요…… 그런 다음 나를 차단해요. 난 농락당한 기분이 들죠, 우리가 함께 작업하고 있다가 갑자기 아무것도 도움이 안 될 거다!

슈퍼바이저: 아, 그렇군요. (많은 표정을 지으며) 그러니까 당신은 안에, 가까이 있다가 그런 다음 바깥에, 저 멀리로 내쳐지는군요. 누군가가 마음을 열면서 당신이 가까이 가게 해 주다가, 말씀하신 대로 당신을 차단하고 당신이 할 일을 못하게 하면

좌절스럽죠!

슈퍼바이지: 네, 그러면 내가 좀 쓸모없다고 느끼고 뒤로 빠지죠.

슈퍼바이저: 음, (약간의 연민을 느끼며) 이해되는 반응이죠. 나도 그런 밀고 당기는 상황에서 '농락당하는' 기분을 느낄 수 있을 것 같아요. 근데 그게 이 아이의 의도인지는 잘 모르겠어요. 당신이 묘사한 내용을 들어보면, 얘가 들어와서 마음을 여는데 그게 진정성 있게 느껴지고 당신은 함께 작업하고 있다는 느낌을 받죠. 당신이 묘사한 대로 얘한테는 '마음을 여는' 게 어떤 건지 궁금해요.

슈퍼바이지: 음…… 그것에 대해 생각해 보니까 얘가 겁에 질린 느낌, 가까워지는 데 대한 두려움을 느끼는구나 싶어요. 이 아이의 평가 회기를 떠올려보니 얘가 치료팀과 나에 대해, 그리고 우리가 자기한테 뭘 '할'지에 대해 얼마나 걱정했는지 생각나요. 아, '안에 있다가 다시 밖으로 내쳐지는' 내가 받는 느낌이 좀 더 이해되기 시작하네요.

이 예시는 공감과 지지가 어떻게 정신화 자세의 기반을 이루는지, 그리고 어떻게 '알지 못한다는 자세'가 슈퍼바이지에게 두려움이 아닌 호기심을 유발하게 하는 데 필수적인지를 보여 준다.

공감과 지지

다른 사람과 마찬가지로 슈퍼바이지도 자신이나 다른 사람에 대해 호기심을 갖기 전에 안전하게 이해받고 있다고 느낄 필요가 있다. 슈퍼바이저는 슈퍼바이지의 관점에서 제시된 딜레마를 보려고 노력한다는 점을 명시적이고 투명하게 전한다. 이러한 슈퍼바이저의 노력은 '내가 다 알겠어요'라고 슈퍼바이지에게 재빨리 말하는 것과 혼동해서는 안 된다. 대신에 슈퍼바이저에게 제시된 청소년과의 교착 상태에 관한 치료자의 주관적 입장에 대한 정신적인 지도를 만들기 위해 상당한 노력을 요구한다. 이러한 공감적 타당화는 슈퍼바이지가 생각하고 느끼는 것을 있는 그대로 묘사하도록 지원할 뿐만 아니라 이러한 생각과 감정이 청소년 내담자에 대한 그들의 이해와 상호작용에 어떤 영향을 미칠지 고려하도록 지원한다. 이것은 암묵적인 정신화에서 명시적인 정신화로 전환하는 이동을 지원한다. 이런 식으로 슈퍼바이저는 관계에 초점을

계속 유지하면서 관계가 정신화를 증진하거나 저해하는 힘을 갖고 있음을 강조한다. 아울러, 슈퍼바이저는 감정을 정상화하고 자신의 감정을 알아차리고 명명하는 슈퍼바이지의 역량 기르기를 목표로 한다. 이를 통해 슈퍼바이지는 청소년 내담자들과 감정에 대해 진정성 있는 방식으로 대화하는 데 자신감을 얻을 수 있다. 슈퍼바이지는 슈퍼바이저의 마음에서 자신이 안전함을 발견하기에 슈퍼바이저와 협력하면서 자신과 내담자에 대해 적극적으로 호기심을 가지는 상태로 되돌아갈 수 있다.

탐색과 공동 창조

정신화 작업은 슈퍼바이저와 슈퍼바이지가 다양한 관점을 탐구하면서 명확하게 규정된 어려움에 대해 함께 주의 기울이기(joint attention)를 강조함으로써 공동으로 창조하는 것이다. 이러한 협력과 함께 주의를 기울이는 느낌은 명료한 합의와 같지는 않다. 오히려 다양한 관점을 수용하고 이런 관점들을 확인하여 탐구하려는 의지가 있다.

"그러니까 당신 생각에는 이 청소년이 가상 모드에 막혀 있고 도움이 안 되는 상태에서 감정 없이 끝없이 말만 하고 있다는 거죠. 그럴 수도 있죠. 근데 나는 여기에 희망적이거나 도움이 될 수 있고, 어쩌면 발달적으로 적절할 수도 있는 뭔가 있다는 느낌이 들어요. 예전에 얘는 전혀 말도 하지 않고 울기만 했죠. 마치 자신의 모든 감정이 사실인 것처럼요. 두 가지 가능성을 다 따라가서 그게 당신 반응에 어떤 영향을 미치는지 알아볼까요?"

"내담자가 엄마의 죽음에 대해 말할 때 당신이 슬픔을 느끼는 걸 이해할 수 있어요. 근데 나는 치료실에서는 다르게 느껴져요. 내가 경험하기에는 걔가 화가 나고 격분해 있고 긴장감이 있거든요?"

탐색과 공동의 창조 과정 내내 슈퍼바이저와 슈퍼바이지는 또한 몇 가지의 균형을 유지한다.

- 슈퍼바이지가 보고한 임상 자료에 주의 기울이기
- 지금 여기 슈퍼비전 만남에서 일어나고 있는 과정에 주의 기울이기
- 인지(상황에 대한 사고나 신념)에 초점 맞추기
- 정서(치료 관계와 지금 논의 중에 경험한 정서 둘 다)에 초점 맞추기

- 슈퍼바이저는 자신이 슈퍼바이지를 정신화하는 일, 슈퍼바이지가 치료자로서 자신을 정신화할 수 있도록 지원하는 일, 그리고 청소년 내담자를 정신화하는 것 사이에서 균형을 유지하는 역할에 주의를 기울인다.
- 아울러, 슈퍼바이저는 충분한 암묵적 정신화가 일어나도록 허용하기 위해 슈퍼비전 과정에서 자연스러운 전개와 좀 더 명시적인 정신화 작업 사이에서 균형을 추구한다. 이렇게 하는 의도는 슈퍼바이지와 내담자의 좀 더 빠르고 자동적인 반응에 대한 약간의 이해를 얻으면서도 좀 더 통제되고 성찰적인 명시적 정신화로 나아가는 것을 지원하기 위함이다.

이것을 위해 때때로 슈퍼바이저는 슈퍼바이지가 비정신화에서 정신화 상태로 전환하도록 부드럽게 도전하고 슬쩍 찌른다. 이때 슈퍼바이저는 정신화가 활성화된 상태를 유지하는 데 가장 적합한 감정 온도에 주의를 기울여야 한다. 너무 뜨거우면 각성이 증가하고 정신화가 꺼지고, 너무 차가우면 슈퍼바이저와 슈퍼바이지는 **가상 모드**에 빠져들어 인지적으로 살아있고 지적으로 활동적이지만 정서적으로는 둔감해진다. 여기서 슈퍼바이저는 **가상 모드**와 주지화에 대한 과의존을 깨뜨리고 빠져나오기 위해 주어진 상황에 약간의 불안을 주입할 필요가 있을 수 있다. 흔히 발생하는 현상으로 훌륭한 교육을 받고 경험이 많은 심리치료자들이 정신화의 정서적인 측면을 무시하고 인지적 측면에 갇히게 되고, 이런 상태가 슈퍼비전 대화를 지배하는 경우가 있다.

정서 초점, 단순하고 짧게

이러한 딜레마를 피하기 위해 MBT-A 슈퍼바이저에게 지속적인 정서 초점을 유지하고 지나치게 말을 많이 하거나 감정을 회피하려는 경향이 있는지 모니터링하는 임무가 부여된다. 여기서 과제는 정서를 확인하고 탐색하고 조절하기 위해 정서와 함께 머무는 것이다. 슈퍼바이저가 인지적 덫에 빠지지 않도록 스스로를 돕는 또 다른 방법은 발언을 짧고 단도직입적으로 하는 것이다.

'이런, 그 순간에 나도 압박감을 느꼈을 것 같아요. 당신은 어떻게 느꼈나요?'
'우리 그 감정에 잠시 머물러 볼 수 있을까요?'

'그 순간에 당신은 또 다른 감정을 느꼈다고 생각하나요?

따라서 MBT-A 슈퍼바이저는 정서와 정신 상태에 대한 성찰을 자극하는 단어를 사용하도록 노력해야 하며, 이어서 행동적 언어에 갇히지 않도록 주의를 기울여야 한다. 게다가 정신화 기반 접근에서는 유머(특히 자조적 유머)와 장난스러움을 적극 권장한다. 이러한 측면들과 접촉하는 것은 정신화가 다시 활성화되고 있다는 신호이다.

슈퍼바이저: 에이, 있잖아요, 보통 내가 '얼음 여왕'으로 불리거든요. 특히 우리 남편한테요. 근데 내 생각에 오늘은 당신이 이겼어요!

정서에 초점 두기 외에도 감정을 모델링하고, 자신의 마음에서 일어나고 있는 일이 다른 사람들의 마음과는 분리되고 다른 것임을 명시적으로 나타내는 것을 돕는 치료자의 자기 개방과 투명성은 치료 및 슈퍼비전 세팅 모두에서 중요한 정신화 개입이다. 이런 개입은 특히 주의력과 정서 조절 수준에 따라 암묵적 정신화에서 명시적 정신화로 전환을 지원하는 개방적인 마음가짐을 보여 준다. 슈퍼비전 세팅에서 슈퍼바이저는 보고된 임상 자료에 대한 반응으로 자유롭게 자신의 감정을 알아차리고 명명함으로써, 슈퍼비전의 지금 여기에서 자신의 마음이 장난스러운 호기심을 위한 추가 자원이 되게 허용한다. 이것은 감정을 정상화하고, 대안적 관점들을 부각시키고, 각성을 안전하게 조절하는 등 다양한 정신화 촉진 활동을 장려한다. 마지막으로 이것은 슈퍼바이지가 자신의 감정 상태를 알아차리고 명명하는 기술을 개발하거나 자신의 내적 과정에 대해 명시적으로 말하는 자신감을 키우는 데 어려워할 때 특히 유용한 개입이 될 수 있다.

목적으로 돌아가서

다시 메리와 슈퍼바이저로 돌아가 보자. 지금까지 언급한 정신화 자세의 원칙과 정신화 기법 및 개입은 이들의 슈퍼비전 회기에서 가져온 짧은 발췌문에서 어떻게 드러날까?

메리가 남긴 전화 메시지를 들으면서 슈퍼바이저는 궁금해졌다. '이 치료자는 무척 경험이 많은데 왜 이렇게 치료 초기에 슈퍼비전을 요청했지? 뭐가 그렇게 다급한 걸까? 내가 해줄 수 있는 게 많을지 모르겠네. 잠깐만, 그녀의 정신화가 조금 중단됐어. 그녀도 인간이지. 지금 앞서 대책을 세우고 있구나. 내가 전화해서 이번 주에 더 일찍 슈퍼비전 시간을 제공하고 함께 생각해 보자.' 메리는 재조정된 슈퍼비전 회기에 도착해서 15세 내담자 톰이 지난 회기에 참석했음에도 불구하고 조기종결할까 봐 계속 걱정하고 있다고 재빨리 인정한다. 메리는 자신이 뭔가를 놓치고 있다는 느낌이 든다. 그녀는 톰을 안전하게 보호하려고 취한 조치에 대해 의견 차이가 있을 수 있을 때 자신이 막혀 버린다는 생각이 들지만, 이 사안에 연루된 감정 중 어떤 것을 자신이 놓치고 있다고 느끼며 이 부분에 집중하고 싶어 한다. 그녀는 지난 회기 녹화자료에서 엄청난 긴장이 느껴졌고 자신이 걱정으로 압도되어 더 이상 생각할 수 없었던 부분을 가져왔다. 과제를 규정한 후 그들은 이 짧은 영상을 함께 시청한다.

슈퍼바이저: (한숨을 쉬며) 엄청난 회기네요!

메리: (웃으며) 네! 맙소사, 그렇게 말씀하시니 안심이 되네요! 정말 긴박했거든요.

슈퍼바이저: 와, 지금 다시 보니까 어떤가요?

메리: 내가 걱정하고 있다는 걸 느낄 수 있어요. 얘에 대해 많이 걱정하고 있고, 그게 나에게 영향을 미친다는 걸 알았어요.

슈퍼바이저: 네, 그렇게 느껴지네요. 걱정으로 긴장되는. 이런 걱정이 당신에게 영향을 미친다는 걸, 어쩌면 다른 때보다 더 크게 그렇다는 걸 알아차린 특정한 순간이 있었나요?

메리: 처음에는 얘가 오지 않을까 봐 너무 걱정했어요. 사회복지 서비스에 연계한 게 선을 넘는 거였나 생각했죠. 그러다 얘가 오는 걸 보고 너무 좋아서 걱정이 사라졌어요. 그다음에는 얘가 떠날까 봐 걱정했는데 얘가 남아서 기뻐하고 안도했다가 그런 후 다시 걱정했죠. 나는 살얼음판을 걷고 있었어요. 얘 기분을 상하게 하거나 화나게 할까 봐 걱정돼서 진짜 아무 말도 하지 않았어요.

슈퍼바이저: (적극적으로 호기심을 보이며) 얘가 살얼음판 걷기를 눈치챘다고 생각하나요?

메리: (생각하며) 네…… 네 그런 것 같아요.

슈퍼바이저: (진심으로) 네, 나도 비슷한 느낌이 들었어요. 얘를 봐서 기쁘고 돌아오지 않을까 봐 걱정했다고 얘와 공유한 그 순간 말이에요. 그건 당신의 생각과 감정에 대한 유익한 이름 붙이기로 얘한테 열려 있고 솔직한 거 같아요. 내가 보기엔 얘가 기분

나빠하지 않은 것 같아요. 근데 당신은 그가 어떻게 받아들였다고 생각하나요?

메리: 음…… 얘에 대한 어떤 게…… 난…… 얘는 모든 사람을 차단하고 있거든요. 근데 얘는 나하곤 관계를 맺고 싶어 한다고 느껴요. 얘 얼굴과 눈에서 뭔가 느껴져요. 내 생각에 얘는 내가 걱정하고 있다는 것뿐만 아니라 자기 안녕에 관심 있다는 것도 알아차린 것 같아요. 그게 얘한테 중요하다고 생각해요. 어쩌면 그래서 얘가 돌아오는 거 같아요.

슈퍼바이저: 그러니까 당신 마음에서 이런 느낌이나 생각, 그러니까 당신이 얘를 걱정하고 있고, 또 얘한테 관심이나 염려를 갖고 있단 걸 얘가 인식하고 있다는 생각이 든다는 거죠. 얘한텐 그게 어떨 거 같다고 생각하세요? 당신이 자신에 대해 이런 걱정이나 관심을 갖고 있단 걸 알아차리는 거 말이에요.

메리: 이게 바로 우리가 막히는 지점이라고 생각해요. 내 경험에 의하면, 내가 감정을 드러내거나 이름을 붙일 때 얘는 마치 로봇처럼 기계 모드로 들어가서 아무 감정이 없는 것에 대해 말해요.

슈퍼바이저: 네, 나도 보면서 그걸 느꼈어요. 힘들죠. 로봇에게 어떻게 반응하나요?

메리: (웃으며) 정말, 맞아요. 몹시 차갑고 불쾌하게 느껴져요. 얘가 로봇처럼 반응하면서 자기는 아무 감정이 없고 상관하지 않는다고 말하는 방식 말이죠. 근데 뭔가 있어요…….

슈퍼바이저: 뭔가가?

메리: 네, 뭔가 더…….

슈퍼바이저: 네, 얘가 로봇처럼 되기 전에 어떤 걸 우리가 놓치고 있을 수도 있단 생각이 드네요. 다시 돌아가 봅시다.—당신은 얘에 대한 어떤 감정을 표현하고 당신이 생각하고 있는 걸 나누죠. 그리고 얘는 마치 아무 감정이 없는 로봇처럼 냉담해짐으로써 당신의 감정과 걱정에 반응하는 걸 당신이 알아차리죠. 이것에 앞서 뭔가 일어났을 수도 있다 생각해요. 지금 내가 당신을 심하게 작업하게 하는 걸지도 모르겠어요. 근데 얘가 뭐라고 말했는지 기억할 수 있나요?

메리: 그러니까, 얘는 내가 사회복지 서비스에 연락한 일에 대해, 내가 해야 할 일을 했다고 어느 정도 인정해 줬어요.

슈퍼바이저: 인정요? 음, 어떻게 그런 생각을 하게 됐는지 알겠어요. 근데 나는 잘 모르겠어요. 음…… 여기서 지켜보고 있고, 이 회기가 주는 영향을 전부 다 받는 입장은 아니라서 그런지 그게 나한텐 인정처럼 느껴지지 않았거든요.

메리: 내가 그걸 못 보는 걸까요? 좀 더 말해주 세요. 그 말을 들었을 때 어떤 느낌이 드셨나요?

슈퍼바이저: 잘 모르겠어요, 이건 틀릴 수도 있어요. 당신이 경험하고 있는 것과 맞지 않다면 말해 줘요.

메리: 네, 물론이죠.

슈퍼바이저: 내가 경험한 건, 당신에 대해 얘가 '그저 당신이 할 일을 하고, 규칙을 따르고 사회복지 서비스에 연락한다.'라고 묘사한 게 얘가 당신을 기계로, 그저 규칙을 따르는 로봇으로 만들어 버린 것 같았어요.

메리: (헉) 네, 바로 그런 느낌이에요. 왜 그걸 알아차리지 못했을까요?

슈퍼바이저: 유익한 질문이에요. 여기 앉아서 얘가 하는 말이 주는 영향을 전부 다 받지 않는 상태니까 알아차리기가 더 쉽다는 것도 명심합시다. 근데 얘가 '당신은 규칙을 따르고 있다'라고 말했을 때 어떤 느낌이 들었나요?

메리: 그 회기에서는 순간 너무 막혀 버렸고 불안했죠. 근데 지금은 솔직히 조금 화가 나고 두려워요.

슈퍼바이저: 아, 화가 나고 두려운 것에 대해 좀 더 말해 줄 수 있나요?

메리: (머뭇거리며) 글쎄요, 조금 화가 나는 건 내가 정말 많은 걸 했기 때문이죠. 단지 규칙만 따른 게 아니었어요. 근데 두렵기도 해요. 만약 내가 이렇게 말하면…… 어쩌면 갈등이 생길 수 있겠다, 얘를 비난하게 돼서.

슈퍼바이저: 아, 네, 얘가 비난받는다고 느끼는 건 도움이 되지 않을 수 있죠. 도대체 무엇이 얘가 당신을 로봇이 되게 하나요? 만약 그게 정말 얘가 하고 있는 게 맞다면, 그렇게 할 필요가 뭐죠?

메리: 음…… 우리 둘 다 아무런 감정이 없다면 모든 게 안전하게 유지되는 거라 생각해요. 내가 감정을 갖지 않으면 얘가 자신에 대해 감정을 갖지 않는 게 더 쉬워지죠. 그럼 얘는 계속 자신을 위험에 처하도록 할 수 있겠죠. 그렇지만 나는 계속 감정을 가져 오죠! 그게 갈등이네요!

슈퍼바이저: 네, 그러니까 당신 생각에는 얘가 자기조절을 하려고 하거나 각성 수준을 낮추려고 시도하고 있단 거네요. 분명한 규칙을 따르고, 아무런 감정이 없고, 마치 로봇처럼.

메리: 네, 그렇게 생각하는 게 도움이 되네요. 그리고…… 나도 회기 중에 이걸 잠깐 알아차렸던 것 같아요. 그런데 너무 당황했고 막혀 버려서 어떻게 말해야 할지 잘 몰랐

어요. 얘가 중도탈락하거나 화를 분출할까 봐 두려워요. 내 생각에 자주 이 지점에 막혀 있는 것 같아요. 지금 생각해 보니 슬프네요. 얘한텐 이게 몹시 겁나게 느껴질 수 있지만 내가 신경 쓰고 있다는 걸 아는 게 위로가 될 수도 있겠단 생각이 들어요.

슈퍼바이저: 흠, 어려운 거죠. 당신은 자신이 생각하기에 일어나고 있는 어떤 일에 이름 붙이고 그것에 대해 얘기하기의 균형을 찾으려고 무척 애쓰고 있군요. 근데 얘가 감당할 수 있는 방식으로 하려고 하죠. 그래서 얘가 계속 생각하기와 느끼기를 함께 할 수 있도록요. 지금 뭐라고 말할지 생각해 볼 수 있다고 느끼시나요? 만약에 그 순간으로 돌아간다면, 얘가 당신에게 당신은 '그저 규칙을 따르고 있을 뿐'이라고 말할 때요.

메리: 상황에 따라 다르다고 생각해요. 몇 가지 방법이 있어요. 만약 내가 느끼기에 얘가 좀 더 장난스러운 기분이라면 '뭐, 그럼 내가 지금 로봇이라서 그저 규칙만 따르고 있다는 거야?'라는 식의 말을 하면서 반응할 수 있겠죠. 혹은 어쩌면 내가 자기를 신경 쓰고 자기에 대해 생각하는 사람인지, 아니면 자기에 대해 생각하지 않고 그저 규칙만 따르는 사람인지에 대해 얘가 어떻게 생각하는지와 관련해서 어떤 말을 할 수도 있겠죠.

슈퍼바이저: 그 모든 게 유용할 것 같아요.

메리: 아니면 대화를 좀 더 일반적으로 시작할 수도 있을 거 같아요. 우리가 감정에 대해 이야기할 때 뭔가 일어난 걸 내가 알아차렸음을 얘가 알게 하거나 혹은 반대로 내가 감정에 대해 어떤 걸 표현할 때 얘가 어떤 것을 알아차렸는지 궁금하다고 하는 거죠.

결론

정신화된 마음은 창의적인 마음이고 연결된 마음이다. MBT-A 슈퍼비전에서 근본적인 것은 우리 모두 효과적으로 정신화할 수 있는 능력을 상실할 수 있고, 감정적으로 조절되지 않거나 자신과 타인에게 위험을 초래하는 사람들과 작업할 때 특히 그럴 수 있다는 진정한 믿음과 수용이다. 정신화 슈퍼비전 관계는 우리 자신의 정신화 능력을 회복하고 촉진하여 내담자와 함께 있는 동안 정신화 능력을 회복하는 기술을 개발할 수 있게 하고자 한다. 이것은 다시 내담자의 정신화 능력을 발달시키고 회복탄력성과 유연성을 키우며, 건강한 발달 경로로 나아가도록 지원한다. 협력하는 정신과 암묵적인 것을 명시적으로 만드는 과제에 대한 공유된 이해를 바탕으로, 슈퍼바이저와 슈퍼바이지는 치료자와 청소년 두 사람 모두의 행동에 동기를 부여하고 그들의 상호작용에 영향을 미치는 기저의 생각과 감정, 의도를 탐색하려고 한다.

참고문헌

Ackerman, S.J., & Hilsenroth, M.J. (2001). A review of therapist characteristics and techniques negatively impacting the therapeutic alliance. *Psychotherapy: Theory, Research, Practice, Training, 38*(2), 171–185. https://doi.org/l0.1037/0033-3204.38.2.171.

Ackerman, S.J., & Hilsenroth, M.J. (2003). A review of therapist characteristics and techniques positively impacting the therapeutic alliance. *Clinical Psychology Review, 23*, 1–3.

Bevington, D., Fuggle, P., Cracknell, L., & Fonagy, P. (2017). *Adaptive Mentalization-Based Integrative Treatment: A Guide for Teams to Develop Systems of Care*. New York, NY: Oxford University Press.

Bevington, D., Fuggle, P., & Fonagy, P. (2015). Applying attachment theory to effective practice with hard-to-reach youth: The AMBIT approach. *Attachment and Human Development, 17*(2), 157–174. DOI: 10.1080/14616734.2015.1006385.

Hilsenroth, M.J., & Diener, M.J. (2017). *Some effective strategies for the supervision of psychodynamic psychotherapy*. In T. Rousmaniere, R.K. Goodyear, S.D. Miller, & B.E. Wampold(Eds.), *The Cycle of Excellence: Using Deliberate Practice to Improve Supervision and Training*(pp. 163–188). West Sussex, UK: John Wiley & Sons Ltd. https://doi.org/l0.1002/9781119165590.ch8.

제3부

특수 사례 적용

제7장
자해하는 청소년과 작업하기

Maria Wiwe, Trudie Rossouw

자해는 청소년들에게 만연해 있는 어렵고 복잡한 문제다. 자해는 이런 어려움과 매일 씨름하는 청소년뿐만 아니라 그들을 사랑하는 사람들에게도 많은 괴로움을 안겨준다. 게다가 청소년들 사이의 높은 자해율은 학교와 정신건강 서비스에는 도전이다.

연구에 따르면 청소년 자해의 가장 흔한 이유는 고통스러운 생각과 감정에서 벗어나기 위한 시도로 보인다(Gillies et al., 2018). 또한 자해하는 빈도가 높을수록 청소년의 자기혐오가 더욱 심하고 자살 사고(suicidal ideation)의 정도도 높은 것으로 보인다(Gillies et al., 2018).

더군다나 청소년의 자해 행동과 우울 및 불안(Jacobson & Gould, 2007), 약물 사용(Hilt, Nock, Lloyd-Richardson, & Prinstein, 2008), 경계선 성격장애(BPD)(Ferrara, Terrinoni, & Williams, 2012) 사이에 강한 상관관계가 보고되었다. 이 외에 입원 환자의 경우 자해율은 50%에 달한다(Nock & Prinstein, 2005). 이러한 연구에서 얻어야 할 핵심 포인트는 자해가 청소년에게 영향을 미치는 정신건강 문제라는 것과 자해가 관심을 끌기 위한 목적으로 하는 행동이 아니라는 점이다. 자해는 자살 의도가 있든 없든 실행할 수 있다(Madge et al., 2008; Guan, Fox, & Prinstein, 2012). 치료자는 필수적으로 자해가 자살 의도를 동반하는지를 탐색해야 한다. 심지어 자살 의도가 없는 경우라도 자해와 씨름하는 청소년들은 흔히 청소년기에 건강하고 건설적으로 참여하지 못하게 하는 날것의 강렬한 감정에 지배되는 내면세계에 살고 있음을 염두에 둬야 한다

(Rossouw & Fonagy, 2012).

이 장은 두 부분으로 구성되어 있다. 전반부는 청소년의 정신화 붕괴와 뒤이은 심리적 동요에 선행하는 사태를 소개한다. 이것은 정신화 기반 틀 내에서 청소년의 위기와 혼란에 대한 이해를 공유하기 위해서다. 후반부는 MBT-A 치료에서 발췌한 두 가지 사례로 이루어져 있다. 각각의 임상 사례는 청소년기의 다른 연령대에서 자해로 분투하는 청소년들을 제시할 것이다. 임상적으로 이 청소년들은 초기 성격장애를 보이는데, 주로 경계선 성격장애와 회피성 성격장애의 특성을 갖고 있다.

청소년기 자해로 이어지는 정신화 붕괴

2장에서 기술한 바와 같이 청소년 발달 단계의 특징인 신경생물학적 변화로 인해 청소년은 특히 정신화 능력을 상실하기 쉽다. 이 특정 발달 단계에서 청소년은 다른 사람의 얼굴 표정, 특히 또래의 얼굴 표정과 같은 사회적 촉발 자극에 과도하게 민감해진다(Sebastian, Viding, Williams, & Blakemore, 2010). 이러한 대인 간 과민성은 청소년이 다른 사람의 마음을 정확하게 읽는 것을 더 어렵게 하여 결국 타인의 의도를 쉽게 오해하게 만든다. 이와 관련된 연구로 Tahmasebi와 동료들이 수행한 fMRI 연구(2012)를 들 수 있다. 이 연구는 청소년들에게는 화난 표정과 중립적 표정 둘 다 매우 두드러져 보이고, 이는 성별에 따라 다를 수 있음을 시사한다. 이런 현상은 전반적으로 청소년들에게 해당하지만 정신건강 문제로 분투하는 청소년들은 표정의 오해석과 이에 따른 정신화 붕괴에 훨씬 더 취약해질 수밖에 없을 것이다. 알다시피 무표정한 표정은 다양한 정신 상태를 나타낼 수 있지만 청소년들에게는 거부로 해석되는 경향이 있는 것 같다(Tahmasebi et al., 2012). 이어서 설명하겠지만 거부는 청소년이 맞닥뜨릴 수 있는 가장 힘든 감정 중 하나다. 이것은 정서적 조절 곤란과 이에 따른 자해로 이어질 수 있는 극심한 스트레스를 주는 경험이 될 수 있다. 따라서 청소년 자해를 이해하기 위한 정신화 모델은 자연스럽게 이 연령대 특유의 대인 간 민감성을 고려한다.

이질적 자기 개념

1장에서 설명했던 이질적 자기에 대한 몇 가지를 다시 언급하자면 다음과 같다. 앞

서 우리는 정신화가 어떻게 애착 관계에서 발달하는지 설명했다. 이것은 양육자가 아이의 정신 상태에 대한 조율된 표상을 형성할 수 있는 능력에 기초하며, 이러한 표상을 아이에게 되비쳐주기를 통해 아이는 이를 내면화하고, 이것이 아이의 핵심 자기감의 일부가 된다. 일이 잘못되어 양육자가 자신의 정신 상태에 압도될 때(우리 모두 압도적인 내적 상태의 영향에 놓이면 정신화 능력 상실을 겪을 수 있음을 기억하라) 아이에 대해 정신화하거나 아이의 상태에 대한 조율된 표상을 형성할 수 없을 것이고 자신의 내적 상태의 영향 아래 행동할 가능성이 더 커진다. 이때 아이는 조율되지 않은 정신적 표상을 내면화할 것이다. 그런데 이러한 표상은 실제로 아이의 정신 상태에 기반한 것이 아니므로 '이질적 자기'의 구성 요소들을 형성하기 시작할 것이다(Fonagy, Gergely, Jurist, & Target, 2002). 왜냐하면 아이에게 내면화된 상태가 양육자의 정신 상태를 기반으로 하며 아이의 상태를 전혀 반영하지 않기 때문에 이 설명은 매우 정확하다.

우리 모두 자라면서 잘못 조율된 경험을 한 적이 있을 것이므로 우리는 다 어느 정도의 이질적 자기를 갖고 있다. 그러나 우리는 이질적 자기에 지배당하지 않는다. 어려움은 우리가 이질적 자기에 지배당할 때 발생한다. 문제가 심각해지는 이유는 정신화가 붕괴되었을 때 이질적 자기가 지배적인 방식으로 나타나기 때문에 생각과 감정이 사실로 경험되기 때문이다(1장에서 설명한 심적 동등성의 영향력 아래). 이질적 자기의 경험은 자신에 대한 강렬한 부정적인 감정과 다른 사람들도 자신을 자기와 같은 방식으로 본다는 확신이 엄습하는 양상으로 나타난다.

자주 이질적 자기에 지배당한다고 느끼는 청소년은 자신에 대해 가치, 기술이나 재능에 대한 인식이 없고 연민도 없다. 대신에 그들은 끊임없이 다른 사람들에게 거부당하고 굴욕당할 것이라 예상한다. 이질적 자기는 자기혐오와 무망감으로 이루어지고 청소년이 자기 삶의 모든 측면에서 실패자처럼 느끼게 만든다(Rossouw, 2012). 이질적 자기는 그들에게 삶에서 무언가 성취할 수 있다는 가능성을 볼 수 없게 만든다. 그 결과 청소년은 격렬한 마음 상태로 고통받으면서 발달 정체 상태에 들어가, 학교를 다니고 또래 집단과 어울리는 것과 같은 그들에게 기대되는 발달적 성취를 놓치게 된다. 정신화 작업은 그들이 사회적 세계와 다시 연결되고 발달 궤도로 복귀하도록 돕는 일에 관한 것이다.

자해의 정신화 모델

청소년은 앞서 간략하게 말한 대로 대인 간 민감성을 갖고 있어 거부나 수치심 또는 굴욕과 같은 부정적인 사회적 감정을 불러일으키는 관계적 촉발 요인에 특히 취약하다. 청소년기에 가장 중요한 일은 또래에게 인정받는 것이며 동시에 또래의 거절에 대한 취약성이 최고조에 달하는 생애 시기다(Masten et al., 2009). 따라서 십 대의 일상생활은 기본적으로 정신화 붕괴 가능성의 지뢰밭인 셈이다. 그래서 청소년은 사회적 세계와 분리되는 잠재력을 지닌 셈이다. 그 결과 청소년은 자신에게 가장 중요한 것과의 접촉을 놓치게 된다. 우리 자신의 애착 역사와 스트레스의 실제 수준으로 인해 우리는 모두 비교적 정신화하는 모드에서 비정신화 상태로 넘어가는 '전환점'을 갖고 있다(Fonagy & Luyten, 2009). 정신건강 문제로 씨름하는 청소년은 이러한 점에 더 취약할 것이다. 자해의 정신화 모델은 감정을 조절하기 위해 자해에 의지하는 청소년의 정신적 과정을 조명한다.

우리가 청소년의 마음 안에 있다고 가정한다면 우리는 또래들이 우리를 어떻게 보고 우리에게 어떻게 반응하는지가 가장 중요한 세상에 있다. 사회적 신호에 대한 과민성으로 인해 우리는 종종 거부당하거나 판단받거나 조롱당하는 것에 대해 각성되고 불안해진다. 마치 시소처럼 불안 수준이 올라가면 자신과 사회적 세계를 이해하는 능력은 내려간다. 그래서 우리는 정신화하는 능력을 잃는다. 이런 상태를 거창한 학술적인 용어로 말하는 것은 이런 상태의 주관적인 경험이 어떤지를 잘 전달하지 못한다. 정신화 능력을 잃을 때 우리는 사회적 관계와 자신을 이해하는 능력을 잃을 뿐만 아니라 전-정신화(pre-mentalizing) 생각하기의 귀환에 의해 갑작스럽게 압도당하는 느낌을 받는다. 따라서 심적 동등성의 영향 아래 생각이 사실처럼 느껴지기 시작하고 이것은 불안을 증폭시킨다. 이런 순간에 청소년은 타인의 마음에 대한 정확한 표상을 만들어 내는 능력이 없어진다. 아울러 타인의 행동에 자신이 기여한 바에 대한 좀 더 명확한 이해를 얻는 능력은 물론, 자기 연민과 타인에 대한 공감 능력도 붕괴될 것이다(Rossouw, 2012). 매우 흔한 일로 이러한 상태에서 이질적 자기가 활성화되는 것을 종종 볼 수 있고, 청소년은 이질적 자기에 지배당하고 압도되어 버린다. 이런 생각은 심한 자기혐오로 나타난다. 정신화 부재로 인해 생각이 전부 사실로 경험된다. 이로 인해 청소년은 자신을 나쁘고 무가치하거나 혹은 그들이 갖고 있는 다른 부정적인 감정이 무엇이든 그렇다고 느끼게 된다. 그들은 자신에 대해 그렇게 느낄 뿐만 아니라

타인을 정신화할 수 없기 때문에 다른 사람들도 그들을 이와 똑같은 시각으로 본다고 확신한다. 이것은 안팎에서 적대감에 지배되는 견딜 수 없는 느낌을 만들어 내고 뿐만 아니라 그동안 좋았거나 가치 있었던 모든 것을 잃은 듯한 느낌을 야기한다. 그러면서 견딜 수 없는 상태에서 벗어날 수 있다면 어떠한 형태의 행동이 유일한 해결책처럼 느껴진다. 이것이 급박하게 자해하는 행동을 설명한다. 이러한 이유에서 자해는 어떤 형태의 단기적이고 즉각적인 안도감을 제공한다. 자해는 견딜 수 없는 정신 상태를 물질적으로 치료할 수 있는 어떤 상처가 있는 하나의 구체적인 상태로, 목적론적으로 전환시킨다.

정신화과다

정신화과다는 부정확한 형태의 정신화다. 이것은 심적 동등성 사고로 구성되며 자주 이질적 자기를 활성화시킬 수 있다. 일부 치료자들이 알고 있듯이 청소년들은 종종 '과잉생각(overthinking)'을 언급하는데 이것은 어느 정도 정신화과다를 묘사한다. 정신화과다는 타인에게 부정확한 정신 상태를 부여하고 이것을 기반으로 충분한 근거 없이 타인의 동기나 감정에 대해 점점 더 많은 세부 사항을 덧붙여 생각을 키우는 것이다. 과잉 정신화를 하는 청소년들은 아주 쉽게 고도로 각성되고 앞서 기술한 이질적 자기로 인해 견딜 수 없는 내적 상태를 경험하게 된다. 그리고 그들은 자해와 같은 구체적인 해결책을 찾아 이 상태에서 벗어나려고 필사적으로 애쓴다. 우리 연구자들은(Sharp et al., 2013) 정신화과다가 경계선 성격장애가 없는 또래들과 비교했을 때 경계선 성격장애가 있는 청소년들의 특징적인 정신화 실패임을 발견했다.

치료적 개입

이질적 자기의 지배에 놓인 청소년들은 엄청나게 비인간적인 방식으로 자신을 대한다. 자기 연민의 느낌이 전혀 없고 세상에서 완전히 혼자라고 느낀다. 우리는 1장에서 인식론적 신뢰와 타인으로부터 배울 수 있는 인식론적 신뢰가 필요함을 알게 됐다. 청소년이 이질적 자기에 지배된 정신 상태에 있고 주변 사람들을 효과적으로 정신화하는 능력이 결여되었다면 그들은 인식론적 불신 상태에 있을 가능성이 매우 커 치료를 위한 만남에서 유익함을 얻으려면 고군분투해야 한다. 3장과 4장에서 이런 청소년들과 작업할 때 활용하는 치료 기법을 자세히 설명했다. 기본 원칙은 이런 청소년들과 치료적 동맹을 구축하고 정서적 접촉을 유지하는 것이다. 이들이 주변의 사회적 세계와 연결된 상태를 유지하는 데 매우 중요하다.

Fonagy와 동료들(2019)은 심리치료 경험에 관한 현상학적 연구에서 효과적인 치료적 변화를 가져오는 세 가지 측면, 즉 인식론적 일치, 정신화 능력 증진, 사회적 학습의 재출현을 기술했다. 첫째, 인식론적 신뢰는 청소년이 인식된다고 느끼는 경험(experience of being recognised)을 말한다. 다시 말해 자신이 이해받고 타당화된다고 느끼는 것이다. 자기 정신 상태의 표상을 치료자의 마음에서 발견한다. 이 경험은 인식론적 신뢰의 발달을 위한 강력한 명시적 신호(ostensive cues)다. Fonagy와 동료들(2019, p. 96)은 다음과 같이 말했다.

> 간단히 말해, 사람들은 자신이 이해받는다는 것을 경험하면 그들을 이해한다는 것을 보여준 사람에게 배우려는 경향을 보일 것이다. 여기에는 자신에 대해 배우기를 포함할 뿐만 아니라 타인에 대해서, 그리고 자신이 살아가는 환경에 대해서 배우기도 포함된다. 가장 중요한 것은 온갖 복잡성과 도전이 있는 사회적 환경과 문화적 환경에서 어떻게 운항하는지를 배우는 것이다.

따라서 청소년의 경험을 이해하고 그들을 지지하고 공감하고 타당화해 주는 것은 이어질 정신화 회복 작업을 위해 중요한 명시적 신호로 작용한다. 이 모든 것은 청소년이 압박을 받는 상황에서도 정신화하고 주변 사람들을 정확하게 평가하고 이해하는 능력을 높일 것이다. 그리고 이런 능력은 정신화과다에 대한 강력한 해독제가 될 것이다.

자해하는 청소년은 더 높은 수준의 위기를 보이기 때문에 위기평가와 위기관리를 치료 회기의 일부로 포함할 필요가 있다. 이때 자주 제기되는 질문은 다음과 같다. 어떻게 치료적 작업을 방해하지 않으면서 위기평가와 위기관리를 수행할 수 있을까? 어떻게 위기평가 작업을 통해 인식론적 신뢰를 구축할 수 있을까? 이에 대한 답은 인식론적 신뢰 없이는 진정으로 위기를 평가하거나 관리할 수 없다는 것이다. 청소년에게 위기평가를 수행하는 방법은 이 장의 범위를 벗어난다. 이 책의 초점은 MBT-A에 맞춰져 있기 때문이다. 그렇지만 우리의 견해를 제시하자면, 위기평가를 실시하기 전에 먼저 청소년과 정서적 연결을 맺고 청소년이 이해받는다고 느끼도록 돕는 것이 최선의 방법이라는 것이다. 위기평가는 또한 공감적이고 이해하는 방식으로 수행할 수 있다. 이런 방식은 그저 체크박스에 표기하는 활동이 아니므로 신뢰를 더욱 증진할 것이다.

위기관리 측면에서 입원이 필요하지 않을 정도의 위기라고 판단되면 청소년 및 가족이 같이 안전 계획을 논의하는 것이 유용할 것이다. 안전 계획에는 자해 촉발 요인에 대한 이해에 대한 논의는 물론 청소년과 가족이 청소년을 안전하게 지킬 수 있는 방법에 대한 논의를 포함할 것이다. 안전 계획과 위기 계획의 예시는 이전 장들에서 논의한 바 있다.

자해하는 청소년과 하는 작업의 대부분은 이전 장들에서 논의된 치료 기법들을 따른다. 정서적 접촉을 하고, 지지와 공감과 타당화뿐만 아니라 명료화, 면밀히 살펴보기 또는 도전을 제공하고, 필요할 때 그 순간을 정신화하는 과정을 따른다.

이어서 이러한 작업을 예증하기 위해 두 가지 임상 사례를 제시하고자 한다.

■ 만 13세 조이

짐이 되는 느낌*

청소년인 조이는 생활의 많은 영역에서 어려움을 겪고 있다. 학업을 중단하려 하거나, 친구 및 가족과 심한 다툼을 벌이고, 동시에 빈번하고 심각하게 자해한다. 때로는 고통스러운 감정으로부터 자신을 '무감각하게' 만들기 위해 알코올을 사용한다.

게다가 치료 평가 단계에서 조이는 누구에게도 이해받지 못한다고 느낀다는 점을 분명히 했다. 조이는 종종 "난 다른 사람들에게 짐이에요." 그리고 "모두 내가 없는 게 더 나을 거예요."와 같은 표현을 사용한다. 청소년들의 이런 짐이 되는 느낌에 대해 치료자가 주의를 기울이는 것이 중요하다. 자신이 주변 사람들에게 짐이 된다고 느끼는 청소년은 다른 사람들도 자신을 이런 식으로 바라본다고 믿는 경향이 있다(Buitron et al., 2016). 당연히 이것은 극도로 괴로운 상태이지만 동시에 비정신화 모드[즉, 내면 세계와 외부 세계가 동일시되는 심적 동등성(psychic equivalence)]를 나타내는 지표이기도 하다. 지속적인 갈등이 특징적으로 나타나는 대인관계를 가진 청소년들은 자신이 다른 사람들에게 민폐이거나 짐이 된다고 믿게 될 수 있다. 다른 사람들에게 짐이 된다는 믿음은 만성적인 대인 간 스트레스에서 자살 생각으로 이어지는 경로에서 하나의 역할을 하는 것으로 나타났다(Buitron et al., 2016; Puzia et al., 2014).

* 국내 논문에서는 perceived burdensomeness를 '지각된 짐스러움'으로 번역하는 경향이 있음.

다음에 제시한 내용은 높은 수준의 정서적 스트레스가 특징적으로 나타나는 회기에서 발췌한 것이다. 조이 어머니는 치료자에게 조이가 지난주에 학교에 가지 않았고 자해를 심하게 하고 있다고 알려 줬다. 조이는 초기 청소년기(만 13세~17세)에 속하기 때문에 후기에 속하는 청소년과 비교하여 부모와의 작업을 더 중시한다. 조이 부모는 모든 회기에 참여하지는 않았다. 다음에 기술한 회기에서는 조이 어머니가 참여했다.

조이 가족에서는 감정 수준이 빠르게 올라가는 경향이 있고 결국에는 가족 구성원들이 쉽게 서로를 오해하게 된다. 따라서 치료자는 조이의 정신화 능력뿐만 아니라 조이 어머니의 정신화 능력도 회복시키는 것을 목표로 삼는다.

조이: (의자에 두 다리를 올려 가슴에 붙이고 몸을 웅크린 채, 후드로 얼굴을 가리고, 어머니에게 방에서 나가라고 소리를 지르며)

치료자: (부드러운 표정을 지으며 조이와 어머니 브렌다를 향해) 세상에, 두 사람 다 지금 힘들어하는 게 보이네요. 이렇게 힘든데도 여기까지 와줘서 정말 기뻐요!

조이 어머니 브렌다: (부자연스럽게 팔짱을 낀 채) 그러게요.

조이는 여전히 얼굴을 가린 채 계속해서 소리를 지르고 의자에서 더 깊숙이 몸을 웅크린다.

치료자: 세상에나, 두 사람 다 이렇게 느끼는 게 정말 정말 안타까워요. 두 사람 다 힘들어 하는 걸 알겠어요, 아니, 심지어 우리 셋일 수도 있겠네요. 무슨 일이 일어나고 있는지 이해하려면 정말 여러분의 도움이 필요할 거예요.

치료자는 부모와 자녀 간 애착 관계의 힘을 인식하고 있기에 두 사람이 서로의 정신 상태에 엄청난 영향을 미친다는 것을 알고 있다. 따라서 치료자는 치료실에서 감정 온도를 낮추기 위해 공감을 시도한다. 높은 감정적 압박은 모두가 분명히 생각하고 느끼는 것을 좀 더 어렵게 만든다는 것을 알기 때문이다. 조이와 어머니의 주체성(agency)을 자극하기 위해 치료자는 자신의 주관성을 투명하게 드러내고 있다.

치료자: 조이야, 난 너한테 화난 게 아니고 네 엄마한테도 화난 게 아니라는 걸 알면 좋겠어. 사실 난 두 사람이 무척 자랑스러워, 이렇게 힘든 상황에서 나를 보러 오다니

얼마나 용감하니.

이 청소년들은 전형적으로 자신과 타인의 정신 상태를 지각하는 데 몹시 서툴러서 특히 치료 초기에는 생각을 명시적으로 표현하는 것이 매우 중요하다. 따라서 치료자는 자기 의도를 분명히 밝힌다. 자신이 조이나 어머니를 판단하지 않는다는 것과 자신의 의도는 그들과 나란히 가며 작업하는 것임을 조이가 이해하도록 돕기 위해서다. 치료자는 또한 두 사람 마음에 공감하는 것도 목표로 한다. 조이 어머니가 딸을 정신화할 수 있으려면 어머니의 정신화를 회복시킬 필요가 있음을 알고 있다.

조이: 안 믿겨요. 선생님이 우리 싫어하는 거 알아요! 엄마가 여기서 나가면 좋겠어요. 엄마도 날 싫어하는 거 알아요. 엄마는 날 절대 낳지 않았기를 바라죠!

치료자: 맙소사, 도대체 어떻게 그게 가능할까, 엄마가 네가 죽기를 바라다니! 사랑하는 조이야, 우리 잠시 멈춤 버튼(pause button)을 눌러 보자. 내 뇌는 너무 스트레스를 받으면 멈춰 버리거든. 그럼 내가 별로 도움이 안 된단 말이야, 응!

조이: 그 말도 안 되는 멈춤 따위는 하기 싫어요!

치료자: (조이와 정서적으로 연결된 상태를 유지하기 위해 장난스럽게) 근데 난 그게 필요해, 조이야, 내 뇌가 창문 밖으로 날아가려고 해!

조이가 키득거린다.

치료자: (공감하고, 나란히 가면서) 그리고 있잖아, 난 정말 멈춤이 필요해. 왜냐면 만일 내가 지금 네 입장이라면 정말 침대 밖으로 나오는 것조차 할 수 없었겠다는 걸 알거든.

조이: (소리를 지른다) 내가 여기 있는 건 그냥 엄마가 억지로 시켜서예요!!

치료자: 너 참 결단력 있고 강한 엄마를 뒀구나. 그리고 너는 엄마와 함께 날 보러 왔잖아, 대단해 조이!

치료자는 조이의 위협감을 줄여줌으로써 조이를 주변 세상과 연결하려고 애쓰고 있다.

조이: 엄마는 정말 구려요!

조이 어머니는 눈을 굴리고 한숨을 쉰다.

조이: (후드 밖으로 내다본다.) 봐요, 봐요, 엄마가 나한테 눈을 굴렸어요. 저게 내가 말하는 거라고요. 엄마는 날 미워해요. 정말 날 미워한다고요!!

치료자 : (어리둥절한 표정을 지으며) 와, 조이야, 그거 대단한데, 엄마가 너한테 눈 굴린 걸 알아차리다니! 내 말은 네가 얼마나 빠르고 예리한지, 그렇지 않아? 난 그거 못 알아차렸거든. 난 너에 비해 정말 너무 느려.

조이: 맞아요! 그리고 엄마가 눈을 굴릴 땐 나를 미워하는 거라고요.

치료자: 저런, 엄마가 그런다고? 조이야 날 좀 도와줘. 난 지금 완전히 오리무중이야.

조이와 브렌다는 서로에게 소리를 지르기 시작한다.

치료자: (일어나서, 두 손을 머리 위로 올리며) 그만, 그만, 그만! 두 사람 모두 다 제발요, 그렇게 소리 지르면 생각할 수가 없어요.

치료자: 조이야, 난 정말 네 도움이 필요해. 지금 네 생각을 따라갈 수가 없어. 나로서는 도무지 이해가 안 돼. 엄마가 눈 굴리는 거에서 널 미워하는 거로 넘어간 게 말이야! 그게 엄마가 느끼는 거라는 걸 넌 어떻게 아는 거야?

조이: 난 그걸 느끼거든요!

브렌다: 아니, 넌 틀렸어!

치료자: (감정 온도를 낮추려고 다시 '정신화 손(mentalizing hands)'을 사용하며) 이런, 우리 다시 한번 멈춰 봐요, 여기에 나무늘보가 있다는 걸 잊지 말아 줘요. 내가 그냥 궁금해서 그런데요. 그러니까 가끔 우리는 이런 강한 감정에 휩싸이면 그게 다 사실이라고 믿는 경향이 있거든요. (심리교육) 브렌다 당신도 인정하나요?

브렌다: 네, 물론이죠.

치료자: 좋아요, 좋아요, 그게 지금 조이가 씨름하고 있는 게 아닌지 궁금하네요.

조이: 근데 난 그게 사실이란 걸 알아요. 엄마가 날 나를 미워한다는 걸 알아요. 왜냐면 내가 그렇게 느끼니까요.

치료자: 있잖아, 조이야. 가끔 나도 진짜 무너지면 그게 사실이고 다를 리가 없다고 확신할 때가 있어.

치료자는 자신을 모델로 삼아 대안적 관점을 제시하려 시도한다.

조이: 흠…….

치료자: 그리고 그런 후에 내가 좀 더 진정이 되면 그게 사실 내 뇌에서 안개가 걷히는 것 같아서 내가 처음에 생각했던 것보다 좀 더 많은 게 있다는 걸 깨달을 수 있어. 너도 그러니?

조이: 아뇨!!

치료자: 미안해, 조이야, 내가 너무 몰아붙이고 있구나. 네가 좀 쉬게 해줄게. 잠시 엄마랑 얘기해 볼게. 브렌다, 지금 저를 좀 도와줄 수 있는지 궁금해요. 당신이 눈을 굴릴 때 조이가 뭘 느낀다고 생각하세요?

치료자는 조이 마음이 여전히 심적 동등성에 고착되어 있다고 가정한다. 그리고 너무 성급하게 대안적 관점으로 나간 데 대해 책임을 진다. 초점을 어머니로 옮김으로써 조이에게 호기심을 자극하고 경직된 자세에서 벗어나도록 도울 수 있을지도 모른다.

브렌다: 전혀 모르겠어요. 얘가 분명히 말을 듣고 있지 않죠. 그게 문제예요. 그리고 그게 내가 눈을 굴리는 이유죠.

분명히, 그냥, 해야 한다, 반드시, 늘, 절대와 같은 단어를 주의해서 들어 보자. 이런 단어는 모두 정신화가 사라졌음을 나타낸다.

치료자: 아, 그렇군요, 내가 제대로 이해한 건가요? 조이가 말을 듣고 있지 않을 때 당신이 눈을 굴린다는 거죠?

브렌다가 고개를 끄덕인다.

치료자: 조이한테서 뭘 보고 말을 듣고 있지 않다고 생각하나요?

브렌다: 얘가 그냥 계속 저한테서 고개를 돌리잖아요. 내가 귀담아 말을 들어야 할 엄마가 아니라는 듯이요. 그리곤 결국 항상 얘가 자해하는 걸로 끝나죠.

치료자: 알겠어요, 그러니까 조이가 고개를 돌릴 때, 다시 말해 줘요, 그게 당신을 어떻게

느끼게 하는가요?

브렌다: 어, 그러니까 실제로, 마치 내가 쓰레기 같은 거죠.

치료자: 오, 그건 정말 힘들겠어요, 브렌다. 조이가 고개를 돌리면 당신이 쓰레기 같은 존재처럼 느낀다는 거죠. 그럼 무슨 일이 일어나지? 조이?

조이: 엄마는 완전히 맛이 가요!

치료자: 아 저런. '맛이 간다'는 게 무슨 뜻이야 조이야? 그럼 넌 엄마한테 뭘 보게 되니, 조이야?

조이: 엄마는 화가 나 나한테 소리를 지르죠.

치료자: 조이가 묘사한 것처럼 화가 날 때 당신이 어떻게 보이는지 알고 있나요, 브렌다?

브렌다: (웃으며) 글쎄요. 조이 아빠가 그래요. 내가 누군가를 죽일 수 있을 것처럼 보인다고요, 어, 걱정 마세요 난 그러진 않을 테니까요.

치료자: 아, 안심이 되네요! 그렇다면 조이 안에서 무슨 일이 일어나고 있다고 생각하세요? 조이가 당신 얼굴에서 그런 표정을 볼 때 말이죠.

브렌다: 모르겠어요. 그러니까 조이는 내가 자기를 미워하지 않는다는 걸 틀림없이 알 거란 말이죠.

치료자: 조이야, 엄마가 그렇게 보일 때 넌 뭘 느끼는지 말해 줄 수 있니?

조이: 무서워요.

브렌다: 글쎄요, 조이는 나를 무서워해선 안 된다는 걸 알고 있죠. 난 얘 엄마잖아요, 진짜.

조이: 난 근데 그렇다고!

치료자: (심리 교육적인) 여러분, 기억하나요? 이건 다시 우리 안에서 일어나는 정말 강한 감정에 대한 거죠. 예를 들어, 두려움 같은 거요. 이게 모든 걸 지배하죠. 가끔 나한테도 그런 일이 일어나요, 분명히. 그래서 우리는 기본적으로 그런 순간에 무서워할 필요가 없다고 해도 어쨌든 무섭죠. 내 말이 무슨 뜻인지 알겠나요?

둘 다 고개를 끄덕인다.

치료자: 내가 완전히 틀렸을 수도 있지만, 그게 조이에게 일어나고 있는 일인지 그냥 궁금해요.

브렌다: 근데 난 얘 엄마잖아요, 내가 자기한테 위협이 아니라는 걸 얘가 당연히 알아야죠

치료자: 잠시만요, 브렌다, 조금만 참아 주세요. 조이야, 지금 우리를 좀 도와줄 수 있겠니? 엄마 행동이나 표정에서 어떤 게 널 실제로 무섭게 만드니?

조이: 모르겠어요, 엄마가 증오에 찬 듯 보여요.

치료자: 그게 엄마가 누군가를 죽일 수 있을 것 같이 보인다고 아빠가 말할 때 언급한 그 표정이니?

조이: 그런 거 같아요.

치료자: 그 표정 뒤에 뭐가 있나요? 당신이 생각하기에, 브렌다?

브렌다: 이런, 내가 좀 가혹하게 보일 수 있다는 걸 알아요. 근데 난 그냥 절망적이라 생각해요.

조이: 엄마가 절망적이라면 나를 미워하는 거죠!

치료자: 조이야, 날 도와줘. 그러니까 난 이렇게 나이 든 나무늘보잖아. 근데 다시 이런 건너뛰기가 있거든! 이번에는 나이 들고 느린 뇌가 절망적인 상태에서 누군가를 미워하는 것으로 건너뛰는 걸 이해할 수가 없어. 넌 어떻게 이해하니?

조이: 난 그냥 알아요. 난 정말 부적격자 거든요. 엄마는 내가 매일 즐겁게 학교 가는 여동생처럼 되길 바라죠. 엄마는 몰라요. 내가 진짜 정상이 되려고 정말로 무지 힘들게 노력한다는 걸요.

자존감이 취약한 청소년은 오해받는다고 느낄 때 사회적으로 부정적인 강렬한 감정을 경험하기 쉽다. 이해받지 못하는 경험은 청소년의 자기감의 붕괴를 촉발할 수 있다. 그리고 이것은 강렬한 유기 공포를 동반하여 내적인 패닉을 초래하고 자해와 같은 행동화하는 행동이나 자살 사고로 이어질 수 있다.

브렌다: (숨을 들이쉬며) 오, 허니!

치료자: 넌 정말 잘하고 있어, 조이야, 정말 잘하네. 네가 말하고 있는 건 아주 중요한 거야. 우리가 그걸 더 자세히 살펴보기 전에, 엄마가 '오, 허니'라고 말할 때 엄마가 뭘 느끼고 있는지 궁금하네.

조이: 엄마는 슬픈 거죠, 내가 엄마를 슬프게 만들어요.

치료자: 엄마한테 확인해 볼까?

조이는 끄덕이며 엄마를 바라본다.

요약하면 여기에서 주된 목표는 청소년의 정신화 능력을 회복시키기 위해 괴로워하는 청소년과 정서적으로 연결되는 것이다. 청소년이 비정신화 모드에서 맴돌고 있고 이질적 힘에 짓눌리면 불가피하게 자신이 혼자이고 사회적 세계와 단절되어 있다고 깊이 느낄 것이다. 이 상황은 이런 견딜 수 없는 마음 상태에서 벗어나기 위한 방법으로 자살 시도를 고려한다는 측면에서 위험할 수 있을 뿐 아니라 청소년이 발달 경로에서 떨어져 나올 취약성을 갖게 만들기도 한다. 발달 경로는 전형적으로 학교에 다니고 사회적 네트워크 구축하기를 포함한다. 청소년이 발달 경로에 올라서려면 자신의 사회적 세계와 정서적으로 연결될 필요가 있다. 정신화 증진을 통해 달성할 수 있고, 정신화 증진은 자신에 대한 좀 더 정확한 시각과 다른 사람들의 마음을 상상하는 능력을 향상시킬 수 있다.

■ 나디아, 만 18세
미움받고 있다는 것에 대한 '과잉생각'

조이처럼 나디아도 삶의 많은 영역에서 어려움을 겪고 있다. 상당한 자해 행동으로 분투하고 있는 것 외에도 등교하기와 친구들과 소통하기를 중단했다. 동시에 나디아는 친구들이 어디서 뭘 하는지 끊임없이 집착하고 소셜 미디어 플랫폼에서 과도한 시간을 보낸다. 여전히 다양한 소셜 미디어에서 사진과 게시물로 친구들을 지켜보고 있지만 사회적 세계에서 철수한 상태에서 나디아는 결국 자신은 혼자이고 고립되어 있고 실패자라고 강렬하게 느낀다.

치료 평가 단계 동안 나디아와 치료자는 소외와 거부를 느끼는 경험을 나디아의 정신화 붕괴의 주된 촉발 요인으로 확인한다. 나디아 자신도 다른 청소년들이 '당연히' 해야 할 일을 하는 것을 지켜보느라 인터넷에서 보낸 시간이 앞서 언급한 감정들의 주된 촉발 요인이라고 인식하고 있다. 나디아는 게시된 사진들을 자세히 들여다보고 모든 댓글을 읽는 것이 자신에게 과잉생각을 일으키고, 이런 정신 상태에서 결국 자신을 엄청나게 미워하게 되는 상황에 대해 말한다. '과잉생각(overthinking)'이란 흔히 청소년들이 정신화과다를 묘사할 때 사용하는 용어다.

나디아는 치료실 의자에 앉아 몸을 앞뒤로 흔들며 중얼거린다. "난 감당할 수 없어, 난 감당할 수 없어, 죽고 싶어, 제발 나를 죽게 해 줘."

치료자는 나디아 옆으로 가서 바닥에 자리 잡는다. 걱정스러운 표정으로 약간 더듬거리며 말한다. "이런, 오, 나디아, 네가 이렇게 느껴서 정말 안타까워. 나도 앉아야 할 것 같아. 나디아, 내 말 들어봐. 난 네가 죽는 걸 원치 않아. 만일 네가 죽으면 난 완전

히 무너질 거야. 말해 줘, 무슨 일이 있었니?"

나디아는 여전히 고개를 숙인 채 몸을 흔들며 말한다. "모르겠어요, 정말 모르겠어요. 내가 정말 죽고 싶다는 건 알아요. 난 평온과 고요가 좀 필요해요."

치료자: 오, 사랑하는 나디아…… 정말 감동받았어. 네가 이런 마음 상태인데도 버스를 타고 여기까지 나를 만나러 왔구나. 네가 자랑스러워.

나디아가 극심한 자기혐오 상태에 있기 때문에 치료자는 긍정적이고 따뜻하며 자비로운 자세를 취함으로써 나디아의 이질적 자기와 대조적인 모습을 구현할 필요가 있다.

나디아: 나는 미움받아 마땅해요. 정말 괴물이에요.

치료자: 무슨 일이 있었니, 나디아? 어떻게 해서 이렇게 느끼게 된 거야?

나디아: (고개를 숙인 채 손톱을 아주 세게 물어뜯으며) 모르겠어요. 내가 너무 싫어요.

치료자가 부드러운 목소리로 말한다. "물어뜯어서 상처 내지 말고 같이 얘기하고 네가 느끼고 있는 것을 이해하려고 해 보자."

나디아: (손톱 물어뜯기를 멈추며) 알겠어요, 하지만 아무것도 모르겠어요.

치료자: 괜찮아, '나는 모르겠어요'라는 상태에 대해 좀 더 말해 줄래? 뭐가 너를 그 상태로 밀어붙였다고 생각하니?

나디아: 모르겠어요. 그러니까 나는 확실히 싫어요. 모든 사람이 내가 알기를 원한다는 게 싫어요. 내가 단지 아는 것은 자해를 했다는 거죠. 그건 내가 실패자라는 증거예요. 세상에, 난 내가 싫어요. 온 세상이 나를 싫어해요!!

치료자: 이런, 어느 누가 널 싫어하겠니?! 나는 분명히 너를 싫어하지 않아! 네가 자해한다고 해서 너한테 조금도 화나지 않았어. 난 너를 판단하지 않아, 나디아, 알겠니?

치료자는 명시적으로 심적 동등성의 괴로움을 덜어 주려고 시도한다.

나디아: (올려다보며) 네, 감사해요.

치료자: (미소 지으며) 천만에. 근데 좀 궁금하구나. 혹시 무슨 일이 있어서 네가 너에 대해

끔찍하게 느끼게 됐는데, 자해 말고는 다른 선택지가 없다고 생각했을 수도 있겠다 하고 말이야.

나디아: 음, 네, 끔찍하다고 느꼈어요.

치료자: 무슨 일이 있었니, 나디아? 무슨 일이 있었던 거야?

나디아: 모르겠어요.

치료자: 괜찮아, 우린 천천히 갈 거야. 한 번에 한 걸음씩. 나는 정말 네가 느끼는 끔찍한 느낌들이 궁금해. 있잖아, 난 이런 가설을 세웠어. 그 순간 네 감정이 너무 강력해서 너를 손목 긋기로 몰아붙였을 수도 있겠다고 말이야. 넌 이것에 대해 어떻게 생각하니?

치료자는 알지 못한다는 자세로 참여하고(3장 참조) 자신의 가설을 투명하게 제시하며 청소년이 정신적 과정(mental processes)에 대한 관심을 공유하도록 초대한다.

나디아: 그건 생각하고 싶지 않아요.

나디아는 여전히 심적 동등성 입장에 갇혀 있다.

치료자: 이런. 그 마음 이해해. 나라도 돌아가고 싶지 않을 거야. 나도 가끔 내 마음속 그런 자리들을 다시 찾기를 피하거든. 그런데 내가 그렇게 하지 않으면 아무것도 나아지지 않을 거라는 것도 알지. 그러니까 우리 같이 해 보자, 어때?

나디아: 거기로 갈 수 없어요. 너무 끔찍해요. 모두가 나를 싫어하는 걸 알아요……
그러니까 별건 아니었어요. 뭐, 그냥, 내 방에 있었고, 평소처럼, 인스타그램을 스크롤하고 있었어요. 그러다 루이자와 섀넌 사진을 봤어요. 둘 다 그냥 엄청 행복하고 멋져 보였어요. 예전엔 우리 셋이서 같이 어울려 다녔어요. 근데 이제는 더 이상 그렇지 않죠. 예전에는 얘들이 나 없이 둘이 찍은 사진을 인스타에 올리지 않을 만큼 좀 쿨했어요. 근데 갑자기 친절하지 않더니 둘이서 행복한 사진을 그냥 올렸어요. 언제나요. 그건 작년에 내가 루이자 생일파티에 가지 않았기 때문인 걸 알아요. 분명히 그게 얘들을 열받게 했죠!! 그러니까 루이자가 16세 되는 날이었고, 그게 중요한 생일이라는 걸 나도 잘 알아요. 그러니까 내가 그걸 모르는 게 아니에요. 근데 너무 우울했고 그냥 침대에서 억지로라도 일어나 나올 수가 없었어요. 엄마

가 나한테 소리를 지르면서 나를 가게 만들려고 했어요. 안 가면 친구들을 모두 잃게 될 거라고 말했어요. 엄마 말이 맞았어요, 왜냐하면 이제 나는 완전히 혼자예요. 그리고 분명히 얘들은 나를 생각하면서 그 사진을 올린 거예요. 내가 더 이상 자기들 일원이 아니라는 걸 보여 주려고요. 루이자 파티에 나타나지 않았기 때문이죠.

앞서 언급했듯이 정신화과다에서는 청소년의 분석 능력(즉, 무능력)이 '스핀(spin)' 상태에 들어가 감정과 생각이 현실로부터 너무 많은 거리를 앞서 '도약한다(jump).'

치료자: 잠시만, 나디아. 우리 조금 천천히 할 수 있을까? 네가 나한테는 너무 빠르네. 정말 알고 싶어. 루이자와 섀넌 사진을 봤을 때 너한테 무슨 일이 일어났는지를 이해하려고 말이야.

청소년이 느낀 것을 탐색하고 관련된 대인 간 맥락에서 무슨 일이 일어났는지를 명료화하는 것은 그 순간을 정신화하는 구성 요소를 제공한다. 문제의 핵심에 도달하기 위해서는 과정을 천천히 진행하는 원칙이 아주 중요하다.

나디아: 아뇨, 정말 괜찮아요. 상관없어요. 아마 아무 일도 아닐 거예요. 그냥 바보 같은 내 생각이죠. 어쨌거나 아무 의미도 없는.

치료자: 아니, 나는 동의 안 해. 네 생각은 많은 걸 뜻한다고 생각하거든. 걔들은 중요해. 걔들은 나한테도 아주 중요해. 그리고 걔들은 네가 여기 올 때마다 중요하지. 난 정말 알고 싶어.

나디아: 아, 근데 몰라요. 그건 정말 구렸어요. 그게 내 마음을 아프게 했어요. 지금 내 마음은 그냥 텅 빈 구멍이에요. (나디아가 울기 시작한다) 모르겠어요. 머릿속이 까맣게 변하더니 갑자기 내가 방과 집을 나서는 모습이 보였어요. 내가 그렇게 할 거라고 누가 믿겠어요. (약간 웃으며) 편의점에 면도날을 사러 가다니요. 그러고 나서 대낮에 길에서 손목을 그었어요. 지금은 너무 바보 같은 행동이라고 느껴요. 난 정말 괴물이에요.

치료자: 넌 괴물이 아니야. 넌 고통받고 있는 거지. 나는 그걸 이해해.

결론

치료자는 청소년과 나란히 가면서 자해에 선행한 주관적인 마음 상태에 대해 충분한 관심과 호기심을 보여야 한다. 이와 함께 청소년이 자신과 타인에 대해 생각하고 느끼는 능력을 포기한 순간에 대처할 수 없었던 주관성을 탐색해야 한다. 이 작업은 종종 이질적 자기와의 계속되는 싸움이다. 이질적 자기는 높은 각성 상태를 야기하고 청소년들을 충동적으로 밀어붙인다. 우리는 정신화와 인간성 회복에 시동을 걸고 청소년을 사회적 세계와 연결시키기 위해 지속적으로 속도를 늦추고, 잠시 멈춰서 생각하며, 우리가 이해한 바를 명료화하려고 노력할 필요가 있다.

참고문헌

Buitron, V., Hill, R.M., Pettit, J.W., Green, K.L., Hatkevich, C., & Sharp, C. (2016). Interpersonal stress and suicidal ideation in adolescence: An indirect association through perceived burdensomeness toward others. *Journal of Affective Disorders, 190*, 143–149.

Ferrara, M., Terrinoni, A., & Williams, R. (2012). Non-suicidal self-injury (NSSI) in adolescent inpatients: assessing personality features and attitude toward death. *Child and Adolescent Psychiatry and Mental Health, 6*(1), 12.

Fonagy, P., Gergely, G., Jurist, E.J., & Target, M. (2002). *Affect Regulation, Mentalization, and the Development of the Self*. London: Karnac Press.

Fonagy, P., & Luyten, P. (2009). A developmental, mentalization-based approach to the understanding and treatment of borderline personality disorder. *Development and Psychopathology, 21*(4), 1355–1381.

Gillies, D., Christou, M.A., Dixon, A.C., Featherston, OJ., Rapti, I., Garcia-Anguita, A.,?... Christou, P.A. (2018). Prevalence and characteristics of self-harm in adolescents: meta-analyses of community-based studies 1990–2015. *Journal of the American Academy of Child and Adolescent Psychiatry, 57*(10), 733–741.

Guan, K., Fox, K.R., & Prinstein, M.J. (2012). Nonsuicidal self-injuiy as a time-invariant predictor of adolescent suicide ideation and attempts in a diverse community sample. *Journal of Consulting and Clinical Psychology, 80*(5), 842–849.

Hilt, L.M., Nock, M.K., Lloyd-Richardson, E.E., & Prinstein, M.J. (2008). Longitudinal study of nonsuicidal self-injury among young adolescents: Rates, correlates, and preliminary test of an interpersonal model. *The Journal of Early Adolescence, 28*(3), 455–469.

Jacobson, C.M., & Gould, M. (2007). The epidemiology and phenomenology of non-suicidal self-injurious behavior among adolescents: A critical review of the literature. *Archives of Suicide Research, 11*(2), 129–147.

Madge, N., Hewitt, A., Hawton, K., Wilde, E.J.D., Corcoran, P., Fekete, S.,?... Ystgaard, M. (2008). Deliberate self-harm within an international community sample of young people: comparative findings from the Child & Adolescent Self-Harm in Europe (CASE) Study. *Journal of Child Psychology and Psychiatry, 49*(6), 667–677.

Masten, C.L., Eisenberger, N.I., Borofsky, L.A., Pfeifer, J.H., McNealy, K., Mazziotta, J.C., & Dapretto, M. (2009). Neural correlates of social exclusion during adolescence: understanding the distress of peer rejection. *Social Cognitive and Affective Neuroscience, 4*(2), 143–157.

Nock, M.K., & Prinstein, M.J. (2005). Contextual features and behavioral functions of self mutilation among adolescents. *Journal of Abnormal Psychology, 114*(1), 140–146.

Puzia, M.E., Kraines, M.A., Liu, R.T., & Kleiman, E.M. (2014). Early life stressors and suicidal ideation: Mediation by interpersonal risk factors. *Personality and Individual Differences, 56*, 68–72.

Rossouw, T. (2012). Self-harm in young people. Is MBT the answer? In N. Midgley & I. Vrouva (Eds.), *Minding the Child: Mentalization-Based Interventions with Children, Young People and Their Families* (pp. 131–144). London: Routledge.

Rossouw, T.I., & Fonagy, P. (2012). Mentalization-based treatment for self-harm in adolescents: a randomized controlled trial. *Journal of the American Academy of Child and Adolescent Psychiatry, 51*(12), 1304–1313.

Sebastian, C., Viding, E., Williams, K.D., & Blakemore, S.J. (2010). Social brain development and the affective consequences of ostracism in adolescence. *Brain and Cognition, 72*(1), 134–145.

Sharp, C., Ha, C., Carbone, C., Kim, S., Perry, K., Williams, L., & Fonagy, P. (2013). Hypermentalizing in adolescent inpatients: treatment effects and association with borderline traits. *Journal of Personality Disorders, 27*(l), 3–18.

Tahmasebi, A.M., Artiges, E., Banaschewski, T., Barker, GJ., Bruehl, R., Büchel, C.,?... Heinz, A. (2012). Creating probabilistic maps of the face network in the adolescent brain: a multicentre functional MRI study. *Human Brain Mapping, 33*(4), 938–957.

제8장

성별 다양성*이 있는 청소년 및 가족과 함께 작업하기

Ioanna Vrouva, Jason Maldonado-Page, Nicole Muller

서론

"사진을 볼 수 없는 게 내 생애 처음이에요. 가슴이 없는 내 모습이 어떻게 보일지 도무지 상상이 안 돼요. 수술 후에 거울을 보면 그게 어떤지 볼 수 있겠죠. 내가 이걸 원한다는 걸 알면서도 무모한 도전처럼 느껴지기도 해요. 그들이 내 몸을 바꾸게는 하는데, 감정적으로 나한테 어떤 일이 생길지 모르겠어요. 내가 만족할 수 있을까요? 좀 더 진짜 나처럼 느낄까요? 모르겠어요."

만 19세 제이콥, 트렌스젠더 남자

앞서 논의했듯이 청소년기는 흔히 신체적 변화와 심리적 발달 그리고 기존 관계와 새로운 관계에 대해 정서적 동요와 불확실성 및 괴로움을 겪는 시기이며, 이 모든 것들이 서로 엮여서 청소년의 정체성 발달을 빚어낸다. 성별 다양성(gender diverse)이 있는 청소년 및 가족과 함께하는 작업은 치료자에게 청소년과 치료적으로 작업할 때

* '성별 다양성' 용어는 국내에서 'gender diversity'의 개념으로 통용되나 gender diverse는 주로 성별 정체성의 다양성을 나타내는 반면, gender diversity는 조직이나 사회 내에서 다양한 성별 정체성을 존중하고 포용하는 개념으로 차이가 있음. 트렌스젠더 인권단체에서는 '성별다양성'으로 번역함.
[출처: World Professional Association for Transgender Health(2023)에서 발간한 트랜스젠더·성별 다양성이 있는 사람을 위한 건강관리 실무표준 제8판에 대한 뉴스].

원래 있는 익숙한 긴장감을 주지만 제이콥처럼 치료자도 처음으로 몇 가지 당혹스러운 질문을 두고 고심할 수 있다.

영국과 네덜란드에서의 치료 사례들을 익명 처리하고 혼합한 내용을 바탕으로 이 장에서는 성별 다양성이 있는 청소년 및 그들의 가족과 나눈 대화를 소개하고자 한다. 치료 사례에서 사용된 대명사들은 때때로 청소년의 출생 시 지정된 성별과 일치하고 때로는 일치하지 않는다. 이것은 일부 청소년의 경우 선호하는 대명사(그리고 전환)가 시간이 지남에 따라 바뀔 수 있다는 사실을 반영하기 위해서다(Churcher Clarke & Spiliadis, 2019).

개인적 성찰

이 장을 작성하면서 우리는 생각과 딜레마를 드러내놓고 공유하고 싶었다. 그 이유는 성별 다양성을 가진 청소년 및 가족과 함께 작업하기는 강한 감정적 반응을 불러일으킬 수 있기 때문이다. 이 장에 기술되어 있는 작업 방식은 독자의 개인적이고 전문적인 경험에 따라 다르게 해석될 수 있으며 이 분야가 계속 발전함에 따라 향후에는 다른 시각으로 평가될 수도 있다. 따라서 우리는 우리의 접근 방식이 이런 엄청나게 복잡한 질문들의 일부에 대해 답하는 올바른 혹은 유일한 방식이라고 주장하지 않는다.

이 집단과 작업하는 일은 우리 자신의 성 정체성 발달에 대해 성찰하게 만들었다. 우리 모두 청소년기를 되돌아보며 특정 시점에 성 정체성을 의문시하고, 사춘기 발달의 여러 측면에서 괴로움을 느끼고, 흔히 부모가 본보기를 보여 준 이성애적 규범과 다른 제한적인 문화적 젠더 규범에 맞추려 분투하고, 때로는 우리 자신과 몸을 수용하고 사랑해 줄 사람을 찾는 데 대한 강렬한 불안을 경험한 일에 대해 공감할 수 있다. 우리는 십 대 시절에 인터넷을 사용하지 않았기에 우리 경험의 의미를, 해결을 위해서는 의료적 개입이 필요할 수도 있는 성 불쾌감[DSM-V; 미국정신의학회(2013)에서 사용되는 진단 용어]의 징후로 여기는 것에 관해 또래 지지집단이나 공공서사(public narratives)*에 온라인이나 다른 방식으로 접근할 수 있었다면 어땠을지 궁금해했다.

* '박미정(2021). 공공서사와 뉴스 번역: 한일갈등서사의 라벨링 프레이밍 분석을 중심으로. 번역학연구, 22(1), 139-169.'에서 public narratives를 '공공서사'로 번역함.

정신건강 분야는 과거에 다양한 성적 지향에 대해 병리학적 입장을 취한 것과 관련하여 불명예스러운 역사가 있다. 저자로서 우리는 다양성을 지지하고 청소년들이 자신의 생각과 감정, 행동의 다중적 의미와 기능을 성찰함으로써 개인의 역사에 대한 감각을 기르도록 돕는 데 전념하고 있다고 느낀다.

이처럼 논쟁이 많은 분야에서 작업하다 보니 우리가 내담자들에게 충분히 '소수계에 우대적(affirmative)'이지 않다거나 불필요하게 신중하다거나 숨긴다거나 심지어 '트렌스젠더를 혐오한다'고 경험될까 봐 우려했던 때가 있었다. 이런 경우들은 직업적으로 괴로운 경험이 될 수 있으며, 우리는 우리 자신의 정신화에 영향을 미치는 이러한 압박을 모니터링하는 것이 유용하다는 것을 알게 되었다. 그럴 때마다 우리는 우리 자신과 청소년들의 경험을 좀 더 이해하려고 애썼고 종종 치료실에서 이러한 경험들을 함께 성찰했다. 우리는 정신화를 위한 '멈춤(pause)' 버튼(Bateman & Fonagy, 2006)을 누름으로써 지금 여기에서 함께 작업하고 있는 청소년과 가족 들이 겪고 있는 분투와 감정을 상상하고 더 잘 이해하려고 노력했으며 진심으로 공감하고 지지하려고 했다. 정신화 자세는 또한 우리가 청소년과 그들의 가족, 또래 집단, 치료자, 그리고 치료자들이 함께 일하는 팀 사이에 존재하는 정신화 과정과 비정신화 과정을 좀 더 잘 알아차리는 데 도움이 됐다.

청소년기의 체화된 정신화에 대한 주석

사춘기의 시작은 많은 신체적 변화를 가져오며 이러한 변화는 각각 다른 몸에서 다양한 방식으로 다양한 시기에 다양한 속도로 발생한다(Waddell, 2005). 따라서 이러한 신체적 변화는 보편적인 측면과 개별화된 측면을 둘 다 갖고 있다.

청소년 각자가 어떻게 이러한 도전을 절충하고 체화되고(embodied) 젠더화된 자기에 대한 감각을 형성할지는 또한 그들의 정신 상태와 몸에 대해 동시에 생각할 수 있는 능력, 즉 체화된 정신화(embodied mentalizing)로 기술되는 능력에도 크게 좌우된다(Fonagy & Luyten, 2009; Luyten, van Houdenhove, Lemma, Target, & Fonagy, 2012). 체화된 정신화는 신체를 정서적 경험의 터전으로 보는 능력과 함께 마음이 신체적 경험과 감각에 미치는 영향뿐만 아니라 신체가 마음에 미치는 영향을 열려 있는 자세로 성찰할 수 있는 능력을 말한다. 따라서 정신화와 정신화되는 과정은 온전한 몸/마음 경험으로 묘사되어 왔다.

성별 다양성이 있는 청소년 및 가족과 함께하는 작업에서 어려운 과제

최근 자신의 성 정체성에 대해 의문을 가지는 청소년의 비율이 기하급수적으로 늘고 있다(Di Ceglie, 2018). 이러한 청소년을 지원하는 치료자들은 발달적, 실증적, 임상적, 전문적, 문화적, 윤리적, 그리고 치료적 차원에서 수많은 도전에 직면한다. 앞서 언급했듯이 발달적 관점에서 보면 자신의 성 정체성/성적 지향과 젠더에 관한 불확실성 수준뿐만 아니라 사춘기 시작에서 신체 발달을 둘러싼 괴로움은 종종 청소년기 정체성 형성 과정에서 전형적으로 나타나는 현상으로 지정된 성별과 스스로 규정한 성별에 관계없이 많은 청소년이 겪는 경험이다.

실증연구에 따르면 성 불쾌감의 지속성과 탈지속성에 기여하는 요인들은 여전히 대부분 알려져 있지 않은 실정이다. 이러한 불확실성과 초기 단계의 증거 기반 때문에 치료자들은 때때로 일화적인 치료 경험이나 혹은 검증되지 않았거나 부분적으로만 검증된 이론에 근거하여 의견을 제시해야 하는 처지에 놓인다(Marcus, Marcus, Yaxte, & Marcus, 2015).

성별 다양성이 있고 사회적 어려움이나 정신건강 문제와 같은 연관된 심각한 어려움이 있는 청소년과 작업할 때 때때로 이러한 자기의 다양한 부분들이 어디에서 겹치고 교차하는지를 풀어내는 것이 매우 어려울 수 있다. 때때로 복잡한 경험과 문제를 가진 청소년들은 자신의 모든 어려움이 (당연히 때로는 절망적이고 심지어 자살 충동까지 느끼게 만들 수 있는) 자신의 성 정체성과 신체 간의 불일치 때문이라고 생각할 수 있다.

성별 다양성을 가진 청소년의 부모를 지원하는 것 역시 복잡할 수 있다. 자녀가 괴로워하는 모습을 보는 것은 양육자에게 두려움과 공포를 불러일으킬 수 있다. 이로 인해 부모는 자녀의 전형적이지 않은 성별 정체성을 완전히 부정하게 되거나, 아니면 성급한 해결 쪽으로 끌려 들어가게 된다(Wren, 2019). 부모는 또한 자녀의 소망을 온전히 긍정하고 옹호하지 않으면 죄책감을 느끼거나 자녀에게 충실하지 않았다고 느낄 수도 있다. 이와 대조적으로 어떤 부모는 자녀가 지정된 성별에 따라 어떤 모습과 행동을 보여야 하는지에 대한 종교적 또는 문화적 기대로 인해 마비된 듯한 무력감을 느낄 수 있다. 마지막으로 일부 가정에서는 정신화되지 않은 트라우마(Silverman,

2015)가 때때로 부모가 자녀의 신체에 대해 갖는 관계를 통해 전이되고 표현될 수 있으며 이로 인해 복잡한 안전보호 관련 문제가 발생할 수 있다.

전문가의 관점에서 전환 치료에 대한 새로운 양해각서[the new Memorandum of Understanding on Conversion Therapy; 영국심리치료협회(UKCP), 2017, p. 1]는 당연히 전환 치료를 "비윤리적이고 잠재적으로 해로울" 수 있다고 묘사하면서도 동시에 "일부 사람들은 심리치료의 도전에서 유익을 얻을 수 있다"…… 그리고 "내담자는 자신을 더 잘 이해할 때 건강한 선택을 하게 된다"고 제안한다. 이러한 권고 사항들은 특히 청소년 정체성 발달의 변동하는 역동을 감안할 때 치료자들이 목표로 삼을 수 있는 자기 이해에 대한 넓은 회색 지대를 남긴다. 시야를 넓혀 더 전반적인 문화적 도전에 대해 성찰해 보면, 많은 청소년은 여전히 그들을 주변화시키고 존중하지 않는 사회적 환경에서 살아가고 있다. 이런 환경은 동성애 혐오와 여성 혐오 및 성별 중립성과 유동성에 대한 불관용을 특징으로 한다(Wren, 2019).

온라인 플랫폼은 청소년들이 트랜스젠더 이슈 및 그와 관련된 권리 운동에 관한 정보에 접근할 수 있게 했고, 그들이 수치심과 고립감을 덜 느끼게 하는 데 도움이 됐다. 그러나 사이버 공간은 또한 온통 마음을 다 뺏을 수도 있어 청소년이 겪는 괴로움의 본질을 다루기 위해 성급한 확신으로 자기진단 하기를 허용하거나 심지어 암묵적으로 이를 부추길 수도 있다(Lemma, 2018). 청소년들은 스스로에게 진단명을 붙이는 이런 경험을 "길을 잃은 동시에 길을 발견한 상태(lost and found at the same time)"라고 묘사했다(Marcus et al., 2015). 또래 관계는 자신의 발달하는 정체성을 탐색하고 표현할 수 있는 소중한 기회를 제공한다. 하지만 또래 압력 및 패거리 같은 정신 상태의 가능성도 우려될 수 있다. 이 경우 청소년의 개별성 발달이 획일성과 무리에 맞추려는 욕구에 의해 발달 궤도를 벗어날 위험성이 있다(Churcher Clarke & Spiliadis, 2019).

이런 맥락에서 단선적인 의료적 경로가 때때로 청소년들(그리고 그들의 부모)의 마음에서 다름이나 괴로움 또는 둘 다의 경험을 관리하는 유일한 길이 될 수 있다. 이러한 목적론적 모드(1장에서 기술)에서는 전문가 서비스나 내분비 클리닉에 의뢰하는 것과 같이 오로지 구체적 행위만이 치료자가 관심을 가지고 도움을 주고자 한다는 증거로 '인정받게' 될 수 있다.

심지어 더 이른 의료적 개입에 대한 요청에 어떻게 대응할지와 관련된 딜레마는 중대한 윤리적 도전을 전면으로 가져올 수 있다. 삶을 바꿀 만한 영향과 건강한 청소년의 신체에 부작용을 초래할 수 있는 의료적 치료에 대한 고지에 입각한 동의 절차는 매우 복잡할 수 있다. 이때 치료자는 청소년의 자율성을 존중하고 싶은 마음과 향후 잠재적인 위해로부터 그들을 보호해야 한다는 책임감 사이에서 발생하는 힘든 긴장을 관리해야 한다.

젠더에 대해 논의할 때 정신화 어려움을 알아차리고 정신화 강점 증진하기

MBT의 틀은 우리가 성별 다양성을 가진 청소년(및 가족)이 그들 자신과 다른 사람들의 경험을 성찰하고 의미를 부여하는, 제각기 다른 능력을 이해하는 데 도움이 됐다. 이 분야에서 일하기 시작할 때 치료자들은 언어를 전환하는 일에 사로잡히게 될 수 있고, 많은 청소년은 강한 확신을 갖고 '올바른' 용어와 언어를 묘사한다. 예를 들어 청소년들은 "나는 트랜스 소녀(a Trans girl)가 아니에요, 나는 그냥 소녀예요"라고 말하며 가족 구성원과 또래나 전문가의 언어를 정정할 수 있다. 이에 대해 그들이 겪고 있는 것처럼 보이는 괴로움에 공감하고, 이것이 해당 청소년에게 어떤 의미인지를 이해하려는 관심을 보이는 것이 도움이 된다. 청소년에게 두 용어의 차이를 어떻게 보는지와 각 용어가 그들을 어떻게 느끼게 만드는지, 그리고 이런 특정한 방식으로 불리는 것이 그들에게 어떤 의미에서 중요한지를 치료자(또는 부모, 형제자매 등)가 이해하도록 도와달라고 요청할 수 있다.

한 번은 치료자가 청소년의 부모에게 말하던 중 실수로 그 청소년이 선호하는 대명사인 '그(him?)'를 사용하는 대신 '그녀(her?)'라고 지칭했다. 그 청소년은 즉시 기분이 상했고 다소 공격적이 되어, 잘못된 성별 호칭을 **"용납할 수 없고" "용서받을 수 없는"** 일이라고 묘사했다. 치료자는 처음에는 이런 반응의 강도에 놀랐으나 진정성을 갖고 청소년에게 사과하려고 했을 뿐만 아니라 왜 이러한 실수가 그 청소년을 크게 화나게 했는지에 대해 호기심을 유지했다. 치료 동맹은 청소년의 괴로움을 인정하고 다른 회기에서 이러한 실수를 재탐색함으로써 회복되었다. 이것이 그 청소년에게 의미하는 바(즉, 그가 충분히 소년으로 '통하지(pass)' 않았다는 것과 굴욕에 대한 두려움 그리고 다른 사람들에게 받아들여지지 않는다는 고통스러운 느낌)를 함께 탐색하는 과정이 그 청소년이 이해받는다고 느끼게 하는 데 도움이 됐다. 그제야 그 청소년은 누군가가 그를 거부하거나 모욕하려는 것이 아니라 의도치 않은 실수를 했을 때 어떻게 받아들

이고 대응할지를 정신화하는 것이 가능해졌다.

흔히 청소년들의 내러티브는 신체의 외적 현실과 젠더화된 자기감 사이의 연결성을 인정하는 데 있어 어려움을 드러낸다. 이때 치료자들은 심적 동등성(1장에서 기술)이라는 덜 정신화하는 모드와 맞닥뜨린다. 따라서 평가 과정에서 생각과 감정의 '내면'과 외적인 외모와 신체의 '외면'을 논의하는 것이 중요하다. 특히 많은 청소년이 그들이 동일시한 젠더로 '통하지' 않는 것에 대해 겪는 괴로움과 외면을 바꾸면 내면도 바뀔 것이라는 그들의 기대를 고려할 때 더욱 그렇다.

또 다른 때에는 자신의 체화된 정체성에 관한 청소년의 설명은 개인적인 의미가 결여되어 있고 생각과 감정에서 단절된 것처럼 들릴 수 있다. 이때 치료자는 청소년 개개인에게 이러한 경험이 어떤 것인지를 진정으로 이해하기도 전에 "**잘못된 몸에 갇혀 있어 얼마나 힘들까**"와 같은 발언을 하는 등 청소년의 느낌을 알고 타당화해야 한다는 압박감을 느낄 위험이 있다. 다시 말해 자신도 모르게 가상 모드(1장에서 기술)로 상호작용할 위험이 있다. 청소년과 그들의 가족이 가상 모드로 기능하고 있음을 나타내는 지표 중 하나는 복잡한 경험을 단순한 이야기로 말하는 것이다. 예를 들어 한 어머니가 트랜스젠더 소년이 가슴이 납작해지도록 단단히 조인 후 기분이 훨씬 나아졌다는 결론을 내렸는데, 이와 동시에 이전의 트라우마가 자녀의 감정에 어떤 영향을 미쳤을지 민감하게 궁금해하지 않았다. MBT 치료자는 이러한 대화에서 자신의 생각과 감정을 활용하여 정신화를 자극하는 개입을 선택할 수 있다. 예컨대 치료자는 어떻게 어머니가 마음속에서 자녀의 경험에 대해 명확히 안다는 투로 말하는지에 대해 성찰한다. 이와 대조적으로 치료자에게는 매일 가슴을 단단히 조이고 숨겨야 하는 청소년의 입장이라면 어떨지, 또 이것이 그 청소년에게 어떤 감정을 불러일으키는지 이해하는 것이 여전히 어렵다.

다음 질문들은 청소년에게 호기심을 자극하는, 진심으로 공감적인 방식으로 물었을 때 정신화를 도울 수 있다. "네 외모가 네가 안에서 느끼는 것과 어떻게 닮았니? 그리고 이것이 젠더 고정관념과 어떻게 관련되어 있니? 다른 사람들이 너를 어떻게 바라본다고 생각하니? 그리고 그들이 너에 대해 알아차리고 이해하기를 바라는 게 뭐니? 다른 사람들이 너를 보고 트랜스젠더인지 궁금해할 때 어떤 느낌이 드는지? 어떤 신체 부위들이 너에게 가장 힘든 감정을 불러일으키니? 그리고 너는 이걸 어떻게 이해하니? 네가 겪었던 괴롭힘/학대/다른 트라우마가 네 몸에 대해 네가 어떻게 느끼는지와 관련이 있다는 것(또는 없다는 것)을 어떻게 알게 됐니?

성별 다양성이 있는 청소년들과 함께 작업하는 일은 또한 병리적인 행동을 정상화하지 않으려는 노력과 정상적인 행동을 병리화하지 않는 것 간에 균형 잡기를 포함한다. 이것은 특히 까다롭고 힘든 작업이다. 왜냐하면 무엇이 '정상'이고 무엇이 정상이 아닌지를 규정하는 일은 항상 복잡하고 어렵기 때문이다. 게다가 청소년들이 자신의 내적 경험을 성찰하도록 돕는 일과 타인의 생각과 기대에 대해 생각하도록 돕는 일 사이에서 균형을 유지하는 것이 중요하다. 흔히 성별 다양성을 가진 청소년들은 다른 사람들과 그들이 청소년의 성 정체성을 얼마나 수용하고 지지하는지에 대해 생각하기에 사로잡히면서 동시에 종종 혼란, 슬픔, 상실감으로 특징지어지는 자신의 내적 경험에 관심을 기울이는 데 어려움을 겪을 수 있다. 다음에 기술한 것처럼 청소년이 치료 관계에서 안전하다고 느끼기 시작하면 이러한 경험들을 인정하고 정신화할 수 있다.

카밀라는 만 16세이며 부모는 아이가 자폐 특성을 보이는지 궁금해한다. MBT-A 평가에서 카밀라는 서서히 마음을 열고 자신의 삶에서 무엇이 자신을 그토록 철수하게 만들었는지 이해하려고 시도한다. 그녀는 자신의 슬픈 감정을 성찰하려고 애쓰면서 '정상'이 되려는 생각을 애통해했다.

카밀라는 긴장하며 휴가를 떠날 때 공항에서 무슨 일이 일어날지 늘 두렵다고 치료자에게 설명한다. 왜냐하면 그녀가 남자아이처럼 보이기 때문에 항상 남성 전용 구역으로 안내받지만, 공항 직원들이 그녀가 남자의 몸을 갖고 있지 않다는 것을 알게 되면 항상 충격을 받고 어떻게 반응해야 할지 모르기 때문이다. 갑자기 카밀라는 살며시 울기 시작하며 '정상적'이지 않다는 느낌이 매우 익숙하고, 늘 학교에서 소속될 그룹을 찾고 놀림을 받거나 쫓겨날까 두려워했다고 숙고한다. 카밀라는 "아이들은 정말 잔인할 수 있어요"라고 회고한다. 안전하게 지내고 부모님을 실망시키지 않으려고 자신의 감정을 표현하지 않고 멀리 떨어진 어딘가에 두는 법을 배웠다. 정말 좋아하는 여자아이와 사랑에 빠졌을 때 그녀는 다시 자신의 성적 취향과 관련하여 이것이 무엇을 의미하는지 그리고 이것이 '정상'인지에 의문을 갖기 시작했다. 그리고 이제 여자친구와의 관계에서 카밀라는 자신의 몸이 너무나 수치스러워 함께 샤워를 하거나 밝은 방에서 성관계를 하고 싶어 하지 않는다. 왜냐하면 그러면 여자친구가 자신의 여자아이 몸을 볼 수 있지만 카밀라는 남자아이라 느끼기 때문이다. 그녀가 거주하는 공간은 너무 외롭게 느껴진다. 카밀라는 간절히 '정상'이기를 원하는데 자신이 결코 정상이 될 수 없을 것이라는 생각이 그녀를 몹시 슬프게 만든다. 그녀는 의료적 성전환을 시작

하기를 희망하고 잘 기능하는 음경을 가진 남자아이들에게 질투를 느낀다. 평가 단계에서 그녀는 그토록 오랫동안 이해받지 못한 것이 끼친 영향을 느낀다. 그녀는 자신의 감정을 치료자와 나누니 좋은 느낌이 든다는 것을 깨닫는다. 그리고 이러한 모든 경험이 끼친 영향과 그것이 그녀와 사회생활에 어떻게 영향을 미쳤는지를 더 잘 알아차리려고 애쓴다.

가족 전체에서 마음/몸 연결에 대한 정신화하기를 증진하기 위해 우리는 때때로 청소년의 부모에게 자신이 자녀 나이였을 때 사진을 가져오라고 요청했다. 부모에게 사진들을 살펴보고 사진에서 보이는 것과 보이지 않는 것을 공유하도록 요청하고 자녀에게는 호기심을 가지고 질문하도록 격려했다. 부모에게는 성인으로 답하지 말고 청소년이었을 때 자신이 했을 것 같은 답을 하라고 지시했다. 이것은 부모가 자신의 청소년기 경험과 연결되는 데 도움이 됐고, 많은 부모가 그들의 변화하는 신체와 관련된 도전뿐만 아니라 수치심과 어색함에 대한 이야기를 공유하곤 했다. 이 연습은 치료실을 유머러스하게 했고 청소년들은 종종 부모가 비슷한 경험을 했다는 사실에 진정으로 흥미를 느끼고 놀라워했다. 감정이 담긴 이야기들이 나오게 됐고, 그중 많은 이야기는 부모가 자녀와 한 번도 나눈 적이 없는 것들이었다. 일례로, 더 남자답고 근육질로 보이기 위해 의료적 개입을 희망하던 트랜스젠더 남자아이의 어머니는 십 대 때 과체중으로 괴롭힘을 당했던 고통스러운 경험과 극복하는 데 무엇이 도움이 됐는지를 공유했다. 사진 연습은 중간 공간(a transitional space)을 만드는 데 도움이 됐다. 이런 공간에서 청소년들은 그들이 직면하고 있는 도전을 이해할 가능성이 있는 사람으로서 부모를 신뢰할 수 있었다. 그러나 때로 부모들은 이해하려고 노력했음에도 불구하고 어떻게 자녀의 실제 경험이 여전히 그들에게는 알 수 없게 느껴지는지에 대해 말하곤 했다.

이러한 상황에서 우리는 빈 의자를 치료실로 가져오곤 했다. 게슈탈트의 빈 의자 기법에 따라(Peris, Hefferline, & Goodman, 1951), 우리는 부모에게 의자에 앉도록 요청하고 최대한 자녀가 되어서 자녀의 관점에서 생각하고 그들의 감정적 자세를 체화하도록 격려했다. 그런 다음 부모와 면담을 진행했다. 이 면담 기법은 내면화된 타자 면담(Internalised Other Interview)(Burnham, 2006) 및 말 그대로 다른 가족 구성원의 입장이 되어보는 MBT-F의 개념(Asen & Fonagy, 2017)과 유사한데, 주요 과제는 부모가 자녀의 실제 경험을 정신화하도록 돕는 것이었다. 청소년들은 이 과정을 지켜보고 그런 다음 그들이 들은 것과 연결할 수 있는 기회를 제공받곤 했다. 이 기법은 청소년들에게도 사용됐다. 사태의 진행 속도를 늦추고 가족 구성원들이 공유된 경험과 서로 다른 경험에 대해 연결될 수 있게 해주는 방법으로 청소년들이 부모 입장을 정신화하고 형제자매의 경쟁적 욕구들을 정신화하도록 돕기 위해서다.

성별 다양성을 가진 청소년들이 시간이 지날수록 더 강한 정신화 능력을 발휘하는 것을 보면 고무적으로 느껴진다. 정신화 능력은 일반적으로 다음을 포함한다. 자신을 다른 사람의 입장에 놓아 보려는 의지와 역량(예: "엄마는 14년 동안 나를 '케이티'로 알고 있었죠. 엄마가 가끔 실수하는 이유와 그게 고의가 아니라는 걸 알겠어요."), 생각의 차이를 견디는 역량 ("내가 학교에서 조지아로 커밍아웃했을 때 사람들이 약간 혼란스러워했던 이유를 이해해요. 나는 매우 남자답게 보이려고 항상 노력했으니까요"), 불확실성을 표현하는 용기("내가 왜 이렇게 느끼는지 혹은 이게 정확히 뭘 의미하는지 모르겠어요."), 또래 집단 내에서 다름을 표현하는 용기("내 트랜스젠더 친구들은 시스젠더들이 이해하지 못한다고 생각해요. 근데 나는 때로는 사람들에게 이해받는다고 느끼고 또 어떤 때는 오해받는다고 느껴요. 그리고 이건 트랜스젠더인지 아닌지와 항상 관련된 건 아니에요."), 몸에 대한 느낌과 같은 정신 상태가 시간이 지나면서 달라질 수 있음을 상상하는 능력("나는 앞으로 수술을 받고 싶다는 걸 알고 있어요. 그렇지만 내가 원하는 게 바뀔 수도 있고, 그것도 괜찮다는 것도 알아요"), 그리고 호기심을 갖고 열려 있고 방어적이지 않은 방식으로 탐색에 참여하는 역량이다. 다른 곳에서도 언급된 바 있듯이(Bateman & Fonagy, 2006), 긍정적인 정신화를 부각시키고 강화하는 것은 정신화 어려움을 알아차리는 것만큼이나 중요하다.

가족과 함께 작업할 때 정신화 증진하기

다음 발췌문은 만 13세 알렉스(이전에는 알렉산드라)와 부모 빌과 제인 그리고 두 명의 치료자 TT1과 TT2가 만난 첫 번째 회기의 시작을 묘사한다.

치료자1: 환영합니다, 여러분! 둘 다* 오늘 이 만남에 오는 게 어땠는지 궁금하네요.

엄마: 알렉스는 무척 흥분했어요. 그녀는 어젯밤 거의 내내 깨어 있으면서 온라인으로 친구들과 얘기했어요(알렉스를 부르며). 그렇지 않았니?

(알렉스는 불쾌해 보이고 입을 다물어 버린다.)

치료자1: 알렉스, 화가 난 것처럼 보여. 무슨 일이 있었는지 우리와 나눌 수 있겠니?

* 두 명의 치료자를 뜻함.

알렉스: 엄마는 나를 항상 '그녀'라 불러요. 나는 **그에게** 말했다고요(단호하게, 엄마를 가리키며) 백만 번은요. 근데 **그는** 그냥 듣지 않아요.

아빠: 알렉스, 이건 무례한 거잖아, 그렇지 않니?

알렉스: 그게 엄마가 방금 나한테 했던 거잖아요!

치료자2: 얘기를 끊어서 미안합니다. 오늘 이 면담에 오는 게 여러분 모두에게 어땠을지 우리는 겨우 상상하기 시작할 수 있을 뿐이죠. 아마도 아주 다른 감정과 희망 그리고 걱정을 가지고 왔을 거예요. 우리는 정말 모든 사람의 의견을 듣고 이해하고 싶어요. (알렉스 쪽을 향하여) 알렉스야, 우리는 보통 여기서 만날 때 각자 선호하는 대명사를 말해 달라고 요청하거든. 넌 어떤 걸 선호하니? 나는 그녀는/그녀를 대명사로 사용해.

치료자1: 그리고 나는 그는/그를 대명사로 사용해.

알렉스: (더 행복해 보임) 나는 그는/그를 써요. 지금 내 친구들이 다 쓰는 거예요.

아빠: 근데 너는 학교에서 여전히 '그녀'잖아.

치료자1: 다시 끼어들어 죄송해요. 회기 중에 자주 그러는 편이에요. 여러분이 쓰는 대명사는 뭔가요? (엄마와 아빠 쪽을 향해)

아빠: 음 아마 정상적인 대명사 그와 그를일테죠. 아마도…….

엄마: 어, 그녀와 그녀를…….

(제인과 빌이 혼란스러워 보임)

치료자1: 고맙습니다. 여러분 모두가 여기에서는 어떠한 가정도 하지 않기를 부탁하고 싶어요. 때때로 대명사에 대한 선호가 시간이 지나면서 바뀔 수 있다는 것도 알고 있어요. 그러니 그런 일이 생기면 알려 주세요. 그럼, 알렉스, 네가 어떤 걸 말하려던 참이었지. 내가 무례하게 끼어들 때 말이야. 그것에 대해 다시 한번, 미안해.

알렉스: 나는 어디서든 남자아이예요. 그게 진짜 내 모습이죠. 그저 학교에서 아직 제대로 커밍아웃하지 않았을 뿐이죠(제인과 빌이 걱정스러운 눈빛을 주고받는다.)

치료자1: 빌, 제인, 알렉스, 우리가 따라가려면 여러분의 도움이 필요할 것 같아요. 양해 부탁해요. 이 단계에서 우리 두 사람이 이번 만남에서 알렉스가 선호하는 대명사를 사용한다면 모두가 **괜찮은지** 확인해 봐도 될까요?

엄마: 편하실 대로요. 나는 괜찮아요.

치료자1: 우리는 알렉스가 가장 편안하게 느끼는 언어에 대한 바람을 존중하는 차원에서 알렉스가 선호하는 대명사를 쓰고 싶어요. 알렉스가 편안하게 느끼면 우리가 더 열려 있고 유익한 대화를 하고 알렉스를 좀 더 이해할 수 있어요. 이게 우리 입장입니다. 우린 분명히 알렉스가 누구인지 아니면 앞으로 어떤 일이 일어날지를 여러분에게 말하려고 여기 있는 건 아니에요. 이건 알렉스가 스스로 알아가야 할 일이죠. 그리고 (알렉스 쪽으로) 우리 정체성을 알아가는 데는 시간이 걸릴 거야.

엄마: 괜찮아요. 근데 그냥 분명히 하고 싶어서 그런데 알렉스는 몸을 바꾸려고 어떤 약이나 약물도 복용하고 있진 않아요.

(알렉스는 몹시 화가 나 보인다.)

치료자1: 음, 큰 걱정을 안고 여기 오신 것 같아요, 제인. (알렉스 쪽으로) 알렉스야, 보니까 네가 다시 기분이 안 좋아 보이는 것 같아. 이제 그 이유를 짐작할 수 있다는 생각이 들어. 그런데 잠시 우리가 되돌아가도 될까? 네가 이 만남을 기대하고 있었다고 엄마가 말했을 때 엄마가 제대로 아신 거니?

알렉스: 네, 나는 이걸 기대하고 있었어요. 왜냐하면 정말 T(테스토스테론) 복용과 성전환을 시작하기를 바라거든요.

아빠: 우린 절대로 그걸 허락하지 않을 겁니다.

(알렉스가 눈물을 보이고 아빠에게 말한다.)

알렉스: 당신들은 **절대** 이해하지 못할 거예요!

(엄마 눈에는 눈물이 고이고, 아빠는 고개를 숙인 채로 있다.)

치료자2: 알렉스, 네가 화가 난 모습을 보니 정말 안타깝구나. 그리고 부모님을 보니 부모님도 지금 많이 슬퍼 보여요. 네가 우리를 도와줄 수 있겠니? 너와 엄마, 아빠 마음을 상하게 한 게 뭐라고 생각하니?

알렉스: 모르겠어요, 그리고 솔직히 상관없어요.

치료자1: 한 가지 말해도 될까요? 우리는 상처 받았다고 느끼면 서로에게 친절하고 관심 갖기가 어려워요. 심지어 우리가 서로에게 마음 쓸 때도 그래요. 내가 틀릴 수도 있지만 오늘 세 분과 함께 있으면서 받은 느낌은 서로 간에 많은 배려와 호의가 있으면서도 속상한 감정도 많다는 거예요.

(치료자들이 서로를 바라본다.)

치료자2: 나도 비슷한 생각을 하고 있었어요. 생각하고 대화할 게 많은 거 같아요. 서로 다른 많은 희망과 걱정에 대해서요. (다시 가족을 향해) 그냥 이 만남을 위해서 돌아가면서 각자 희망과 걱정을 나누는 데 동의하나요? (알렉스가 고개를 끄덕인다.) 내가 먼저 해도 될까요? (가족이 약간 놀랐다.)

아빠: 하셔도 돼요.

치료자2: 나는 여러분이 오늘 이 모임을 마치고 떠날 때 존중받았다고 느끼고 우리가 제대로 이해하기를 원한다는 것을 알기를 희망합니다. 나는 또한 우리가 누군가를 불편하게 만드는 어떤 말을 할지도 모른다는 걱정도 드네요. 만약 우리가 오해하는 부분이 있다면 언제든지 우리에게 알려줄 수 있나요? 때때로 우리가 어떤 단어를 쓰거나 질문을 할 때 여러분에게 '이 사람들은 정말 못 알아듣네'라는 생각이 들게 하거나 불편한 느낌이 들게 할 수 있어요. 그런 일이 생기면 꼭 말해 줄 수 있나요? (가족이 고개를 끄덕인다.)

치료자1: 우리가 최선을 다해 이해하려고 노력하겠지만 가끔은 어떤 말이나 질문을 하거나 표현하는 방식에서 "영리하기보다는 서투른[Burnham & Harris, 1996 참조]" 모습을 보이기도 해요. 때로는 도전적인 대화가 필요할 수도 있어요. 우리가 여러분을 믿지 못하거나 여러분에게 뭐가 최선인지를 알고 있어서 그런 건 아니에요. 정확한 이유는 우리가 모르고 여러분의 경험과 여러분과 가족이 사태를 어떻게 보는지에 대해 가능한 한 정말 많이 배우고 싶기 때문이에요. 그럼, 희망과 걱정에 대해, 알렉스야, 네가 이어서 해도 괜찮니?……

이 발췌문은 가족 체계 내에서 정신화 압박이 어떻게 나타나는지를 보여 준다. 흔히 유사한 상황에서 알렉스 부모의 정신화는 그들의 염려와 걱정이 명시적으로 말로 표현되고 이해되지 않는다면 손상될 수 있다. 반면 알렉스의 성전환 계획과 미래에 대한 확신은 부모의 의도뿐만 아니라 자신의 잠재적인 불확실성이나 양가감정에 대해 정신화하는 능력을 제한할 수 있다.

MBT-F(Asen & Fonagy, 2011; Keaveny, Midgley, Asen, Bevington, Fearon et al., 2012)나 또는 체계적 작업 방식(Dallos & Vetere, 2009; Hedges, 2010; Maldonado-Page & Favier, 2018) 혹은 두 접근에 익숙한 실무자들은 치료자가 처음부터 시도하려는 다음 몇 가지 핵심 절차와 과정을 쉽게 알아볼 수 있다. 그것은 호기심과 유머의 사용, 참여와 인식론적 신뢰를 촉진하기 위해 치료자의 자기 활용(Fonagy & Allison, 2014), 그리고 치료 회기 중 갈등 악화로 이어질 가능성이 있는 상호작용을 멈추기다. 정신화는 격한 언쟁 중이거나 애착체계가 활성화될 때 저해되는 경향이 있어(Bateman & Fonagy, 2004), 치료자들은 정신화가 다시 활성화될 수 있도록 더 차분한 대화를 목표로 한다(Keaveny et al., 2012).

게다가 치료자들은 의식적으로 호기심을 갖고 알지 못하고 비전문가(non-expert) 자세를 취하면서, 순간을 정신화하고, 성인과 청소년 사이 그리고 그들의 서로 다른 희망과 걱정 사이에서 균형을 유지하려고 한다. 공동 치료자가 있다는 이점을 최대한 활용하여 발췌문의 마지막 부분에서 치료자들은 약간 다르지만 상호 보완적인 두 가지 아이디어를 소개한다. 이것은 치료라는 보트가 뒤집히는 것을 예방하려고 보트 양쪽에 기대는 것이다. 그들은 존중하고 안전한 공간을 제공하고자 하는 바람뿐만 아니라 잠재적으로 도전적인 대화에 참여해야 할 필요성을 명시적으로 표현한다. 성별에 대한 전문 지식이 없는 독자도 기존의 기술을 사용하여 성별 다양성을 가진 청소년과 대화를 시작할 수 있겠다고 안심할 수 있기를 바란다. 그리고 역설적이게도 어떤 주제에 대해 자신이 안다고 주장하는 지식이 적을수록 정신화 자세를 유지하기가 더 쉽다.

체화된 정신화 증진하기

수술 전후에 거울을 보는 일은 트랜스젠더 청소년에게 의미심장한 경험일 수 있다. 수술 전에 가졌던 환상과 소망이 그들이 거울 속에서 보는 모습과 다르다면 거울을 보는 일은 어려울 수 있다. 때로 트랜스젠더 청소년은 수술에 대해 생각할 때 흔히 가상 모드로 작동하여 몸의 경험과 그들이 내면에서 느끼는 것 간의 연결을 끊는다. 이럴 때 정신화를 재활성화시키려면 치료자가 성전환과 관련된 신체적 측면이나 성적 측면 혹은 두 측면 모두 명시적으로 정신화하려고 애쓰는 것이 유익할 수 있다.

다음 발췌문은 이 장의 시작 부분에서 우리가 만났던 만 19세 트랜스젠더 남자인 제이콥과 나눈 대화다.

제이콥: 사람마다 반응이 달라요. 그래서 얼마나 많은 흉터가 있을지 모르겠어요. 내 몸이 어떻게 적응할지 기다려봐야겠죠.

치료자: 그렇지, 미리 알 수는 없지. 그런데 네가 이것에 대해 말할 때 나한테는 네 감정은 멀리 떨어져 있다고 느껴져. 내가 맞니?

제이콥: 네, 맞아요. 흉터에 대해 생각하면 강한 감정이 들어요. 그런데 감정적으로 되고 싶지 않거든요. 특히 흉터가 클 때요. 누군가 고통스러워했다고 상상할 수 있잖아요. 그 뒤에 이야기가 있죠. 하지만 그건 또한 감동적이고 아름다운 어떤 것일 수도 있어요. 그것 또한 가능하죠.

치료자: 네게 흉터가 남는다면 어떨지 잠시 용기 내어 느끼고 생각해 볼 수 있을까?

제이콥: 흉터를 아름답게 볼 거라 생각해요. 이건 정말 엄청난 시련이었어요. 매일 이 흉터들을 볼 때마다 내게 상기시켜 줄 거예요. 내가 도전했다는 걸요. 그건 내 이야기, 내 투쟁을 말해 주죠. 수술이 이번 달에 될 거라는 걸 알고 있으니 너무 많은 감정을 느껴요. 내가 그걸 받아들여야 한다는 건 알지만 너무 힘들어요. 하지만 수술 후에는 다를 거라 생각해요. 어쩌면 약간의 평화를 찾을 수 있을지도 모르죠. 언제가 평화를 찾을 수 있을지 모르겠지만요.

치료자: 그게 지금은 어떻게 느끼게 하니?

제이콥: 그러니까 나는 항상 모든 사진을 볼 수 있었는데, 이 일에 대해선 그럴 수 없어요. 사진을 볼 수 없는 게 내 생애 처음이에요. 가슴이 없는 내 모습이 어떻게 보일지 도저히 상상이 안 돼요. 수술 후에 거울을 보면 그게 어떤지 볼 수 있겠죠. 내가 이걸 원한다는 걸 알면서도 무모한 도전처럼 느껴지기도 해요. 그들이 내 몸을 바꾸게는 하는데, 감정적으로 나한테 어떤 일이 생길지 모르겠어요. 내가 만족할 수 있을까요? 좀 더 진짜 나처럼 느낄까요? 모르겠어요.

치료자: 그렇지, 네 심정을 이해해, 너무 힘들 거야!

제이콥: 네, 이 일에 대해 현실적으로 되려고 노력 중이에요. 좋은 면도 있지만 어려운 면도 있죠. 하지만 이런 가슴을 조이는 바인더*를 착용하지 않으면 틀림없이 큰 해방감을 느낄 거예요. 하루종일 압박감을 느끼거든요. 가끔 이것 때문에 가끔 숨쉬기가 힘들어요.

치료자: 너무도 많은 감정이 있구나. 목소리에서 떨리는 게 들리는데?

제이콥: 네, 그러니까 이토록 명시적으로 말하다 보니 처음으로 두려움을 실제로 느낄 수 있어요. 그리고 내가 이걸 원한다는 건 알지만 그만큼 너무 두렵네요…….

결론

제시한 발췌문은 신체를 염두에 두면서도 정신화 자세를 취하는 것이 민감한 대화를 위한 안전한 맥락을 제공하는 데 도움이 된다는 것을 보여 준다. 이것은 청소년에

* 상부 수술 흉터나 가슴 압박 도구로 조끼 형태의 속옷. 유방을 최대한 압박하는 상의 속옷이며, 격렬한 운동을 하는 선수들이 주로 사용하는데, 성전환 수술을 받은 후 가슴 크기를 줄이기 위해 사용하기도 한다.

게 과하게 긍정하고 의심하지 않는 것으로 경험되지도 않고 위협적이고 심문하는 것처럼 경험되지도 않는다. 감정의 복잡성을 탐색하고 앞으로의 결과에 대해 열린 마음을 유지하는 일은 주로 개방적인 치료 관계의 형성과 유지에 달려 있다. 그리고 이런 치료 관계는 공감 동맹과 지금 여기에서 청소년이 느끼는 경험과 연결된 상태로 남으려는 치료자의 지속적인 노력에 기반을 둔다(Rossouw, 2012).

성별 다양성이 있는 청소년 및 가족과 함께 작업하려면 청소년의 내면세계와 몸의 경험을 탐색하고 이해하며, 주요 타자들이 청소년을 이해하도록 돕고, 치료자로서 자신의 생각과 감정을 공개적으로 성찰하는 일에 전념하는 자세가 요구된다. 이런 작업 방식으로도 결코 모든 복잡한 질문에 답할 수는 없다. 하지만 이런 방식은 치료자가 청소년 및 가족과 함께 지지적이고 민감하며 의미 있는 방식으로 딜레마에 개방적으로 접근할 수 있게 해 준다.

참고문헌

American Psychiatric Association. (2013). *Diagnostic and Statistical Manual of Mental Disorders* (DSM–V). Washington, DC: American Psychiatric Pub.

Asen, E., & Fonagy, P. (2011). Mentalization–based therapeutic interventions for families. *Journal of Family Therapy, 34*, 347–370.

Asen, E., & Fonagy, P. (2017). Mentalizing family violence, Part 2: techniques and interventions. *Family Process, 56*(1), 22–44. 10.1111/famp.12276.

Bateman, A.W., & Fonagy, P. (2004). Mentalization–based treatment of BPD. *Journal of Personality Disorders, 18*, 36–51.

Bateman, A.W., & Fonagy, P. (2006). *Mentalization–based treatment for borderline personality disorder: A practical guide*. Oxford: Oxford University Press.

Burnham, J., & Harris, O. (1996). *Emerging ethnicity: A tale of three cultures, Meeting the Needs of Ethnic Minority Children: A Handbook for Professionals*. London: Jessica Kingsley.

Burnham, J. (2006). Internalized other interviewing: Evaluating and enhancing empathy. *Clinical Psychology Forum, 140*, 16–20.

Churcher Clarke, A., & Spiliadis, A. (2019). 'Taking the lid off the box': The value of extended clinical assessment for adolescents presenting with gender identity difficulties. *Clinical Child Psychology and Psychiatry, 24*, 338–352.

Dallos, R., & Vetere, A. (2009). *Systemic Therapy and Attachment Narratives: Applications in a Range of Clinical Settings*. London, England: Routledge.

Di Ceglie, D. (2018). The use of metaphors in understanding atypical gender identity development and its psychosocial impact. *Journal of Child Psychotherapy, 44*(1), 5–28.

Fonagy, P., & Allison, E. (2014). The role of mentalizing and epistemic trust in the therapeutic relationship. *Psychotherapy, 51*, 372–380. 10.1037/a0036505.

Fonagy, P., & Luyten, P. (2009). A developmental, mentalization–based approach to the understanding and treatment of borderline personality disorder. *Development and Psychopathology, 21*, 1355–1381.

Hedges, F. (2010). *Reflexivity in Therapeutic Practice*. Basingstoke: Palgrave Macmillan.

Keaveny, E., Midgley, N., Asen, E., Bevington, D., Fearon, P., Fonagy, P., Jennings–Hobbs, R., & Wood, S. (2012). Minding the family mind: The development and initial evaluation of mentalization–based treatment for families. In N. Midgley & I. Vrouva (Eds.), *Minding the Child: Mentalization–Based Interventions with Children, Young People and Their Families* (pp. 98–112). London: Routledge.

Lemma, A. (2018). Transitory identities: some psychoanalytic reflections on transgender identities. *The International Journal of Psychoanalysis, 99* (5), 1089–1106. 10.1080/00207578.2018.1489710.

Luyten, P., van Houdenhove, B., Lemma, A., Target, M., & Fonagy, P. (2012). A mentalization–based approach to the understanding and treatment of functional somatic disorders. *Psychoanalytic Psychotherapy, 26*(2), 121–140.

Maldonado– Page, J., & Favier, S. (2018). *An invitation to explore: A brief overview of the Tavistock and Portman Gender Identity Development Service. Context: The Magazine for Family Therapy and Systemic Practice in the UK*, 155, 18–22.

Marchetti, A., Massaro, D., & Di Dio, C. (2017). The bodies "at the Forefront": Mentalization, memory, and construction of the self during adolescence. *Frontiers in Psychology, 8*, Article ID 1502.

Marcus, L., Marcus, K., Yaxte, S.M., & Marcus, K. (2015). Genderqueer: One family's experience with gender variance. *Psychoanalytic Inquiry, 35*(8), 795–808.

Memorandum of understanding on Conversion Therapy in the UK(version 2). (2017, October). retrieved from: http://www.pinktherapy.com/portals/0/Mou2_final.pdf

Perls, F., Hefferline, R., & Goodman, P. (1951). *Gestalt Therapy: Excitement and Growth in the Human Personality*. New York: Dell.

Rossouw, T. (2012). Self–harm in young people. Is MBT the answer? In N. Midgley & I. Vrouva (Eds.), *Minding the Child: Mentalization–Based Interventions with Children, Young People and Their Families* (pp. 131–144). London: Routledge.

Silverman, S. (2015). The colonized mind: Gender, trauma, and mentalization. *Psychoanalytic Dialogues, 25*(1), 51–66. 10.1080/10481885.2015.991246.

Waddell, M. (2005). Understanding 12–14 Year Olds. London: Jessica Kingsley.

Wren, B. (2019). Ethical issues arising in the provision of medical interventions for gender diverse children and adolescents. *Clinical Child Psychology and Psychiatry, 24*(2), 203–222.

제9장

품행장애: 청소년의 외현화 행동 문제와 가족과 작업하기

Svenja Taubner, Sophie Hauschild

어린이와 청소년의 행동 문제 중 가장 흔한 것이 외현화 장애다(예: Frick & Kimonis, 2005). 품행장애(conduct disorder; CD)는 청소년 범죄자 중에서 아주 흔하게 나타나고(Burke, Mulvey, & Schubert, 2015), 만성화되면서 반사회성 성격장애(ASPD; Ridenour, Cottier, Robins, Compton, Spitznagel, & Cunningham-Williams, 2002)로 발전할 위험이 크다. 이 장에서는 청소년기 CD를 다루기 위해 새롭게 개발된 정신화 기반 치료(MBT-CD)를 소개하고자 한다. 현재 이 접근의 실행 가능성 연구가 진행 중이다.

품행장애

품행장애의 핵심적 특징은 기본적인 권리나 연령에 맞게 지켜야 할 주요 사회적 규범이나 규칙을 위반하는 반복적인 행동 패턴을 보이는 것이다(American Psychiatric Association; 미국정신의학회, 2013). 품행장애는 인간과 동물에 대한 공격성, 재산 파괴, 사기 또는 절도, 심각한 규칙 위반 영역에서 제시하는 열다섯 가지 기준 중 세 가지 이상을 충족할 경우 진단한다. 유병률은 2~9% 사이이다(Costello, Mustillo, Erkanli, Keeler, & Angold, 2003; Wagner et al., 2017). 품행장애는 동반이환이 흔한데, 특히 주의력 결핍 과잉행동장애(ADHD)(Sigfusdottir et al., 2017)뿐만 아니라 외상후스트레스장애

(Allwood, Dyl, Hunt, & Spirito, 2008)와 같은 다른 질환에 함께 동반되는 경우가 많다. 품행장애는 반사회성 성격장애(ASPD) 발병의 위험 요인이고(Ridenour et al., 2002), 불안장애, 우울증, 약물 남용 및 양극성 장애(Kim–Cohen et al., 2003)로 이어질 수 있다. 요컨대 품행장애는 만성 정신 질환으로 이어질 위험이 높기에, 심각한 성인 정신병리를 예방하기 위해 외현화 문제를 조기에 진단하고 효과적인 치료법을 확립할 필요가 있다.

정신화와 품행장애

발달 정신병리학과 정신분석학적 관점에서 볼 때, 정신병리는 주로 애착 관련 문제에 대한 적응으로 간주한다. 하지만 나중에는 이 같은 적응적 '해결책'이 현재 상황의 요구에 잘 맞지 않을 수 있고, 개인과 그 주변 사람들 모두에게 고통을 초래할 수 있다. 영아의 약 70%가 공격적 행동을 보이는데, 만 2세가 되면 공격성이 최고조에 이른다(Tremblay, Hartup, & Archer, 2005). 이후에 대다수 유아는 공격성이 꾸준히 감소한다. 이는 아이들이 공격적인 것을 배우는 것이 아니라, 주어진 문화적 맥락에 진화적으로 유익한 최적의 적응으로 공격성을 탈학습한다는 가설로 이어진다(Fonagy, 2008).

Fonagy, Gergely, Jurist와 Target (2002)은 애착 관계에서 일어나는 잔인함에 적응하는 것으로 억제된 정신화(inhibited mentalizing)를 개념화한 모델을 제안했다. 정신화의 억제는 보호 기제의 역할을 한다. 왜냐하면 정신화가 억제되면 아이들이 취약하고 양육자에게 존재적으로 의존하는 상황에서 양육자의 적나라하게 악의적인 동기에 대해 더 이상 생각할 필요가 없기 때문이다. 그러나 다른 사람들의 행동에 대해 정신화하지 않으면 행동에 대한 이해는 '구체적인' 것, 즉 물리적이거나 관찰 가능한 실제 측면에서 이해하는 정도로 제한된다. 바꾸어 말하면 사회적 환경은 더 이상 '의도적 입장'이 아니라 '물리적 입장'에서 해석된다(Dennett, 1987). 이 경우에 화난 목소리는 단지 큰 소리로 인식되고, 위협적인 몸짓은 오직 팔을 든 것으로만 보일 뿐이다(Hill, Fonagy, Lancaster, & Broyden, 2007).

학대 경험과 사람에 대한 심각한 공격성을 보인 이력이 함께 있는 청소년과 성인은 정신화 문제가 상당히 있다는 증거가 쌓이고 있다(예: Chiesa & Fonagy, 2014). 반사회적 행동은 정신화의 결핍과 관련된다는 것이 일관되게 입증되었는데(Newbury–Helps,

Feigenbaum,& Fonagy, 2017), 폭력적인 특성을 보이는 하위집단에서 특히 그러하다(예: McGauley, Ferris, Marin-Avellan, & Fonagy, 2013). 청소년들에게도 비슷한 패턴이 나타났다(Cropp, Taubner, Salzer, & Streeck-Fischer,2019; Müller, Falkenstrom, Holmqvist Larsson, & Holmqvist, 2014; Taubner & Curth, 2013; Taubner, Wiswede, Nolte, & Roth, 2010). 정신화는 또한 사이코패스적 특성에 대한 완충 작용을 할 수 있고(Taubner, White, Zimmermann, Fonagy, & Nolte, 2013), 청소년기 폭력적인 행동에 중요한 보호 요인으로 작용하는(Taubner, Zimmermann, Ramberg, & Schröder, 2016) 것으로 밝혀졌다.

품행장애를 위한 정신화 기반 접근

MBT-CD(품행장애를 위한 정신화 기반 접근)는 청소년을 위한 MBT의 주요 원칙과 반사회성 성격장애(ASPD)가 있는 환자 치료에서 얻은 아이디어를 기반으로 한다. 현재 MBT-CD 프로그램은 6~12개월 동안 진행되며 심리교육 워크숍, 30회의 개별 회기, 그리고 10회의 가족 회기로 이루어진다. MBT-CD는 치료를 시작할 때 치료자는 치료에 대한 환자의 동기와 도움 요청이 거의 없는 상태에 맞춘다. 그래서 참여 프로그램(engagement programme)부터 시작한다는 점이 중요하다.

문제가 되는 외현화 행동은 비효과적인 정신화와 '공격성 탈학습'의 실패의 결과로 간주된다. 이 핵심 아이디어는 공동 치료 목표와 초기 치료 초점에서 개념화한다. 치료를 시작할 때, 환자와 가족들은 심리교육 워크숍에 참석하여 MBT-CD의 핵심 개념, 예를 들어 청소년기, 정신화 및 감정에 대한 정보를 제공받는다. 개별 회기는 정신화 프로파일을 작성함으로써 정신화 능력을 철저하게 평가하는 것으로 시작한다. 가족 회기는 '문제'를 바라보는 가족 구성원 개개인의 다양한 관점을 평가하고 가족이 공유하는 위기 대응 계획을 개발하는 작업부터 시작한다. 청소년 개별 회기에서는 동기 강화 면담(Rollnick & Miller, 1995)으로 가장 문제 있는 행동의 장단점을 평가하여 치료 목표를 수립할 수 있는 기반을 마련한다. 필요한 경우, 감정 조절을 지원하고 파괴적인 행동을 안정화하는 기술을 가르친다. 또한, 감정이 통제를 벗어나게 되는 상황을 탐색하고 행동에 대한 책임을 회복하기 위해 감정 고조 시트(emotion escalation sheet)를 작성한다. 더욱이 치료자는 치료를 저해할 수 있는 추가적인 사회적 위험 요인을 탐색하고 적극적으로 다룬다(예: 약물 남용). 초기 단계는 청소년 개개인에 맞춘

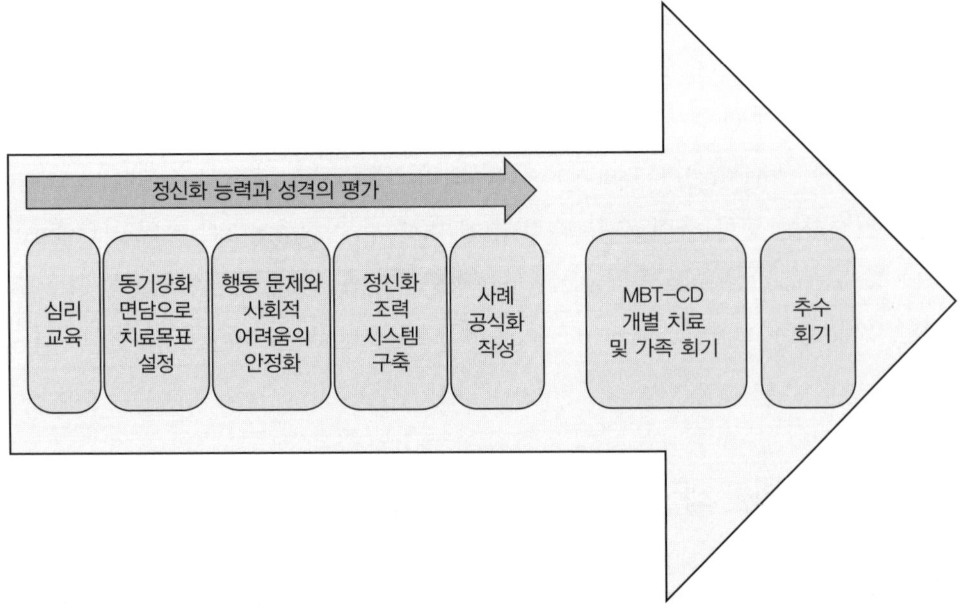

[그림 9-1] MBT-CD의 과정

사례 공식화(case formulation)로 마무리된다. 사례 공식화는 문제행동이 비효과적 정신화와 어떻게 관련되어 있는지 요약하고 맥락화하며 예상되는 치료 결과의 개요를 제시한다. 이런 사례 공식화는 치료의 초점을 구성한다.

초기에는 좀 더 구조화된 단계로 진행하지만, 이후에는 치료자가 개개인에 맞춘 개별적인 치료 과정(process)을 진행하며, 환자와 가족을 정신화에 참여시키고, 가족구성원들 간의 강압적인 비정신화의 '고리'를 끊으려는 의도로 개입한다. 비정신화의 고리는 가족구성원들이 통제할 수 없고 이해할 수 없어 보이는 행동에 직면할 때 나타난다. 치료자는 고전적인 알지 못한다는 자세(not-knowing stance)와 공감적 타당화나 정신화 고리와 같은 개입 기술을 사용한다. 가족 회기는 가족을 위한 정신화 기반 치료(MBT-Family)(Asen & Fonagy, 2012)의 형식을 따른다. 치료 종료 후, 치료 성공을 안정화하기 위해 세 번의 추수 회기를 마련한다([그림 9-1]).

MBT-CD에서 치료자의 자세

MBT-CD에서는 핵심 MBT 모델을 수정했기 때문에 품행장애 내담자 집단에서 나

타나는 저조한 동기 수준, 숨겨진 반사회적 행동, 낮은 신뢰, 내담자가 수치심을 경험할 때 정신화 능력이 붕괴되는 것 같은 전환점의 특성 등과 관련하여 치료적 자세도 영향을 받는다. 일반적으로, 품행장애가 있는 청소년들은 치료자보다 일탈적인 또래들에게 배울 위험이 있기 때문에 집단보다는 개별적으로 치료하는 것을 권장한다. 품행장애 청소년과 가족들은 치료를 시작하는 데 대한 동기가 반드시 높지는 않으며, 때로는 치료자의 특별한 참여와 다른 서비스(학교, 소년 사법)와 같은 외적인 동기 부여가 필요하다. 품행장애 청소년들은 대부분 애착 욕구에 대처하기 위해 비활성화 전략(deactivating strategies)을 발달시켜 왔기에, 치료를 제공하는 데 세 가지 문제가 따른다. 첫째, 치료는 성숙과 자율성에 대한 이들의 소망에 반(反)하는 것으로 인식될 수 있다. 둘째, 이들은 친밀한 관계에 관여하지 않는 것을 선호한다. 셋째, 이들은 "거리에서의 명성(street credibility)*"을 잃을까 두려워한다. 이런 청소년들에게 동기를 부여하는 한 가지 방법은 문제를 온 가족이 해결해야 할 과제로 여기고, 이들 청소년의 개인적인 견해에 매우 관심을 갖고, 그들의 경험을 적극적으로 지지하는 것이다. 하지만 품행장애 청소년들은 치료에서 마음을 열지 않을 수 있고, 관심이 없어 보이거나 문제를 부인하고, 말로 자신을 표현하는 데 어려움이 있을 수 있다. 품행장애 청소년이 불쾌한 행동이 상대방의 감정에 미치는 영향에 도발적으로 무관심을 보이거나 치료자에게 불안을 유발하는 방식으로 행동한다면(예: 치료실에 칼을 가져오기), 치료자가 인내심을 잃거나 청소년을 어리게 대하는 행동을 보일 수 있다. 이것은 치료자에게 비공감적이거나 거부적인 감정을 불러일으키고 품행장애 청소년에게 수치심을 주는 행동을 하게 하여 치료 중도 탈락 위험이 높게 유발되는 악순환으로 이어질 수 있다. 따라서 치료를 성공적으로 이끌기 위해서는 치료자가 비판단적인 정신화 자세를 유지하고 정신화에서 비정신화로 넘어가는 자신의 전환점을 알아차리는 것이 매우 중요하다. 품행장애 청소년들은 치료 회기 밖에서 행동화(acting out)할 위험이 높아 다른 서비스 시간 및 가족과 긴밀하게 협력할 필요가 있다. 이러한 좀 더 체계적인 사고방식은 환자를 통합적으로 볼 수 있고, 위기 계획을 주의 깊게 살펴볼 수 있는 이점이 있으며, 정신화 조력 체계를 구축하는 데도 도움이 될 수 있다(Bevington, Fuggle, & Fonagy, 2015).

품행장애 청소년들이 열정을 보이는 어떤 것에 관여하고 함께 주의 기울이는 상태(joint attention)를 형성하기 위해 놀이 같은 요소와 창의적인 방식을 포함할 것(예: 그

* 청소년들의 문화에 받아들여질 가능성 혹은 인기

리기)을 권장한다. 이러한 참여 방식은 핵심적인 문제행동을 넘어서 정신 상태에 대한 호기심을 재확립하는 데 도움을 줄 수 있다. 더욱이 이는 치료자가 정서 초점과 치료 관계에 주의 깊게 조율하는 상태를 유지할 수 있도록 해 준다. 게다가 청소년과 가족들의 불안 수준은 때때로 치료자들이 예상하거나 환자들이 보여 주는 것보다 더 높기 때문에 공감적 타당화 기법을 염두에 두는 것이 필수적이다. 그러나 공감적 타당화는 품행장애 청소년에게 너무 많은 동정심이나 연민을 표현하지 않으면서 신중하게 사용해야 한다. 특히 청소년의 잠재적 트라우마 경험(예: 학대)과 관련하여 더욱 그러하다. 공감적 타당화를 신중히 사용함으로써 청소년이 무력하게 느끼거나, 때때로 이들에게 혐오스럽게 경험되는 '피해자처럼' 느껴지게 만드는 일을 피할 수 있다. 게다가 감정 식별(affect identification) 작업에서는 불안과 같은 일부 기본적인 감정이 때때로 이 청소년들에게는 용납되지 않는다는 점을 고려해야 한다. 따라서 '불편한 감정들'을 다룰 때 첫 번째 단계는 예를 들어 '긴장된' 또는 '걱정하는'과 같은 표현을 찾는 것일 수 있는데, 이 단어들이 경험을 불안으로 명명하는 것보다 경험의 질에 더 잘 접근할 수 있다. 이것은 치료자가 감정에 대한 치료자 자신의 단어를 강요하지 않고, 청소년에게 경험된 감정의 질을 함께 탐색하기 위해 알지 못한다는 자세를 취하는 것과 맥을 같이 한다.

사례 예시: 수잔

다음 사례 예시를 통해 품행장애 환자 집단에 MBT를 적용할 때 맞닥뜨리는 어려움에 대한 통찰을 제시하려고 한다. 만 16세인 수잔은 치료를 처음 받기 전 몇 달 동안 반복적으로 폭력적인 범죄를 저질렀다. 이때 수잔은 15건 이상의 형사 고소를 당한 상태였다. 수잔은 치료를 시작함으로써 일시적으로 여성교도소에 수감되는 것을 피할 수 있었다. 대신, 수잔은 보호관찰을 받는 중이었고, 법원은 수잔에게 치료를 계속 받도록 명령했다. 수잔의 눈에는 자신의 폭력이 항상 정당했다. 수잔은 스스로를 자신에게 중요한 사람들의 보호자로 여겼다. 누군가가 가족 구성원이나 또래 집단의 핵심 멤버를 모욕하거나 위협하면, 그들에게 존중을 표하도록 '가르치기' 위해 폭력으로 대응하곤 했다. 수잔은 치료를 시작하기 몇 달 전에 학교를 그만두었다.

수잔의 여동생도 수잔과 비슷한 문제가 있었는데, 수잔은 여동생을 매우 중요하게

여겼고 여동생에게 향하는 어떤 공격도 막아주고 싶어 했다. 이들의 부모는 자녀에 대한 애착과 애정이 있는 것으로 보였다. 하지만 부모는 또한 경계를 설정하기가 몹시 어렵다고 표현했고, 자매의 적대적인 행동과 폭력에 대해 불안해했다. 그래서 부모는 수잔을 무슨 짓을 하고 있는지도 모르고 자기 행동에 온전히 책임이 있다고 여길 수 없는 어린아이로 대했다. 치료자는 부모가 수잔을 이렇게 대하는 것은 수잔을 지속적으로 폄하하는 것이고, 수잔이 자기 삶에 대해 스스로 책임지는 것을 방해하고 동시에 자기혐오를 부추겼다고 가정했다. 제때 일어나기에 반대하는 수잔 뜻대로 되어 결국 수잔이 정기적으로 약속을 놓쳤을 때, 등교나 지역사회 봉사(자매 모두에게 법적으로 요구된 사항)를 위해 일어나는 문제를 둘러싸고 부모와 반복적인 갈등이 일어났다. 수잔이 치료의 처음 다섯 번의 회기를 모두 신체적인 불편을 이유로 취소했을 때에도 마찬가지였다. 수잔이 마침내 치료실에 왔을 때, 치료자는 소년처럼 옷을 입은 우호적이면서도 수줍어하는 소녀 수잔을 만났다. 수잔은 치료자와 심리적으로 연결되었고, 자신의 재능(예: 농구)과 미래 계획(장애 아동과 함께 일하기!)을 즐겁게 보고했지만, 자신의 의무에 대해서는 의심이 많고 매우 적대적이었다. 수잔은 감옥에 가지 않고 신체적 폭력을 멈추기를 원한다고 표현했다. 수잔 패거리의 절반은 이미 수감되었고, 치료자는 수잔을 고위험군으로 보았다.

품행장애를 위한 정신화 기반 치료 개입

역으로 움직임과 개입의 초점

치료자는 수잔의 정신화 어려움을 더 잘 이해하고 그에 따라 경직된 패턴을 완화하고 효과적인 정신화를 활성화하기 위해 역으로 움직임을 위한 회기 초점을 설정하려고 수잔의 정신화 프로파일([그림 9-2])을 만들었다.

자기를 정신화하는 수잔의 능력은 낮다고 할 수 있다. 수잔은 그저 긴장을 풀고 싶다는 것과 같은 매우 일반적인 진술 외에는 자신의 내면세계에 관한 어떤 단어도 갖고 있지 않았다. 수잔은 부당한 대우를 받고 있다는 일반적인 느낌과 자신에게 가까운 사람들을 보호하려는 의도를 제외하고는 자신의 행동을 생각이나 감정과 거의 연결하지 못했다. 그 결과 어쩌면 수잔은 삶에서 자신을 적극적인 주체자로 경험하지 않았을 것이다. 타인에게 초점을 둘 때 수잔의 정신화 능력은 중간 정도라고 할 수 있다. 수잔은 예컨대 가족 내 다툼을 견디지 못하고 심한 두통을 겪는 아버지를 신경 쓰는 것처럼 다른 사람들의 내면세계에 다소 관심을 가졌다. 그러나 수잔은 종종 다른 사람들이 자신에게 적대적인 의도가 있다고 잘못 생각했다. 예를 들어, 어머니가 자신에게 무언가를 하도록 밀어붙였을 때 어머니가 '자신을 괴롭히기를' 원한다고 짐작했다.

수잔의 정신화는 정서적(낮은) 측면에 비해 인지적(중간) 측면에 상당히 집중되어 있었다. 수잔은 어느 정도 타인의 다른 관점을 상상할 수 있었다. 그러나 공감적인 '감정 공유'나 다른 사람이 느끼는 것을 느끼는 것, 즉 정서적인 정신화는 심각하게 손상되어 있었다. 더군다나, 수잔은 감정을 명명할 수 없었으며, 많은 감정의 의미나 반항과 같은 정서적 상태를 알지 못했다. 그래서 치료자는 어떤 감정의 이름을 소개할 때마다, 수잔이 그 단어의 의미를 이해할 수 있는지 재확인했다.

수잔은 자신의 세계를 눈에 보이는 '신호'와 증거(외적: 중간) 중심으로 선별하였고, 이를 통해 다른 사람들의 정신 상태에 대한 아주 명확한 그림을 가질 수 있었다. 그러나 수잔은 눈에 보이지 않는, 다른 사람들의 생각, 감정 또는 의도(내적: 낮음)를 거의 고려하지 않는 것처럼 보였다. 다른 사람들의 마음 상태에 관해 물어볼 때, 수잔의 일반적인 대답은 "내가 어떻게 알아요?!"였다.

수잔은 대부분 빠르고 반사적인 가정을 통해 자동으로 연관된 반응이 따르는 것이 특징인 암묵적 정신화(중간) 상태에 있었다. 수잔은 누군가 그녀의 가족이나 친구들에게 부정적인 의미로 해석되는 말을 하거나 행동할 때마다 그것을 공격으로 간주하고, 거의 반사적인 반응처럼 그 사람을 물리적으로 공격하였다. 수잔은 명시적 정신화 정도가 낮아서 치료 초반에는 정신 상태에 대한 의식적이고 느린 처리가 거의 불가능했

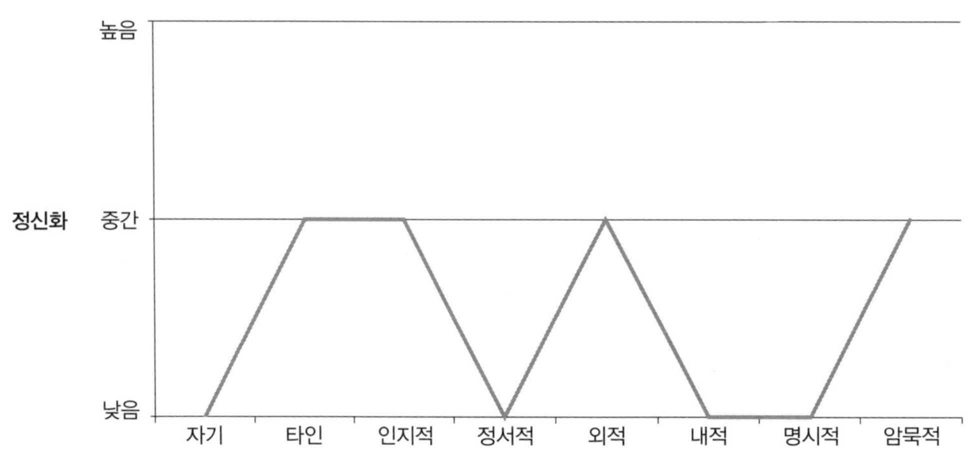

[그림 9-2] 수잔의 정신화 프로파일

다([그림 9-2] 참조).

이 프로파일을 바탕으로, 치료자는 치료 회기 동안 자기, 정서적, 내적, 명시적 정신화에 초점을 맞추기로 결정했다.

행동을 통제하기보다 주체성 지지하기

수잔에게는 갈등에 대처할 때 상대를 대립적으로 회피하거나 밖에서 신체적 폭력을 쓰는 두 가지 방식밖에 없었다. 수잔은 폭력적인 갈등 해결 전략의 결과가 고소당하다는 것임을 알고 있었지만, 자신이 옳다고 느꼈다. 왜냐하면 자신은 다른 사람들에게 못되게 구는 사람들만 공격하고 '이유 없이'는 절대 공격하지 않았기 때문이다. 따라서 수잔은 자동적 정신화(automatic mentalizing)를 하는 동안 자신의 정신 상태에 의문을 제기하거나 새로운 관점을 취할 수 없었다. 수잔은 스스로 완전한 통제력을 가지고 있다고 확신했지만, 치료자는 수잔이 분노를 통제하는 데 어려움이 있다는 것을 볼 수 있었다. 치료 초기에 수잔이 치료자의 말에 화가 나면 일어나서 자신을 때릴 것 같은 위협을 여러 번 느꼈다. 하지만 수잔은 그 대신 회피적인 방식으로 치료자를 대했는데, 이 역시 치료자가 대처하기 어려웠다. 부모는 치료자가 수잔에게 치료 외의 일(학교에 방문하기)을 이행하도록 설득하거나, 수잔이 정신적 문제 때문에 (법원이 명령하는) 사회봉사를 할 수 없다는 보고서를 작성하도록 밀어붙이고 있었다. 치료자는 수잔과 (집에서와 같이) 자신의 의무를 이행하지 않는 것에 관해 융합된 대화에 얽혀 들어가는 것이 두려웠다. 또한 치료자는 아침에 일어나는 것을 포함하여 어떤 의무에도 전적으로 반대하는 수잔의 행동에 (부모처럼) 무력감을 느꼈다. 이에 따라 비치료적이고 수잔을 어리게 대하는 상호작용을 할 전형적인 높은 위험성이 있었다. 그래서 치료자는 먼저 정신 상태에 대한 호기심을 확립하기 위해 동기 강화 면담과 낭만적인 사랑, 농구와 같은 갈등과 거리가 먼 주제에 대해 이야기하고, 함께 주의를 기울이는 주제에 집중하기로 결정했다. 치료자가 환자의 행동을 통제하거나 환자 행동에 책임감을 느끼는 것을 자제하고, 대신 환자의 주체성을 지지하고 환자의 정신세계에 적극적으로 편들도록 노력하는 것은 MBT-CD에서 강조하는 치료자 자세의 중요한 측면이다.

'폭력 사용'에 관한 동기 강화 면담

첫 번째 동기 강화 면담(Rollnick & Miller, 1995)에서는 갈등 해결 방법으로 폭력 사용하기의 장단점을 다루었다. 동기 강화 면담은 비판단적이고 타당화하는 방식으로 특정 행동을 유지하거나 변화시키려는 동기를 탐색하는 데 초점을 맞춘 인본주의적 기법으로, MBT 자세와 잘 맞는다. 먼저 치료자는 수잔에게 자신의 행동을 바꾸는 것, 즉 갈등 해결책으로 폭력 쓰기를 중단하는 것이 얼마나 중요한지를 1부터 10까지의 척도로 물었다. 수잔은 폭력을 멈추려는 동기가 5라고 대답했다. 치료자에게는 이 대답이 놀라워, 대답이 매우 긍정적이라고 수잔을 칭찬했다. 두 번째로, 치료자는 수잔에게 행동을 변화시킬 수 있다고 얼마나 확신하는지 물었다. 수잔은 상황을 관리할 수 있을지 다소 불안해했고, 이 척도에서 2점을 주었다. 여기서 치료자는 수잔에게 변화를 바라는 마음과 그렇게 할 수 없다는 주관적인 느낌의 차이를 더 자세히 탐구할 것을 제안했다. 함께 탐구해 본 결과 수잔의 행동은 대부분 상당히 통제되었지만, 수잔에게는 분노 문제가 있었다. 수잔은 폭력을 사용할지 말지 결정할 수 있는 능력이 있었기에 치료자는 폭력을 사용하려는 동기를 정신화하는 데 초점을 두었다. 면담(〈표 9-1〉 참조)은 수잔에게 폭력 사용이 자신과 가까운 사람들을 모욕한 다른 사람들에게 존경심을 다시 심어 주는 매우 효과적인 방법(100%)이었음을 보여 주었다. 수잔의 주장에 따르면 말은 도움이 되지 않을 테지만 물리적으로 공격하면 사람들은 친구와 가족을 모욕하는 것을 멈추고, 중요한 것은 다시는 그렇게 하지 않을 것이라 한다. 폭력의 단점들, 예를 들어, 감옥과 부모님의 불승인은 수잔에게 감정적으로 거의 영향을 미치지 않은 것으로 보였다. 수잔의 이야기에 따르면, 수잔이 처음 폭력적으로 행동하기 시작한 것은 여동생이 목발을 짚고 다니는데 학교에서 어떤 남자아이가 동생을 신체적으로 공격한 때였다. 수잔과 동생 모두 신체적이고 정신적인 안전을 위해 학교 교사에게 의지할 수 있다는 신뢰가 없었던 것 같고, 그래서 수잔은 그 남자아이를 때렸고 이로부터 여동생과 자신을 보호하는 효과적인 방법을 배웠다. 수잔의 관점에서 보면, 자신의 폭력은 이타적이고 방어적일 뿐이었다. 치료자는 수잔이 스스로를 증오와 상처 가득한 세상에서 약자의 수호자이자 보호자인 로빈후드처럼 느낀다는 인상을 받았다(〈표 9-1〉 참조).

사례 공식화

일곱 번째 회기에서 치료자는 수잔에게 편지 형식의 사례 공식화를 제공했다. 이 공식화는 치료자가 수잔의 증상과 정신화 간의 연관성에 대해 이해한 바를 요약한 것이다. 이는 치료자와 환자가 후속 치료 회기에서 어떤 작업을 하고 싶은지에 대한 합의에 도달하는 것을 목표로, 가능한 치료 초점에 대한 논의에 환자를 참여시키는 역할

〈표 9-1〉 갈등 해결 전략으로 폭력을 쓰는 것에 관한 수잔과의 동기 강화 면담

	장점	단점
폭력 쓰기	• 피해자의 존경심 얻기 • 존중의 결핍에 즉시 대처함 • 죄책감 없이 항상 정당화됨 • 감정적 반응이 아닌 통제된 반응 • 100% 효과적 • 쉽고, 능숙함 • 가족과 친구들이 나를 믿어 주는 것이 중요함. 경찰과 사법 제도는 중요하지 않음	• 낮은 도달 범위(모든 사람을 죽일 수는 없음) • 자동적임(마치 복싱오토매트*처럼), 결정이 불가능함 • 형사 고소와 교도소 • 부모님은 승인하지 않음 • 부모님 고통받음 • 다른 사람의 생각을 바꾸지 않음 • 나도 얻어맞을 위험성
폭력 쓰지 않기	• 형사 고소 없음 • 교도소 가지 않음	• 사람들이 계속 존경심을 보이지 않을 수 있음 • 말하는 것은 효과가 없음 • 위협하기도 효과가 없음 • 나약함

을 한다. 수잔은 치료자 앞에서 공식화 편지를 읽고 싶어 하지 않았고 편지가 너무 길다고 불평했다. 그러고 나서 수잔은 처음과 마지막 단락만 읽었는데, 내용을 마음에 들어 하는 것 같았고 나중에 모두 읽겠다고 약속했다. 치료자는 편지에 지금까지 자신이 이해한 바가 담겨 있지만, 치료자 역시 많은 것에 대해 확신이 서지 않는다고 말하면서 편지를 소개했고, 다음 회기에 몇 가지 열린 질문을 다루려고 노력했다. 몇 주 만에 처음으로 수잔은 마침내 치료에 아주 적극적으로 관여했고, 최근에 있었던 일과 힘든 감정 때문에 얼마나 잠들기 어려웠는지를 이야기했다. 다음은 편지 형식으로 쓴 수잔에 대한 사례 공식화다.

친애하는 수잔, 몇 주 동안 너와 가족은 나를 만나러 왔어. 처음에 너는 변화하고 싶고 싸움에 덜 휘말리고 싶다고 말했었지. 나중에는, 감옥에 가고 싶지 않다고 덧붙였어. 그런데 지금은 변화에 대한 열망이 약해진 것 같아. 가끔 짜증이 나 보이고, 그냥 쉬고 싶어 하지. 너는 가족과 친구들이 아주 중요하다고 말했어. 그런데 때때로 부모님은 네가 교정 시설과 같은 폐쇄된 기관에 가야 하는 것에 관해 정말 걱정하시는 것 같아. 나는 네가 다른 길을 선택하는 것에 얼마나 자신감이 있는지, 아니면 이미 내면에서 포기했고, 그래서 그토록 자주 저항을 보이는지 궁금해. 나는 (다행히도) 모든 것이 여전히 네 손에 달려 있다고 믿어. 또한 내 관점에서 볼 때, 네가 말한 적이 있듯이 네 인생은 망가지지 않았어. 네가 그렇게 생각해서

* Boxing-Automat: 펀칭 게임기

나는 정말 감동했어.

일상생활과 치료 모두에서 때때로 너는 다소 거칠고 무관심하며 강한 면모를 보이지. 아마도 너는 너의 다른(취약한) 면이 너에게 불리하게 다른 사람들에게 이용당할까 봐 걱정되나 봐. 네가 치료에 대한 신뢰를 좀 더 기르려면 우리가 어떻게 해야 할까? 불편한 점이 있으면 언제든지 말해. 어쩌면 내가 너를 잘 이해하지 못했을 거야. 그래서 네가 치료에서 물러나기 시작했을까? 나는 네가 새로운 상황이 두렵거나 가끔 슬퍼서 잠을 못 이루는 건 아닌지 짐작만 할 뿐이야. 이런 '약한' 감정에 더 잘 대처하도록, 내가 너를 지원할 수 있게 우리가 이야기할 수 있었으면 좋겠어.

너의 관점에서 볼 때, 너의 폭력적인 행동을 촉발하는 자극은 가족과 친구를 보호하고 싶은 것이지. 나는 학교생활이 네게 어려웠다는 것을 충분히 상상할 수 있어. 여러 상황에서 네가 제대로 보호받지 못한 것 같아 안타까워. 하지만 요즘 너는 다른 사람으로부터 '위험'을 과하게 해석하고, 너 자신이 옳다고 지나치게 확신하는 것 같다는 느낌이 때로 들어. 다른 사람들은 네가 네 행동에 별로 의문을 제기하지 않고, 사과나 후회하지 않는 것에 불쾌감을 느낄 수 있어. 동시에, 너는 정의감이 몹시 강하고, 다른 사람들이 규칙을 따르지 않을 때(예를 들어, 부모님) 무척 화가 나지. 너는 자신과 다른 사람에게 동일한 기준을 적용하기 어려울 때가 있는 것 같아. 예를 들어, 너는 어른처럼 대우받고 싶지만 많은 약속이나 의무를 지키지 않지. 그럴 때는 생각을 멈추고 대신 뒤로 물러나는 것이 더 쉬울 수 있어. 나는 네가 현재 왜 뒤로 물러나 있고, 선뜻 새로운 길을 걸으려 하지 않는지(예를 들어, 학교로 돌아가는 것)를 더 잘 이해하고 싶어. 내게는 네가 현재 자신이 어디로 가고 싶은지 모르고 다른 사람들이 네게 원하는 것에 대해 단순히 반항하는 것처럼 보여. 장기적으로는 이러는 게 몹시 소모적일 것 같아.

나는 네가 치료 약속을 잘 지키고 있고, 우리가 이제 다시 연락도 잘하고 있어서 기뻐. 너는 훌륭한 소녀고, 멋진 언니며, 재능 있는 농구 선수야! 나는 네가 어디로 가고 싶은지 알아내고 '강한' 감정과 '약한' 감정을 모두 다루는 좋은 방법을 찾도록 돕고 싶어.

다음 회기 요약에서는 MBT-CD에서 초점 행동을 탐색하기 위해 어떻게 정신화 고리를 사용하는지를 볼 수 있다. 수잔은 치료자에게 동네 약국 출입이 금지되었다고

말했다. 이곳은 수잔에게 출입이 허락된 마지막 가게였다. 수잔의 여동생은 이 가게 앞에서 마리화나를 피우고 있었다. 가게 매니저는 여동생에게 멈추라고 말한 다음 경찰을 불렀다. 수잔은 이 일을 재빨리 보고했고, "그래서 우리는 여기 출입도 금지됐어요. 근데 나는 아무것도 하지 않았어요."라고 말을 맺었다. 치료자는 자신을 수잔과 상호작용하는 데 다시 끌어들여 대화의 과정을 늦추었고('이건 나한테 너무 빠르다.'), '멈추고, 되감고, 탐색하기(stop, rewind and explore)' 기법을 사용하여 경찰과 가게 매니저와의 상호작용을 미세하게 분석하는 과정에 수잔이 참여하게 했다. 이 과정에서 수잔은 자신이 '아무것도 하지 않았다.'라는 것은 여동생처럼 마리화나를 피우지 않았다는 의미라고 탐색했다. 하지만 가게 매니저가 여동생에게 '너무 가까이' 다가가 그만두라고 말했을 때 수잔은 매니저에게 한 발짝 물러서라고 말했고, 매니저는 그렇게 했다고 말했다. 치료자는 이 순간 '멈추고 서기(stop and stand)' 기법을 사용하여 수잔이 행동 대신 말을 사용하여 실제로 성공한 드문 경우라는 점을 강조했다. 다른 회기와 달리 수잔은 매니저를 때려야 할지 말아야 할지 결정하는 과정을 매우 정확하게 묘사했다. 여기서 치료자는 그 장면에서 들었던 감정과 생각을 탐색하는 데 수잔이 참여하게 했다. 처음에 수잔은 격분했는데("나는 격분했어요."), 머리를 가로젓는 친구와 역시 물러나라는 신호를 보내는 여동생에게 의사를 확인했다. 수잔 자신도 보호관찰을 생각해서 때리는 것보다 차라리 말로 하자는 결론에 이르렀다. 치료자는 감정이 격했음에도 불구하고 이처럼 성찰에 관여한 점을 칭찬했다. 이것은 치료의 효과였을 수 있다. 치료를 통해 감정, 생각, 행동 간에 정신화의 완충 장치를 사용할 수 있게 된 것이다. 알고 보니 그 가게 매니저는 수잔 또래 중 한 명을 경찰에 도난 신고로 감옥에 보낸 적이 있었다. 수잔은 이 일로 큰 원한을 품고 있었다. 매니저는 청소년 모두 가게 출입을 금지하려 했지만, 수잔이 자신과 여동생에게만 출입 제한을 적용하게 했다. 치료자는 다시 한번 수잔이 말만으로 무언가를 성공적으로 바꿨다고 강조했다. 수잔은 미소를 지었지만, 이것은 예외적인 경우라고 여겼고, 보통 말로는 문제를 해결하지 못한다고 주장했다. 하지만 수잔은 약간 자랑스러워했다. 이러한 사건을 탐색하고 미시적으로 쪼개어 분석하면 이전에는 정신화가 가능하지 않았던 상황에서 결국 정신화가 확립될 수 있으며, 이는 새로운 관점으로 이어질 수 있다. 더욱이, 수잔에게 주체성과 자기 행동에 대한 책임이 강화되는 효과가 있다.

가족 회기

가족 회기는 MBT-CD의 필수적인 부분이다. 그 이유는 치료실 밖에서 일어나는 사회적 학습의 선순환을 열기 위해 가족 내 정신적 의사소통을 확립할 필요가 있기 때문이다. 첫 번째 가족 회기에 수잔과 어머니, 아버지는 아침에 어머니가 수잔의 여동생 키아라를 깨울 때 일어난 어려운 상황을 이야기했다. 키아라는 사회봉사를 가기 위해 일어나고 싶지 않았다. 항상 여동생을 보호하던 수잔은 오전 7시에 어머니가 여동생을 깨우려고 했기 때문에 여동생이 비명을 지르기 시작했고, 자신은 여동생을 방어하기 시작했다고 말했다. 가족 회기에서 어머니는 이 장면에 관해 이야기할 때 상당히 흥분하고 있었다. 동시에 수잔의 진술은 점점 더 절대적이 되었다. 치료자는 '순간을 정신화하기(Mentalize the moment)' 기법을 사용하여 그 순간 어머니와 수잔의 내적 상태를 탐색하고 이 전형적으로 비정신화가 일어나는 가족 상호작용을 '알아차리고 이름 붙이기(noticing and naming)' 하는 작업을 시작했다. 치료자는 수잔이 자동적 정신화로 넘어가는 전환점과 반사 반응을 묘사하기 위해 사자의 공격이라는 비유를 사용하였다. 치료자는 수잔과 어머니의 심적 동등성(psychic equivalence)에 직면해서도 계속 호기심을 보였고, 수잔이 그 상황을 생명을 위협하는 것으로 자동 해석했다는 사실을 감안하여 수잔의 방어적인 반응을 정상화했는데 이것이 중요하다. 다음 축어록은 이 회기 과정을 보여 준다.

어머니: 키아라가 혼자서 해야 하는 일인데 수잔은 항상 키아라를 보호하면서 "자게 놔둬요, 늦게 잤단 말이에요! 사회봉사는 내일 할 수 있잖아요."라고 말하죠.

수잔: 그래요, 하지만 문제는 키아라를 보호하기 위한 것만이 아니라, 나도 아침에 쉴 수 있고 조용했으면 좋겠어요.

치료자: 중지, 중지, 중지…… 그런 순간에 (어머니에게) 어머니 안에서 무슨 일이 일어나고 있나요? 그런 일이 발생하고 두 딸이 어머니에게 맞서 반대할 때?

어머니: 음, 나는 수잔에게 설명하려고 애쓰죠, 이건 통하지 않을 거라고…….

치료자: 아, 네, 그래서 그렇게 하시는군요…… 그럼 어머니 안에서는 무슨 일이 일어나고 있나요?

어머니: 격분을 느껴요.

치료자: 아 격분, 알겠어요…… 왜냐하면 지금 막 생각했는데…….

어머니: 무력감도.

치료자: 그래요, 저도 방금 그렇게 생각했어요. 이런 상황은 상당히 무력하게 느끼게 할 수 있죠.

어머니: 그래요, 무력감이 들어요. 그리고 수잔이 더 잘 알고 있다고 생각하는데요. 여동생이 사회봉사를 해야 하고, 그렇지 않으면 감옥에 가게 될 걸 수잔은 알고 있어요. 그리고 나는 키아라가 감옥에 가지 않기를 원하는데도, 수잔은 너무 분별없이 여동생 행동을 지지하네요…….

치료자: 알았어요. 그리고 수잔, 그 순간에 네 안에서 무슨 일이 일어나고 있니? 그때 엄마에게는 무슨 일이 일어나고 있는지 알고 있니?

수잔: 예. 하지만 내 안에서는, 난 그냥 자고 싶어요.

치료자: 아 저런.

수잔: 그래서 내가 그런 말을 하는 거예요. 그리고 여동생이 깨어 있을 때 "사회봉사 안 하면 넌 감옥에 가게 될 거야."라고 항상 말해요.

치료자: 그럼, 너는 어머니 편이네.

수잔: 네, 항상 그렇게 말해요.

어머니: 그래, 맞아. 하지만 나는 지금 네가 하는 말이 완전히 진실하지는 않다고 생각해, 수잔. 왜냐하면 그 순간에 넌 깨어 있어. 네가 이런 말을 하는 것은 아침에 쉬기 위해서가 아니라 키아라를 보호하기 위한 거야. 네가 동생이 피곤하고 화가 나 있고, 기분이 좋지 않은 걸 보면, 네가 더 나은 판단을 할 수 있는데도 넌 걔를 방어해. 철저하게 말이야.

치료자: 음. (수잔에게), 나는 네가 이 상황에서 불리한 역할을 하고 있다고 생각해. 아무도 도와주지 않는 거지. 너 자신도, 여동생도, 어머니도.

어머니: 이게 수잔이 계속해서 나쁜 상황에 처하게 되고, 형사 고소가 쌓이게 된 이유예요. 수잔이 여동생을 보호하기 때문이죠.

수잔: 음, 네, 근데 우리는 이런 얘길 천 번도 더 할 수 있어요. 정신병원(loony bin)에서도 말했고, 지금도 말하고 있고, 앞으로도 언제든 어디서든 이렇게 말할 거예요, 이게 바로 나라고요. 그게 다예요. 아무도 그걸 바꿀 수 없어요. (몹시 화가 나서)

아버지: 그렇지만 너도 알다시피, 네가 여동생을 보호할 필요는 없잖아.

수잔: 난 상관 안 해요.

치료자: 근데 그게 그 순간에 네 안에서 무슨 일이 일어나고 있는지 내가 궁금한 이유야. 왜냐하면 '그냥 잠을 자고 싶다.'라는 말이 정확히 네 상태를 표현하지 못한다는 생

각이 들어서 말이야. (알지 못한다는 자세로)

수잔: 걔는 내 여동생이에요, 그게 다예요.

치료자: 음…… 하지만 네 안에서 일어나는 건 네가 그 상황을 특정한 방식으로 해석하고 있는 거라는 생각이 들어. 근데 지금 네가 명확하게 생각할 수 있는지 모르겠어. (비정신화 다루기)

수잔: 몰라요.

치료자: 어쩌면 그건 반사적 반응 같은 건가? 왜냐하면 지금 너는 키아라가 사회봉사를 해야 한다고 말하고 있으니까 말이야.

수잔: 음 네, 그래야죠.

치료자: 하지만 그 순간, 네가 동생을 변호할 때, 이 생각은 사라져 버리는 거야……?

수잔: 네, 걔도 자야 하니까요.

어머니: 어떤 대가를 치러도 보호하는 사람.

치료자: 그러게요…… 마치 그 순간에 넌 여동생이 위험에 처해 있다고 진짜 확신하는 것처럼 들리네. 마치 동생의 목숨을 구해야 하는 것처럼?

수잔: 뭐라고요? 우리 엄마 때문에 위험에 처해 있다고요? 당연히 그건 아니죠, 우리 엄마잖아요. 내가 엄마를 무서워할 필요는 없잖아요.

치료자: 그래. 내 말은, 나한테는 그게 좀 그렇게 들린다는 거지. 네가 이런 말을 할 때, 약간 드라마틱하게 말이야.

어머니: 그래, 나한테도 그런 느낌이 들어요.

치료자: 마치 어머니가 동생을 잡아먹으려는 사자라서 네가 동생을 보호해야 하는 것처럼.

수잔: 모르겠어요, 어쩌면 그럴지도 몰라요. 몰라요.

치료자: 그래, 근데 그렇다면 왜 네가 그렇게 절대적인 방식으로 말하는지 이해가 돼. 누구나 그렇게 반응할 거야. 주변에 사자가 있으면 빨리 행동해야 하고, 그렇지 않으면 넌 죽은 목숨이지. 하지만 물론 지금 너는 사자는 없고 엄마만 있을 뿐이라고 말하고 있지. (타당화와 정상화)

실행 가능성 예비 연구 및 첫 번째 결론

현재 우리는 실행 가능성 연구에서 MBT-CD 치료 프로그램을 탐구하고 다듬어 가

고 있다. 이런 과정에서 우리는 잠재적 참여자의 범위, 이들의 참여 의향, 중도 탈락률 및 중도 탈락 사유를 고려하여 청소년과 가족이 어떻게 MBT-CD를 수용하는지를 연구한다. 우리는 가족들의 중도 탈락 사유 등을 고려하여 꾸준하게 검토하고 이를 바탕으로 치료 프로그램을 지속적으로 조정했다(예: 심리교육 회기를 단일 회기 6회에서 2시간 워크숍 2회로 줄이는 등). 또한 우리는 예비 연구를 통해 MBT-CD와 함께 정신화 증진과 증상 감소 간의 연관성에 대해 새로운 통찰을 얻기를 바란다. 또 다른 중요한 초점은 학교, 청소년을 위한 서비스 기관, 정신과 또는 심리치료 센터 같은 기관과의 협력을 구축하는 것이다. 이런 협력의 구축은 지금까지 보급을 가능하게 하는 주요 요인으로 입증되었다. 지금까지 심하게 손상되고 불신하는 청소년들과 함께 작업하면서 정신적 상태에 대한 신뢰와 호기심을 회복하고, 이를 통해 반사회적 인식과 행동을 변화시키는 데 정신화 자세가 유익한 것으로 보인다.

참고문헌

Allwood, M.A., Dyl, J., Hunt, J.I., & Spirito, A. (2008). Comorbidity and service utilization among psychiatrically hospitalized adolescents with posttraumatic stress disorder. *Journal of Psychological Trauma, 7*(2), 104–121. https://doi.org/10.1080/19322880802231791.

American Psychiatric Association. (2013). *The Diagnostic and Statistical Manual of Mental Disorders: DSM 5*. Arlington, VA: American Psychiatric Publishing.

Asen, E., & Fonagy, P. (2012). Mentalization-based family therapy. In A.W. Bateman & P. Fonagy (Eds.), *Handbook of Mentalizing in Mental Health Practice* (pp. 107–128). Washington, DC: American Psychiatric Publ.

Bevington, D., Fuggle, P., & Fonagy, P. (2015). Applying attachment theory to effective practice with hard-to-reach youth: The AMBIT approach. *Attachment and Human Development, 17*(2). 157–174. https://doi.org/10.1080/14616734.2015.1006385.

Burke, J.D., Mulvey, E.P., & Schubert, C.A. (2015). Prevalence of mental health problems and service use among first-time juvenile offenders. *Journal of Child and Family Studies, 24*(12), 3774–3781.

Chiesa, M., & Fonagy, P. (2014). Reflective function as a mediator between childhood adversity, personality disorder and symptom distress. *Personal Mental Health (Personality and Mental Health), 8*(1). 52–66. https://doi.org/10.1002/pmh.1245.

Costello, E.J., Mustillo, S., Erkanli, A., Keeler, G., & Angold, A. (2003). Prevalence and development of psychiatric disorders in childhood and adolescence. *Archives of General Psychiatry, 60*(8), 837–844. https://doi.org/10.1001/archpsyc.60.8.837.

Cropp, C., Taubner, S., Salzer, S., & Streeck-Fischer, A. (2019). Psychodynamic psychotherapy with severely disturbed adolescents: Changes in reflective functioning. *Journal of Infant, Child, and Adolescent Psychotherapy, 18*(3), 263–273. https://doi.org/10.1080/15289168.2019.1643212.

Dennett, D.C. (1987). *The Intentional Stance*. Cambridge, MA: MIT Press.

Fonagy, P. (2008). Personlichkeitsstörung und Gewalt. Ein psychoanalytisch-bindungstheoretischer Ansatz. In F. Lackinger & W. Berner (Eds.), *Psychodynamische Psychotherapie bei Delinquenz: Praxis der übertragungsfokussierten Psychotherapie* (pp. 326–365). Stuttgart: Schattauer.

Fonagy, P., Gergely, G., Jurist, E.L., & Target, M. (2002). *Affect Regulation, Mentalization, and the Development of the Self*. New York: Other Press.

Frick, P.J., & Kimonis, E.R. (2005). Externalizing disorders of childhood and adolescence. In J.E. Maddux & B. A. Winstead (Eds.), *Psychopathology: Foundations for a Contemporary Understanding* (pp. 325–351). Lawrence Erlbaum Associates Publishers.

Hill, J., Fonagy, P., Lancaster, G., & Broyden, N. (2007). Aggression and intentionality in narrative responses to conflict and distress story stems. An investigation of boys with disruptive behaviour problems. *Attachment and Human Development, 9*(3), 223–237. https://doi.org/10.1080/14616730701453861.

Kim–Cohen, J., Caspi, A., Moffitt, T.E., Harrington, H., Milne, B.J., & Poulton, R. (2003). Prior juvenile diagnoses in adults with mental disorder: Developmental follow–back of a prospective–longitudinal cohort. *Archives of General Psychiatry, 60*(7), 709–717. https://doi.org/10.1001/archpsyc.60.7.709.

McGauley, G., Ferris, S., Marin–Avellan, L., & Fonagy, P. (2013). The Index Offence Representation Scales; a predictive clinical tool in the management of dangerous, violent patients with personality disorder? *Criminal Behaviour and Mental Health: CBMH, 23*(4), 274–289. https://doi.org/10.1002/cbm. 1889.

Moller, C., Falkenstrdm, F., Holmqvist Larsson, M., & Holmqvist, R. (2014). Mentalizing in young offenders. *Psychoanalytic Psychology, 31*(1), 84–99. https://doi.org/10.1037/a0035555.

Newbury–Helps, J., Feigenbaum, J., & Fonagy, P. (2017). Offenders with antisocial personality disorder display more impainnents in mentalizing. *Journal of Personality Disorders, 31*(2), 232–255. https://doi.org/10.1521/pedi_2016_30_246.

Ridenour, T.A., Cotder, L.B., Robins, L.N., Compton, W.M., Spitznagel, E.L., & Cunningham–Williams, R.M. (2002). Test of the plausibility of adolescent substance use playing a causal role in developing adulthood antisocial behavior. *Journal of Abnormal Psychology, 111*(1), 144–155.

Rollnick, S., & Miller, W.R. (1995). What is motivational interviewing? Behavioural and cognitive Psychotherapy, 23(4), 325–334.

Sigfusdottir, I.D., Asgeirsdottir, B.B., Hall, H.A., Sigurdsson, J.F., Young, S., & Gudjonsson, G.H. (2017). An epidemiological study of ADHD and conduct disorder: Does family conflict moderate the association? *Social Psychiatry and Psychiatric Epidemiology, 52*(4), 457–464. https://doi.org/10.1007/s00127–017–1352–6.

Taubner, S., Wiswede, D., Nolte, T., & Roth, G. (2010). Mentalisierung und externalisierende Verhaltensstörungen in der Adoleszenz. *Psychotherapeut, 55*(4), 312–320.

Taubner, S., Zimmermann, L., Ramberg, A., & Schroder, P. (2016). Mentalization mediates the relationship between early maltreatment and potential for violence in adolescence. *Psychopathology, 49*(4), 236–246. https://doi.org/10.1159/000448053.

Taubner, S., & Curth, C. (2013). Mentalization mediates the relation between early traumatic experiences and aggressive behavior in adolescence. *Psihologija, 46*(2), 177–192. https://doi.org/10.2298/PSI1302177T.

Taubner, S., White, L.O., Zimmermann, J., Fonagy, P., & Nolte, T. (2013). Attachmentrelated mentalization moderates the relationship between psychopathic traits and proactive aggression in adolescence. *Journal of Abnormal Child Psychology, 41*(6), 929–938. https://doi.org/10.1007/si 0802-013-9736-x.

Tremblay, R., Hartup, W., & Archer, J. (Eds.). (2005). *Developmental Origins of Agression*. Guilford Press.

Wagner, G., Zeiler, M., Waldherr, K., Philipp, J., Truttmann, S., Diir, W., & Karwautz, A.F.K. (2017). *Mental health problems in Austrian adolescents: a nationwide, two-stage epidemiological study applying DSM-5 criteria.* European Child and Adolescent Psychiatry. Advance online publication, https://doi.org/10.1007/S00787-017-0999-6.

제10장 청소년기 위기 수준 정신 상태 다루기

Mark Dangerfield

앤드류가 위협적이고 반항적인 태도로 낮 병원에 있는 내 사무실에 들어왔다. 그 아이는 머리를 뾰족하게 세우고, 굵은 팔근육이 드러나는 민소매 티셔츠를 입고 있었다. 앤드류는 나를 보고 낮 병원에 수업하는 선생님이 있냐고 물었다. 나는 그렇다고 대답하고 함께 일하는 선생님이 있다고 말해 주었다. 그러자 앤드류는 "그럼 내가 선생님을 때린다는 걸 알아야 할걸요."라고 말했다. 앤드류는 심각한 행동 장애로 2년 사이에 다니던 학교 세 군데서 퇴학당했다. 앤드류는 친구가 없었고, 독일셰퍼드를 데리고 이웃 주변을 돌아다니면서 모두가 겁먹게 하고 싶어하는 터프가이 이미지로 정체성을 구축했다. 내 생각에, 이 이미지는 단지 외부의 갑옷일 뿐, 앤드류는 이로써 매우 연약한 자기와 강렬한 박해감을 가리고 있는 것 같았다.

앤드류는 태어날 때부터 심각한 방임을 겪었고, 무질서하고 극히 혼란스러운 관계 환경에서 살면서 처리되지 않은 감정적 영향에 무방비로 노출되었다. 앤드류 가족의 지배적인 관계 방식은 혼란과 거부, 해리와 위협을 일으키는 역동에 기반을 두고 있었다. 어린 시절 내내 앤드류의 감정 경험은 인정받거나 억제되지 않았고 경멸의 대상이었다. 이런 상황은 앤드류에게 손상되고 무질서한 사고 과정이 생기는 토대가 됐고, 감정을 조절하는 능력과 정신화 능력 또한 크게 훼손된 것으로 보였다. 그 결과 앤드류는 정신 구조의 통합이 부족하고 정신병리 위험에 처하게 되었다.

앤드류는 살아남기 위해 심하게 손상된 정신적 공간(mental space)을 숨기는 부적응적인 대처 기제를 발달시켰다. 앤드류의 마음은 처리될 수 없었던 부재, 공허, 혼란, 위협, 절망, 버림받음의 경험에 지배당했다. 그리고 이름 붙여지지 않은 이런 고통은 행동화를 통해 목적론적 모드를 통해서 비워 낼 수 있을 뿐이었다. 이런 조건에서 앤드류에게 가장 절망적인 것은 누구도 믿을 수 없다는 점이었다. 앤드류가 경험했을 듯한 상반되는 수많은 감정 중에, 주변에 아무도 없다는 것과 그것이 세상에서 자기 자리라는 예상, 즉 "내게는 지금도 아무도 없고 앞으로도 아무도 없어."라는 것이 가장 절망적이었다. 이해할 수 있듯이, 앤드류는 거친 아이 이미지를 중심으로 연약한 정체성을 구성했다. 강인한 몸을 갑옷 삼아 강렬한 박해 불안을 겪고 있음에도 다른 사람들에게 접근할 수 있었다. 앤드류는 친한 친구가 아무도 없었고, 아무도 믿지 않았다. 앤드류의 외모와 그가 나와 처음 접촉한 방식은 위협적이었지만, 나는 이 이미지 뒤로 길을 잃고 몹시 겁먹은 아이를 상상할 수 있었다.

앤드류는 현상학적 관점이나 범주적 렌즈로 보면, 급성 품행장애, 적대적 반항장애, 그리고 간헐적 분노 폭발 장애 기준에 부합하는 임상적 상황을 보였다. 그러나 차원적 관점(dimensional perspective)(Lingiardi & McWilliams, 2017; Tizón, 2018a, 2018b, & 2019)에서 고려하면, 임상적 상황은 더욱 다층적이고 복잡해져, 앤드류의 감정적이고 관계적인 삶을 좀 더 상세하게 이해할 수 있다. 이것은 치료 방식에 관해 중요한 함의가 있다. 위험군이거나 도움을 청하지 않는 청소년들을 대할 때 심리치료 접근법의 특정 기법을 수정하는 것이 매우 유용하고 적절하기 때문이다. 더구나 일관성이 없고 예측 불가능하며 자녀를 방임한 양육(가족뿐만 아니라 학교와 다른 돌봄 체계들을 포함하여)을 이해하는 관점에서 이 상황을 고려하면, 앤드류가 정서적 삶을 조절하는 데 어려움을 겪고 관계 및 정신화 기술이 매우 부족한 것은 발달 과정의 실패로 이해할 수 있다. 이것은 또한 치료 과정을 설계하고 제시된 증상을 이해하고 공식화하는 데 중요한 함의가 있다.

MBT 모델은 이런 청소년들이 제시하는 복잡한 상황을 다루는 데 유익한 이론적이고 임상적인 구성 개념을 제공한다. 또한 이 모델은 치료 과정에서 개인뿐만 아니라 개인을 둘러싼 체계들을 고려할 수 있게 해 준다. 인식론적 신뢰와 부모의 체화된 정신화, 정신화된 정서성 같은 일부 개념뿐만 아니라 개인을 둘러싼 넓은 범위의 체계를 다루는 적응형 정신화 기반 통합 치료(Adaptive Mentalization Based Integrative Treatment; AMBIT) 모델이 기여하는 바는 위기 수준 정신 상태를 보이는 청소년에게 내가 하는 개입을 설명하는 데 핵심을 이룬다.

이 장의 제목에 있는 '위기 수준 정신 상태(at-risk mental states, ARMS)'는 정신건강 전문가들이 정신증(psychosis)의 초기 낮은 수준의 징후를 보이는 청소년과 청년을 기술하기 위해 사용하는 용어이다. 영국 국립 보건 서비스(National Health Service)에서는 ARMS를 보인다고 말할 수 있는 청소년과 청년을 세 집단으로 나누어 기술한다. 첫 집단은 지난 12개월 동안 기능이 저하된 경우이다. 학교나 대학 또는 직장을 그만뒀거나 가족이나 친구와 시간을 보낼 수 없었던 경우가 이에 해당한다. 둘째 집단은 지난 석 달 동안 일시적이거나 경미한 정신증 증상을 보인 사람들이다. 마지막 셋째 집단은 짧거나 제한적인 간헐적 정신증 증상을 경험하는데, 이들이 겪는 증상은 일주일 이내에 자연스럽게 중단된다.

나는 청소년을 위한 낮 병원에서 거의 10년 동안 일한 후, 스페인으로 옮겨 선구적인 임상 서비스인 ECID를 관리하기 시작했다. ECID는 바르셀로나의 비달과 바라케르(Vidal and Barraquer) 재단의 청소년을 위한 정신건강 아웃리치(outreach) 팀이다. 이 서비스는 적응형 정신화 기반 통합 치료(AMBIT)(Bevington, Fuggle, Cracknell, & Fonagy, 2017; Bevington, Fuggle, & Fonagy, 2015; Bevington, Fuggle, Fonagy, Target, & Asen, 2012)에 기반을 두고 있다. 12장에서 더 자세히 설명하겠지만, AMBIT는 다수의 복합적인 어려움을 겪는 청소년과 함께 작업하는 팀을 위한 정신화 기반 모델이다. AMBIT는 정신화를 자극하는 도구를 제공하여 개입의 영역을 넓혀 주며, 다음 네 가지 수준에 따라 원칙과 실제를 적용한다. 즉, 청소년 및 가족과 함께 작업하기, 팀과 함께 작업하기, 우리의 네트워크와 작업하기, 자신의 치료적 개입에 대해 배우는 입장을 취하도록 치료팀을 지원하기이다.

ECID에서는 주로 ARMS를 보이는 청소년과 작업한다. 이들은 학교를 중퇴하거나 사회생활을 중단하고 집이나 침실에 은둔해 비디오 게임과 인터넷으로만 세상과 연결되어 있는 청소년들이다. 혹은 학교를 중퇴하고 도움을 요청하지 않으며, 길거리에서 위험한 행동을 하는 청소년들이다. 임상 양상은 다르지만, 두 그룹 모두 자기가 취약하고, 삶에 맞설 수 있는 정서적, 관계적 자원이 부족하며, 정신화 능력이 미약하다는 점이 공통적이다. 이들은 인식론적 과경계(epistemic hypervigilance) 혹은 인식론적 불신 상태에 갇혀 사는데, 이것은 도움을 요청하지 않는 태도와 관련이 있다. 이러한 맥락에서 나는 MBT 접근에서 나의 치료적 입장을 조정하고, 청소년들이 있는 곳으로 다가갈 수 있게 우리를 감싸주는 멋진 우산을 찾았다. 여기에는 인식론적 신뢰에 기반한 안정 기반(secure base) 구축을 촉진하기 위해 접근 방식을 수정함으로써 치료를 위한 발판을 마련하는 것이 포함된다. 목표는 청소년이 주체성과 신뢰감으로 이어지고, 이를 통해 정신화를 촉진하는 발달 과정을 되짚어 볼 수 있는 장이 되는 관계를 하는 것이다(Malberg, 2013a, 2013b & 2019). 이 개입의 전반적인 목표는 청소년과 주변 체계 모두에게 다른 관계 모델을 제공하는 것으로, 이를 통해 청소년의 관계 환경(가족, 또래 및 다른 사람들) 맥락에서 다른 정서적 경험을 일반화하도록 촉진하는 것이다. 이것이 개입의 치료 효과를 결정하는 조건이다.

관계 트라우마와 청소년기 정신병리

심각한 정신장애를 갖게 되는 사람들 사이에는 부정적인 어린 시절 경험(ACEs: Adverse Childhood Experiences)이 극히 보편적임을 보여 주는 강력한 증거가 있다(Artigue, Tizón, & Salamero, 2016; Cutajar et al. 2010; Dangerfield, 2012; Fuller-Thomson & Lewis, 2015; Read, Van, Morrison, & Ross, 2005; Sorensen et al., 2010; Teicher, Samson, Anderson, & Ohashi, 2016; Varese et al., 2012). 또한 부정적인 어린 시절 경험(ACEs)이 있는 사람들은 학대당한 이력을 공개하기를 꺼리고, 정신건강 전문가들도 이를 평가하는 것을 꺼리는 경향이 있다는 뚜렷한 증거도 있다(Read, Haniniersley, & Rudegeair, 2007; Dangerfield, 2012 & 2017).

최근 수년간 ACEs 청소년 집단에 개입하여 수집한 자료에 따르면, ACEs를 겪는 것과 더 높은 수준의 정신병리 위험, 그리고 청소년의 ACEs와 그들 부모가 어린 시절 ACEs를 겪은 사실 사이의 관련성을 보여 주는 증거가 된다. 이 사실은 관계적 트라우마의 세대 간 전이와 그것이 행동 및 심리적·관계적 수준에서 미치는 영향을 이해하는 데 도움이 된다.

임상적·현상학적 수준에서 드러나는 양상이 어떻든 간에 어린 시절에 겪은 ACEs를 종종 개념 형성 이전의(pre-conceptual) 트라우마 경험으로 이해할 수 있다(Grimalt, 2012; López-Corvo, 2013 & 2014). 이러한 경험은 감정 영역의 조직에 심각한 손상을 일으켜 감정을 조절하고 감정 경험을 이해하는 능력과 정신화 능력에 영향을 끼친다. 이것은 "애착과 정신화 사이의 연관성이 분명하다." 그리고 "애착 맥락이 정신화를 증진하는 이상적인 조건을 제공한다."라는 알려진 사실에서도 설명된다(Fonagy, Lorenzini, Campbell, & Luyten, 2014).

치명적인(toxic) 스트레스에 노출되었던 청소년 및 청년과 작업하는 일은 힘들고 복잡한 과업이다. 특히 정신화되지 않은 그들의 불안과 손상된 감정 영역, 즉 그들의 정신적 삶에서 지배적인 몹시 강렬하고 말로 표현되지 않은 고통을 돌봐야 하는 것이 우리 치료자들에게 무엇을 뜻하는지를 고려할 때 특히 그러하다. 그들은 절실히 도움이 필요하지만, 그들의 감정적인 욕구와 접촉하는 것이 얼마나 위협적일 수 있는지를 흔히 볼 수 있다. 그 이유는 그런 접촉이 그들의 취약한 생존 체계를 불안정하게 만들기 때문인데, 이것은 방임과 학대 환경에 대한 이해할 만한 적응적인 반응이다. 의존성과 애정에 대한 욕구를 견디는 것이 이들에게는 재앙으로 경험되는 일이 매우 흔하다. 충분히 가용하고 기댈 만한 관계에 대한 신뢰가 부족하기 때문이다. 다른 사람과의 접촉이 이들에게는 어떻게 버려짐과 경멸, 학대를 받았던 경험의 트라우마성 반복에 대한 두려움을 암시하는 일로 경험되는지를 흔하게 관찰할 수 있다. 예측할 수 있고 일관된 애착 경험이 없다면 다른 사람의 마음에 접근하는 것은 안전하지 않다. 이러한 관계 맥락에서 고전적인 정신역동 입장에 기반한 중립적이고 거리를 둔 자세는 실패하며, 발달적 정보를 바탕으로 한 렌즈가 필요하다. 주요 타자가 자신을 예측 가능하고 일관되게 마음 주는 경험에서 이 같은 초기 결핍을 겪은 청소년을 대할 때 관계에 대한 기본적인 신뢰를 구축하려면 좀 더 적극적인 치료적 태도가 필요하다. Slade(2014)는 그의 연구(p. 253)에서 다음과 같이 설명한다. "위협과 애착 경험 간의 역동적인 관계는 필수적인 관계 발달과 유지, 정신적 구조의 조직, 방어와 적응의 본질을 형성한다. 애착 이론의 이 요소는 특히 임상 상황과 관련 있다. 이는 어린 시절 환자의 생존에 필수적이었던 적응이 남긴 장기적인 후유증에 비추어 우리가 환자가 과거에 겪었던 두려운 각성의 순간을 상상해 보고, 그런 두려운 각성이 현재 나타나는 양상에 주의를 기울이며, 현재의 고통을 이해하는 데 도움이 된다. 마지막으로 이것은 환자의 초기 경험의 이러한 측면을 생생하게 전달하거나, 정신화하여 변화가 가능하게 해주는 언어를 찾는 데 도움이 된다."

부모의 정신화 결핍은 자녀에게 상호성의 경험을 제공하는 능력과 관계에 대한 자녀의 내적 경험에 관한 사려 깊은 호기심을 저해한다. 부모가 자신의 감정 상태를 조절하는 능력 부족은 성장하는 자녀에게 예측 불가능하고 일관성 없는 관계 환경을 만든다. 이러한 맥락에서 관계적인 트라우마의 세대 간 전이 사이클이 분명해지고 촉진된다.

정신화 발달과 '이질적 자기' 개념

정신화 능력은 아주 쉽게 압도되고, 결코 완전히 안정적이거나 일관되거나 일차원적이지 않다(Fonagy & Allison, 2011). 정신화 능력을 방해하는 정서적 충격을 받으면 우리는 애착 대상에 의지하여 회복하고 담아내기(containment)와 확신을 찾거나, 내면에서 우리와 함께하고 믿을 만하고 내면화된 관계 경험에 의지한다.

생애 초기에 티가 나는 되비쳐주기(marked mirroring)를 경험하면 아동의 정신화와 마음속에서 자신의 경험에 대한 이차적 표상(secondary representation)이라고 알려진 표상의 발달이 촉진된다(Bateman & Fonagy, 2004). 점진적으로 반복되는 이러한 경험은 아이의 핵심적 자기를 형성하여(Fonagy, 2000), 아이는 의도적 혹은 지향적 존재(intentional being)이자 주체로서 자신에 대한 내적 표상을 갖게 된다. 이것은 타인의 표상으로 일반화되고, 세상에 대한 정신화 모델의 발달로 이어진다. 이 모델은 아이가 관계 세계를 의미 있고 예측할 수 있는 방식으로 지각하고, 사회적 현실의 복잡성에 탄력적으로 대응할 수 있도록 도와준다(Fonagy, 2000).

우리가 다루고 있는 위기군 청소년들의 경우처럼 이 과정이 최소한으로라도 적절하게 발달하지 않으면, "이질적 자기"(alien self, Fonagy, 2000)의 발달을 초래할 수 있다. 이는 7장에서도 설명한 바 있다. 양육자가 자신의 고통에 압도되어 아이가 힘든 상태일 때 적대적이거나 두려워하면서 반응하는 상황이라면 어린아이의 경험을 다음과 같이 묘사해 볼 수 있다. "양육자가 나의 내면 상태를 잘못 지각하고, 내가 느끼는 불편함에 겁을 먹거나 화를 내면, 앞으로 내가 보고 경험할 것은 상대방의 두려움이나 분노일 것이다. 따라서 내가 내면화하는 경험은 나의 불편함이, 내가 절실히 필요로 하는 상대방을 두렵게 하거나 짜증 나게 하는 경험이다. 이것은 다시 내가 두려움을 주거나 상대를 화나게 만드는 사람이라는 내적 경험으로 이어진다. 그런데 실제로 일어나는 일은 나는 혼자이고 겁에 질려 있다는 것인데 말이다." 이러한 부정적인 관계 패턴이 지속되면 아이는 방임적 또는 학대적인 관계 경험을 자기감의 핵심적인 측면으로 내면화하게 된다. 그런데 사실 양육자의 어떤 상태가 아이의 '이질적 상태'가 되는 것이다. 이에 비해 아이의 실제 상태는 혼자 남겨져 겁에 질린 채 견딜 수 없어 자신을 압도하지만 처리할 수 없는 불안을 경험하고 있는 것이다.

'이질적 자기'라는 개념은 아이에 대한 양육자의 표상이 잘못된 귀인(歸因)에 기반하는 과정을 가리킨다. 이로 인해 아이가 자신에 대한 잘못 조정된 표상을 내면화할

가능성이 높아진다. 이러한 유형의 경험이 반복되어 양육자와의 관계에서 두드러진 특성이 된다면 아이의 마음이 '이질적 자기'에 의해 지배되는 상황이 발생할 수 있다 (Rossouw, 2012).

이처럼 매우 병리적인 특징은 아이가 정서적 불편함을 경험하는 순간에 아이의 마음에서 비열하고 적대적으로 반응하는 부적응적 관계 패턴이 촉발되면서 나타난다. 이것은 그저 고통을 키우고 절망의 고조, 정신화의 상실, 극단적인 수준의 목적론적 혹은 심적 동등성 모드를 자극할 뿐이다. 그 결과 파괴적인 행동화가 나타날 위험이 크다.

이런 현상은 이질적 자기의 내적 경험이 끊임없는 자기비판, 자기혐오, 내적 타당화의 부재, 실패 예상 등 내적 고문자(internal tormentor)의 경험과 유사하기 때문에 발생한다. 자기는 미움을 받고, '이질적 자기'라는 투사된 렌즈를 통해 외부 세계는 잠재적으로 적대적이고 굴욕적이며 박해하는 것으로 지각될 수 있다(Rossouw, 2012). 동시에 내적 표상은 자신의 경험과 일치하지 않는다. 타인에 대한 표상도 잘못 조정되어 관계 세계가 무의미하고 예측할 수 없다는 경험으로 이어진다. 따라서 '이질적 자기'는 정신화 발달을 방해한다(Rossouw & Fonagy, 2012). 또한 이것은 위기군 청소년이 겪는 어려움의 핵심 측면을 이해하는 데 중요한 요소이다.

청소년기에는 정신화 능력이 감소하면 다른 사람의 행동에서 의미를 찾고 자기 감정을 이해하는 데 더 큰 어려움을 겪으며 불안감이 커지고, 위협감, 상실감, 분노, 절망감이 증가한다. 아울러 편집증적 감정과 유의미한 사람들을 잃는 것에 대한 두려움이 커진다. 그러나 강렬한 고통의 근원이자 자기 파괴적 행동과 타인 파괴적 행동의 위험을 높이는 감정 중 하나는 나쁘다는 느낌, 내면으로부터 파괴되는 느낌이다. 우리는 아주 흔히 자신에 대한 강렬한 증오와 다음과 같은 생각에 압도당하는 청소년과 청년을 만난다. "나는 끔찍해요, 난 죽어야 해요, 아무도 나를 그리워하지 않을 거예요……." 그 결과 이들은 자신을 침범하는 혼란스럽고 파국적인 불안의 소용돌이에 대한 통제를 되찾아야 하기 때문에 자신의 삶에 대한 약간의 주체감을 회복할 수 있다고 느끼려는 절박한 방법으로 행동화에 의지한다.

정신화가 상실되면 파편화되는 느낌, 일관성과 자신의 삶에 대한 주체성을 잃는 느낌이 있다. 이럴 때 애착 대상을 찾더라도 내면의 고통을 담아 주지 않는다. 그 관계에는 심각한 방임이나 학대가 만연하거나 아니면 그저 관계가 부재하기 때문이다. 마찬가지로 청소년과 청년의 내면화된 관계 경험들도 이들에게 담아 주기를 제공하지 않는다. 왜냐하면 내면에 최소한의 담아 주기 경험이 충분히 존재하지 않거나 절망을 키우는 이질적 자기가 우세하기 때문이다. 이런 상황은 폭력적인 행동을 자극한다. 이때 폭력은 파국적 불안에 대한 방어막으로 이해할 수 있다. 또한 다른 식으로는 처리할 수 없는 불편함을 비워 내기 위해서만이 아니라 파국적 경험에 대한 통제력을 회복하는 것에 대한 일종의 환상으로 이해할 수 있다.

파편화를 멈추게 하는 기제는 어떤 것이든 위기군 청소년에게 가치가 있다. 그래서 이들은 외부 현실에 대한 강력한 투사와 매우 위협적인 경험을 생성하는 심적 동등성 모드를 대대적으로 사용하는 쪽으로 이동한다. 박해 불안은 박해자가 있기 때문에 정신화할 수 있는 반면, 부재에 대한 가장 원시적이고 파국적인 경험은 정신화할 수 없는 공허함이다. 이것은 정신화할 수 없는 고통으로 청소년은 여기에서 달아나려고 감각 영역으로 돌아가 심리적 생존의 한 형태로서 감각에 매달릴 수 있다(Coromines, 1991, 1994).

이해받지 못한다고 느끼고 정신화 결함이 있는 청소년은 세상이 자신을 적대시하는 것처럼 느낄 수 있다. 이런 느낌은 형성되는 과정에 있는 이들의 자기감을 공격하고 파괴한다. 이것은 이들의 존재를 파괴하고 정신증적 불안을 불러일으킨다. 이런 상태는 견딜 수 없는 현실이 되어 청소년이 세상에서 떨어져 은둔하거나 파괴적 행동화를 하게 내몬다. 이것이 바로 우리가 치료에서 만나는 청소년들의 임상적 양상이다.

임상 사례

앞서 기술한 내용을, 예시를 들어 설명하기 위해 내가 만났던 앤드류와 우리가 함께 작업하기 시작한 지 몇 달 후에 발생한 상황으로 돌아가 볼 것이다. 초기에 어려움을 겪었지만, 낮 병원 세팅에서 자주 만나 집중적으로 관계를 맺은 덕분에 우리는 신뢰 관계를 구축할 수 있었고, 앤드류는 나와 대화하는 것을 참고 받아들일 수 있었다.

나는 정신화 자세의 몇 가지 기술적 측면을 소개하고자 하는데, 이것은 치료 과정을 지지하고 촉진하는 4개의 튼튼한 다리가 있는 테이블로 규정할 수 있겠다. 이 4개의 다리는 치료자가 호기심을 분명하게 표현하고, 비정신화를 중단시키고 정신화의 다양한 차원 간에 균형을 유지하고, 청소년 내담자가 정신화하는 순간을 부각하는 것이다.

문제의 상황은 앤드류가 입원하고 6개월 후에 일어났다. 두 달 만에 '교실 활동'을

시작하는 첫날이었다. 5분도 채 지나지 않아 복도에서 큰 소리가 들렸다. 나는 격분에 찬 앤드류의 목소리를 알아챘다. 앤드류가 완전히 압도된 상태에서 폭발적으로 분출하며 교실 활동 선생님을 향해 온갖 심한 욕설을 퍼붓고 문과 벽을 발로 차고 주먹으로 치고 있었다. 나는 아이가 다칠까 봐 두려웠다. 다른 비슷한 상황에서 손의 여러 부위가 부러진 적이 있었기 때문이다. 동료 두 명이 거기 있었지만 나는 그들에게 떨어져 있으라고 부탁했다. 그 상황에서 아이를 물리적으로 제지하는 것은 전혀 도움이 되지 않을 것 같다고 생각해서였다.

앤드류: 날 내버려 둬, 마크*! 손대지 마! 씨발, 손대지 마!

치료자: 앤드류, 난 손대지 않을 거야.

앤드류: 망할 년! 저년 죽여 버릴 거야, 마크! 저 쌍년 죽여 버릴 거야, 씨발!

앤드류는 벽과 문을 발로 차고 주먹으로 치고 있었는데, 극단적인 목적론적 모드와 심적 동등성 모드에 사로잡혀 있었다. 나의 주 관심사는 앤드류가 또다시 심하게 다칠 수 있다는 것이었다.

치료자: 앤드류, 네가 다칠까 봐 두려워. 그런 일이 일어나지 않았으면 좋겠어.

앤드류: 저 나쁜 년! 망할 년! 저 망할 년을 졸라 패 버릴 거야!

앤드류는 계속해서 벽을 발로 차고 주먹으로 치고 있었다.

치료자: 앤드류, 벽을 치면 손을 크게 다칠 수도 있을 것 같아 걱정돼.

앤드류: 빌어먹을, 빌어먹을! 씨발, 상관없어.

치료자: 난 상관있어, 앤드류. 난 네가 너를 다치게 하지 않았으면 좋겠어.

내가 내 정신 상태를 확고하고 분명하게 아주 명확히 표현하자 앤드류는 여전하게 완전히 압도된 상태에서도 내가 더 가까이 다가가는 것을 용납했다. 누군가 정신화를 하고 있지 않을 때, 우리는 그들에게 정신화하기를 강요해서는 안 된다. 왜냐하면 그들은 우리 말에 귀 기울일 수가 없기 때문이다. 우리는 정신화로 비정신화를 다룰 수

---

* '마크'는 이 장의 저자이자 치료자의 이름임.

없다. 그 대신, 우리가 그들 편에 서 있음을 나타내고, 언어적 · 비언어적 수단을 써서 그들의 감정 상태를 타당화하면서, 우리가 그들과 함께하고 지지한다는 것을 보여 주어야 한다. 감정 폭풍이 지나가면 우리는 다른 영역에서 정신화 회복을 시도할 수 있다. 이러한 원칙을 따르고 정신화 회복이 좀 더 가능할 수 있는 다른 영역으로 초점을 옮기고, 또한 박해의 초점에서 벗어나 보려는 생각으로 나는 앤드류에게 이렇게 말한다.

치료자: 앤드류, 그냥 여길 벗어나는 게 어때? 지금 벗어나는 게 어때? 정원으로 걸어 나갈까, 우리 둘만 말이야?

앤드류: 좋아요, 젠장, 여기서 나가요!

여기서 나는 주의 초점을 적극적으로 전환시키고 감정 폭풍과 조절 곤란을 촉발했던 것에서 거리를 두고 앤드류의 마음을, 그리고 앤드류를 옮겨 놓으려 시도하려는 의도를 가졌다. 이는 정신화 재확립을 돕는 과정의 첫 단계로서 함께 주의 기울이기와 정서 조절(Midgley, Ensink, Lindqvist, Malberg, & Muller, 2017)을 통해 인식론적 신뢰를 구축하려는 아이디어와 관련이 있다. 우리는 또한 앤드류의 반응이 학업에 직면한 상황에서 좌절을 느끼는 것을 견디지 못한 데서 촉발되었고, 이것이 어떻게 그의 내면에 있는 이질적 자기를 촉발할 수 있었는지 이해할 수 있다. 이질적 자기의 촉발로 인해 앤드류는 이런 극단적 심적 동등성 모드에서 자신의 파괴적이고 심하게 불공정한 측면을 교사의 잘못으로 대대적으로 귀인하고, 그런 다음, 항상 그랬듯이 목적론적인 모드로 사태를 관리한다. 그런데 앤드류를 멀리 떨어뜨리려는 나의 의도는 성공한 것 같다. 우리가 가는 동안 앤드류는 욕하고 문과 벽을 걷어차면서도 나와 함께 밖으로 나가기로 동의하기 때문이다.

이러한 기술적 측면은 비정신화를 중단시키는 기법과도 연결된다. 치료자는 여기서 적극적인 역할을 한다. 특히 비정신화가 청소년이나 가족에게 알려진 패턴인 경우 더욱 그렇다. 앤드류와 함께하는 이런 순간 같이 정서 조절 곤란이 있는 상황에서는 현재 상황을 중단시키고, 파괴적인 행동의 위험을 줄이기 위해 갈등을 덜 일으키는 영역에 집중하려고 적극적으로 노력하는 방법을 찾는 것이 중요하다.

조절 곤란이 덜한 순간에는 비정신화를 중단하기 위해 나 자신에게 비난을 돌리는 방법이 유용하다는 것을 알았다. 이때 내가 혼란스럽거나 내담자 하는 말을 따라가지 못하고 있음을 뜻하는 자기 비하적인 유머 감각을 더하는 것이 도움이 된다. 위기군

청소년들에게 이 방식은 덜 박해적이며 치료자인 우리의 현재 순간 정신 상태를 전달하는 데도 도움이 된다.

진료 센터에서 이렇게 만나고 나서, 앤드류와 나는 건물을 나와 정원을 산책한다. 앤드류는 더운 여름날 시원한 그늘을 제공하는 벤치와 나무가 있는 정원의 멋진 장소로 우리를 이끈다. 앤드류가 벤치에 앉고 나는 그 옆에 앉는다. 앤드류가 계속해서 교사에게 큰 분노를 품고 모욕적인 말을 내뱉는 동안 나는 그의 감정 상태를 타당화하려고 노력하고, 내가 그의 곁에 있고, 그와 접촉하면서 그의 고통과 절망을 받아 주도록 가용(可用)하다는 것을 그가 느끼게 하려고 애쓴다. 아울러, 그의 경험을 타당화하고, 감정적으로나 신체적으로 그의 현재 상황에 대해 내가 인정하고 있는 것을 알아차리고 이름을 붙인다. 잠시 후, 나는 앤드류에게 훨씬 더 견딜 만하다고 생각되는 다른 영역에서 정신화를 자극하려고 시도한다. 이런 목적으로 우리 둘이 공유하고 있는 감각적 수준을 선택하여 여전히 얼마나 더운지 언급하고 그늘이 있어서 다행이라고 말한다. 앤드류는 내 말을 듣는다. 그의 절망과 분노가 줄어드는 것 같다.

치료자: 앤드류, 넌 이 더위를 어떻게 견디니? 올해는 충분히 더운 것 같아.

여기서 나는 앤드류가 이 공유된 감각을 어떻게 경험하고 있는지에 대해 정신화하기를 적극적으로 초대한다. 그런데 먼저 나 자신의 사고 과정을 보여 주고 앤드류의 정신 상태에 대한 나의 호기심을 분명하게 드러낸다. 호기심을 분명하게 드러내는 것은 치료자의 정신화 자세를 지탱하는 또 하나의 다리다. 이 위기군 청소년과 작업 때 치료자가 그들의 입장에 있다는 것이 어떤지를 아는 척하는 것보다 더 나쁜 게 없기 때문이다. 우리는 겸손하고 참을성이 있으며 잘 모른다는 자세를 분명히 밝혀야 한다. 우리는 그들 마음을 읽는 법을 모르고, 때문에 우리가 그들을 이해하는 데 그들의 도움이 필요하다는 것을 말할 수 있는 것이 중요하다. 우리가 청소년에게 말한 내용이 그 시점에 그들과 관련 있다고 생각하는지 여부를 그들에게 확인하지 않은 채 어떤 말을 해서는 안 된다.

앤드류: 네, 나도 싫어요…… 졸라 끈적끈적해, 이 빌어먹을 더위…… 그리고 봐요 …… 모기들도 여기 이 빌어먹을 모기, 지금 우리를 물고 싶어서…….

앤드류가 어떻게 느끼고 있는 것에 또 다른 감각적 특성, 즉 강렬한 습도로 인한 끈적끈적한 효과를 추가하는지 주목하라. 그런 다음 그는 모기를 보는데, 모기는 곧 우리에게 소중한 공동 치료자가 된다.

치료자: 그래, 맞아. 이거 호랑이 모기 맞지? 어떻게 생각해?

나는 그에게 모기에 관해 정신화해 보라고 권유한다. 다시 말하지만, 이런 상황에서 중요한 것은 과정이지 우리 상호작용의 내용이 아니다.

앤드류: 정말로 그렇죠! 얘들은 가장 고약한 종류죠.

모기에 집중하는 동안 앤드류는 진정하기 시작한다. 앤드류 같은 위기군 청소년과 작업할 때, 그들의 과거와 현재 역사의 핵심적인 측면에 대해 생각하기에 더 가까이 가고, 감정과 정서적 욕구에 접근하는 것은 버림받음과 방임이나 학대 혹은 둘 다로 점철된 내면화된 관계 경험으로 인해 이들에게는 견딜 수 없고 심지어 파국적일 수 있다. 이 때문에 이들은 치료 관계에서도 동일한 것을 예상하게 된다. 이러한 이유로, 우리가 주요 목표로 삼는 것은 이 청소년들이 더 견뎌낼 수 있는 영역에서 정신화를 기를 수 있는 시간을 갖는 것이다. 이것을 좀 더 쉽게 달성하는 방법은 이들의 심리적 발달 과정이 중단된 곳에서, 가장 원초적인 수준, 즉 감각적 수준을 정신화하는 것에서 시작하는 것이다. 달리 말하자면, 가장 원초적 수준에서 치료자와 공유하는 새로운 감정 경험을 정신화하는 것이다.

기술적인 관점에서 볼 때, 이것은 치료자가 이 수준의 발달에서 정신화를 자극하기 위해 내담자에게 가용한 상태로 함께하면서 어떤 일이 일어나고 있는지 알아차리고 이름을 붙이는 과정을 촉진한다는 아이디어를 지지한다.

앤드류는 압도되어 정신화를 전혀 할 수 없었던 순간에서 정신화 능력을 다시 얻은 상태로 전환한다. 이것이 내가 명시적으로 인정하는 것으로, 앤드류가 정신화하는 순간을 강조하는 것이다. 치료 작업을 이해하기 위한 기본 개념은 인식론적 신뢰(Fonagy & Allison, 2014)이며, 이 책의 다른 장에서 자세히 설명한다.

우리가 진전을 보이고 있고 그에 따라 감정 조절 곤란 상태가 누그러진 것을 보면서 나는 함께 주의 기울이기의 초점을 열려고 노력한다. 나는 앤드류가 이번 주말에 무

엇을 했는지 궁금해한다. 앤드류는 별다른 일을 하지 않았다고 말하고, 나는 앤드류에게 누구를 만났는지 묻는다.

앤드류: 음…… 그게…… 케이트와 마리아(낮 병원에서 만난 여자아이들)를 만나기로 했는데 케이트가 싫다고 했어요…….

치료자: 아, 그래서 넌 그것에 대해 어떻게 느꼈니?

앤드류: 정말 구렸어요!

치료자: 그렇겠지. 그런데 '구렸다'는 게 너한텐 어떤 뜻인지 내가 알 수 있게 도와줄 수 있겠니? 내가 너를 더 잘 이해할 수 있는지 알아보려고 그래.

앤드류: 구렸다는 건 구리다는 뜻이죠, 마크! …… 뭐야 젠장?! 내가 졸라 짜증 났다고요, 그런 일이 일어난 게 싫었어요, 왜냐면 토요일에 걔를 만나고 싶었는데 못 만났잖아요.

애초의 주저함에도 불구하고 앤드류는 그가 방금 기술한 감정을 키울 수 있다. 여기서 우리는 정신화된 정서성(mentalized affectivity)(Jurist, 2005)이라는 개념을 언급할 수 있다. 이것은 정서를 조절하는 과정에서 그저 정서를 조정하는(modulating) 것이 아니라 재평가하는 것을 촉진하려고 노력할 때 취하는 기술적 자세의 기반이 되는 중요한 개념이다(Fonagy, Gergely, Jurist, & Target, 2002). 정서적 경험에 대한 성찰, 즉 정서를 식별하고, 처리하고, 표현하기는 앤드류가 표현할 수 있는 새로운 의미를 개발하는 것을 목표로 한다. 나는 내가 이해하고 있는 내용을 타당화하고 확인하는 개입을 한다. 우리는 다음으로 넘어가 앤드류에게, 무엇이 케이트가 거절했다는 사실과 관련 있다고 생각하는지 물어본다.

앤드류: 케이트는 나한테 화났다고 했고…… 그것 때문에 날 보고 싶지 않다고 했고…… 빌어먹을, 나한테 화가 났다고! 빌어먹을 도대체 왜?!

치료자: 그거 좋은 질문이네, 앤드류. 케이트는 무엇 때문에 화났다고 생각하니?

앤드류: 나 말고도 자기가 만나고 있는 남자에 대해 내가 어떤 말을 해서 화가 났다고 했어요. 그 남자 나쁜 놈이에요! 망할 놈!

치료자: 아 그렇구나…….

앤드류: 네, 내가 그 개자식을 알죠…… 우리 동네에 살아요…… 개자식…… 그리고 그 개자

식이 다른 여자들과 놀아나고 있다는 것도 알아요…… 그리고 나는 케이트가 그 개자식과 곤란한 상황에 처하는 걸 원치 않았어요…… 그래서 내가 케이트에게 말했죠……

치료자: 아, 이해가 되네. 그래서 넌 그저 케이트에게 이 남자에 대해 경고하고 싶었구나, 맞니?

앤드류: 그래요, 마크, 그게 내가 했던 거죠, 빌어먹을!

치료자: 좋아, 그래서 케이트에게 뭐라고 했어?

앤드류: 문자를 주고받다가…… 내가 문자를 썼는데…… 봐요…… 여기 주고받은 대화를 갖고 있어요. 케이트가 이 자식을 만나러 간다고 해서, 내가 이렇게 말해요 "넌 창녀처럼 이 개자식한테 끌려 들어가고 있잖아!"

이것은 앤드류가 평소 말하는 방식이다. 그는 자신의 말이 다른 사람에게 감정적으로 미치는 영향을 크게 알아차리지 못한다.

치료자: 그렇구나…… 근데 케이트가 이 문자를 읽고 화가 났구나.

앤드류: 그래요, 걔가 그냥 그거면 됐다더군요. 그날은 저를 만나지 않고 빌어먹을 대화를 끝냈어요!

치료자: 그래, 그래서 걔가 화났구나. 하지만 걔가 왜 네가 한 말에 화가 났는지 이해할 수 있니?

앤드류: 근데 마크, 이봐요…… 걘 나를 알아요…… 내가 그렇게 말하는 걸 알아요.

치료자: 네 말이 맞아…… 근데 그렇다 해도 아마 걔한테 상처 줬을 거라고 상상해볼 순 있겠지. 내가 느끼기엔 넌 걔한테 상처 주고 싶어 하지 않는 것 같아. 그게 맞니?

앤드류: 물론이죠! 물론 나는 걔한테 상처 주고 싶지 않아요.

치료자: 근데 보자, 우리가 다른 방식으로 말하는 법을 찾을 수 있는지, 그러니까 우리가 얘기해 왔던 것 있잖아, 우리가 다른 사람들에게 말하거나 행동하는 방식이 어떻게 다른 사람들에게 영향을 미칠 수 있는지, 그것이 그들을 어떻게 느끼게 하는지 이런 거. 우린 이런 걸 다뤄 왔잖아, 그렇지?

앤드류: 네…… 네…….

치료자: 그리고 때로는 우리는 어떻게 같은 말을 다르게 하는 방식을 찾을 수 있는지에 대해서도 말이야. 같은 메시지를 주지만 다른 방식으로…… 상대방에게 상처를 주지

않을 거라고 상상할 수 있는 방식으로 …… 그러니까 너 자신을 상대방의 입장에 두는 것에 대해 이야기를 나눴지.

앤드류: 네…… 네…… 그래서요? 선생님이라면 걔한테 어떻게 말하겠어요? 이 나쁜 놈에 대해 어떻게 경고하겠어요?

치료자: 한번 시도해 보고 싶지 않니?

앤드류: 아니, 난…… 마크 해봐요…… 선생님이 말해 봐요.

내 생각에 앤드류는 내가 염두에 두고 있는 것에 대해 솔직한 호기심을 보이고 있고, 내가 표현하는 방식에 관심을 두고 있다. 그래서 나는 앤드류 요청에 반응하는 것이 중요하다고 생각한다.

치료자: 좋아, 이런 식으로. 케이트, 이봐, 난 널 정말 좋아해, 그리고 이 남자가 너한테 상처 주는 걸 원치 않아. 그러니까 제발 조심해, 왜냐면 이 남자에게 상처받았던 다른 여자애들을 내가 알고 있단 말이야.

앤드류: 젠장! 좋은데요! …… 아! 근데 젠장! 이건 바로 조금 전에 그 선생님하고 일어났던 거네요. 아이구 젠장, 이거 똑같잖아…… 조금 전에 일어났던 일이네…… 내가 그 선생님을 화나게 만든 방식으로 말했네…….

치료자: 이봐, 앤드류, 네가 지금 하고 있는 건 아주 소중하다고 생각해. 넌 방금 일어난 일을 네가 이해할 수 있는 방식으로 생각했어, 대단해. 이게 바로 우리가 항상 목표로 삼는 거야. 너한테 정말 도움 되는 식으로 생각하기 말이야.

여기서 나는 앤드류가 보여 주는 정신화를 강조한다. 이 기법은 치료자의 정신화 자세를 지탱하는 또 다른 중요한 다리다. 이 기법을 쓸 때 우리는 지금 여기에 초점을 맞추고 내담자의 효과적인 정신화를 포착하고 강조하며 가치 있게 여긴다. "나는 네가 지금 보여 준 생각 방식이 정말 좋아. 불과 5분 전에 네가 생각하고 있던 방식과 얼마나 다른지 한번 봐. 그때 넌 그 사람에 대해 네가 하는 말에 너무도 확신에 차 있는 것 같았지. 근데 이제는 네가 했던 행동과 같은 걸 하면 그 사람이 어떻게 느낄지 궁금해하고 있잖아. 그 차이가 보이니?" 이렇게 개입할 때 나는 앤드류 마음에서 드러내는 특정한 속성에 집중한다. 이러자 앤드류가 계속 말한다.

앤드류: 네, 근데 문제는 그 사람(그 교사)이 나한테 읽어야 할 자료를 다 줬을 때 그건 젠장, 너무 길었어요. 그래서 그 사람에게 꺼져 버려, 그 빌어먹을 자료 나한테서 갖고 가서 네 엉덩이에나 쑤셔 넣으라고 말했어요……

치료자: 알았어, 오케이. 근데 넌 선생님이 화가 났다고 했잖아, 그건 우리가 이해할 수 있는 걸 수도 있지.

앤드류: 네, 네…… 물론…….

치료자: 네가 선생님께 이걸 다른 방식으로 말할 수 있는지 생각해 볼 수 있니?

앤드류: 네…… 이렇게 말할 수 있었겠죠. "이렇게 긴 자료를 나한테 주지 마세요. 난 두 달 동안 아무것도 읽지 않았단 말이에요. …… 더 짧은 것부터 시작해요!"

치료자: 아주 좋구나, 앤드류, 진짜 아주 좋아. 네가 그렇게 말했다면 선생님이 어떻게 느꼈을 거라 생각해?

앤드류: 오케이…… 선생님은 나한테 화나지 않겠죠…… 그래요…… 상황이 더 나아지겠죠…….

우리는 이 대화에서 앤드류가 어떻게 두 가지 다른 상황에서 자신이 다른 사람에게 거부반응을 끌어내는 관계 패턴을 파악할 수 있는지를 볼 수 있다. 나의 애초 목표가 앤드류를 정서 조절 곤란에 처하게 했던 교사와의 상황을 정신화하려고 시도하는 것은 아니었다. 그런데 절망감이 담아지고, 우리가 정신화 모드를 회복하고 나자, 앤드류가 스스로 정신화할 수 있게 된 것은 매우 가치 있는 일이다.

결론

부정적인 관계 경험은 위기군 청소년이 배움의 경로를 닫아 버리게 만든다. 그 결과 대인 간 경험을 통해 배우는 이들의 능력을 훼손하고 이들이 변화에 직면하여 더욱 융통성이 없고 경직되게 만든다(Bateman & Fonagy, 2012). 우리는 이들과의 치료 작업에서 이러한 장애물에 직면한다. 이런 장애물은 관계가 실패하는 상황을 조성하기 때문이다. 이 상황에서 청소년은 아주 흔히 도움을 요청하지 않고 오히려 적극적으로 거부할 수 있다. 치료 실무자들이나 치료팀이 이런 청소년의 사고방식이나 감정에 변화를 주려고 애쓰는 것은 일반적일 수 있다. 하지만 우리는 이렇게 하는 대신 어른과

의 관계에서 어떤 것도 기대하지 않고 그 어른이 정신건강 전문가라면 더더욱 기대하지 않는 이 청소년에게 다가가기 위해, 우리 자신의 마음과 우리 치료팀, 그리고 네트워크에서 무엇을 바꿔야 하는지 먼저 자문해 봐야 한다. 관계 경험은 치료 효과를 가져올 수 있다. 관계 경험은 청소년의 가용성과 관계에 대한 정신적 태도의 변화를 촉진하여, 이들이 이미 주변에서 가질 수 있었지만, 지금까지 보지 못하고 유익을 얻지 못했던 선량하고 자비로운 관계들의 영향을 받는 데 자신을 더 열어 놓을 수 있기 때문이다.

MBT 접근법은 내담자에게 우리의 암묵적인 사고 과정을 명시적으로 만드는 모델로 우리 자신을 제시하는 것을 함축한다. 이런 식으로 우리는 완벽하지 않은 어떤 사람, 자신의 앎에 한계가 있다는 사실을 알아차리고 그것을 인정하는 데 안전감을 느끼는 어떤 사람의 모델을 제시한다. 즉, "나는 내가 알지 못한다는 것을 알기 때문에 궁금하다."를 보여 준다. 우리는 또한 자신과 타인의 정신 상태에 대한 관심 모델을 제시하고, 특정 상황에 관해 우리가 어떻게 느끼고 생각하는지 성찰하고, 다른 사람이 어떻게 느끼고 생각할지 우리 자신에게 소리 내어 물어본다. 동시에 우리는 우리의 호기심과 감정이 미치는 영향에 대한 알아차림, 환자의 마음이 불투명하다는 알아차림을 분명히 밝히고, 다양한 관점을 취할 수 있는 능력을 길러 나간다. 무엇보다도 우리는 청소년의 주체성과 희망에 대한 역량을 회복하는 인식론적 신뢰의 분위기를 조성하기 위해 노력한다.

참고문헌

Artigue, J., Tizón, J., & Salamero, M. (2016). Reliability and validity of the list of mental health items (LISMEN), *Schizophrenia Research, 176*, 423–430.

Bateman, A., & Fonagy, P. (2004). *Psychotherapy for Borderline Personality Disorder: Mentalization-Based Treatment.* Oxford: Oxford University Press.

Bateman, A., & Fonagy, P. (2012). *Handbook of Mentalizing in Mental Health Practice.* Washington, DC: American Psychiatric Publishing.

Bevington, D., Fuggle, P., Cracknell, L., & Fonagy, P. (2017). *Adaptive Mentalization-Based Integrative Treatment: A Guide for Teams to Develop Systems of Care.* Oxford University Press.

Bevington, D., Fuggle, P., & Fonagy, P. (2015). Applying attachment theory to effective practice with hard-to-reach youth: The AMBIT approach. *Attachment and Human Development, 17*(2), 157–174.

Bevington, D., Fuggle, P., Fonagy, P., Target, M., & Asen, E. (2012). Innovations in practice: Adolescent mentalization-based integrative therapy (AMBIT) – a new integrated approach to working with the most hard to reach adolescents with severe complex mental health needs. *Child and Adolescent Mental Health, 18*(1), 46–51.

Coromines, J. (1991). *Psicopatologia i desenvolupaments arcaics, Assaig psicoanalític.* Barcelona: Barcelona Espaxs.

Coromines, J. (1994). Possibles vinculacions entre organitzacions patològiques de l'adult i problemes del desenvolupament mental primary. *Revista Catalana de Psicoanàlisis, XI*, núm. 1–2.

Cutajar, M., Mullen, P., Ogloff, J., Thomas, S., Wells, D., & Spataro, J. (2010). Psychopathology in a large cohort of sexually abused children followed up to 43 years. *Child Abuse and Neglect, 34*, 81–822.

Dangerfield, M. (2012). Negligencia y violencia sobre el adolescente: abordaje desde un Hospital de Día. *Temas de Psicoanálisis,* n° 4, Junio 2012. (www.temasdepsicoanalisis.org).

Dangerfield, M. (2017). Aportaciones del tratamiento basado en la mentalización (MBT-A) para adolescentes que han sufrido adversidades en la infancia. *Cuadernos de Psiquiatría y Psicoterapia del Niño y del Adolescente, 63*, 29–47.

Fonagy, P. (2000). Attachment and borderline personality disorder. *Journal of the American Psychoanalytic Association, 48*(4), 1129–1146.

Fonagy, P., & Allison, E. (2011). What is mentalization? The concept and its foundations in developmental research. In N. Midgley & I. Vrouva (Eds.), *Minding the Child:*

Mentalization-Based Interventions with Children, Young People and Their Families (pp. 11–34). London: Routledge.

Fonagy, P., & Allison, E. (2014). The role of mentalizing and epistemic trust in the therapeutic relationship. *Psychotherapy, 51,* 372–380.

Fonagy, P., Gergely, G., Jurist, E.L., & Target, M. (2002). *Affect Regulation, Mentalization, and the Development of the Self*. New York: Other Press.

Fonagy, P., Lorenzini, N., Campbell, C., & Luyten, P. (2014). Why are we interested in attachments? In P. Holms & S. Farnfield (Eds.), *The Routledge Handbook of Attachment: Theory* (pp. 38–51). New York: Routledge.

Fuller-Thomson, E., & Lewis, D.A. (2015). The relationship between early adversities and attention-deficit/hyperactivity disorder. *Child Abuse and Neglect, 47*, 94–101.

Grimalt, A. (2012). Traumes preconceptuals: l'assassinat de la menti el self oblidat. *Revista Catalana de Psicoanàlisi, XXIX*(2), 69–88.

Jurist, E. (2005). Mentalized affectivity. *Psychoanalytic Psychology, 22*(3), 426–444.

Lingiardi, V., & McWilliams, N. (Eds.) (2017). *Psychodynamic Diagnostic Manual, Second Edition: PDM-2* (English Edition). New York: The Guilford Press.

López-Corvo, R.E. (2013). Time distortion between "conceptual" and "preconceptual" traumas. *The Psychoanalytic Review, 100*(2), 289–310.

López-Corvo, R.E. (2014). *Traumatised and Non-Traumatised States of the Personality: A Clinical Understanding Using Bion's Approach*. London, Karnac Books.

Malberg, N.T. (2013a). Mentalization based group interventions with chronically ill adolescents: An example of assimilative psychodynamic integration? *Journal of Psychotherapy Integration, 23*(1), 5–13.

Malberg, N.T. (2013b). A caged life: A girl's discovery of freedom through the co-creation of her life's narrative. *Journal of Infant, Child and Adolescent Psychotherapy, 12*, 59–71.

Malberg, N.T. (2019). Psychodynamic psychotherapy and emotion. In L.S. Greenberg, N.T. Malberg, & M.A. Tompkins (Eds.), *Working with Emotion in Psychodynamic, Cognitive Behavior, and Emotion-Focused Psychotherapy* (pp. 13–52). Washington, DC: American Psychological Association.

Midgley, N., Ensink, K., Lindqvist, K., Malberg, N.T., & Muller, N. (2017). *Mentalization-Based Treatment for Children: A Time-Limited Approach*. Washington, DC: American Psychological Association.

Read, J., Hammersley, P., & Rudegeair, T. (2007). Why, when and how to ask about childhood abuse. *Advances in Psychiatric Treatment, 13*, 101–110.

Read, J., Van Os, J., Morrison, A.P., & Ross, C.A. (2005). Childhood trauma, psychosis and schizophrenia: A literature review with theoretical and clinical implications. *Acta Psychiatrica Scandinavica, 112*, 330–350.

Rossouw, T.I., & Fonagy, P. (2012). Mentalization–based treatment for self–harm in adolescents: a randomized controlled trial. *Journal of the American Academy of Child and Adolescent Psychiatry, 51*(12), 1304–1313.

Rossouw, T.I. (2012). Self–harm and young people: Is MBT the answer? In N. Midgley & I. Vrouva (Eds.), *Minding the Child: Mentalization–Based Interventions with Children, Young People and Their Families* (pp. 131–144). London: Roudedge.

Slade, A. (2014). Imagining fear: Attachment, threat and psychic experience. *Psychoanalytic Dialogues, 24*, 253–266.

Sorensen, H., Mortensen, E., Schiffman, J., Reinisch, J., Maeda, J., & Mednick, S.A. (2010). Early developmental milestones and risk of schizophrenia: A 45–year follow–up of Copenhagen Perinatal Cohort. *Schizophrenia Research, 118*(1–3), 41–47.

Teicher, M.H., Samson, J.A., Anderson, C.M., & Ohashi, K. (2016). The effects of childhood maltreatment on brain structure, function and connectivity. *Nature, 17*, 652–666. doi:10.1038/nrn.2016.111.

Tizón, J. (2018a). *Apuntes para una psicopatología basada en la relación. Vol. I: Psicopatología general*. Barcelona: Herder.

Tizón, J. (2018b). *Apuntes para una psicopatología basada en la relación. Vol. II: Relaciones dramatizadas, atemorizadas y racionalizadoras*. Barcelona: Herder.

Tizón, J. (2019). *Apuntes para una psicopatología basada en la relación. Vol. Ill: relaciones emocionalizadas, intrusivas, actuadoras y "operativas"*. Barcelona: Herder.

Varese, F., Smeets, F., Drukker, M., Lieverese, R., Lataster, T., Viechtbauer, W., Read, J., Van Os, J., & Bentall, R.P. (2012). Childhood adversities increase the risk of psychosis: A meta–analysis of patient–control, prospective– and cross–sectional cohort studies. *Schizophrenia Bulletin, 38*(4), 661–671.

제11장

성격 장애 초기증상을 보이는 청소년과 함께하는 MBT-A 집단 치료

Nicole Muller, Holly Dwyer Hall

성격장애가 있는 성인을 위한 MBT 치료 패키지에서 개인 치료와 집단 치료의 병행은 핵심적인 부분으로, 집단 치료 구성 요소는 MBT 프로그램의 중요한 부분이다(Bateman & Fonagy, 2011; Karterud, 2015; Karterud & Bateman, 2012). 영국의 국립 보건임상연구원(NICE, 2015)은 성격장애가 있는 사람들에게는 개인 치료와 함께 집단이나 가족 치료의 두 가지 양식 이상의 치료를 제공할 것을 권장한다.

그럼에도 불구하고 치료자들은 종종 청소년들을 집단 치료에 참여시키기를 꺼리면서, 집단역동, 집단에서 도움 되지 않는 행동을 공유할 가능성, 또래 영향에 대한 청소년의 민감성, 이로 인한 관리불능 상호작용 발생 등에 대한 우려를 제기한다(Hutsebaut et al., 2011). 실제로 집단은 복잡한 감정적 상호작용을 자극하는 고도로 긴장된 환경으로 경험될 수 있어, 치료자와 참가자 모두에게 자신의 정신 상태에 대한 알아차림을 유지하는 동시에 다른 사람에게도 주의를 기울이는 상당한 노력을 요구한다. 하지만 이러한 풍부하고 비옥한 사회적 학습의 장에서 정신화 치료자는 "**관계를 통해 회복되고 관계를 복구하는 경험**"을 제공하기 위해 또래 관계에 대한 청소년의 높아진 관심을 활용할 수 있다(Malberg, 2010). 치료자가 의미 있는 또래 관계를 형성하는 청소년의 발달 과제에 맞춰 주고, 이들에게 정서적, 발달적, 문화적으로 관련된 주제에 초점을 둔다면, 집단 모임은 안정감과 안전감을 주는 또래 환경이 될 수 있는 잠재성을 지닌다. 여기서, 집단 구성원들은 도전적인 대인 간 내러티브를 탐색하는 위험을 감수할 수 있고, 새로운 존재 방식을 발견할 수 있다.

이 장에서는 네덜란드에서 개발된 MBT-A 집단 모델을 소개한다. 이 모델은 만 13~23세 사이에 성격장애 초기증상을 보이는 청소년을 대상으로 하며, 지역사회 정신건강 센터나 입원 치료 환경에서 개인 및 가족 MBT-A 회기를 병행한다.

집단 구성 정하기: 누구를, 왜

신체적, 신경학적, 정서적, 사회적 발달이 급격하게 변화하는 가운데, 청소년의 성격도 변화하게 된다. 청소년이 자율성과 자아 발견의 여정을 항해하는 과정에서 어느 정도의 동요(시무룩하고 변덕스러운 기분 증가, 충동성, 위험한 실험 등)를 예상할 수 있다. 하지만 소수 집단에서는 이런 문제들이 임상적으로 심각한 수준에 달한다. 청소년기는 주요 정신장애 발병에 대한 취약성이 고조되는 시기로 널리 알려져 있다(Paris, 2003). 성격장애 초기증상을 보이는 청소년들은 다양한 특성과 심각한 동반 질환을 보이는 경우가 많지만(Becker, Grilo, Edell, & McGlash, 2000; Eaton, Krueger, & Oltmanns, 2011), 사고, 지각, 감정, 대인관계 방식에서 상당한 차이를 보인다. 이들이 제시하는 어려움은 극심한 기분 변화와 예측할 수 없는 행동, 지속적으로 불안정하거나 부정적인 자아상, 불신이 주된 특징인 대인관계, 감정 조절의 심각한 문제와 손상된 정신화가 특징적이다(Muller, Ten Kate, & Eurelings-Bontekoe, 2017). 이러한 어려움은 흔히 부적절하고 통제적인 행동(자해 행위, 폭력, 약물 남용)으로 이어져 청소년 당사자와 주변 사람들을 힘들게 한다. MBT-A는 이러한 부적응 행동을 청소년의 정서 조절 능력에 영향을 미치는 정신화 실패의 결과로 간주하며, 부분적으로는 정신화를 일시적으로 약화시키는 신경발달적 변화에 따른 것으로 간주한다(Fonagy & Luyten, 2009). 성격장애 초기증상을 보이는 청소년의 경우, 이 발달단계에 특정한 손상이 이전부터 있었던 기존의 발달상의 어려움을 악화시켜, 정신화 및 정신화를 통한 정서 조절을 더욱 약화시킨다(Fonagy & Allison, 2014). MBT-A는 청소년들이 자신과 타인의 정신 상태에 대한 알아차림을 길러 정신화 능력을 향상시키는 것을 목표로 한다. 집단 맥락에서 이것이 뜻하는 바는 청소년이 또래 친구들과 함께 말과 행동 기저에 있는 동기와 정신화 능력을 억제하는 요인들에 대해 호기심을 갖고 다른 방식으로 반응하는 데 자신감을 키우는 것이 안전하다고 느껴지는 환경을 조성하는 것이다.

여기에는 초기 관계 패턴의 강도를 지닌 전의식적 과정(암묵적 정신화)이 어떻게 우리의 생각과 행동에 영향을 미치고 이러한 자동적 가정을 명시적으로 만들 수 있는지에 대한 알아차림을 기르는 과업이 포함된다. 집단은 지금 여기에서의 감정, 생각, 행동 사이의 연결을 이해하는 데 있어 존중 어린 진정한 호기심을 키우는 것을 목표로 한다.

MBT-A 집단의 정신화 태도

효과적인 집단 심리치료를 위해서는 치료자가 공감하고, 갈등을 관리하고, 비판을 감수하고, 비판단적인 환경을 조성하며 관계적으로 작업하는 것이 중요하다(Leszcz, 2014). MBT-A 치료자는 마음으로, 몸과 영혼으로 현존해야 한다. 청소년들은 얼굴에서 감정 표현을 읽는 데 어려움을 겪을 수 있다는 점을 인정하면(Tahmasebi et al., 2012) 치료자들은 자신의 정서 상태를 알아채고, 명명하고, 처리하고 표현하는 데 편안함을 느껴야 하며 동시에 다른 사람들에 대해서도 친절하게 호기심을 가져야 한다. 예컨대, "네가 폭음에 관해 얘기할 때 난 너에 대해 꽤 걱정하는 마음이 들어. 근데 너는 아주 느긋해 보이네?"라고 말할 수 있다. 치료자는 그들이 지각하고 경험한 것을 진심으로 표현함으로써 청소년이 자신과 타인을 알아차리도록 돕고, 이를 통해 청소년에게 호기심을 증진하고 사려 깊은 성찰을 하는 모습을 보여 준다.

치료자가 취하는 자세는 적극적이고 직접적이어서 집단역동이 나타나도록 장려하며, 청소년 집단원들이 말한 것뿐만 아니라 말하지 않은 내용에도 민감해야 한다. "오늘 우리가 꽤 많은 이야기를 하는 것 같아. 근데 내 느낌에는 우리 중 몇몇은 자기가 하는 말이 다른 사람들에게 들리지 않는다고 느낄 수 있을 것 같아." 유머는 방어적으로 사용하지 않을 때 다른 사람의 마음을 놀라게 하고 긴장을 완화하며 구성원 간의 유대감을 높이는 강력한 도구다. "진심으로 너희, 내가 늙었다고 생각하는구나. 글쎄, 너희 내가 뒤편에 공룡을 주차해 놓은 거 봤니?" 치료자는 그것이 크든 작든 청소년의 긍정적인 정신화 시도를 타당화하여 회복탄력적인 집단 분위기를 구축하고 자신과 타인에 대한 배려의 중요성을 전달한다. "오늘 모두 있어서 기뻐. 매주 이곳에 오는 게 힘들 수도 있지만, 우리가 이렇게 모이면 서로를 지지하는 집단을 만들어 간단다.'

방법 및 구조

Karterud(2015)는 MBT 집단에서 응집성이 어떻게 운용되는지에 대한 글에서, 치료자가 집단 내에서, 그리고 집단 회기 전후에 모두 집단에 대한 지속적인 생각하기를 통해 맥락과 연속성을 만들어, 어떻게 집단 과정에 대한 책임을 맡는지를 서술했다. '권위 관리하기'(Karterud & Bateman, 2012)는 집단이 시작하기 전에 명확하고 구체적인 목표를 이해하고 합의하는 것에 의해 뒷받침된다. 치료자들은 친절하고 호기심 어린 태도를 유지하면서, 비정신화(non-mentalizing)와 적대감이나 모욕하기로 집단을 해치려는 시도에 도전할 것이다. 치료자들은 강렬하고 괴로운 감정과의 접촉을 유지하면서 많은 공감을 담아 이러한 감정을 식별하고, 처리하고, 도움 되는 방식으로 표현하여 '정서 정신화하기(mentalizing affectivity)'*를 할 것이다. 여기서는 두 명의 공동 촉진자를 두는 것이 필수적이다. 이들은 집단에서 비정신화로 인해 일어난 교착 상태를 인식하고 관리하는 데 서로를 지원할 수 있다. 하지만 전문가 역할을 맡는다거나, 집단에 대한 강압적인 통제를 행사하지는 않으면서 이렇게 해야 한다. 치료자들은 이러한 교착 상태에 자신이 기여한 바를 인정하고, 우리 자신의 실수를 암묵적이고 명시적으로 모니터링함으로써 실수를 다시 살펴보고 더 배울 수 있는 기회로 삼을 수 있음을 재확인한다.

치료자 중 한 명이 각 집단 회기를 시작하면서 지난 회기를 언급함으로써 현재와 잇는 소개로 이용한다. 이와 동시에 집단을 위해 명시적인 연속성을 만든다. 지난 회기를 되돌아본 후, 집단 구성원들은 자신들이 어떻게 지내고 있는지 서로 확인하고 지난주에 대해 나누고 싶은 것이 있는지, 도움이 필요한 것이 있는지에 대한 질문을 받는다. 긴 침묵은 불안감을 높이고 정신화를 해칠 수 있으므로 피한다. 치료자들은 적극적으로 호기심을 보인다. "지금 침묵에 대해 여기 사람들이 무엇을 느끼는지 잘 모르겠어. 지난주 어렵게 끝을 냈기 때문에 그 후에 말하기가 어려울 수도 있겠다는 생각이 들었어. 조(Joe), 이에 대해 어떻게 생각해?" 아이스 브레이커, 구조화된 기술 기반 활동, 표현적 활동 등은 특히 집단 초기 단계나 발달적으로 더 어린 집단에서 구성원들의 참여를 유

---

* 개인이 감정을 경험할 때, 그 감정에 관해 호기심을 가지고 감정을 반영하며 감정 경험에 영향을 미치는 어린 시절 경험이나 현재 상황과 맥락을 정신화하는 것을 의미함.
[출처: Jurist, E., Greenberg, D., Pizziferro, M., Alaluf, R., & Perez Sosa, M. (2023). Virtue, well-being, and mentalized affectivity. *Research in psychotherapy (Milano), 26*(3), 710. https://doi.org/10.4081/ripppo.2023.710]

도하고 정신화를 자극하는 데 사용할 수 있다.

어떤 집단에서는 치료자가 참가자들 간의 시간과 주의를 면밀히 관리하는 반면, 어떤 집단에서는 구성원에게 더 많은 책임을 부여하지만, 집단이 지속되는 전체 기간에 걸쳐 변화를 주기도 한다. 경험이 있는 집단 구성원은 새로운 구성원에게 집단의 구조를 설명하고 지난 회기를 되돌아보는 것으로 회기를 시작하는 등 더 많은 책임을 맡을 수 있다.

개인 치료 회기와 집단 치료 회기 간의 상호작용은 중요하다. 개인 치료 회기는 청소년 개개인에게 비정신화 상태의 집단 상호작용에 자신이 어떻게 기여하는지 더 자세히 성찰할 수 있게 집단에서 벗어난 공간을 제공함으로써, 청소년의 집단 참여를 지원한다.

집단을 시작하기 전: 집단의 틀 확고히 유지하기

집중 MBT-A 프로그램에서 성격장애 초기증상을 보이는 청소년들 집단과 작업하는 일은 종종 삶과 죽음의 경계에서, 행동화나 협력의 경계에서 작업하는 것과 같다. 위기의 순간에도 연결을 유지하고, 행동화하지 않고 **이해하려고** 애쓰는 것이 성공에 필수적이다. 정신화는 취약하고 쉽게 무너질 수 있으며, 청소년의 격분이나 압도적인 절망감, 자살 사고에 직면할 때 치료자가 똑같이 압도당한다고 느끼지 않고 구체적인 통제적 행동으로 반응하지 않기란 어렵다.

치료자들이 환자에 대한 반응으로 일어나는 자신의 감정을 알아차리려면 동료 및 소속 기관과 신뢰하는 관계가 있어야 한다. 치료자들이 극단적인 도전에 직면하여 효과적으로 정신화를 회복하고 유지할 수 있게, 조직 차원에서 수용적이고 반응적이며 정신화하는 분위기를 만들고 유지하는 데 전념해야 한다. 동료들은 판단이나 비난에 대한 두려움 없이 서로 솔직하게 이야기할 수 있는 안정감을 느낄 수 있어야 한다. 개인 치료자와 가족 치료자 그리고 집단 치료자들은 확인된 구체적인 목적이 부여된 정규적인 주간 모임을 통해 서로 간에 의사소통하도록 공식화해야 한다. 여기에서 치료자들은 위험하고 복잡한 결정을 공동으로 관리할 수 있다.

집단 세팅 및 구성

이상적으로는 집단 치료는 여성과 남성 치료자 팀이 8명 이하의 구성원들과 매주 같은 시간, 같은 장소에서 진행하는 것이 바람직하다. 방에 의자를 원형으로 배치하고, 결석한 구성원 의자도 원 안에 그대로 남겨두어 그들을 계속 염두에 두게 한다. 집단은 개방형으로 운영되며, 기존 구성원이 나갈 때 MBT-A 집단 교육 회기를 이수한 새로운 청소년이 집단에 참여할 수 있다. 집단 기간은 6~18개월이며, 매주 개인 회기와 함께 목표와 진행 상황을 평가하는 월별 리뷰가 여섯 번 진행된다.

집단 치료자들은 참가자의 개인 치료자 역할을 겸하기 때문에 치료의 연속성과 응집성을 기르는 데 도움이 된다. 집단은 다양한 범위의 성격장애 초기증상이 있는 남녀 참가자로 구성하는 것이 도움이 된다. 이런 구성은 새로운 관점과 기술을 개발할 수 있는 기회를 제공한다. 경계선 특성을 가진 집단원은 회피적 대처 전략을 가진 참가자가 분노를 인지하고 표현하는 데 도움을 줄 수 있으며, 동시에 '회피적'인 동료 참가자로부터 잠시 감정에서 떨어져 있는 법을 배울 수 있다(Muller et al., 2017). 약물과 알코올 사용은 일반적인 특징이며, 약물 사용 및 오남용을 물질 의존과 구분하는 것이 중요하다. 물질 의존의 경우 집단 참여를 배제한다. 물질을 오남용하는 청소년은 줄이는 것을 목표로 합의해야 한다. 치료가 진행되면서 자신과 타인의 정신 상태를 견디고 고려하는 능력이 향상됨에 따라, 알코올 및 약물 오남용 문제가 점차 줄어드는 경우가 종종 있다.

집단 작업을 위한 동맹 맺기

평가 단계에서 치료자는 청소년과 협력하여 집단 치료에 대한 그들의 이해와 동기 및 참여를 지원하는 사례 공식화와 정신화 프로파일을 개발하는 것이 필수적이다. 여기에는 또래 관계 및 다른 여러 사회적 환경의 맥락에서 청소년이 현재 겪고 있는 대인관계 어려움을 포함하고 반영해야 한다.

다음 켈리의 예시를 보자. 켈리는 "나는 집단 활동은 하지 않겠다."라고 분명하게 말한다. "선생님(치료자)을 만나고 가족 어쩌구 하는 건 괜찮지만, **집단은 절대 안 돼요!**"고 말한다. 켈리의 정서에 맞춰 치료자는 "저런! 집단은 왜 그러는 거야?"라고 궁금해한다. 켈리는 "처음에는 괜찮아요, 난 사람들을 좋아하고, 그들도 나를 좋아해요. 그러다 나는 그들의 모든 문제를 떠맡게 되죠."라고 설명한다. 켈리는 몸을 부들부들 떨며 팔을 긁는다. 치료자는 이것을 포착하고, 먼저 다음과 같이 말한다. "시작은 좋은데 그 후에 그들의 문제가 네 문제가 되고, 네가 모두 해결해야 한다는 느낌이 드는 거 같단 거니?" 켈리가 동의한다. 이어서 치료자는 "마치 뭔가 느끼는 것처럼 네가 몸을 긁는 걸 봤는데?"라고 묻는다. 켈리는 고개를 끄덕이며 "그들이 내 안으로 들어오는 것 같이 느껴요. 내가 감염돼요." 치료자는 이에 공감하고 면밀히 살펴보도록 끌어들이며 "어, 감염된다고, 넌 어떻게 하니?"라고 한다. 켈리는 "공격적인 말을 뱉어내고, 격분을 느끼죠. 그럼 그들은 나를 미워하고, 나쁜 년이라고 생각해요. 근데 나는 나를 보호해야 해요."라고 묘사한다. "그래서 집단에 들어가는 건 마치 너 자신을 보호해야 하는, 감염된 사람들이 있는 방에 걸어 들어가는 것과 같은 거니?" 켈리는 "그래서 선생님 집단에 관심이 없어요!"라고 외친다. 치료자는 켈리가 다른 사람들과의 관계에서 자신을 어떻게 경험하는지를 용감하게 묘사하는 것을 긍정하는 동시에 이에 대한 켈리 자신의 반응에도 주목한다. "네가 '감염'에서 어떻게 너 자신을 보호하고 있다고 느끼는지 알겠어. 근데 네가 나한테 이런 설명을 하고 있을 때, 난 슬펐어." 켈리는 놀란 듯 보이고 자신은 괜찮다고 말한다. "글쎄, 그럴 수도 있겠지. 근데 난 그게 가끔은 외롭게 느껴질 수도 있다 생각해. 너 자신을 사람들과 떼어놓으면 말이야. 특히 넌 사람들을 좋아한다고 말했잖아." 켈리는 더 이상 이야기하고 싶지 않다고 말한다. 치료자도 이에 동의하면서, 켈리가 어렵게 여기는 것에 대해 생각하기가 얼마나 힘들지 언급한다. 추가 평가 회기에서, 켈리와 치료자는 집단에서 이러한 '감염' 패턴이 발생할 경우 어떻게 알아차릴 수 있는지, 그리고 이를 돕기 위해 무엇을 할 수 있는지 생각해 본다. 이런 지원을 받아, 켈리는 집단에 참여해 보기로 동의한다.

MBT-A 집단 심리교육 회기

이러한 집단 심리교육 회기는 청소년 개개인에 대한 평가 단계를 바탕으로 청소년이 자신의 정신화 강점과 약점을 이해하는 능력을 키움으로써 추가적인 집단 작업을 위해 그들을 준비시키는 것을 목표로 한다. 심리교육 회기는 또한 집단 세팅에 대한 좀 더 구조화된 소개 역할도 한다. 다양한 문서 자료, 연습 활동, 비디오 클립 자료, 구조화된 활동과 토론을 사용하여 정신화 개념과 일상생활에서 정신화의 중요성, 그리고 치료가 정신화 기술 개발을 어떻게 지원하는지 소개하는 것을 목표로 한다. 심리교육 집단에서 일반적으로 다루는 내용은 다음과 같다. 우리가 정신화를 하고 있는지 아는 방법, 비정신화는 어떻게 보이는지, 정신화에 관여된 기술과 태도, 호기심, 개방성, 성찰하려는 의지, 스트레스를 받거나 중요한 타인과의 관계가 위협받았다고 느낄 때 정신화가 어떻게 무너지는지, 어린 시절의 경험이 어떻게 우리 정신화에 영향을 미치는지, 성격장애 초기증상의 특성과 정신화를 증진하는 것이 어떻게 도움이 되는지 등이다.

MBT-A 집단의 정신화 기법 및 개입

'주차(parking)' 기법은 집단 과정 중에 누군가가 지금 여기에서 일어나고 있는 일과 연결되지 못할 때 그 사람을 표시하거나 주목하는 한 가지 방식이다. 이 기법은 각성을 관리하고, 비정신화가 일어나는 순간에 도전하며, 집단을 정신화 궤적에 머물게 하는 게 도움이 된다. 누군가가 '주차된(parked)' 경우 가능한 한 빨리 다시 돌아오는 것이 중요하다.

집단 회기에서 지난주 어색했던 순간을 탐색하고 있는데, 치료자 중 한 명이 집단원 크리스에게 지난주 있었던 언쟁에 관해 생각하고 있었다고 인정했다. 킴벌리는 뒤늦게 도착해 팅기듯 들어와 "어이! 머리 초록색으로 염색했네, 크리스!"라고 말한다. 치료자는 "잠깐만, 내가 크리스와 얘기하는 중이었어."라고 한다. 킴벌리 얼굴이 어두워지고 멍때리는 상태로 들어가 머리카락 뒤로 사라진다. 치료자는 이에 주목하고 이런 상태에 이름을 붙인다. "너 지금 멍때리고 있다는 생각이 들어. 잠시만 기다려, 우리가 곧 다시 너한테 올 거야." 다른 치료자는 킴벌리와 계속 눈을 맞추며 킴벌리가 지금 여기에 머물 수 있게 지원한다.

집단은 지난 회기가 미친 영향을 탐색하면서 킴벌리를 포함하려 애쓰지만, 동시에 킴벌리가 연결하지 못하고 있음을 인정한다. "킴벌리, 네가 집단 '밖에' 있는 것처럼 보여. 우리 잠시 멈추고 되돌아가서 찾아보면서 어떤 일이 있었기에 네가 '밖에' 있다고 느끼는지 이해하려고 시도해 볼까? 네가 여전히 우리와 함께 있었던 때를 알고 있니?" 킴벌리는 아무 말도 하지 않고, 치료자는 다른 집단원들을 정신화 작업에 참여시켜 킴벌리를 돕게 한다. 집단원 제니스가 "크리스의 초록색 머리를 봤을 때 넌 완전히 방 안에 있었잖아?"라고 묻자 킴벌리

가 "그래"라고 답한다. 제니스가 계속해서, "그러자 선생님이(치료자를 가리키며) 단호하게 '잠깐만.'이라고 했어. 난 그때 네가 멍해졌다고 생각해."라고 하자, 킴벌리는 "그래!"라고 하며 또래에게 이해받고 있다는 느낌에 안도감을 느끼며 답한다. 치료자가 "내 말투가 강경하게 느껴졌니?" 킴벌리는 고개를 끄덕이며 "네, 난 완벽주의자라서 선생님이 나를 비판할 때 내가 틀렸다고 생각했어요. 난 아무것도 아니에요. 사라지고 싶어요." 이에 치료자는 킴벌리의 감정이 올라오는 상태를 주목하면서 "네가 방안에 있는 게 힘들었던 게 당연하구나. 비판받고 있다고 느꼈다면 말이야."라고 대답한다. 치료자는 킴벌리의 수치심과 틀렸다는 느낌을 타당화하면서 킴벌리와 나란히 간다. 이때 킴벌리가 화난 감정을 표현할 여지를 주지만, 킴벌리를 배제하려는 의도로 그렇게 했다는 데는 동의하지 않는다. 킴벌리의 각성이 줄어들고 킴벌리는 눈을 마주친다.

다른 치료자는 킴벌리가 다시 연결되었다고 느낄 수 있다고 생각하고, 알지 못한다는 자세를 취하면서 자기 생각이 맞는지 체크해 보고 명료화한다. "킴벌리, 다시 우리와 함께 하는 것 같아, 더 이상 '밖에' 있지 않지?" 킴벌리는 긍정하는 의미로 고개를 끄덕인다. 치료자는 이 '밖에' 있는 느낌을 좀 더 탐색해 볼 수 있는지를 묻고, 킴벌리의 협력을 구하고 자신의 각성을 관리할 수 있는 능력을 알아차리는 기술을 모델링하려 한다. 킴벌리는 "네"라고 답한다. 치료자는 다른 집단원들이 그의 동료 치료자가 말을 했을 때 그의 어조를 어떻게 들었을지 물어본다. 이것은 삼각 검증(triangulation)을 지향하는 것이다. 삼각 검증에서는 당사자가 아닌 다른 집단원에게 다른 사람들이 기술하는 문제나 집단원 간 상호작용에 대해 자신의 관점이나 혹은 다른 사람들의 관점에 대해 이해한 바를 바탕으로 의견을 제시하라고 요청한다(Bateman, Kongerslev, & Bo, 2019). "느긋한 어조였어요." "내 생각에는 킴벌리가 대화를 중단하려 했고, 치료자가 이에 화가 났어요."와 같은 다양한 반응이 나온다. 집단 대화가 계속되고 킴벌리는 연결된 상태를 유지한 채 '**대화를 중단하고**' 싶었던 것이 아니라 '**늦어서 긴장했고, 동참하려는 시도였다.**'고 생각한다. "그건 정말 도움이 되네." 다른 치료자는 킴벌리가 자신에 대해 정신화하는 것을 지지하며 말한다. 그런 다음 그는 킴벌리가 집단에 동참하는 데 대해 걱정한다는 말을 듣고 동료 집단 치료자가 어떻게 느끼는지 궁금해한다. 이에 동료 치료자는 "어떻게 해서 네 입장에서는 내가 강경하다고 느낄 수 있었는지 알겠어. 내가 조급하게 반응했으니까."라고 말한다. 동료 치료자가 자신의 정신화를 다시 궤도에 올려놓도록 지원하고 지지하면서 치료자는 "이 조급한 반응에 대한 어떤 생각이라도?"라고 묻는다. "지난주에 있었던 어려움을 해결하고 싶은 불안한 마음이 있었다는 생각이 드네요. 그 때문에 킴벌리가 늦게 와서 어떻게 느끼고 있었는지를 함께 고려하지 못했어요." 여기서 치료자는 자기를 사용하는데, 이것은 치료자가 자신의 정신화 붕괴를 성찰하고 자신에 대한 이해를 명확히 할 수 있게 해 준다.

이런 기법들은 비난하지 않는 태도로 사용한다면 집단원들이 대인 간 어려움을 탐색하는 동안 지금 여기에서 작업하고 정서적 초점을 유지할 수 있도록 안전한 집단 환경을 조성할 수 있다. 집단원들은 그들의 행동 기저에 있는 감정 상태와 다른 사람들에게 미치는 잠재적 영향을 좀 더 알아차리게 되고, 다른 사람들에게 미치는 잠재적 영향, 그리고 중요하게는 이것을 지지적인 관계 맥락에서 이해할 수 있다는 점을 더 잘 인식하게 된다.

표현적 활동

표현적 활동은 MBT 모델에서 오래 사용한 역사가 있고 특정 집단의 정신화 능력에 맞게 조정하기 위해 집단 구조에 포함할 수 있다. 추측하기 게임, 비디오 클립 자료 토론하기, 역할극 및 예술 작품 만들기는 정신 상태에 대한 생각하기를 증진하기 위해 사용하는 창의적인 개입의 몇 가지 방법일 뿐이다. 초기 심리교육 집단에서 이러한 활동은 암묵적이고 명시적 정신화의 역동적인 속성을 조명하고, 우리가 행동을 기반으로 얼마나 쉽게 지레짐작할 수 있는지를 드러내는 데 종종 사용된다.

치료자 1은 바닥에 앉아 고개를 숙이고, 치료자 2는 치료자 1의 등 뒤에 서서 약간 움직이다가 몸을 돌리고 말없이 서로를 바라본다. 몇몇 집단 구성원들이 웃음을 터뜨리고, 누군가 "한심해."라고 말한다. 초기의 비정신화 발언을 부드럽게 무시한 채 치료자 1이 "여기서 무슨 일이 일어나고 있다고 상상하나요?"라고 묻는다.

타냐: (소리 지르며) 저건 나랑 엄마네!
수잔: 세상에, 이상하네, 나도 똑같은 생각을 하고 있었어.
치료자2: 너랑 엄마에 대해 어때서?
타냐: 내가 자해하면, 엄마가 화나고 나한테 질려서 나를 쳐다보지도 않을 때와 같아요.
치료자2: 수잔, 너는 어때?

수잔: (조용하게) 음, 이건 엄마와 딸인데 말다툼해서 서로 무시하고 있어요.

치료자1: 두 사람 다 이 장면에서 분노와 속상함을 느끼고 있는 것 같네. 근데 그 이유에 대해서는 생각이 다르구나. 또 다른 생각은?

캔디스: 슬퍼요, 두 사람이 친구인데 서로 말하고 싶지만, 말을 못하는 것 같은.

치료자2: 아까 누군가 '한심해'라는 반응을 빠르게 하던데. 내 생각엔 존, 네가 한 것 같은데.

존: (다소 불안정한 상태로) 네, 선생님들이 거기 서 있는 게, 학교처럼 느껴졌어요. 엿같아요.

치료자2: 그럴 만해, 우리가 선생님 같다고 느끼는구나! 이 활동은 사람들이 서로의 행동을 어떻게 이해하는지에 대한 우리의 이해를 부분적으로 설명하는 거야.

존: (미소 지으며) 예, 알았어요. 장면 하나가 천 마디 말보다 낫네요.

치료자2: 그래, (미소 지으며) 이제, 조금 '선생님 같다'라고 느낄 수도 있겠지만, 나는 궁금해. 우리 각자가 어떻게 그 말들을 찾아내는지, 어떻게 빠르게 무슨 일이 일어나고 있는지에 대한 아이디어에 도달하는지, 너희 생각은 어때?

존: (생각하며) 우리한테 일어났던 일들, 그러니까 만약 괴롭힘을 당했다면, 모두에게 괴롭힘을 당할 거라 예상하죠. 그렇게 보지 않을 수 없게 되죠.

MBT-A 집단 초기 회기에서 치료자들은 지금 여기 과정에 집중하는 것(존이 교실에 있다는 느낌과 치료자들을 권위자로 경험하는 것을 타당화하기)과 동시에 정신화에 대한 이해를 길러나가는 과정에 집단원들을 관여시키는 과업을 더 직접적으로 고수하는 것 사이에서 균형을 잡도록 노력한다. 치료자들의 장난기 있는 개입은 호기심을 높이고 참여 의지를 보여 준다. 이것은 협력적인 자세를 확립하고 어른의 권위적인 역할과 아이의 입장 사이에서 균형을 잡는 데 도움이 된다. 치료자들이 청소년 집단원 눈에 '한심해' 보이더라도 참을 수 있고, 그들이 연출하는 '장면'에 초점을 맞출 수 있다면, 집단원들은 덜 억제되고 반응할 수 있다고 느끼게 된다.

표현적 활동은 감정 탐색을 위한 안전한 거리를 만들어 준다. 이런 활동이 없다면 감정 탐색은 자칫 압도적으로 경험될 수 있다. 표현적 활동을 통해 집단원들은 내적으로 어떤 것을 외부에서 만들 수 있고, 안전하게 성찰할 수 있다. 여기서 청소년들은 규정하기 어렵고 애매하게 느껴질 수 있는 감정과 과정에 대한 실체적 증거를 찾을 수 있고, 이 과정에서 표현적 활동은 암묵적 앎에서 명시적 성찰로 나아가는 움직임을 지원한다. 다양한 매체의 활용은 청소년이 표현을 위한 다른 통로를 탐색하는 모험을 감수하는 가운데 이들의 관점 채택을 장려하고 행동 패턴에 도전한다. 명시적인 정신화 능력이 줄어들 때, 청소년의 생각과 느낌 일부를 종이에 옮기거나 점토나 블록을 사용할 수 있다. 이런 기회는 청소년에게 힘을 실어 주어 그들의 자기 주체성에 대한 감각에 긍정적인 영향을 미칠 수 있다. 표현적 활동이 주의력 통제를 지원하거나 정서를 조절한다든지, 의식적 성찰을 장려함으로써 암묵적 정신화와 명시적 정신화 사이의 중간 단계로 작용하는 등 정신화를 자극하는 데 도움이 된다면, 이 모델에서 이런 표현적 활동 사용을 고려할 수 있다.

"그래, 무슨 말인지 정확히 알아": 가상 모드 다루기

가끔 집단원들 사이에서 동의하는 경향이 나타날 수 있다. "그래, 나도 완전 똑같이 느껴."라고 공감적으로 반응하는 듯 보인다. 이러한 진술에는 흔히 어떤 정서를 포착하지 못하거나 느낌 수준에서 어떤 일이 일어나고 있는지 이해하지 못하여 긴 설명이 수반된다. 이런 반응에는 진정한 호기심이 빠져 있으며, 과도한 단어 사용은 감정적인 거리를 만들어 공허함과 무의미의 느낌을 초래한다. 여기서, 치료 과제는 인지와 정서를 더 이상 분리하지 않고 비정신화에 도전하는 일인데, 이는 천천히 정서 상태에 대한 알아차림과 견뎌내는 힘을 기르는 것이다. 이것은 몸에서 시작하여 감각을 알아차리고, 감각 수준에서 정신화하며, 주목하고 이름 붙이기를 통해 정신화의 그림을 점진적으로 그려 나가고, 자신과 타인이 느끼고 있을 수 있는 것에 대해 진심 어린 호기심을 보이는 과정을 포함할 수 있다. 치료자로서 우리가 다른 사람을 이해하려고 시도하는 맥락에서 우리 자신의 느낌을 사용하고 표현하면, 다른 사람들이 자신의 느낌과 접촉하고 가상 모드를 '돌파'할 수 있도록 도울 수 있다. 이런 작업은 때로는 감정 상태를 전면에 내세우기 위해 약간의 불안을 일으키고 각성 수준을 높이는 개입을 포함할 수 있다(Muller & Midgley, 2020).

집단의 일원인 존이 심각한 약물 과다복용으로 입원했다는 소식에 집단은 고통스럽게 침묵을 지키고 있다. 치료자들은 이 침묵을 뚫을 수 없는 것으로 체득한다. 치료자들이 생각과 감정을 불러일으키려는 시도에 "모르겠어요."와 "우리 모두 슬퍼요."라는 대답만 따를 뿐이

다. 집단원들은 자신의 감정을 견디고 알아차릴 수 없어 겉으로 사려 깊어 보이는 정신화 대화로 들어가 이전 집단에서 보였던 존의 행동을 추적하고 그의 자살 시도와 유사 연결을 만든다. 이것은 공허하고 단절된 느낌을 준다. 그런 다음 그들은 "우리 서로 다른 날에 개별적으로 찾아가자."라고 결정한다. "그래, 좋은 생각이야. 존은 함께 해 줄 사람이 필요해"라고 톰이 말한다. 집단은 존이 외로움을 덜 느끼게 어떻게 도울 수 있을지 차분하게 계획한다. 하지만 자신들의 내적 상태나 존이 그들의 개입을 어떻게 경험할지 또는 실제로 그가 외롭고 환영받지 못한다고 느끼는지에 대해서는 별로 호기심을 보이지 않는다. 한 치료자가 "잠깐만. 너희들의 생각과 계획에 내가 다 두근두근하네. 근데 나는 존이 한 행동과 이유에서 내가 무엇을 느끼는지 모르겠네?"라고 말한다. 집단원들은 불편하게 고개를 들어 쳐다본다. 다른 치료자는 이것을 지지하고 명료화한다. "존이 환영받는다고 느끼게 하는 것에 대해 생각해 보는 건 좋아. 근데 우리가 뭔가 놓치고 있는 것 같은 느낌이 들어. 무슨 일이 일어났는지, 우리가 어떻게 느끼는지…… 존이 사람들이 자기를 방문하는 걸 어떻게 생각할지." 다른 치료자는 활동을 말로 표현하는 것이 얼마나 어려운지를 꺼내놓는다.

다음 20분 동안 집단원들은 분필, 연필, 크레용, 마커, 점토, 레고 등을 사용하여 '지금 내가 어떻게 느끼는지'를 표현하는 이미지를 만든다. 이런 과제를 하는 동안 '한숨'과 좌절의 소리가 들린다. 무언가를 만드는 감각적 행위가 고통스러운 감정에서 안도감을 주는 것처럼 보인다. 마치 검은 분필이 종이 위에 힘차게 칠해지는 것 같다. 두 치료자는 집단원들에게 그들의 몸이 어떻게 느껴지고 어떤 생각이나 감정이 일어나는지 주목하도록 격려한다. "이건 우울해요, 그냥 슬퍼요." "비참해요, 이해할 수가 없어요." 등과 같이 말이 나온다. 창의적인 과정을 통해 감정을 다소 알아차리고 표현하는 것이 허용되고 있다.

이어서 이 활동에서 나온 이미지들을 개별적으로 살펴본다. 이때 디른 것에 대해 함께 주의 기울이기를 촉진하고, 강력한 감정과 관계의 역동을 담아낸다. 눈 맞춤이 늘어나고 치료자들은 집단원들이 이미지에 대해 호기심을 갖도록 격려한다. 켈리는 캐시의 이미지를 보며 말한다. "난 이 색들이 좋아. 검정과 빨강이 섞여 있네. 약간 화난 느낌이 들어, 아니, 어쩌면 어두운 느낌. 눈앞에 두 손을 갖다 댄 인물은 너니?" 캐시는 그렇다고 하며 "수치심이 느껴져서"라고 말한다. 치료자 한 명이 이것에 대해 묻는다. 캐시는 얼굴이 빨개지며 "질투가 나요, 그게 나였으면 좋겠어요. 선생님은 아마 내가 어리석다고 생각하실 거예요." 켈리는 "아니야, 너는 네가 느끼는 대로 느끼는 거야."라고 지지적으로 말하고 나서, 자신은 "화가 나고, 그가 집단을 '감염시키는' 것 같고, 그가 나를 무너뜨릴까 봐 걱정돼."라고 말한다. 숨겨져 있던 복합적인 감정과 관계의 역동이 안전하게 형태와 표현을 찾고, 마음과 정신을 결합하고, 존의 자살 시도가 미치는 영향에 대해 더 생각해 볼 수 있는 기회를 만들어 낸다.

"선생님은 내가 쓸모없다고 생각하는 게 분명해요.": 심적 동등성 다루기

오해받는다는 느낌은 고통스럽고 고립감을 줄 수 있다. 때로는 내면의 감정, 특히 부정적인 감정이 아주 현실적으로 느껴지고 다른 사람들과의 상호작용은 이러한 내면의 관점을 확증시켜 줄 것처럼 보인다. 심적 동등성의 비정신화 모드로 작동할 때는 다른 관점을 거의 용인하지 않는다. 치료자들은 이런 상태에서 청소년이 얼마나 쉽게 더 불안정해질 수 있는지를 알아차리고 변화를 위해 개입할 수 있는 여지가 거의 없다고 느낄 수 있다. 치료적 과제는 청소년과 나란히 하면서 약간의 호기심과 차이점을 자극할 것이라는 희망을 가지고 공감적 타당화를 제공하는 것이다.

열네 살 파티마는 싸움이 끊이지 않는 가정에서 자랐다. "끊임없이 계속되는 전쟁 가운데 있는 것 같이 느껴져요. 내 편이 아니라면 넌 내 적이야." 파티마는 집단에서 다른 사람들에게 공감하고, 그들의 이야기에서 자신이 알아볼 수 있는 부분을 강조하면서 연결을 시도한다. 치료자들은 집단에서 어떤 관계하기 패턴이 나타나고 있음을 알아차리고 있다. 집단원들은 서로 간의 차이를 위한 공간을 만들어 내기 어려워하며 흔히 파티마 말에 동의한다. 치료자 중 한 명이 파티마가 다른 사람과 다르게 느끼는 것이 위험으로 경험되는 가정에서 자랐다는 점을 염두에 두고 파티마가 이 패턴을 알아차리게 도와주려고 시도한다. "파티마, 네가 집단에서 다른 사람들과 연결하는 방식이 그 사람들 이야기에서 네가 알아볼 수 있는 부분을 나누는 것이라는 게 흥미롭구나. 그게 맞니?" 파티마가 동의한다. 치료자들은 다른 집단원들에게 자신들에게도 다른 사람과 연결하는 이런 방식이 있음을 인식하는지 묻는다. 랍은 자신도 그렇다고 하면서 때때로 어떻게 파티마와 다르게 생각하는 것이 겁나는지, 파티마가 무척 사나워질 수 있다고 느끼는지 말한다. 랍의 말은 파티마에게 엄청난 반응을 불러일으켜, 파티마는 소리친다. "넌 무신경한 개자식이야! 넌 이 집단에 있을 자격이 없어!" 치료자들은 드러난 다양한 관점과 감정을 타당화하며, 안전한 분위기를 유지하려 노력한다. 점점 높아지는 각성을 조절하려는 시도로 치료자들은 편들기(siding) 기법*을 사용한다. 즉, 파티마와

---

* 치료자가 집단 상호작용에서 마음상태가 취약한 참가자를 지지하는 것 이상으로, 그의 마음을 대신하여 표현하는 기법. 이는 애착을 적절하게 활성화하고 유지하며 감정을 조절하게 한다.

랍 둘 다의 감정에 동조하면서 동시에 두 사람에게서 초점을 이동하여 치료자가 상상하는 상호작용 경험으로 옮긴다. "랍, 너의 두려움을 표현해도 괜찮아, 그리고 파티마, 너도 너의 분노와 어쩌면 상처를 표현해도 돼. 하지만 내가 랍이었다면 네 언성이 높아져서 공격받는 기분이 들어 더 이상 들을 수 없을 거야. 랍이 한 말이 너를 정말 건드렸구나. 나는 너와 랍의 감정을 모두 이해할 수 있으면 좋겠어." 이 치료자는 랍과 파티마 모두를 보호할 목적으로 개입한다. 다른 치료자는 집단원들에게 이러한 상호작용을 어떻게 생각하는지 묻는다. 집단원들은 파티마에 대한 지지를 표현하는데, 이 때문에 랍은 불편한 입장에 처한다. 치료자는 그들의 반응을 이해하려고 노력하는 동시에 용기 내어 터놓고 말한 랍을 타당화한다. 한 치료자가 파티마에게 이전에 집단에서 '전쟁터에 있는 것 같은'이라고 묘사한 가정에서 자란 것이 어떤 영향을 미쳤을지 궁금하다고 시험 삼아 말해 본다. 이 치료자는 파티마에게는 '전쟁터'에서 벗어나기 위해 유사점을 찾는 것이 중요할 수 있고, 이것이 어떤 면에서는 이 집단 회기에서 일어날 수 있으며, 파티마에게 차이점은 사람들이 서로에게 적대적이라는 뜻일 수 있다고 제안한다. 파티마는 이 말을 "선생님은 내가 내 의견은 없고, 바람이 부는 대로 따라갈 뿐이라고 생각한다."라는 뜻으로 듣고 비난받는다고 느낀다. 다음 회기들에서 파티마는 비난받는다는 느낌에 의해 "선생님(치료자 1)과 랍은 나를 반대하고 당신들 눈에는 내가 쓸모없죠."라고 확신한다. 집단원들은 랍과 치료자가 파티마를 반대한다는 파티마의 믿음에 동조하며, 파티마가 그들에게 등을 돌릴까 봐 어떤 다른 의견을 입 밖에 내기를 두려워한다. 집단은 전쟁터가 되고 있다.

슈퍼비전에서 치료자들은 그들의 정신화에 영향을 미치는 두려움과 분노, 무력감을 파악하도록 도움을 받는다. 그들은 이로 인해 파티마에게 때 이른, 그리고 잠재적으로 통제적인 개입을 했는지, 파티마가 자기 행동에서 반복되는 패턴과 그것이 집단에 미치는 영향을 보게 하려 했는지를 고통스럽게 알아차린다. 그들은 파티마의 감정 상태에 적절히 공감하지 않았고, 그것을 면밀하게 살펴보는 작업을 하지 않았다. 이 치료자 팀은 개별 상담에서 파티마와 함께 이 부분을 탐색하고 치료자가 이런 오해에 대한 책임을 지는 것이 중요하다는 데 동의했다.

파티마는 다음 회기에 오지 않았다. 치료자는 파티마에게 계속 연락을 취하도록 격려 문자를 보내고, 파티마가 오지 않는 이유를 이해할 수 있다고 설명하면서, 만나서

[출처: Fonagy, P., Campbell, C., & Bateman, A. (2019). Mentalizing, attachment, and epistemic trust in group therapy. In Attachment in Group Psychotherapy (pp. 20-45). London: Routledge.]

문제를 해결하고 싶다는 바람을 전했다. 파티마는 후속 개별 회기에 왔지만, 여전히 전투에 임할 태세였다. 치료자는 파티마에게 마음을 불편하게 한 데 대해 재빨리 사과했다. 하지만 파티마는 계속해서 고함을 지르며, 치료자가 자신의 아버지 같고 자기를 비난한다며 치료자를 비판했다. 치료자는 파티마의 분노를 견뎌냈고, 아마도 파티마가 몹시 두려워하고 있고 자신과 전쟁 중이라고 느끼는 치료자와 함께 명시적으로 정신화할 수 없는 상태라는 점을 염두에 두었다. 잠시 후 파티마는 울기 시작했는데, 집단에서 심하게 배척당하는 느낌이 들었다고 했다. 그리고 치료자가 사과해서 놀랐고 이로 인해 자신에 대한 느낌이 달라졌다고 말했다. 다음 집단 회기에서 파티마는 약간 다른 방식으로 자신과 다른 사람들과 연결될 수 있었다. 파티마는 덜 각성된 상태였고 "나는 너를 이해하지 못해. 근데 어쩌면 배울 수 있을 것 같아."라고 말하며 랍과 연결될 수 있었다.

"집단은 2년 해야 해!": 목적론적 자세 다루기

전-정신화(pre-mentalizing)의 목적론적 모드에 있는 청소년은 타인의 주체성에 대해 기대하지만 이런 기대는 관찰 가능한 행동으로 제한된다. 치료자의 선의의 염려와 도움을 주려는 동기는 구체적인 행위로 나타나야 한다. 예컨대, 배려와 관심을 입증하도록 회기를 연장해 줘야 하는 것이다. 이 청소년들은 종종 감정을 인식하는 것이 어렵고, 감정이 생각과 혼동되며, 참을 수 없는 내적 상태를 전환하려는 시도로 생각 없이 행동이 나온다. 집단 세팅에서 이들이 하는 대화는 누가 무엇을 했는지에 초점을 맞추고 행동은 물리적 사정의 측면에서 설명된다. "걔는 피곤했기 때문에 집단을 떠난 거야!"라는 식이다. 이런 상황에서 치료자들은 행동으로 대응하고 싶은 유혹에 버티기가 어려울 수 있고, 아무리 배려와 관심을 주더라도 충분하지 않다고 느낄 수 있다. 치료자는 이러한 역전이 반응을 관리하고 기저에 있는 정서 상태에 주목하며, 감정과 생각을 구분하고 대인 간 경험을 성찰하는 데 집중해야 한다.

19세 켈리는 많은 진전을 보이며 집단에 참여하는 시간이 거의 끝나가고 있다. 켈리는 17세에 경계선 성격장애 초기증상 진단을 받았는데, 어머니가 우울증과 중독에 씨름하느라 심각한 방임에 노출된 기간들로 인해 어린 시절이 황폐화되었다. '돌보미 켈리(Kelly the

carer)'는 다른 사람의 마음에 지나치게 신경을 쓴 나머지 자신의 마음을 소홀히 하여 자신이 잊힌 것 같은 느낌을 받곤 했다.

켈리는 치료자들에게 "시간을 더 잘 관리하라"라고 압력을 가하고 있었고, 집단이 2년 동안 운영되어야 한다고 치료자들을 설득하는 데 집단원들을 끌어들였다. 어느 날 켈리는 클리닉 원장에게 전달할 잘 쓴 편지를 들고 집단에 와 치료자들이 이 편지에 서명하기를 원한다. 두 치료자 모두 켈리가 빠르게 상처받고 집단을 조기에 끝내고 떠날 수 있다는 두려움에 동의해야 한다는 압박을 느낀다. 그들은 이 딜레마를 켈리를 포함해 집단과 나누기로 결정했다.

"나는 동의해야 한다는 압박을 진짜 느껴. 켈리야, 나는 이게 너한테 정말 큰 의미가 있다는 걸 알 수 있어, 편지 글이 멋지구나." 켈리는 "고맙습니다."라고 말하면서, 치료자가 할 말이 더 있다는 것을 감지하고 "그런데요?"를 덧붙인다. "그래, '그런데'가 있어. 내가 동의하는 게 뭔지 잘 모르겠어. 하지만 동의하지 않으면 네가 상처받을 거라고 느껴." 켈리가 재빨리 반박한다. "우린 집단이 충분히 길지 않다고 말하고 있어요." 켈리 말에 동의하는 웅성거림이 들리자 톰이 "짜증 나, 그냥 서명해요, 그게 정말 그렇게 어렵나요?"라고 제안한다. 위험을 감수하며 한 치료자가 장난스럽게 도전한다. "그럼 그다음에는 뭐지?" "뭘요?"" 켈리가 묻는다. 치료자는 "만약 2년 후에 여전히 충분하지 않다고 느껴지면 그냥 계속 연장해야 할까?"라고 설명한다. 집단원은 잠시 멈추는데 켈리가 확인해 준다. "그게 바로 해야 할 일이죠!" 다른 사람들은 이제 덜 확신하는 듯 보인다. 치료자들은 이것을 알아차리고 얼굴에 다소 혼란스러운 표정을 띤 타마라를 관여시킨다. "타마라, 이거에 대해 어떻게 생각해?" 타마라는 망설이고, "모르겠어요…… 음…… 켈리, 난 네가 머물기를 원해. 근데 집단이 영원히 계속 될 수는 없잖아. 내 말은 넌 대학에 갈 거고, 난 여기에 영원히 있고 싶진 않거든." "뭐야 젠장, 타마라"라고 켈리가 답한다. 치료자는 켈리에게 잠시 멈추도록 권하며, 켈리는 곧 떠날 것 같이 보이기에, "앗, 기다려 켈리, 제발 계속 있어 주면 좋겠어. 타마라가 하는 말이 어떻게 들렸니?" "몰라요."라고 켈리는 말하고, 혼란스러워했지만 계속 자리에 앉아 있다. 치료자는 다른 집단원들에게 어떻게 생각하는지 묻는다. 켈리와 연결이 강한 존은 "타마라는 긍정적인 면을 언급하려고 하는 거죠. 근데 어쩌면 켈리, 너는 그냥 떠나는 상황에 대해 기분이 더러운 거지. 자기야, 나도 네가 가는 걸 원치 않아."라고 말한다. 여기저기서 웃음이 터지고 켈리는 "난 화내지 않을 거야. 미안해, 타마라, 우리 괜찮지?"라며 눈물을 보인다. 타마라는 고개를 끄덕이며 말한다. "그래, 우린 괜찮아." 수잔은 집단을 떠나야 할 때를 생각하면 겁나는 느낌에 대해 말하고, 켈리가 보고 싶을 것이라 했다. 집단은 목적론적 모드에서 벗어나 기저에 있는 감정 상태를 명명하고, 켈리가 떠나는 맥락에서 대인 간 경험을 성찰하는 쪽으로 머뭇거리며 나아가고 있다. 집단상담이 끝난 후에 켈리는 자신이 "멘붕이에요."라고 하면서 좀 더 이르게 개별 상담을 하고 싶다고 요청한다. 치료자들은 이것이 도움이 되겠다고 동의하고, 집단을 떠나는 것이 얼마나 어려운지에 대해 점점 더 깊어지는 켈리의 알아차림에 응답한다.

치료 종결하기

앞의 사례가 보여 주듯, 치료를 끝내는 것은 힘들고 감정을 불러일으키는 경험이 될 수 있다. 떠난 집단원의 상실을 애도하기 시작하면서 집단이 저조한 기분과 슬픔의 감정을 표현하는 것은 드문 일이 아니다. 새로 형성된 애착의 유대가 분리와 작별의 과정에서 타격을 받으면서, 이전에 나타났던 비정신화 패턴들이 재등장할 수 있다.

마지막 집단 회기의 날짜를 정한 후, 떠날 준비를 하는 청소년과 치료자들은 집단에서 이에 대해 논의한다. 종결을 '훈습하는' 과정에 충분한 시간을 할애하여, 떠나는 집단원과 남은 집단원들이 이 과정에서 떠오르는 다양한 감정을 숙고할 수 있게 해야 한다.

치료자들은 떠나는 집단원들이 집단에서 보낸 시간을 성찰하도록 지원하기 위해 동료 집단원들에게 카드를 쓰라고 요청한다. 이 카드는 집단 치료실에 보관하여 남아 있는 집단원들과 새로 들어온 집단원들이 이전 집단원들의 작별 메시지를 읽을 수 있게 한다. 19세 안주(Annju)가 치료가 끝날 때 쓴 작별 편지로 이 장을 마무리하고자 한다. 편지에서는 이러한 표현 활동이 어떻게 환자의 치료 과정에 대한 성찰을 자극할 수 있는지 기술하고 있다.

안녕, 여러분.

오늘이 나에겐 마지막 날이야. 이렇게 말하니 정말 이상해.

회복으로 가는 길은 아주 긴 감정적인 여정이었지만 마침내 난 해냈어.

나에게 존재할 공간을 준 데 대해 고마움을 전하고 싶어. 그건 내가 나에게 존재할 공간을 주는 데 도움이 됐어.

회복은 길고 힘들어.

그건 자신에게 문제가 있다는 걸 인정하고 더 나아지기로 선택하는 데서 시작해.

너희 중에 느끼는 것, 특히 고통을 느끼는 걸 두려워하는 사람들도 있다는 걸 알아. 근데 내가 한 가지 배운 게 있다면 그동안 쌓여온 것을 모두 느끼도록 자신에게 허용하라는 거야.

감정을 계속 억누르면 오히려 걸림돌이 될 수 있어. 너희는 모든 것을 느낄 권리가 있어.

두렵고 아플 수 있겠지만 점차 나아질 거야. 터널 끝에는 빛이 있어.

난 너희를 믿어.

또 다른 한 가지는 너 자신의 가장 친한 친구가 되라는 거야. 말로는 쉽지만 하기는 힘들다는 거 알아. 그래도 나를 믿어 봐. 많이 도움이 돼.

회복의 마지막 단계에서 날 도와줘서 고마워.

너희는 큰 도움이 됐고, 나한테 많은 걸 가르쳐 줬어.

스스로를 포기하지 마.

너희가 할 수 있다는 걸 알아.

그리고 너희에게 자신이 있다는 게 얼마나 행운인지 항상 기억해.

참고문헌

Bateman, A.W., & Fonagy, P. (2011). *Handbook of Mentalizing in Mental Health Practice*. Washington, DC: American Psychiatric Publications, Inc.

Bateman, A.W., Kongerslev, M., & Bo, S. (2019). Group therapy for adults and adolescents. In A.W. Bateman, & P. Fonagy (Eds.), *Handbook of Mentalizing in Mental Health Practice* (2nd ed., pp. 117–134). Washington, DC: American Psychiatric Association Publishing.

Becker, D.F., Grilo, C.M., Edell, W.S., & McGlash, T.H. (2000). Comorbidity of borderline personality disorder with other personality disorders in hospitalized adolescents and adults. *American Journal of Psychiatry, 157*(12), 2011–2016.

Eaton, N.R., Krueger, R.F., & Oltmanns, T.F. (2011). Aging and the structure and long-term stability of the internalizing spectrum of personality and psychopathology, *Psychological Aging, 26*(4), 987–993.

Fonagy, P., & Luyten, P. (2009). A developmental, mentalization-based approach to the understanding and treatment of borderline personality disorder. *Development, and Psychopathology, 21*(4), 1355–1381. doi : 10.1017/S0954579409990198.

Fonagy, P., & Allison, E. (2014). The role of epistemic trust in the therapeutic relationship. *Psychotherapy, 51*(3), 372–380. https://doi.org/10.1037/a0036505.

Hutsebaut, J., Bales, D., Kavelaars, M., van Gerwen, J., van Busschbach, J., & Verheul, R. (2011). Implementatie van een behandelmodel voor persoonlijkheidsgestoorde adolescenten: Successen, mislukkingen en aanbevelingen. *Tijdsdirift voor Psydiotherapie, 37*(3), 162–176. https://doi.org/10.1007/s12485-011-0030-5 Implementation of a treatment model for adolescents with emerging personality disorder: Successes, failures and recommendations.

Karterud, S. (2015). *Mentalization-Based Group Therapy (MBT-G): A Theoretical, Clinical, and Research Manual*. New York, NY: Oxford University Press.

Karterud, S., & Bateman, A. (2012). Group therapy techniques. In A.W. Bateman & P. Fonagy (Eds.), *Handbook of Mentalizing in Mental Health Practice* (pp. 81–105). American Psychiatric Publishing, Inc.

Leszcz, M. (2014). *The effective group therapist. Groepen: Tijdschrifi voorgroepsdytiamica and groepspsychotherapie, 9*(2), 9–20.

Malberg, N. (2010). *Mentalization-Based Group Therapy for Adolescents (MBTG-A)*. Unpublished Manuscript, Yale University.

Muller, N., Ten Kate, C.A., & Eurelings-Bontekoe, E.H.M. (2017). Intenialiserende problematiek in de kindertijd als risicofactor voor de ontwikkeling van persoonlijkheidspathologie op latere leeftijd. In: E.H.M. Eurelings-Bontekoe, R. Verheul,

& W. Snellen (Eds.), *Handboek persoonlijkheidspathologie* (pp. 63–72). Houten: Bohn Stafleu van Loghum. (Internalizing disorders in childhood as a risk factor to develop personality disorder later in life, in the Dutch Handbook of Personality Disorder).

Muller, N., & Midgley, N. (2020). The clinical challenge of mentalization-based therapy with children who are in 'pretend mode'. *Journal of Infant, Child, and Adolescent Psychotherapy*. https://doi.org/10.1080/15289168.2019.1701865.

National Institute for Health and Care Excellence (2015). *Personality disorders: borderline and antisocial*. (NICE Quality Standard No. QS88). Retrieved from https://www.nice.org.uk/guidance/qs88.

Paris, J. (2003). Personality disorders over time: Precursors, course and outcome. *Journal of Personality Disorders, 17*(6), 479–488.

Tahmasebi, A.M., Artiges, E., Banaschewski, T., Barker, G.J., Bruehl, R., Biichel, C., Conrod, P.J., Flor, H., Garavan, H., Gallinat, J., Heinz, A., Ittemiann, B., Loth, E., Mareckova, K., Martinot, J.L., Poline, J.B., Rietschel, M., Smolka, M.N., Strohle, A., Schumann, G., & Paus, T. (2012), Creating probabilistic maps of the face network in the adolescent brain: a multicentre functional MRI study. *Human Brain Mapping, 33*(4), 938–957. doi:10.1002/hbm.21261.

제12장
적응형 정신화 기반 통합 치료 (AMBIT)

Haiko Jessurun, Dickon Bevington

상상해 보라…… 직장에서의 평범한 하루다. 당신은 방금 커피 한 잔을 챙겨 직원 휴게실에 자리를 잡았다. 당신의 동료 중 한 명인 사회정신과 간호사는 '심하게 동요하는' 여자 청소년들에 대한 경험이 많은데, 15세 산드라 사례를 몹시 논의하고 싶어 한다. 산드라는 현재 거주 시설에서 약 1년째 생활하고 있다. 부모님과 함께 사는 것은 여전히 실현 가능하지 않다. 산드라는 특수교육이 필요한 아이들을 위한 학교에 다니고 있지만, 이 역시 문제가 있어 수업을 자주 빼먹는다. 섭식장애 팀에서 치료를 받아 왔지만, 최근 트라우마와 기분 장애를 치료하는 팀으로 옮겼다. 산드라는 이러한 변화를 받아들이기 어려웠지만, 동료에 따르면 산드라가 살고 있는 아동 시설(Children's Home)에서는 이제 산드라를 지역 정신 병동에 입원시켜야 한다고 생각하며, 이 방법만이 유일하게 산드라를 안전하게 보호하고 도울 수 있다고 결론 내렸다고 한다. 학교는 산드라가 규정된 특정 조건을 준수하기만 한다면 환영한다고 주장하지만, 달성하기 어려울 것 같다. 트라우마 및 정서 팀의 정신과 의사는 상황을 정상화하는 것이 중요하다고 믿는다. 산드라는 그냥 학교에 가야 하는 것이지 병원 입원은 논의의 여지가 없다고 생각한다.

그런 다음 정신과 간호사가 자신과 학교, 청소년 보호(안전 지킴) 서비스, 산드라가 사는 시설 직원 간의 마지막 회의에 관해 이야기한다. 당신의 동료는 이 다른 전문가들, 특히 거주 돌봄 시설 관리자에게 공격받았던 일을 기술한다. 당신이 거기 앉아서 커피가 식어가는 가운데 알아차린 것은 동료에게서 볼 수 있는 분노와 좌절감과는 별개로, 거주 시설 관리 직원들이 얼마나 비전문적인지, 청소년 보호 담당자가 어떻게 '체계에 휘말렸는지' 등에 대한 온갖 종류의 언급이 나오고 있다는 것이다.

약 15분 정도 지나자 당신도 긴장과 좌절감을 느끼고 있다. 동료의 좌절감과 불안에 확실히 공감하고 있지만 다른 한편으로는 산드라에게 크게 도움될 만한 일은 아무것도 일어나지 않았다…….

이 사례는 도전적인 청소년을 둘러싼 돌봄 체계의 '분열(dis-integration)'을 전형적으로 보여 주는 예다. 종종 서비스 기관들은 이 청소년들을 "접근하기 어려운(hard to reach)" 대상으로 묘사하지만, 사실 그들은 "돌봄이 불충분한(under-served)" 대상으로 묘사하는 것이 더 낫다. 그들은 종종 크고, 복잡하고, 값비싼 '용량'으로 제공되는 서비스가 **도움된다고** 경험하지 않을뿐더러, 이런 서비스를 거부한다. 적어도 이런 의미에서 그들의 **도움** 거부는 고의적이고 적응적인 행동이다.

적응형 정신화 기반 통합 치료(Adaptive Mentalization-Based Integrative Treatment; 이하 AMBIT)는 지난 15년 동안 반복적인 오픈 소스(iterative open-source)와 '배포 중심'(Weisz & Simpson Gray, 2008) 과정을 통해 개발되었다. 이 과정에는 높은 복잡성, 고위험, 낮은 '참여' 수준을 보이는 청소년 내담자들과 작업하는 수백 개의 실제 서비스 기관이 관여하였다. AMBIT는 이러한 청소년들이 제시하는 도전에 대한 해결책을 찾기 위해 노력하였으며, 이 과정에서 정신화는 관련된 바퀴의 톱니들에 윤활유를 치는 역할을 하였다. AMBIT는 구체적인 (목적론적) 조직 모델이라기보다는 어려움에 부닥친 청소년들과 그들의 가족 주변의 조력 체계들을 개발하고 조정하는 것에 대한 체계적인 접근법에 더 가깝다. 이를 통해 이 체계들이 청소년과 가족에게 더 **도움된다고 경험될 수 있어** 더 잘 활용되고 더 효과적일 수 있게 하려는 것이다(Bevington & Fuggle, 2012; Bevington, Fuggle, Cracknell, & Fonagy, 2017; Bevington, Fuggle, Fonagy, Target, & Asen, 2013; Fuggle et al., 2014). 훈련 배경이 다양하고 우선순위도 다르게 두는 기관과 팀에 고용되어 있으며, 경험 수준과 권한도 제각기 다른, 지역의 여러 전문가가 어떻게 청소년과 그들의 **기존 조력 네트워크** 중심으로 신뢰를 얻어 활용되고, 따라서 효능성의 희망을 담아내며, 또한 **지속 가능**할 수 있는 방식으로 자신들을 배치할 수 있을까?

인식론적 신뢰와 '접근하기 어려운' 청소년들

AMBIT는 복수의 부정적 경험을 포함하여 심각한 정신과적, 사회적, 교육적, 기타 복잡한 교차하는 문제로 인해 '인식론적 과경계'라 불리는 적응적 반응을 갖게 된 청소년을 위해 개발되었다. 인식론적 과경계는 실무자나 조력자들이 갖고 있거나 청소년에게 도움을 주기 위해 제공하는 학습, 경험, 지식 또는 조언의 **사회적 가치**에 대한 지속적이고 만연한 불신 경향성을 뜻한다. 역설적으로 이 청소년들의 경우, 전문적인 조력자들에게는 도움의 문이 굳게 닫혀 있지만 좌절되게(혹은 염려스럽게) 사회의 더 어두운 면을 대표하는 사람들, 즉 마약상이나 갱단 리더, 비행 또래, 그리고 그들을 착취할 수도 있는 성인들 등에게는 열려 있는 것처럼 보일 수 있다. 이 청소년들에게는 이러한 더 어두운 인물들(사실 청소년이 자신의 '도움' **네트워크**로 인식할 수도 있는)에 대한 어떤 부분을 무비판적으로 이해하고 받아들이기가 훨씬 더 쉬워 보인다. 인식론적 신뢰 연구에 따르면, 상대방에게 자신이 보이고(being seen, 재인식되고re-cognized) 이해받는다는 경험을 할 때, 말하자면 정확하게 정신화될 때, 인식론적 신뢰가 '획득되는(won)' 것으로 나타났다. 24시간 가용한 마약상과 정신 상태 결과라는 측면에서 이 사람이 무엇을 제공할지에 대해 청소년들이 가질 수 있는 안정적인 기대치와 비교하면, 불운한 정신건강 전문가의 일은 녹록지 않다. 일반적 정신병리 요인("P-Factor", Caspi et al., 2014)* 에 대한 아이디어는 만성화 및 치료 저항 위험에 대한 이러한 초진단적 접근이 실제로 이러한 성향, 즉 개인의 **인식론적 신뢰**의 부진하거나 낮은 적응성을 나타내는 대리 척도가 될 수 있다는 제안으로 이어졌다. 증거 기반 치료는 P-요인이 낮은 개인에게는 잘 작동할 수 있지만(증상이 아무리 심각하더라도) P-요인이 높은 사람들에게는 '튕겨 나가는' 것처럼 보인다. 왜냐하면 이들에게는 제공되는 도움의 가치를 신뢰하는 능력이 근본적으로 없기 때문에 이들로서는 도움의 문을 빨리 닫아 두는 것이 합당하기 때문이다. 증상 감소, 학교 복귀 등의 좀 더 단순한 결과 외에도, AMBIT에 영향을 받은 서비스는 내담자들의 **만성적인 인식론적 과경계**를 다루는 것을 더 근본적인 과제로 삼을 수 있다. 즉, 내담자들의 도움 자체에 대한 관계를 다루는 것이다.

---

* P-요인(P-Factor)은 Caspi 등(2014)의 연구에서 제안된 개념으로, 우울, 불안, 외현화, 물질 남용 등 다양한 정신병리 증상들이 서로 상관관계를 가지고 있음을 보여 준다.

복잡성

우리가 언급하는 청소년들은 오랜 역사를 갖고 있으며 이미 돌봄이나 도움의 다양한 요소를 경험했을 수 있다. 이 요소들은 항상 서로 '동의하는' 것처럼 보이지는 않는 체계들이다. 이것은 종종 그들의 가족에 대한 경험을 반영한다. 어머니와 아버지가 그들 앞에서 싸웠을 수 있다. 이런 다툼은 드물지 않게 무엇이 '좋은 양육'을 구성하는가에 대한 서로 다른 생각에 의해 촉발된다. 청소년의 원가족은 매우 안정적이지 않을 수 있으며(부모 자신의 문제나 능력 부족, 또는 빈곤 때문에), 어떤 형태의 원조를 받아들이거나 전문적인 도움을 사용할 능력이 없거나(전문적 조력에 대해 부모가 이전에 겪었던 부정적인 경험 때문에) 혹은 그럴 의향이 없을 수 있다. 이 청소년들에게는 여러 가지 정신과 진단 분류와 학교에서의 문제, 또래 관계와 같은 사회적 문제 및 폭력 조직 및 범죄와 같은 반사회적 문제가 있었을 수 있다. 따라서 종종 경찰, 약물 서비스, 자해에 대응하기 위해 호출되는 응급 의료 서비스가 사회복지, 교육 포용 서비스(educational inclusion services)*, 범법 소년 서비스와 함께 관여하게 된다. 이들 가족의 복잡성에 기인한 직접적인 결과로, 산업화된 부국들은 종종 과잉의 다양한 서비스로 대응하게 된다. 그런데 각 서비스는 청소년들이 겪는 다중 문제들의 누적된(아마도 더 나은 표현으로 '뭉친') 부담에서 분해된 특정 요소들을 다루려는 전문적인 임무를 갖고 있다. 각각의 문제는 다른 문제들과 상호작용하여 악마적인 상승효과를 내어, 결국 각 문제가 다른 문제들을 더 치료하기 어렵게 만든다.

이 모든 다양한 서비스, '돌봄' 또는 '치료' 체계, 법 집행 체계, 사회적 체계와 지방정부 등이 이 청소년들이 제시하는 이러저러한 문제에 의해 작동하게 되고, 이들은 각기 '자신들의 일'을 하겠다는 동기와 영감, 에너지를 얻는다. 역설적이게도, 이러한 지원 체계의 복잡성 자체가 복잡성과 정체(停滯)를 증폭시키고 악화시킬 수 있다. 서비스들은 종종 다중 문제 영역 중 하나의 영역을 자신들의 '관할권'['영향력의 범위'로 'ambit(범위)'라는 단어의 원래 의미] 내에 갖고 있는데, 이로 인해 드물지 않게 청소년이나 보호자들을 둘러싸고 교착 상태가 생긴다. 다양한 서비스와 기관들이 개입하게 되는데, 이들은 서로 다른 구조, 다른 직원, 다른 전문 분야, 행동 강령, 이론적 모델, 방법론, 훈련(신경생물학적, 사회학적, 인지행동주의적, 정신역동적, 체계적 등)을 갖고 있다.

---

* 학교에서 배제될 위험성이 있는 아동이나 청소년이 계속 학교를 다니거나 학교를 떠난 후 복귀하도록 지원하는 영국의 서비스

물론 각 서비스에서 실무자에게 요구하는 각각의 훈련은 상당한 개인적 투자가 필요하다. 이러한 차이는 이해할 수 있고 종종 가장 고귀한 의도에서 비롯된 것이지만 의견 불일치나 오해를 초래한다. 절박한 상황에 개입할 수밖에 없는 개별 실무자들이 당면한 높은 위험과, 높은 수준의 개인적 관여라는 맥락에서 이것은 스트레스를 가중시킨다. 스트레스를 받는 실무자들은 불가피하게 상호 간 정신화하는 능력을 상실하기 쉽다. 그래서 도움이 되기보다는 자신의 옳음이나 다른 기관의 옳지 않음을 더 확신하게 된다. 그들은 목적론적이 되고, 종종 힘겨루기가 은밀하게 또는 때로는 노골적으로 벌어지기도 한다. 안타깝게도 우리의 내담자들은 우리의 복수의 기관 수준의 노력을 더 높은 곳을 향한 친절한 이송으로 경험하기보다는 우리의 노력을 모순되고, 압도적이며, 분열적이고, 혐오스럽고, 최악의 경우 의도적으로 도움이 되지 않는 것으로 경험하는 경우가 더 많다.

실무자들이 이런 스트레스에 면역력이 있다면 그들은 비인간적이며, 아마도 이런 업무에 적합하지 않을 것이다. 하지만 이 역설은 분명하다. 우리는 스트레스가 불가피한 조건에서 일하고 있으며, 정신화하려는 우리의 최선의 노력에도 불구하고 이 능력은 취약해진다.

정신없이 혼란스러운 도움

물론 이러한 청소년 대부분은 애착 체계가 손상된 개인사가 있다. 그들은 전문가와 도움 되는 치료 관계를 구축하는 과제를 지원하기 위해 사용할 수 있는 안정 애착 모델을 갖고 있는 경우가 거의 없다. 초기 양육자들이 이 청소년들을 적절하게 정신화할 수 없었던 것처럼, 그들이 우리를, 즉 그들의 치료자들을 정신화하는 능력도 혹사당한다. 정신화 능력의 발달(1장 참조)은 특히 아이의 애착 체계가 혼란형(비조직화된 disorganised)일 경우에 억제된다(Fonagy & Target, 2005). 그런데도 청소년들은 한 명의 실무자와 상당히 신뢰하는 관계를 관리할 수 있지만, 다른 팀의 실무자들과 세 개나 네 개, 또는 그 이상의 관계를 만드는 것은 너무 많이 요구하는 것이다. 게다가, 인식론적 신뢰는 전문적인 역할, 권위, 또는 훈련에 대해 어떤 존중도 보이지 않는다. 청소년은 복수의 학위와 졸업장을 갖고 있고 고액의 비용을 청구하고 높은 자격을 갖춘 치료자보다 자신이 거주하는 시설에서 저임금을 받고 조직에서 간과되는 돌봄 직원에게 약간의 인식론적 신뢰를 갖는 것이 훨씬 더 쉽다고 여길 수도 있다.

AMBIT: 사회적 네트워크의 중요성

AMBIT는 다음의 목적을 위해 체계적으로 적용되는 원칙과 방법의 집합이라고 기술하는 것이 가장 적절할 것이다. 그 목적은 앞서 언급한 문제들에 대한 알아차림을 자극하고, 이러한 유형의 내담자들과 일하는 실무진들이 서비스 체계들이 분열되는(dis-integrate) (서로를 정신화하기를 중단하는) 때와 지점을 더 쉽게 인식하고, 그런 다음 정신화를 회복하기 위해 개입할 수 있는 도구를 갖도록 돕는 것이다. AMBIT에서 증진하고자 하는 정신화에 대한 이해는 정신화의 전전두엽(신경발달적) 및 양자적(관계적) 측면을 부인하지 않지만, 정신화 능력을 개인의 **사회적 연결성**의 척도로(정신화가 적어도 개인적이나 양자적 현상인 것만큼이나 사회적 현상임을) 강조한다는 점이 중요하다. 이것은 '실무자'이든 '환자'든 모든 개인에게 해당된다.

이 현상을 무시하면 개인들에게 스스로를 '정신화하는 닌자'로 여기고 버텨내라고 요구하는 도움되지 않는 압박을 만들어 낸다. 그런데 그들이 찾고 사용하려고 애쓰는 능력(정신화)은 줄곧 친절하고 그들의 마음을 염두에 둔(mind-minded) 마음들이 있는 네트워크에 대한 접근성을 그들이 가졌는가에 달려 있다는 것이 우리의 주장이다. 어째서 그런가? 어머니가 소리를 질러대는 유아를 정신화할 수 있는 것은 최소한, **어머니 자신의 마음을 염두에 둘 수 있거나**, 두려고 하거나, 혹은 실제로 두는, 다른 마음들의 네트워크에 대한 아이디어를 갖고 있는 만큼이다. 다른 마음들은 어머니의 괴로움과 피로를 이해할 만한 것으로 여기고 공감적으로 표상할 수 있는 어머니의 어머니, 남편, 친구, 공공보건 간호사 등이다. 따라서 '인식론적 과경계' 외에도, 앞서 언급한 일반적인 정신병리 요인(P)을 다르게 구상하는 방식은 그것을 "**사회적 관계 약화**(social thinning)"(McCrory, 2019)와 직접 상관으로 높아지는 잠재 취약성으로 보는 것이다. 따라서 시간이 지남에 따라 개인은 신경 발달적 취약성, 트라우마 또는 증상이 나타나는 질병을 통해 친절하고 정신화하는 마음들에 대한 접근성을 점점 더 적게 갖게 된다.

네 개의 사분면: 도움 네트워크에 걸쳐 정신화에 대한 초점 확장하기

AMBIT는 정신화와 애착 이론(Bevington, Fuggle, & Fonagy, 2015)에 기반을 두고 있으므로 관계 구축하기를 크게 강조한다. 그리고 첫 번째는 (불가피하게) 청소년과의 관

계이다. 그러나 실질적으로 새롭게 추가할 수 있는 것이 있다면, AMBIT는 모든 팀과 전체 네트워크 혹은 조력 체계 전반에 걸쳐 실무자들뿐만 아니라, 그들이 만나는 내담자들에게 그것을 적용할 때 균등하게 강조하는 쪽으로 주의를 옮기려 하고 있다.

이 업무 분야에서는 직업적 수치심을 경험할 수 있는 어쩌면 독특한 취약성이 있을 수 있다. "나는 이 상황에 대해 불안하고/ 속이 상하고/ 화가 난다, 늘 차분해 보이는 동료 H와는 다르게. 나는 어쩌면 이 일에서 실패자인가?" 수치심은 다시 실무자의 도움 추구 행동을 줄이는 경향이 있어, 그들을 고립과 미약한 정신화 능력의 추가적 붕괴에 훨씬 더 취약한 상태로 이끌 수 있다. 실무자가 어느 정도의 불안을 느끼는 것은 아주 적절한 현상이라는 것이 우리의 주장이다. 심지어 이런 불안은 예상하고 반겨야 한다. 그와 같은 위기와 복잡성이 있는 상황에서 달리 반응하는 것은 어느 정도 '가상 모드'로 작동하고 있다는 것을 시사한다. 실무자 자신의 네트워크를 강화함으로써 그들의 정신화를 보호하고 지원할 필요성이 있다는 점을 염두에 두고 직접적인 대면 작업 '내담자와 함께 작업하기'에 대한 좀 더 관습적인 초점 외에 우리 작업에서 세 가지 추가 '사분면' 간에 균형 잡기를 명시적으로 추구하는 지역 문화를 개발하고 유지하도록 AMBIT 팀을 훈련시킨다. 세 가지 사분면은 AMBIT 바퀴([그림 12-1])에 제시되어 있다.

- 팀과 함께 작업하기
- 더 넓은 범위의 네트워크들과 함께 작업하기
- 일터에서 배우기

따라서 AMBIT는 인식론적 신뢰가 생겨날 수 있는 강력한 개별 '핵심' 관계를 강조하지만, 기본적으로 팀 접근 방식이다. 이것은 적응적이고 유익한 관계를 구축하기 위한 틀이다. 다시 말해 팀이 채택하는 증거에 기반한 실천이 무엇이든 이를 위한 맥락적 지원을 구축한다. 이러한 개입은, 실무자들이 내담자에게서 '인식론적 틈새(epistemic openings)'를 발견하고, 내담자들이 그들에 대해 갖도록 장려하는 유형의 안정된 기대에 부응하고 그런 기대를 유지하도록 실무자들을 지원하기 위함이다. 정신화 주의(attention)가 기대되는 네 가지 주요 실천의 '사분면' 외에도, '원칙에 기반을 둔 자세'의 여덟 가지 요소가 있다. 이 요소들은 '치료자의 정신화 자세'를 확장하여 이 체계적 맥락에서 안전하고 효과적으로 헤쳐 나가기 위해 균형을 유지해야 하는 다른 요소들을 고려한다.

[그림 12-1] AMBIT 바퀴 (published in Bevington et al., 2017)

AMBIT 원칙: 폭풍 치는 거친 바다에 있는 실무자들을 위한 '손잡이'

네 개의 사분면 각각은 항상 서로 긴장 관계에 있는 원칙의 쌍과 연관되어 있다. 집합적으로 이 원칙들은 실무자가 균형을 유지하려고 노력하는 AMBIT 자세를 나타낸다. 설계상, 이 원칙들의 역설적인 속성은 우리가 시도하는 일의 '불가능성을 묘사한다.' 한 원칙이 잘 되어 가면 다른 한쪽은 잘못되기 쉽다. 이런 묘사가 업무에 대한 실무자의 체험과 공명한다면 아마도 어떤 (인식론적) 신뢰가 일어날 것이다.

앞서 언급한 [그림 12-1]에는 여덟 가지 원칙과 네 개의 사분면을 제시하였고, 그다음에 각각의 변증법적 쌍에 대해 간략하게 논의한다.

팀과 함께 작업하기

■ 실무자와 개인적인 '핵심' 관계
팀과 잘 연결된 핵심 실무자

내담자와 접촉하는 일차적인 전문가는 AMBIT에서 '핵심 실무자'로 불린다. 이는 반드시 공식적인 역할은 아니고, 단지 현재 청소년의 마음에서 약간의 인식론적 신뢰가 있는 '핵심(key)' 실무자일 수 있다. 네트워크에서 이 사람은 시간이 지남에 따라 바뀔 수 있다. 이 사람은 먼저 청소년과 어느 정도 진정한 접촉을 해야 하는데, 이 과정에서 청소년은 자신이 적절히 이해받는다는 경험을 한다. 그 결과 핵심 실무자는 종종 '밖에 있을' 것이고 스트레스를 받는 상황으로 여겨지는 맥락에서 종종 고립감을 느낄 것이다. 앞서 제시한 AMBIT 바퀴의 동등하면서 '대립적인(opposite)' 원칙은 이러한 실무자들이 반드시 그들의 팀에 '잘 연결되어' 있어야 한다는 것을 강조한다. AMBIT 접근 방식은 그러한 감정적으로 긴장된 맥락에서 최상의 (정신화) 실천을 유지하고 지원하는 것을 목표로 한다. 그런데 이런 맥락에서는 실무자가 고립을 피하지 않는 이상, 명시적인 정신화가 억제될 것이다(Fonagy, Gergely, Jurist, & Target, 2004). '**잘 연결된 팀**'은 서로의 개별 작업을 지원하기 위해 정신화를 기반으로 한, 네트워크 문화의 일부가 된 일련의 사회적 규율(도움을 요청하는 방식, 서로에게 손을 내밀어 지원하는 방식)을 갖고 있어 고립의 위기나 '단독으로 정신화하는 닌자'가 되는 압박을 최소화한다.

관여의 초기 단계에서 핵심 실무자는 종종 청소년과 그들의 기존 조력 네트워크에 돌봄과 치료 및 도움을 제공하는 데 있어서 상당히 중심적인 역할을 맡을 수 있다. 핵심 실무자가 사례 관리자 역할을 하는 경우에, 때때로 청소년 및 가족과 직접 접촉하는 유일한 인력일 수 있다. 다른 실무자들이 추가로 직접 접근한다면, 아무리 좋은 의도라 해도 초기 단계에서는 친화적인 유대를 형성하는 청소년의 능력을 압도할 수 있다. 이런 의미에서 핵심 실무자는 **내담자의 눈**으로 도움 네트워크를 보고, 그것을 생산적으로 형성하고 순서를 정하고 적응시키는 방식으로 행동하려고 지속적으로 노력한다. 핵심 실무자들은 **자신과 연결된** 네트워크들의 이해, 특히 자신의 팀에서 받는 도움을 내담자에게 공개적으로 알리도록 권장받는다. 이를 통해 핵심 실무자는 도움 청하기가 보편적이고, '이 실무자는 지원받고, 연결되어 있으며 동료들의 조언을 신뢰할 수 있다.'라는 것을 그들의 내담자에게 모델링한다. 이런 방식으로 시간이 지남에 따라 암묵적으로, 그런 다음에는 명시적으로 청소년에게 초대하는 것은, 자신의 도움 네트워크가 (이 실무자를 넘어서) 더 유용하고 지속 가능하게 되어 궁극적으로 더 도움이 되는 것으로 경험될 수 있도록 어떻게 수정하고 지원받을 수 있는지에 대해 생각해 보는 일이다.

내담자와 함께 작업하기

■ **기존 관계 비계 설정**
위기관리하기

핵심 실무자는 자신이 영원히 이 청소년을 도울 것이 아님을 알고 있지만, 전문가들을 자기 삶에 들여놓는 것을 경계하는 청소년 입장에서는 이것을 정신화하기가 항상 그리 쉽지 않을 수 있다. '다가가기 어려운' 청소년들이 실무자들과 거리를 두려는 흔한 이유는 실무자들이 위험하게 '달라붙을' 수 있다는 두려움일 수 있다. 이러한 도움 관계가 일시적이라는 속성을 투명하게 밝히는 것이 (역설적이게도) 때때로 공동의 목표 설정과 함께 성공적으로 청소년들의 참여를 이끌어 내는 데 매우 중요할 수 있다. 청소년의 기존 도움 네트워크를 통한 이미 이용 가능한 도움의 원천을 파악하고 이해하려고 호기심을 보이는 것도 마찬가지로 겸손하고 진정성 있는 자세를 만들어 낸다. 핵심 실무자는 청소년이 그들의 기존 도움 네트워크를 정신화하도록 도와준다(이것은 실무자가 청소년에게 자신을 지원하는 팀과 '친구에게 전화할 수 있는' 이점을 보여 주는 것과 직접적으로 비교된다).

물론 극도로 어려운 배경을 가진 청소년의 경우, 기존 '조력자' 중 상당수, 예컨대 마약 딜러, 갱단 두목 등과 같은 인물들은 실무자의 눈에는 도움되는 것과는 거리가 멀다. 물론 이런 관계는 비계 설정(!)이 필요하지 않다. 하지만 참여 초기 단계에서는 이런 관계들을 먼저 정신화하는 것이 매우 중요하며, 전혀 고려의 대상으로 여기지 않고 제쳐두면 안 된다. 마약 딜러는 청소년에게 24시간 가용한 사람으로 그들이 가져다줄 정신 상태 변화가 어떤 것인지에 대한 안정적인 기대와 견딜 수 없는 심적 고통에서의 달아남, 그리고 때로는 유쾌한 경험을 제공한다. 비록 이런 경험에 대해 치르는 대가가 크더라도 말이다. 우리가 이런 현실을 무시하거나 부정한다면 위험을 각오해야 한다. 이 '비계 설정' 작업에 대한 반대 입장은 언제, 어떻게 멈춰야 하는지를 아는 것이다! 이런 세팅에서 위기관리는 거의 불가피하게 좀 더 침해적이거나 주장적인 입장

을 수반하고, 경계를 모호하게 둘 여지가 전혀 없다. 그런데 이처럼 오로지 위기관리만을 염두에 두고 몰아붙이는 개입을 하면 청소년을 멀어지게 하거나, 혹은 역으로 지속 불가능한 의존성을 키워 실무자나 전문가 네트워크가 떠났을 때 청소년의 취약성을 높일 위험이 있다.

청소년이 돌봄 체계에 의뢰될 때, 부모가 거부하고 청소년이 이전의 지원과 지리적으로 분리되는 등 전체 사회적 네트워크가 무너져 있는 경우가 흔히 있다. 이 경우 청소년은 그다지 도움 되지 않는 '조력자들'에게 특히 취약하다. 따라서 이 작업은 친사회적 네트워크 지원을 가능한 한 빨리 복구하는 데 초점을 둔다. 물론, 이미 알려져 있고 광범위한 근거에 기반한 기법들이 있지만, 때로는 좀 더 공식적인 치료처럼 보이는 작업이 시작되기 전에 가장 유익한 방법은 청소년이 부딪히는 스포츠 코치와 논쟁을 해결하도록 도와 훈련을 재개할 수 있게 하는 것이다. 이런 식으로 실무자는 청소년의 기존 세계 내에서 움직이고, 청소년이 도움된다고 경험하거나 도움이 안 된다고 경험하는 현실에 관여하려고 노력한다. 적극적인 위기관리가 필요한 경우에는 이것이 우리의 전문적 임무라는 사실과 우리의 더 장기적인 의도, 그리고 이것이 얼마나 침해적으로 보일 수 있는지 우리가 인식하고 있음을 '표시하는(marking)' 일에 상당한 노력을 기울여야 한다.

네트워크 안에서 작업하기

■ 다중 영역에서 작업하기
통합을 책임지는 핵심 실무자

복잡한 문제가 있는 경우 필요한 도움이 정신건강의 돌봄에 국한되는 때는 거의 없다. 온갖 유형의 영역('분자적인 것부터 정치적인 것까지')에서 분투와 우려가 존재하고, 모두 서로 연결되어 있다. AMBIT는 실무자들에게 '광각 렌즈'를 요구한다. 이것이 요구되는 때와 장소 그리고 이 모든 영역에서 작업이 수행되도록 하기 위해서다. 이것은 불가피하게 도움 네트워크가 복수의 전문가와 복수의 기관으로 확장되는 결과를 가져올 것이다. (앞서 기술한) 이러한 대규모 네트워크의 단점은 '문제'를 어떻게 정의해야 하는지, 어떤 작업을 우선시해야 하는지, 어떤 순서로 실행해야 하는지, 네트워크에서 누가 어떤 확인된 과업을 수행해야 하는지를 두고 실무자들이 서로 상충되는 견해를 갖게 될 것이라는 점이다. 우리는 이미 이것에 대한 기관들 간의 정신화 실패를 '분열(dis-integration)'이라고 기술한 바 있다. 어떤 전문가도 다른 실무자의 일을 저해하려는 의도를 갖고 업무에 임하지는 않지만, 이런 분열은 극히 자주 일어난다. 이러한 상황에서 전문가들은 그들이 공유하는 내담자에 대해 정신화를 하는 만큼이나 서로에 대해서는 비정신화(non-mentalizing)를 하게 될 위험에 처한다.

AMBIT 실무자들은 그들의 '영역(ambit)' 내에서 적절한 영역들이 확실하게 다뤄지도록 할 뿐만 아니라 필요한 경우 '모두가 같은 방향을 보도록' 돕기 위해 개입하도록 요청받는다. 따라서, 오로지 심리적인 개입들로만 이루어진 접근은 AMBIT 방식이 아니다. 학교, 안전, 주거 형태, 스포츠와 취미 등등에서의 개입을 고려해야 한다. 때로는 청소년을 다시 축구에 참여시키는 것이 어떤 치료보다 나을 수 있다.

AMBIT에서는 핵심 실무자가 이런 영역들에서 이뤄지는 다양한 개입에 적극적으로 관여하기를 기대하고, 다양한 개입의 통합을 지원하도록 노력하는 데 책임을 부여한다. 따라서 핵심 실무자는 다른 실무자들이 청소년이나 보호자들뿐만 아니라 서로를 정신화하도록 돕는다. 이 작업을 지원하기 위해 개발된 여러 가지 간단한 도구들이 있다. 이 도구들은 **돌봄 체계가 본래 마음이 내재되어 있지 않지만**(inherently mindless), 여전히 각기 다른 체계에 속한 실무자들이 서로에 대해 더 많이 정신화하거나 덜 정신화하도록 영향을 줄 수 있는 개별적인 마음들로 구성되어 있음을 서로에게 상기시키는 일에 관한 것이다. 이것이 AMBIT가 조직 구조에 대한 구체적인 (목적론적인) 권고를 피하는 이유이다. 지역 문화와 서비스 제공 맥락이 이러한 것에 깊은 영향을 미치게 될 것이기 때문이다. 우리는 복잡한 전문가 네트워크에서 일어나는 정신화의 실패는 종종 위기 고조와 밀접하게 연관되어 있다고 가정한다.

일터에서 배우기

■ 지역 기관에서의 실천과 전문성 존중

증거 존중

실무자가 AMBIT에 영향을 받은 팀으로 일한다는 것은 자신이 무엇을 하는지와 어떻게 하는지에 대해 투명하다는 것을 뜻한다. 팀은 지속적으로 그들의 의도를 알리려고 노력하며, 이를 지원하는 주요 수단(보편적으로 사용되는 것은 아니지만) 중 하나는 자신들의 AMBIT 위키(wiki) 매뉴얼의 지역 버전에 지역에서('그들이' 다음으로 위치 이동) 그들이 배운 내용을 기록함으로써 이루어진다. AMBIT의 사용 방식은 높은 정도의 유연성을 갖는데, 이것은 AMBIT가 적응성을 강조하는 것과 맥을 같이 한다. AMBIT 핵심은 위키('사용자가 편집할 수 있는 웹사이트'로 https://manuals.annafreud.org/ambit에서 접속할 수 있음)에서 무료로 이용할 수 있다. 훈련을 받는 팀은 모든 핵심 콘텐츠를 이어받지만 지역에서 편집할 수 있는 지역 버전 매뉴얼을 받는다. 이 매뉴얼은 **'우리가 누구이고, 우리가 무엇을 하는지, 그것을 어떻게 하는지'**에 대한 투명한 설명이다. AMBIT 핵심은 광범위하다. 여기에는 이론과 절차, 가이드라인과 훈련 및 치료 방법 등에 대한 웹페이지가 있으며, 유용한 이미지나 동영상으로 설명되어 있고 다운로드할 수 있는 자료들이 있다.

AMBIT을 사용한다는 것은 증거에 기반한 실천을 존중하고 사용하는 것이 필수적임을 깨닫는다는 뜻이다. 우리는 '아무것도 하지 않는' 서비스를 제공하고 싶지 않다. 이것은 증거에 기반하지 않은 지식의 가정(가상 모드)을 피하고, 탐색하고 잠정적인 호기심을 가진 기본적인 정신화 태도와 일치한다. 반면에 현실주의는 이 특정한 청소년 내담자들과의 작업에 대한 견고한 임상 연구가 상대적으로 부족하다는 것을 우리가 인정하도록 강요한다. 그런데 이 청소년들은 종종 공존 질환 비율 때문에 무작위 대조 임상연구에서 제외된다. 이 때문에 증거 기반 실천은 지역 문화와 서비스 맥락에 맞게 조정된 지역에서 보유한 '실천 기반 증거'에 의해 보완될 것이다. 우리는 '한 사이즈로 모두에게 입히는(one size fits all)' 식의 (목적론적인) 일련의 단계와 절차를 주장하는 데 관심이 없듯, 지역의 팀에게 '진행하면서 만들어 가라'고 요청하는 데도 관심이 없다. AMBIT는 팀들이 프로그램에서 일정 시간을 할애하여 그들이 특별한 균형을 어떻게 유지하고 있는지 함께 성찰하도록 요청한다. 엄밀히 말해서 팀은 정신화할 수 없지만, 그들 업무의 특정 요소들을 다루는 방법을 집단적이고 협력적으로 '매뉴얼화'하는 것이 정신화에 가장 근접하게 버금가는 것일 수 있다. 즉, '우리의 집단적 관습과 실천'에 대한 의미 있는 공유 내러티브를 만드는 것이다. 때때로 AMBIT 매뉴얼의 지역 버전에서 나온 페이지가 아주 유용하면 핵심으로 채택되어 다른 모든 지역 버전에 배포될 것이다. 이런 식으로 AMBIT는 '실천 공동체'(Lave & Wenger, 1991)를 지원하기를 바란다.

AMBIT: 빠른 시작

AMBIT는 '한 사이즈로 모두에게 입히는' 패키지가 아니라 지난 10년 동안 수천 명의 실무자들의 훈련에서 축적된 증거와 임상 경험을 바탕으로 한 접근 방식으로 설계되었다. 전체 팀 훈련은 계획이 많이 필요하며, 서비스가 내담자의 요구에 맞게 조정되는 방식에 중대한 변화를 가져올 수 있다. 그러나 안나 프로이트 국립 아동 가족 센터(Anna Freud National Centre for Children and Families)의 AMBIT 프로그램은 'AMBIT 팀'을 만드는 것보다는 특정 맥락에 맞게 조정된 'AMBIT의 영향을 받으며 일하는' 팀을 지원하는 데 관심이 있음을 강조하는 데 열중한다. 비교적 쉽게 실행하여 가시적으로 빠른 성과를 얻을 수 있는 여러 가지 방법이 있다.

우리에게 필요한 것 해결하기

우리는 개별 실무자들이나 고위 경영자들보다는 '잘 연결된 팀'을 대규모의 복잡한 돌봄 체계 변화의 일차 엔진으로 본다. 물론 고위 경영진이 정보에 입각하여 적극적으로 지원하는 것은 성공적인 시행에 필수적이다. '네트워크와 함께 일하기'라는 의도에 충실하다고 가정하면, AMBIT 영향 아래에서 작업을 시작하는 한 팀은 다중 기관 체계 내의 다른 팀들에 놀랄 만한 영향을 미칠 수 있다. 이것은 문화 변화를 위한 '상향식(bottom-up)' 접근으로 서비스 경계를 가로질러 이해를 높이는 원칙에 입각하여 작업하는 방식인데, 체계 변화를 위한 (친절한!) '게릴라 접근 방식'으로 묘사되어 왔다.

AMBIT 바퀴에 제시된 자세와 원칙의 근거를 어느 정도 이해하고 이러한 아이디어에 대해 지적으로 전념하는 것은 팀에서 AMBIT 영향력을 개발하는 데 좋은 토대가 된다. 그러나 어쩌면 훨씬 더 중요한 것은 팀 전체가 어떤 **공동 훈련에서 원하고 필요로 하는 것이 무엇인지에 대해** 성찰할 기회를 찾는 것일 수도 있다. 성공적인 훈련의 성과를 'AMBIT 실천하기'로 정의하는 것은 의미가 없다! 그 대신, 훈련을 고려하고 있는 팀에게 우리는 그들의 실무 체험에서 그들에게 반복적으로 도전을 제시하고 또한 개선의 여지가 있는 실제 영역들을 함께 성찰하도록 초대하고 지원한다. 이것을 지원하는 온라인 자원이 많이 있다. (독자들은 유튜브에서 ambit.tv를 검색하면 일련의 소개 동영상을 볼 수 있고, 준비팀 평가는 위키 매뉴얼에서 AMBIT 서비스 평가 설문지 또는 ASEQ로 온라인으로 공유된다.)

AMBIT의 세 가지 '맛보기'

AMBIT은 모두 정신화 이론/실천에 기반을 두고 있고 실무자들과 협력하여 개발한 다양한 도구와 기법을 제공한다. 여기서 세 가지 '맛보기'를 제공한다.

분열 그리드

우리는 앞서 서비스 간의 분열(dis-integration)에 대해 논의했다. 여러 전문가 또는 여러 기관 네트워크가 '서로 다른 방향으로 끌고 있는' 것처럼 보일 때 체계적인 정신화를 지원하는 단순한 기법은 분열 그리드(grids)다. 한 장의 종이에 그리드를 만들고 주요 행위자들(내담자, 아빠, 엄마, 당신, 사회복지사, 정신과 의사, 학교 멘토 등)을 **열**의 머리글에 배치하고, 세 개의 **행**을 만들어 대부분의 분열이 발생한다고 우리가 주장하는 곳인 세 가지 수준에 대해 정신화하도록 초대한다. 행의 제목은 다음과 같다.

1. **설명**("무엇이 문제인가요?")
2. **개입**("무엇을 해야 하나요?")
3. **책임**("누가 이 일을 해야 하나요?")

그리드는 (최소한) 세 가지 방식으로 사용할 수 있지만, 모두 이러한 '행위자들'을 정신화하려는 시도를 포함한다. 그리드의 각 셀에 몇 개의 주요 사항(bullet points)을 기록하여 **행위자가 이를 읽으면** 고개를 끄덕이며 자신의 말이 전달됐다고 느끼거나 이해받는다고 느낄 수 있도록 한다. 다시 말해 자신의 이해를 강요하기보다는 그들의 이해를 나타내려는 노력이 필요하다. 때때로 청소년들이 '문제'로 보는 것은 우리 같은 사람들의 개입이다. 이것이 부정되거나 무시되면, 도움이 되는 작업은 거의 일어나지 않을 것이다. 전문가들은 2행과 3행에서 더 많은 갈등에 빠지는 경향이 있지만, 그저 오해가 발생한 수준을 파악하는 것만으로도 시작이 될 수 있다. 전반적인 목표는 전문가들에게 우리의 공유된 의도, 즉 도움주기를 상기시키는('다시 생각하게 하는 re-mind') 것이다. 보통 몇몇 빈칸이 있을 수 있으며, 이것은 더 이해하려는 호기심을 자극할 수 있다. 다른 영역에서는 모순된 행동을 설명하는 데 도움이 되는 좀 더 근본적인 차이점이나 갈등이 두드러질 수 있다. 이러한 차이는 논쟁에 불을 붙이고 정신화를 억누르기보다 서로 다른 입장을 탐색하고 해결하기 위해 내가 '연결하는 대화

(connecting conversation)'를 촉진할 수 있는 방법에 대한 전략을 짜는 실질적인 노력을 자극할 수 있다. 이런 그리드는 (a) 실무자 또는 정체된 사례에 대한 슈퍼비전에서 '사고 실험'으로 사용할 수 있고, (b) 여러 분야의 전문가가 참여하는 회의를 기록하는 수단으로 사용할 수 있으며, (c) 청소년 또는 가족과 함께 작성하여 그들에게 완벽히 이해되지 않을 수 있는 도움 네트워크를 직면하는 데 있어 그들의 주체성을 강조하는 방식으로 사용할 수 있다.

(따로가 아닌) 함께 생각하기

이것은 AMBIT 핵심에 있어 주된 슈퍼비전 기법이다. 이 장의 서두에서 제시한 예제는 '따로 생각하기(Thinking Apart)'의 전형적인 예이다. '함께 생각하기(Thinking Together)'는 다음 네 가지 단계를 규정함으로써 모든 자문(consultation)이나 슈퍼비전(팀원 간의 도움 요청)이 수행되는 방식을 구조화한다.

1. **과제 표시하기**: 어떤 자문이라도 컨설턴트에게 무엇을 요청하는지, 다루고자 하는 문제가 무엇인지를 명확히 하는 것으로 시작한다. 우리는 그냥 말하기를 시작하는 경향이 있다. 그래서 돕는 사람 입장에서는 자신이 왜 또는 무엇에 중점을 두고 듣고 있는지에 대한 명확한 초점을 갖지 못하게 되고, 도움을 요청하는 사람은 먼저 자신을 정신화하는 것("나는 왜 지금 H에게 다가가고 있는 걸까? 내가 원하거나 필요로 하는 것은 무엇일까?")으로 시작하지 않게 된다. 잠재적 '과제'의 범위는 무한하다. 이를테면 "내 위기 계획이 괜찮다고 확인시켜 주세요."에서 "왜 X에게 짜증이 나는지 이해하게 도와주세요."와 같이.
2. **사례 진술하기**: 여기서 도움 요청자는 컨설턴트나 집단에 과제를 해결하는 데 필요한 기본적인 정보를 제공한다. 컨설턴트는 우리가 '스토리텔링'(가상 모드)에 빠지거나 충분한 정보가 있는지를 모니터링할 책임이 있다. 두 개의 시작 단계는 힘들고 사무적일(사실상 경계가 있는) 수 있지만, 양측이 세 번째 단계가 기다리고 있다는 것을 알고 있다면 수용할 수 있을 것이다.
3. **순간을 정신화하기**: 먼저 도움을 주는 동료가 도움을 요청하는 동료를 정신화한다(내담자를 정신화하려는 유혹이 느껴지지만, 내담자는 자문 현장에 없기에 내담자를 정신화하는 것이 아니다). 이것은 자문을 통해 제공될 수 있는 도움이 받아들여지고 소화되는 데 필요한 전제 조건이다. 일단 조율이 이루어지면, 제시되는 딜레마에 연루

된 다른 마음들에 대한 공동 정신화(joint mentalizing)가 가능하다.

4. **목적으로 돌아가기:** 마지막으로, 실무자가 정신화되고 문제에 대한 정신화가 어느 정도 이루어지면, 합의된 과제에 비추어 새로운 선택지들을 고려할 여지가 생긴다. 이상적으로 해결책은 정신화 회복에 힘입어 도움을 요청하는 동료 자신에게서 나올 것이다. 하지만 원래 규정한 목적과 재연결되도록 노력하는 것은 도움 주는 동료의 역할이다.

팀이 사례를 논의하기 위해 '함께 생각하기'를 사용하기 시작하면, 그것은 어떻게든 우리가 매일 하는 활동에 사회적 규율을 만드는 일을 포함하기 때문에 어색하게 느껴질 수 있다. 그러나 팀 전체가 이러한 단계의 가치를 이해하고 받아들일 때, 이것은 팀이 서로의 마음과 서로의 (불가피하고 적절하게 취약한) 정신화를 지원하는 공동 책임에 주의를 집중하도록 돕는 데 혁신적인 변화를 가져올 수 있다.

성찰적 실천: 나는 이 사례를 AMBIT 양식으로 작업하고 있는가

AMBIT 위키 매뉴얼에는 다운로드 가능한 자가 감사 양식인 AMBIT 실천 감사 도구(AMBIT Practice Audit Tool: AprAT)가 있다. 이 간단한 설문지를 통해 AMBIT 프레임워크와 여덟 가지 요소의 원칙적 입장과 관련하여 특정 사례를 간단하게 성찰적으로 점검해 볼 수 있다. 예시 질문은 다음과 같다.

- 청소년/가족의 어려움에 대해 정신화된 이해를 했는가?
- 내담자의 비공식적인 네트워크에서 기존 관계의 회복탄력성을 확인했는가(기존 관계들의 비계 설정)
- 분열 그리드를 사용했는가? (통합에 대한 책임지기)

그리고 슈퍼비전에 앞서 성찰하기(pre-supervision reflection)로 이런 질문들을 사용한다면, 이것은 AMBIT를 따르는 충실도를 점수화하기보다는 특히 어려운 사례에 막혔을 때 변화의 기회를 열기 위해 성찰을 자극하기 위한 것이다.

결론

이 장에서는 무척 복잡하고 종종 관례적으로 '도움을 요청하지' 않는 심각한 문제가 있는 청소년들의 요구에 더 잘 맞출 수 있는 서비스를 개발하도록 돕기 위해 어떻게 AMBIT 접근 방식이 협력적으로 설계되어 왔는지에 대해 논의했다. 정신화와 애착 이론을 바퀴의 톱니 사이의 윤활유로 사용하여, 여덟 가지 지침 원칙(현장에서 불안정한 실무자들을 위한 '손잡이')을 논의하였다. 이 원칙들은 팀이 내담자뿐만 아니라 동료들과 함께, 그리고 종종 크고 복잡한 다중 기관 체계에 걸쳐 어떻게 작업하는지를 다룬다. 또 다른 중요한 원칙은 팀으로서 증거와 지역 전문성을 균형 잡는 능동적인 학습 태도를 유지해야 한다는 것이다.

AMBIT의 전체 핵심을 구현하는 것은 상당한 변화이지만, AMBIT는 설계상 조정 가능한 프레임워크이므로 AMBIT에 관심 있는 팀으로 시작하여 'AMBIT 영향력'을 향해 작업하는 것이 더 실현 가능하다. 지나치게 눈에 띄지 않게 시작할 수 있는 네 가지 도구를 제공하였다. 추가로 읽어야 할 자료는 앞서 언급한 '조정 가능한 정신화 기반 통합 치료: 돌봄 체계를 개발하는 팀을 위한 가이드'(Bevington et al., 2017)와 온라인 AMBIT 핵심(https://manuals.annafreud.org/ambit)을 포함해야 한다.

참고문헌

Bevington, D., & Fuggle, P. (2012). Supporting and enhancing mentalization in community outreach teams working with hard-to-reach youth: The AMBIT approach. In N. Midgley & I. Vrouva (Eds.), *Minding the Child: Mentalization-Based Interventions with Children, Young People and Their Families* (pp. 163–186). London: Routledge.

Bevington, D., Fuggle, P., Cracknell, L., & Fonagy, P. (2017). *Adaptive Mentalization-Based Integrative Treatment: A Guide for Teams to Develop Systems of Care*. New York, NY: OUP.

Bevington, D., Fuggle, P., & Fonagy, P. (2015). Applying attachment theory to effective practice with hard-to-reach youth: the AMBIT approach. *Attachment and Human Development, 17*(2), 157–174. https://doi.org/10.1080/14616734.2015.1006385.

Bevington, D., Fuggle, P., Fonagy, P., Target, M., & Asen, E. (2013). Innovations in practice: Adolescent mentalization-based integrative therapy (AMBIT) – a new integrated approach to working with the most hard to reach adolescents with severe complex mental health needs. *Child and Adolescent Mental Health, 18*(1), 46–51. https://doi.org/10.1111/j.l4753588.2012.00666.x.

Caspi, A., et al. (2014). The p-factor: One general psychopathology fector in the structure of psychiatric disorders? *Clinical Psychological Science, 2*(2), 119–137.

Fonagy, P., Gergely, G., Jurist, E.J., & Target, M. (2004). *Affect Regulation, Mentalization, and the Development of the Self*. London: Kamac Press.

Fonagy, P., & Target, M. (2005). Bridging the transmission gap: An end to an important mystery of attachment research? *Attachment and Human Development, 7*(3), 333–343.

Fuggle, P., Bevington, D., Cracknell, L., Hanley, J., Hare, S., Lincoln, J., & Zlotowitz, S.(2014). The adolescent mentalization-based integrative treatment (AMBIT) approach to outcome evaluation and manualization: Adopting a learning organization approach. *Clinical Child Psychology and Psychiatry, 20*(3), 419–435, https://doi.org/10.1177/1359104514521640.

Lave, J., & Wenger, E. (1991). *Situated Learning: Legitimate Peripheral Participation*. Cambridge University Press. ISBN 0-521-42374-0.

McCrory, E. (2019). *How neuroscience is helping to motivate a preventative psychiatry approach* (PDF lecture slides, ACAMH lecture), accessed online from www.acamh.org on 06.11.19.

Weisz, J.R., & Simpson Gray J. (2008). Evidence based psychotherapy for children and adoelscents: Data from the present and a model for the future. *Child and Adolescent Mental Health, 13*(2), 54–65.

찾아보기

저자 소개

Dickon Bevington 의학과 외과 학사(MBBS)이며, 영국 정신과 의사 협회(MRCPsych) 소속이다. 안나 프로이트 국립 아동 가족 센터(Anna Freud National Centre for Children and Families)의 의료 책임자로서 적응형 정신화 기반 통합 치료(AMBIT)와 기타 정신화 기반 치료(MBT) 접근법에 대한 교육을 개발하고 이끌고 있다. 정신화 기반 가족 치료(MBT-F) 팀의 일원이기도 하다. 또한 그는 케임브리지셔(Cambridgeshire)와 피터버러(Peterborough) 영국 국립 보건 서비스 신탁 재단(NHS FT)의 컨설턴트이자 아동 청소년 정신과 의사로서 복합 약물 사용 청소년을 위한 아웃리치 서비스인 CASUS(Child and Adolescent Substance Use Service)를 이끌고 있으며, 케임브리지 대학교에 기반을 둔 건강과 사회복지 분야의 리더십 및 연구 개발을 위한 협력체인 Cambridge 및 Peterborough CLARHC(Collaboration for Leadership in Applied Health Research and Care)의 선임 연구원이기도 하다.

Mark Dangerfield 임상 심리학자이자 심리치료자이다. 그는 유럽 정신분석적 심리치료 연맹인 EFPP(European Federation for Psychoanalytic Psychotherapy)와 유럽 심리학 자격 인증 EuroPsy(European Certificate in Psychology), 스페인 정신분석학회와 국제 정신분석 학회 회원이다. 그는 바르셀로나 라몬 르율 대학교의 정신건강 연구소 교수이며, 안나 프로이트 국립 아동 가족 센터의 AMBIT 트레이너이자 정신화 기반 청소년 치료(MBT-A) 슈퍼바이저다. 그는 바르셀로나의 소아 병원과 정신건강 서비스 분야에서 25년 이상 일했으며, 청소년과 성인 치료를 전문으로 하고 있다. 그는 비달과 바라케르(Vidal and Barraquer) 재단의 가정 개입 임상팀인 ECID(Equipo Clínico de Intervención a Domicilio) 프로젝트 책임자이다. 이것은 스페인의 선도적인 프로젝트로서, 정신건강 아웃리치 팀이 안나 프로이트 국립 아동 가족 센터의 AMBIT 모델을 기반으로 정신병리와 사회적 배제 위험이 높지만 도움을 청하지 않는 청소년들과 작업한다.

Holly Dwyer Hall 아동 청소년 정신분석적 심리치료자이자 예술 치료자이며 인증받은 성인과 가족 및 청소년을 위한 정신화 기반 치료 실무자이다. 안나 프로이트 국립 아동 가족 센터의 청소년을 위한 정신화 기반 치료 슈퍼바이저이자 가족을 위한 정신화 기반 치료 슈퍼바이저 및 트레이너이기도 하다. 그녀는 영국의 국립 보건 서비스(National Health Service)의 아동 청소년 정신건강 서비스에서 일하고 있고, 예술 심리치료 팀의 일원으로, 경계선 성격장애 진단을 받은 성인을 위한 집단과 개인 정신화 기반 예술 치료를 제공하고 있다. 홀리는 런던 중앙 북서 지역 NHS 신탁 재단(CNWL NHS Foundation Trust)의 국제 예술 심리치료 센터

(ICAPT)(International Centre for Arts Psychotherapies)에서 주요 트레이너이자 임상 슈퍼바이저로 활동해 왔고, 영국과 국제 예술 치료 과정과 콘퍼런스에서 강의하고 발표하고 있다.

Peter Fonagy UCL 심리학 및 언어과학부 부서장, 런던 안나 프로이트 국립 아동 가족 센터장, 영국 NHS의 아동 청소년 정신건강 수석 임상 고문, 예일대와 하버드 의대 객원 교수로 재직하고 있다. 그의 임상적 관심은 초기 애착 관계, 사회인지, 경계선 성격장애 및 폭력 문제에 중점을 둔다.

Sophie Hauschild 임상 심리학자이자 청소년을 위한 정신화 기반 치료 수련생이며, 하이델베르크 대학병원의 심리사회 예방 연구소에서 연구 조교로 일하고 있다. 소피는 정신화 기반 치료와 정신화 기반 훈련과 품행장애 및 경계선 성격장애에 연구 초점을 두고 있다.

Haiko Jessurun 네덜란드의 임상 심리학자이자 아동 청소년 심리치료자이며 이학석사(MSc)다. 지난 35년 동안 치료자, 팀 리더, 관리자 등 다양한 정신건강 관리 직책을 맡아왔다. 그는 아동 청소년 심리치료 훈련 과정의 선임 강사이며, 임상 심리학자를 위한 대학원 과정에서 청소년을 위한 정신화 기반 치료(MBT-A)를 가르친다. 또한, 그는 에인트호번 공과대학교 박사 과정 학생으로 만성적인 상대적 성과 미달의 영향을 연구하고 있다. 그는 런던의 안나 프로이트 국립 아동 가족 센터에서 청소년을 위한 정신화 기반 치료(MBT-A), 가족을 위한 정신화 기반 치료(MBT-F), 적응형 정신화 기반 통합 치료(AMBIT) 및 부모를 위한 정신화 기반 치료(MBT-P) 교육을 이수했으며, 안나 프로이트 센터에서 인증받은 MBT-A 슈퍼바이저다. 네덜란드에서 적응형 정신화 기반 통합 치료(AMBIT)의 확장에 적극적으로 참여하고 있다.

Patrick Luyten 벨기에 루벤 대학교 심리학 및 교육과학부 임상심리학 교수이자, 영국 유니버시티 칼리지 런던(UCL) 임상, 교육 및 건강 심리학 연구 부서에서 정신역동 심리학 교수이다. 주요 연구 분야는 정서 스펙트럼 장애(예: 우울, 스트레스 및 통증 관련 장애)와 성격장애이다. 두 분야 모두에서 기초 연구와 개입 연구에 참여하고 있다.

Saskia Malcorps 벨기에 루벤 대학교 심리학 및 교육과학부 임상 심리학자이자 박사 과정 학생이다. 그녀의 연구는 정신병리 위기에 처한 아동과 청소년의 발달에 있어 정신화의 역할에 초점을 둔다.

Jason Maldonado-Page 영국의 국립 보건 서비스센터에서 선임 체계론적 가족 심리치료자이며 정신건강 사회복지사이자 강사로 활동하고 있고 사설 클리닉에서도 일하고 있다. 국제적으로 저명한 런던의 여러 기관에서 전문가이자 선임 임상가 직책을 맡아왔고, 사회사업과 체계론적 실천 분야에서 숙련된 강사이다. 특히 자기의 활용과 각자 자신의 체험에서 의미를 만들어 내는 방식에 관심이 있다.

Nicole Muller 네덜란드 정신건강 전문가 집단인 파마시아 그룹(Parnassia Group)의 일부인 주터스(Jutters) 아동 청소년 정신건강 서비스에서 활동하는 아동 청소년 심리치료자이자 가족 치료자이다. 그녀는 원래 인지 행동 치료자로 훈련받았으며, 정신화 기반 치료에 관심을 갖기 전까지 유도된 정서적 심상(Guided Affective Imagery) 치료로 광범위하게 작업했다. 현재 그녀는 애착 장애, 트라우마 또는 초기 성격장애가 있는 아동과 청소년 및 그 가족을 대상으로 정신화 기반 치료를 오랜 기간 사용해 왔다. 그녀는 국제 팀과 함께 『아동을 위한 정신화 기반 치료: 시간제한 접근법(Mentalization-Based Treatment for Children: a time-limited approach)』이라는 책을 공동 집필했다. 이 책은 만 5~12세 정신화 기반 치료 안내서다. 그녀는 네덜란드와 런던의 안나 프로이트 국립 아동 가족 센터에서 정신화 기반 아동 치료, 정신화 기반 청소년 치료 및 정신화 기반 가족 치료의 트레이너이자 슈퍼바이저로 활동하고 있다.

Trudie Rossouw 의학박사이자 영국의료협회(GMC)에 정식으로 등록된 아동 청소년 정신과 자문 전문의로서 20년 이상 전 범위에 걸친 아동 · 청소년 정신건강 질환을 치료한 경험이 있다. 현재 런던 북부의 프리오리(Priory) 병원과 자신이 운영하는 아동 · 청소년 정신건강 서비스센터인 런던의 스테핑 스톤스 클리닉(Stepping Stones Clinic)에서 정신과 전문의로 일하고 있다. 정신화 기반 청소년 치료(MBT-A) 자격증이 있는 치료자, 슈퍼바이저, 트레이너, 과정 지도자이며 영국 유니버시티 칼리지 런던(UCL)의 명예 선임 강사이다. Peter Fonagy와 함께 MBT-A 모델의 공동 창시자다. MBT-A 무작위 대조 실험 연구(Rossouw & Fonagy, 2012)를 학술지에 게재했고, 자해와 MBT-A에 관해 폭넓게 집필했다.

Svenja Taubner 독일 하이델베르크 대학병원의 심리사회 예방 교수이자 심리사회 예방 연구소 소장이다. 그녀는 임상 심리학자, 정신분석가, 그리고 청소년을 위한 정신화 기반 치료(MBT-A) 슈퍼바이저이자 트레이너이다. 그녀의 연구는 품행장애와 경계선 성격장애, 그리고 심리치료 연구 및 정신건강 전문가 역량 개발에 중점을 두고 있다. 그녀는 정신건강과 예방(Mental Health & Prevention) 편집장이었으며, 현재 아동 심리학과 아동 정신의학(Praxis der Kinderpsychologie & Kinderpsychiatrie와 Psychotherapeut)의 편집자이자, 심리치료 연구 학회(Society for Psychotherapy Research)의 유럽 지부 회장이다. 그녀는 독일에서 정신화 기반 치료 서비스를 구축하고 있다.

Ioanna Vrouva 철학 박사이자 임상심리학 박사이며, MBT-A 치료자 및 슈퍼바이저이자 UCL 명예 연구원이다. 현재 런던 북부의 국립보건 서비스센터의 CAMHS(아동 청소년 정신건강 서비스센터) 팀과 사설 클리닉에서 일하고 있다. 『아이의 마음 돌보기(Minding the Child): 아동, 청소년 및 가족을 위한 정신화 기반 개입』 책을 공동 편집했다.

Maria Wiwe 임상심리학자로 심리치료자이며 석사 학위를 갖고 있다. MBT-A 치료자, 슈퍼바이저, 트레이너이자 인증받은 MBT-F 전문가이다. 안나 프로이트 국립아동가족센터에서 Trudie Rossouw와 함께 신규 MBT-A 슈퍼바이저를 훈련하고 평가하고 있다. MBT-A의 숙련된 강사이자 슈퍼바이저이며 스웨덴어로 이 주제에 관한 여러 권의 책을 저술했다.

역자 소개

김진숙(Kim, Jinsook)

웨스턴 미시간 대학교 상담자 교육 및 상담심리학과에서 상담심리학으로 석사 및 박사 학위를 취득했다. 동 대학교 학생상담센터 상담원과 한국청소년상담복지개발원 상담교수를 지냈으며, 현재 경북대학교 교육학과 교수로 재직 중이다. 주요 역서로는『대상관계 심리치료 실제』『애착과 심리치료』『대상관계 이론과 실제』『심리치료에서 대상관계와 자아기능』등이 있다.

김은정(Kim Eun Jung)

한국교원대학교 일반대학원 상담 및 특수교육학과에서 상담심리 전공으로 석사 학위를, 경북대학교 교육학과에서 교육심리 및 상담심리 전공으로 박사 학위를 취득했다. 한국교원대학교 학생상담센터에서 상담자로 활동했다. 현재는 중등교사 및 경북대학교 교육학과 강사로 재직 중이다.

박은선(Park Eunsun)

경북대학교 심리학과에서 학사 학위 취득 후 동 대학교 교육학과에서 교육심리 및 상담심리 전공으로 석박사 학위를 취득했다. 특허청 발명영재교육연구원 전문상담자로 활동했고, 울산시청소년상담복지센터와 경북대 학생상담센터에서 전임상담원으로 재직했다. 현재는 한국청소년상담복지개발원 국가자격연수과정 및 조선대학교 상담심리학과 강사이다.

최명희(Choe, Myeong-Hui)

경북대학교 교육대학원에서 상담심리전공으로 석사 학위를, 교육학과에서 교육심리 및 상담심리학으로 박사 학위를 취득했다. 중등교사로 30년 이상 재직 후 퇴직하여, 현재는 경북대학교 교육학과와 대구대학교 교직부 강사로 재직중이다.

청소년을 위한 정신화 기반치료

실용적인 치료 안내서

Mentalization-Based Treatment for Adolescents
A Practical Treatment Guide

2025년 2월 20일 1판 1쇄 인쇄
2025년 2월 25일 1판 1쇄 발행

엮은이 • Trudie Rossouw · Maria Wiwe · Ioanna Vrouva
옮긴이 • 김진숙 · 김은정 · 박은선 · 최명희
펴낸이 • 김진환
펴낸곳 • ㈜학지사
• 04031 서울특별시 마포구 양화로 15길 20 마인드월드빌딩
대표전화 • 02-330-5114 팩스 • 02-324-2345
등록번호 • 제313-2006-000265호

홈페이지 • http://www.hakjisa.co.kr
인스타그램 • https://www.instagram.com/hakjisabook

ISBN 978-89-997-3315-4 93180

정가 22,000원